華南考古

广东省文物考古研究所
广州市文物考古研究所 编
深圳博物馆

1

文物出版社

北京 · 2004

书名题签：严文明
封面设计：陈培辉、周小玮
责任印制：张道奇
责任编辑：肖大桂

图书在版编目（CIP）数据

华南考古·1/广东省文物考古研究所等编．－北京：
文物出版社，2004.4
ISBN 7-5010-1539-2

Ⅰ．华…　Ⅱ．广…　Ⅲ．文物-考古-华南地区-丛刊
Ⅳ．K872.6-55

中国版本图书馆 CIP 数据核字（2003）第 105319 号

华 南 考 古

1

广东省文物考古研究所
广州市文物考古研究所　编
深 圳 博 物 馆

*

文 物 出 版 社 出 版 发 行
（北京五四大街 29 号）

http://www.wenwu.com

E-mail：web@wenwu.com

北京美通印刷有限公司印刷
新 华 书 店 经 销
787×1092　1/16　印张：20.75　插页：2
2004 年 4 月第一版　2004 年 4 月第一次印刷
ISBN 7-5010-1539-2/K·774　定价：120.00 元

South China Archaeology

1

Edited by

Guangdong Provincial Institute of Cultural Relics and Archaeology

Guangzhou Institute of Cultural Relics and Archaeology

Shenzhen Museum

Cultural Relics Publishing House

Beijing·2004

前　言

严文明

近年来华南地区的考古工作取得了突破性的进展，华南考古的特色也日益鲜明地显现出来。为了集中反映华南考古的成就，广东省文物考古部门经过一段时间的酝酿和筹备，决定不定期出版《华南考古》专题系列，等条件成熟后再考虑改为定期刊物，这是一件等待已久的很有意义的事情。

华南地区一般指广东、广西和海南，而以广东为主。广义的华南还可以包括福建、台湾和云南的南部。这里属南亚热带和热带地区，夏长冬暖，四季常绿，雨量丰沛。华南的地形又特别复杂，北部山区重峦叠嶂，山清水秀；南部海岸线漫长而曲折，海岸边有富饶的小平原与河口三角洲。再往南就是广阔的海疆和星罗棋布的岛屿，这样就形成了多种多样的生态环境，每一种生态环境的生活资源都非常丰富，从而为人类文化的发展提供了非常优越的自然条件。

这里很早就有人类居住，有众多的旧石器时代遗址，包括洞穴遗址和露天遗址，有发达的旧石器文化和不同时期的人类化石。研究人类历史的开篇常常是很吸引人的，而未知数又往往是最大的。研究华南地区的旧石器文化，包括人类化石在内，自然不能仅仅以地区的范围来考虑问题，一定要扩大眼界，要从人类起源和在东亚的早期发展这样宏观的角度来考虑问题和部署我们的工作。从这方面来看，华南地区无疑占有特别重要的位置，发展前途未可限量。

这里的新石器时代遗址不但数量众多，而且形态多种多样。在山区和丘陵地带有大量洞穴遗址和坡地遗址，河边有阶地遗址，海边有贝丘遗址和沙岗遗址，还有许多海岛遗址和水下遗存，这种情况在别的地方是难以见到的。在苏秉琦先生区系类型理论的指导下，华南的新石器时代考古早已突破了过去那种沙、软、硬三阶段的简单概括而进入了文化谱系的探索，同时引进了环境考古和聚落考古的研究方法，从而使研究水平前进了一大步。

关于旧石器时代向新石器时代过渡的问题是一个具有世界意义而又尚未解决的课题。不同的地区有不同的情况，华南在南亚热带和热带地区应该有相当的代表性。由于纬度低，气候变率小，历史上自然环境的变化也比较小。第四纪几次冰期对华南的影响就远没有长江流域和北方地区那么严重，没有对人类文化造成严重的冲击，文化的发展就有比较强的稳定性和连续性。华南进入新石器时代以后长期继续旧石器时代的传统经济形态——狩猎、采集和捕鱼等，完全是获取天然产品。因为这些资源在华南非常丰富，人们没有感受到生存的压力，没有必要从根本上改变自己的生活方式。这样的经济形态并不要求生产工具有革命性的变革，所以华南新石器时代早期的许多石器跟旧石器时代晚期的石器差别很小，从旧石器时代向新石器时代过渡时期的文化特征就特别难以把握。这是华南地区的中石器时代文化的研究跟东南亚一样，之所以长期难以取得进展的重要原因之一。

这里青铜时代的研究已经从史前考古中分离出来，各地青铜文化的面貌和特征已经初步显现出来。过去以为几何形印纹陶是本地新石器文化的基本特征，现在知道基本上是属于青铜时代的。这个时期正是百越民族形成和发展，并且扮演着重大历史角色的时期。研究百越文化的起源、发展及其在中国乃至东南亚和太平洋地区的历史作用，应该是华南青铜时代考古的重要课题。例如在亚太地区的所谓南岛语系民族的起源和发展问题，就应该与百越民族的研究有密切的关系。

秦汉时代是百越民族发展和融合为汉族的一部分的重要时期。近年来关于南越、闽越和骆越的考古都取得了十分重要的成果，其中尤以南越王墓和南越宫署遗址的发掘令人惊叹不已。大量的建筑遗存和出土文物不但显示当时华南地区的文化发展水平已接近于长江流域并具有浓郁的本地特色，同时表明了当地文化同长江乃至中原地区文化的密切关系和广泛的海外联系。

秦汉以后的考古研究也十分重要，现在的研究虽然取得了不少成果，但是还不够系统，还有许多领域需要开拓。华南有许多少数民族，关于这些民族的历史，文献记载甚少，需要通过考古工作来逐步恢复起来。

至于近年开展起来的水下考古和海上丝绸之路的研究，初步的成果就已经引起了广泛的关注。在历史上，华南是中国通向世界的门户，是中国人向海外开拓的重要基地，留下了许多与之相关的遗迹和遗物。这方面的考古工作有着十分广阔的前途，需要有计划地长期坚持下去，而且要争取必要的国际合作。

总之，华南地区的考古已经取得了重要的成果，我们要珍视这些成果，并且要有适当的园地加以发表。但是就华南考古的重要性和应该开拓的领域而言，已有的成绩又显得很不够，需要有适当的园地来加以提倡和鼓吹。编辑出版《华南考古》就是基于这样一些想法。我们希望《华南考古》能够成为有关学者喜爱的园地，能够在推动华南地区的考古学研究方面发挥积极的作用。

目　录

前言 …………………………………………………………… 严文明（1）

苏秉琦先生谈"岭南考古开题" ………………………………… 郭大顺（1）

加强田野考古的自然科学方法 ………………………………… 李平日（7）

新旧石器时代的划分和岭南早期新石器文化 ………………… 陈　文（11）

环珠江口区史前彩陶源流试论 ………………………………… 杨耀林（21）

沙丘遗址出土的玦和环砥石 …………………………………… 肖一亭（38）

广东青铜时代初论 …………………………………………… 卜　工（53）

广东古国问题初论 …………………………………………… 徐恒彬（63）

广东地区盐业考古研究刍议 …………………………………… 李　岩（69）

南方地区出土商周时期硬陶尊初探 …………………………… 张金国（74）

论广东先秦秦汉的航运 ……………………………………… 赵善德（89）

南越王墓出土陶器与两广战国秦汉遗存年代序列 …………… 李龙章（100）

岭南汉墓仿铜陶礼器的考察 …………………………………… 朱海仁（113）

南越国宫署遗址 2000 年发掘出土瓦当研究 ………………… 李灶新（122）

广州出土海上丝绸之路遗物源流初探 ………………………… 全　洪（138）

广东曲江大岭埂宋塔遗址初探 ………………………………… 郭顺利（147）

对广州近年出土铜钱去锈保护的认识 ………………………… 陈淑庄（159）

深圳市屋背岭商时期墓葬群

　　……………………… 广东省文物考古研究所　深圳博物馆
　　　　　　　　　深圳市文管会办公室　深圳市南山区文管会办公室（163）

广州南沙经济技术开发区考古调查 ………… 广州市文物考古研究所（186）

广州南田路古墓葬 …………………………… 广州市文物考古研究所（199）

番禺员岗村东汉墓 …………………………… 广州市文物考古研究所（222）

广东肇庆市坪石岗东晋墓 ………………广东省文物考古研究所　肇庆市博物馆(248)

广州光孝寺五代两宋建筑基址 ………………………广东省文物考古研究所(265)

广东曲江大岭埂塔基遗址 …………广东省文物考古研究所　曲江县博物馆(287)

南华寺藏经阁遗址试掘 ……………………………………曲江县博物馆(297)

CONTENTS

Preface ··· Yan Wenming (1)

Mr. Su Binqi on "the New Stage of Lingnan Archaeology" ············ Guo Dashun (1)

Strengthen the Use of Natural Scientific Methods to Archaeological
  Fieldwork ·· Li Pingri (7)

The Differentiation of the Paleolithic and Neolithic Periods and the
  Early Neolithic Culture in Lingnan Area ····················· Chen Wen (11)

A Study on the Origin and Development of Pre－historic Painted Pottery
  around the Pearl River Delta ··························· Yang Yaolin (21)

Jue and Circular Whetstones Excavated from Dune Site ·········· Xiao Yiting (38)

A Preliminary Discussion of Bronze Age in Guangdong Province ··········· Bu Gong (53)

A Preliminary Study of Primary State in Guangdong Province ··········· Xu Hengbin (63)

A Study on Guangdong Salty Industry Archaeology ················· Li Yan (69)

A Preliminary Study of Hard Pottery *Zun* Unearthed in South China of Shang
  and Zhou Period ····································· Zhang Ginguo (74)

On Navigation of Pre－Qin, Qin and Han dynasty in Guangdong
  Provine ·· Zhao Shande (89)

Dating Serials of Potteries Excavated from Nanyue King's Tomb and Qin－Han
  Relics in Guangdong and Guangxi Province ···················· Li Longzhang (100)

Study on Pottery Ritual Vessels in Tombs of Han Dynasty in Lingnan
  Area ·· Zhu Hairen (113)

A Study on the Tile－ends of the Site of the Royal Residence of the Nanyue
  Kingdom in 2000 ·· Li Zaoxin (122)

A Preliminary Study of Relics of "Silk Road" on the Sea from Guangzhou
  City ··· Quan Hong (138)

A Preliminary Study of Dalinggeng Pagoda of Song Dynasty in Qujiang, Guangdong
  Province ··· Guo Shunli (147)

2

The Method Removing Patina of Coins Excavated Recent Years in Guangzhou

    City ·· Chen Shuzhuang （159）

Excavation on Wubeiling Cemetery of Shang Period in Shenzhen

    City ········· Guangdong Provincial Institute of Cultural Relics and Archaeology， Shen

        Zhen Museum， Shen Zhen Municipal office for the Preservation of

        Ancient Monuments， Nanshan District office for the preservation of

        Ancient Monuments （163）

Archaeological Survey Report of Nansha Economic and Technique Development Zone of

    Guangzhou City ········· Guangzhou Institute of Cultural Relics and Archaeology （186）

Excavation on Ancient Tombs on Nantian Rood， Guangzhou

    City ···················· Guangzhou Institute of Cultural Relics and Archaeology （199）

The Tombs of Eastern Han in Yuangang Village of

    Panyu ···················· Guangzhou Institute of Cultural Relics and Archaeology （222）

An Eastern Jin Tomb at Pingshigang of Zhaoqing City，

    Guangdong ······················· Guangdong Provincial Institute of Cultural Relics and

        Archaeology， Zhaoqing City Museum （248）

The Building Sites in Guangxiao Temple of Five Dynasties and Song in

    Guangzhou ··························· Guangdong Provincial Institute of Cultural

        Relics and Archaeology （265）

Excavation on Dalinggeng Tower Base Site in Qujiang，

    Guangdong ··························· Guangdong Provincial Institute of Cultural Relics

        and Archaeology， Qujiang Museum （287）

Trial Excavation on the Depositary of Buddhist Texts of Nanhua

    Temple ··· Qujiang Museum （297）

苏秉琦先生谈"岭南考古开题"

郭大顺

英文提要 "The new stage of Lingnan Archaeology" advanced by Mr. Su Binqi in the final stage of his academic career is the successive study on the "district—system" centered on the South of "Boyang Lake—Pearl River Delta." It is also a new subject from the view of "Chinese archaeology in the World". Chinese archaeology stepping towards the world is the direction for Chinese archaeology development in 21 century. Great achievement made in this aspect in recent years by people of the same trade from South proves that Lingnan area has a decisive position. It is also the ardent expectation from Mr. Su Binqi.

1996 年 1 月 9 日～2 月 19 日，苏秉琦先生应香港商务印书馆陈万雄总编辑的邀请，赴深圳写作《中国文明起源新探》（以下简称《新探》）一书，我有幸陪同。期间，广东省和深圳市文博部门的同志多次前往看望，并安排先生到广东省博物馆、广州市南越王墓博物馆和深圳市博物馆参观并观摩考古标本。这次南方之行，总使他回忆起 1963 年和 1975～1976 年在广东工作的那些日子，所以经常谈到南方考古的内容。离开深圳返京的前一天，他还明确提出"岭南考古开题"的设想：

"南中国占大半个中国，而岭南考古又同一般的南方有所区别。它向南连着南海诸岛，还可扩大到印度支那半岛，是真正的南方。"他并举客家人在南方的落户和近代华侨既在南洋扎根又形成广义的华人文化圈的事实为例，来比喻这一区域古代文化发展过程中当地文化与外来文化的特殊关系和由此形成的自身区域特色。他还讲到这一设想的目的："南中国一半人口，使用一种图案：圆点，同心圆，方块，雷纹。基本图案统一南中国，是在很短时间内实现的，背景是什么，岭南考古就是追这个根。"

苏秉琦先生较早论述岭南考古是 1977 年 10 月在南京召开的长江下游新石器时代文化学术讨论会闭幕式上的一次讲话。一年之后，他的这篇讲话稿提纲（以下简称《提纲》）与另两篇关于岭南考古的论文即《石峡文化初论》（以下简称《初论》）、《关于"几何形"印纹陶——"江南地区印纹陶问题学术讨论会"论文学习笔记》（以下简称《笔记》）于同一年内连续在《文物》和《文物集刊》上发表。那是文化大革命刚刚结束，正常工作正在恢复，百废待兴的时期，包括社会科学在内的理论界的思想解放还在酝酿中。以创建具有中国特色的、现代化的中国考古学为奋斗目标的考古学文化区系类型理论却已接近成熟。在这样的学术背景下，苏秉琦先生比较集中地对岭南地区考古加以论述，说明他已把岭南作为他建立考古学文化区系类型理论的一个重要试点，也是他探索中华统一多民族国家形成的一个重要试点。"以鄱阳湖—珠江三角洲为中轴的南方"作为他所划分的六大考古文化区系之一，就是在这一研究过程中逐步形成的。从鄱阳湖经赣江到广东北江地区作为东南地区几何形印纹陶分布的核心与枢纽，特征鲜明、有发展演变线索的石峡文化作为探索岭南地区从原始社会到秦汉以前社会文化发展的一把钥匙，则成为确立这一区系的主要依据。

分区是区域考古研究的基础。苏秉琦先生较早察觉到广东地区考古文化的复杂性。从而分区对认识广东地区考古文化具有重要意义。尽管20多年前这方面的材料零散而不足，他仍然"在整理石峡遗址的同时，有重点地、尽可能全面地将历年工作成果和馆藏有关资料检查一遍，把它们联系起来"(《初论》)，对广东地区考古文化的分区加以初步概括：

"在广东省内的不同地区间又有较大差异。例如，在石峡中、上文化层以及附近曲江境内几处同类遗址（龙归葡杓山、周田月岭、马坝肖屋山等）中均出有原始型石戈（无栏）和靴式青铜钺（现在只在石峡一处发现）；汕头地区饶平则出有与中原商代铜戈颇为相似的石（或玉）戈，还出过近似原始型的铜戈；在梅县、惠阳出的石戈形制相当特殊；至于西江流域几座墓葬中的青铜兵器，主要是一种带有地方色彩的矛。值得注意的是，在珠江三角洲地区，迄今还没有发现早到战国以前的青铜器。这说明广东境内几个大的地区之间，这一时期的文化发展是相当复杂的。"(《初论》)

虽然此后广东地区的考古分区已不断有了一些新的认识，但苏先生是在正式提出考古学文化区系类型理论之前就对广东地区的考古文化加以分区，是充分意识到分区在广东地区考古文化研究中的迫切性。这次在深圳，他又多次讲到广东考古文化"分块"问题："广东东西南北中，区别明显。西江流域，潮汕地区，南珠江三角洲，北就是石峡，集中到中即韩江流域的梅县是中心，它正好在客家人南移路线上，这里是四方的交通中心。"

史前文化作为区域文化的源头，是考古学文化区系类型理论的立足点，所以岭南地区的史前文化也是先生特别关注的课题。20世纪70年代中期，当他先从捎来的口信和书信上、后在考古工地接触到石峡遗址的发掘材料时，兴奋之情溢于言表："突出的是，它不同于我们过去所接触过的岭南地区的考古材料，让人感到新鲜、重要。"(《初论》)于是同石峡遗址的发掘者杨式挺、朱非素等一起，对这批资料进行了整理，并作了大量包括绘图在内的笔记。从南方返京的隔年，先生在积极建议公布石峡遗址发掘材料的同时，撰写了论文，这就是《石峡文化初论》与石峡遗址发掘简报同时在1978年第3期

《文物》上发表的背景。在这篇文章和当年他所撰写的其他有关文章中，先生主要通过石峡文化及其与周边其他文化的比较，对岭南先秦时期考古文化的分区、分期、文化特征、发展过程、社会发展阶段以及文化关系进行了较全面的阐述，而又十分强调了石峡文化的自身特征，并从考古文化的动态发展过程，将石峡文化的特征归纳为三点：

1. 印纹陶，它不仅是石峡遗址下层整个时期的特征之一，还可以追溯到更早的时期。

2. 石器中的有肩石锛、镬类，也可以追溯到更早的时期；亚腰（两侧呈缓凹弧线）刃斧、钺类石器比较普遍，出现时间较早，发展过程比较清楚。

3. 陶器中的鼎以平底盘式为主，盘类器圈足与三足共用（《初论》）。

这次在深圳，他对石峡文化仍然是如数家珍，将其文化特征简略地概括为：石峡文化的陶器组合是"盘鼎盘，豆盘豆，盘上以盘作盖，盖反过来也是盘"，以为："这同北方无关，有自己特征，东南亚也有，但已有了质的变化。与长江流域也不是一回事。"并多次提到形成这一地方特征与适应当地自然环境的生产技术发展有关："使用大批近似现代十字镐的石器，适于在红土壤开山深挖用。"

区域文化平行互动，是考古学文化区系类型理论的精髓所在。岭南地区在中国文化起源与文明起源过程中，具有同样的地位和作用。

关于区域文化之间的比较，在上个世纪 70 年代末到 80 年代初各个区域的考古工作蓬勃开展、资料大量积累的时候，苏秉琦先生曾告诫说："它们之间的互相影响、作用应该重视，但总是第二位的。第一位的还是它们各自如何发展的。"（《提纲》）当各区域考古文化序列初步建立起来以后，先生又不失时机地引导大家重视区域之间的比较和相互关系。对从江西北部到广东北部这一区域，先生亲手示范，从普遍存在的几何形印纹陶入手，将这一区域从距今 6000 年左右到距今 4000 年左右的考古文化分为三个发展阶段，并比较了几何印纹陶在东南地区和中原地区出现时间的相似性和东南地区远优于中原地区的连续性。在此基础上，他明确表达了岭南古文化与中原古文化同步发展的观点："从江西北部到广东北部地区，从原始社会到阶级社会的过渡，同我国其他文化最发达地区相比，可以说步调是大体一致的。"（《笔记》）"突出的是约当春秋战国之际和战国时代，江西北部从初见铁制工具，到铁器推广应用到制作生活器皿、兵器的同时，几何形印纹陶则简化到以'米'字纹为主，方格纹变为细小方格以至类似布纹。这一现象，一则反映这一地区当时社会经济文化发展水平同中原不相上下，再则说明东南几省恰在这个时期几乎全部流行'几何形印纹陶'。我们不妨说，远溯到从新石器晚期或原始公社氏族制刚刚开始解体过程的时候起，在各个不同的社会发展阶段，南北之间不断发展的经济文化交流，互相影响、互相渗透的情况，到这时候（战国时代）更前进了一步，已为此后秦汉时代实现的政治上的统一多民族国家奠定了基础。"（《笔记》）

与此同时，他已敏锐地分辨出某些重要文化因素在岭南地区出现可能较早，从而表现出某种先进性："韶关地区和汕头地区出土的石戈，从最原始的无阑戈到有阑戈，其发生发展的过程是中原所没有见到的。"（《关于考古学文化的区系类型问题》）

这次在深圳，他又反复强调：岭南与中原，时代平行，性质不一样。周人对"南国"有认识，首先看到岭南人不是野蛮人，与中原文化相互补充，一下子就可联系起来。先生尤其强调石峡文化的作用："石峡虽小，干系甚大"，"它如一扇窗口，向北看着中原，向南看到岭南，是一片新天地。只是中原，影响没那么大，有了石峡，才敢讲岭南'更加郁郁葱葱'"。

探索统一多民族国家的形成，是提出考古学文化区系类型理论的主要目的之一。关于秦对岭南的统一过程，苏秉琦先生特别重视广州出土的 700 多座汉墓所反映的汉文化南下与当地文化的关系。他曾经以这批材料为例分析："广州附近发掘的大批秦、汉时期的墓葬材料，连续约四百年，而从考古学文化面貌上反映出的突出转折点是在两汉之际。我们看到，前半段的面貌是以土著文化因素为主（如瓿壶），但渗透了一部分中原因素（如钱币、印章）；后半段的文化因素则基本与中原类似，只是还保留了若干当地传统因素（如干栏式陶仓明器）。这种现象或可说明，秦人开创的统一事业，大约经过了好几百年的时间才真正巩固下来。"以为这是考古工作者"去思考一般史学工作者不易注意的问题。"（《建国以来中国考古学的发展——在北京市历史学会、中国历史博物馆举办的纪念中国共产党六十周年报告会上的讲话》）这次在深圳，先生又多次谈到这方面的内容："总的趋势是以当地文化为主和汉文化的地方化。其中前半段，即武帝及武帝以前，是北人地方化，传统是当地历史文化，具西汉特点，但是地方化的西汉特点，不是中原明器，仓房是广州人的仓楼。武帝后地方人汉化，表现如干栏式仓房。南越王国是地方化国家，官是汉朝封的，政治文化是地方自己创造的。诸越之间大同小异，民族文化并不一样。"进一步强调了地方文化在统一过程中的作用。

对岭南地区文明起源的论述，是苏秉琦先生在《石峡文化初论》一文中最精彩的一部分。他从石峡文化与前石峡文化在遗址分布地理位置从上游的水源地移到干流的岗丘，石铲等由笨重到轻便锐利所反映的生产工具加工技术的进步的比较中，分析出"生产技术的发展中既可以看到这种社会经济形态存在的条件，又可以从石峡文化早期阶段的随葬品出现差异中，看到人与人之间的平等关系在发生变化，反映出原始公社制解体过程的开始。"到石峡文化前期，农用工具多样化，专用木工工具与多种型号的石镞以及玉、石类饰品的出现，出现全轮制小型陶钵和陶器印纹的多样化，以及随葬多种木工专用工具的主人在墓制与随葬品方面，均比同时期其他墓葬为突出等，说明"手工业至少已部分地从农业中分化出来，成为独立的生产部门。而这种掌握一定专门技术的手工业者在氏族中享有比其他成员更突出的地位。随着分工与交换的发展，出现私有制、财富分配及社会关系的不平等。"再到石峡文化后期，社会、经济变化更为显著，外来形制的陶器、专用兵器和琮一类特殊用途的器物出现，墓葬形制与随葬品种类分化更加明显，形成集中随葬大量兵器与生产工具以及象征主人具有特殊地位的钺与琮及其他贵重物品的墓与只随葬少量生产工具和陶器而无任何兵器及贵重物品的墓之间显著的等级分化，出现了类似阶级社会的"士"、"庶"之分："生产手段与财富的集中于少数人之手，与暴力手段的垄断相结合，这是阶级社会的特征。社会分裂为剥削者与被剥削者、压迫者与被压迫者的条件已初步具备，原始社会到了最后阶段。"（《初论》）

关于中国文明起源的讨论，是从上个世纪80年代中期开展起来的。此前的酝酿过程虽有辽西地区的东山嘴与牛河梁、甘肃省的大地湾、晋南的陶寺、浙江的良渚等史前遗址的考古新发现为契机，但苏秉琦先生对石峡文化社会发展阶段的论述，大概是这一时期有关文明起源论述最早、也是较系统的一次。这次写作《中国文明起源新探》一书谈到"阶级产生于分工"时，他又多次举石峡为例，以为石峡的现象具普遍意义："前述距今四五千年的石峡文化，以属于军事首领、祭司和工匠的墓葬出现为标志，氏族制度在瓦解。不过这三类人出现有一过程，不是齐步走，是有先有后的，具有锛、斧、凿等成套木工工具的墓出现较早，说明百工、工匠是最先分化出来的。'阶级起源于分工'，文明起源应从社会分工说起。"（《新探》）

"秦汉设郡的地方大都是古国的所在"，这是苏秉琦先生对中国文明起源系统论述（即"古文化古城古国"、"古国—方国—帝国"三部曲和"原生、次生、续生"三模式）中的一个引人注目的新鲜观点，这在《中国文明起源新探》一书中有很多发挥，岭南是先生阐述这一观点时所列举的典型例证之一：

"岭南有自己的夏商周，是秦统一的基础。南越不是后来产生的，秦汉设郡以前是古国和方国。东江、西江都有有古城的大遗址。春秋战国看到的国家都很早，包括秦汉设郡的地方。印度支那半岛也一样。"

这里需要特别提到的是，苏秉琦先生在1985年提出"古文化古城古国"时，曾一再强调是把它作为考古学文化区系类型理论转化为田野考古实践的一个中心环节来对待的。此后各地在寻找史前古国时已不断有这方面的体会，即秦汉设郡的大遗址（古城）有可能就是当地古国的所在，这对在岭南地区寻找早期古国应也会有所启示。

《中国文明起源新探》一书，以"双接轨"为结束语。其中接轨之一就是中国考古学与世界的接轨。"世界的中国考古学"，是苏先生晚年学术思想升华的一个重要标志。这是他在1992年河北石家庄召开的第四次环渤海考古会上正式提出的。其实，早在1977年长江下游新石器时代文化学术讨论会上的那次发言中，他就论述过岭南地区与南洋诸岛关系，这可以说是苏秉琦先生从世界范围思考中国考古学较早的一次。当时他提出："那里（韶关地区）的工作不仅仅从我国全局来看是重要的，它像位于南岭山脉中间、可以透视南北的一个窗口，沟通南北的一个门户，还为我们探索我国古代与印度支那半岛甚至南太平洋地区的关系问题找到一把钥匙。"(《提纲》)"在南方地区，有段石器的分布地域可以延伸到南太平洋、新西兰；而几何印纹陶的分布地域则遍及整个东南亚地区。"(《关于考古学文化的区系类型问题》)这次在深圳，可能是临近海洋的环境触发了他的灵感，使他的思维也有如大海那般开阔：

"中国东半部史前文化与东亚、东南亚乃至环太平洋文化圈的广泛联系突出表现为，有段石锛以及作为饕餮纹祖型的夸张，突出眼睛部位的神人兽面纹的艺术风格等因素，与环太平洋诸文化中同类因素可能有源流关系。从岭南到南太平洋诸岛，海流、季候风有规律性变化，海岛是基地，独木舟就可飘过去，一年可往返一次，交流的机会很多，直到新西兰岛。中国中、西南地区与印度次大陆的关系以岭南到云贵高原的有肩石器（斧、铲）为典型，有肩石器的分布到印度河为界，在那里与印欧语系诸文化因素衔接。"(《新探》)

以上可见，苏秉琦先生在他学术生涯的终极提出《岭南考古开题》，既是"以鄱阳湖—珠江三角洲为中轴的南方"区系研究的继续，更是从"世界的中国考古学"角度提出的一个新课题。走向世界的中国考古学，是 21 世纪中国考古学的发展方向。广东和南方各地同行们近年来在这方面取得的丰硕成果，已展现出岭南地区在其中所占有的举足轻重的地位，我想，这也是苏秉琦先生所殷切期望的。

加强田野考古的自然科学方法

李平日

英文提要 Archaeology is an ancient study and is branded as a branch of social science in China. It is necessary to strengthen the use of natural scientific methods to archaeological fieldwork in order to get more precise, scientific and reasonable results from studies on age determination, environmental analysis, relationship between man and nature, social evolution.

中国的"考古学"是一门古老的学科，已有悠久的历史和成熟的工作方法，成果之丰硕，世罕其匹。中华民族光辉的文明史，经过考古学家的长期辛劳，获得大量的实物证据，充实了中国历史的内容。考古学家的贡献功不可没。

20世纪50～70年代，中国考古研究所是中国科学院的研究单位。中国考古研究所与中国科学院其他学科的研究所有着密切的联系与合作。后来，中国考古研究所归属中国社会科学院，不再是中国科学院的研究所了。无论归属社会科学院还是中国科学院，考古工作始终存在兼有社会科学与自然科学的双重属性。这是考古工作的性质决定的。离开了自然科学的方法，考古学难以取得今天的辉煌成就。自然科学在近数十年随着微观技术的飞跃发展，出现很多新方法。笔者认为，考古学尤其是田野考古，应该充分吸收现代自然科学的新成果，加强应用自然科学方法。

一 应用自然科学的测年技术作为定年的一种依据

中国考古界很早就应用现代自然科学的测年技术。距离 W.F. 利比（Libby）发明放射性碳元素测定年代方法仅数年，《考古通讯》1955 年便刊出《放射性同位素在考古上的应用》的文章[①]，指出 ^{14}C 测定年代对考古学的重要性，后来在中国科学院考古研究所建立了我国第一批 ^{14}C 测定年代实验室。正如著名考古学家夏鼐教授所说的："由于利用了碳—14 测定年代法，全世界的史前考古学可以说进入了一个新时代"[②]。G. 但尼尔（Daniel）更称"放射性素断代法是二十世纪史前考古学中的大革命"[③]。夏鼐教授早就指出，周口店山顶洞人的年代长期以为是旧石器晚期，距今约十万年左右。后经利用兽骨作[14]C年龄测定，为距今 18865±420 年，比之过去有很大的差距。欧洲的旧石器晚期年代过去也以为是开始于十万年以前，后来的[14]C年代测定表明，为约距今 3.5～1.0 万年，其中马格德林文化，开始于距今不到 2 万年[④]。称之为"进入新时代"或"史前考古学的大革命"是毫不为过的。近数十年，无论世界或中国的考古工作，从[14]C年代数据获得的科学断代，是不胜枚举的。近年中国考古界在《夏商周年表》上取得重大进展，[14]C年代测定法起了重要作用。

　　现在，考古学界已相当重视各种年代测定方法，例如应用热释光法研究陶器及烘烤层，用氨基酸法研究动物骨骼年代，用铀系法研究北京猿人年龄，用裂迹经迹法研究火烤后的灰烬层，用铅 210 法研究水下考古，用磁法研究地层等等。近年科学界又进一步发明用高精度热电离质谱铀系法进行年代测定，其高精确度和时间上下限较长均有优势。考古工作完全可以引入应用。

　　诚然，任何一种科学方法都有它的局限性和不足。例如公认业已成熟的[14]C测年法，由于有些样品混杂了老碳，测出的年代往往明显偏老；假如混杂了较多的新碳，测出的年代又往往偏年轻。有时单凭年代测定会出现地层年代倒置。因此，各种年代测定数据只能为考古学提供一方面的依据。确定其绝对年代，还须全面的从多方面衡量。古人云："尽信书不如无书"，在应用各种测年成果时，同样需要这种审慎。特别是选送样品进行实验室测定时，必须弄清样品的特性，千万不要简单地套用。例如木头的[14]C年代，是树木死亡停止与周围碳同位素交换的年代，而不是木器制造的年代。一棵万年古树造成的独木舟，用[14]C法测定木料的年代为约距今万年，但并非独木舟已有万年历史，这艘独木舟可能为数千年甚至数百年、数十年前才制造。有人用木料的[14]C年代为距今 2190±90 年（按半衰期 5730 年）及其他资料断定广州中山四路原文化局遗址为秦代船台[⑤]。以木料的[14]C年代作为考古出土物的年代依据是不符合[14]C测年的科学含义的，其道理就像用万年古树制造的独木舟的木料[14]C年代不能代表独木舟的制造时间一样。对这个问题，笔者已有专文论及[⑥]。

二　充分利用古生物学方法研究人类生存与活动的地理环境

　　近数十年，地学界与考古学界结合做了大量的环境考古工作，并已取得丰硕成果。1990 年 10 月在西安召开了"中国环境考古学术讨论会"，并出版了《环境考古研究（第一辑）》[⑦]。前人早已从地层、地形、动物化石、孢粉、矿物等研究考古发掘地点的古环境。

　　笔者认为，现在应该在更广义的范围，充分利用古生物学方法研究人类生存与活动的地理环境。

　　史前人类的生存与活动在很大程度上依存于当时的地理环境。生物对环境最敏感，分析考古地点的宏体生物与微体生物，可以很好地认识当时人类的生存与活动的环境。笔者曾用宏体生物——贝类研究珠江三角洲的地理环境变化[⑧]，近日又用地下埋藏树木分析古环境[⑨]。但宏体动、植物比较难以完整保存，在田野考古较难发现。笔者认为，微体古生物种类多、分布广泛，它们对地理环境变迁的反映比之宏体生物更直接和有效。利用孢子花粉分析古气候与古环境变化已有多年历史，笔者也曾与考古工作者合作做过这方面的探索[⑩]。在这篇短文中，笔者建议田野考古充分利用微体古生物的硅藻、介形虫、有孔虫、放射虫、孢子花粉等进行环境研究。这些微体古生物都大量保存于泥土之中，田野考古完全可以按照考古时代分层取样，只要注意不混杂现代泥土，一般均可反映各时代的环境特征。随着科学技术的进步，有些个体相对较大的微体古生物（例如介形虫、有孔虫、孢子花粉）更可以直接用加速器^{14}C法测定其年代（北京大学就有加速器^{14}C测年实验室），这些微体古生物反映的古环境便具有比较准确的时间序列，作为时代分层的一方面科学依据。有些微体古生物能够长期在泥土中保存，例如硅藻，因壳体为硅质，不易受地下水腐蚀损坏，而且咸水种和半咸水种硅藻为圆形，淡水种硅藻为椭圆形，很易在生物显微镜下区分鉴别。硅藻种类繁多，只要有水的地方就会有硅藻存在，在田野考古中很易采集样品。例如笔者1995年曾与广州考古研究所陈伟汉先生在广州忠佑大街遗址采了4个样品进行化石硅藻分析，检出10种3369个硅藻，皆属典型淡水种，笔者据此认为该地是陆地淡水环境，当时已与珠江不连通，不具备船舶下水的条件[⑪]。证之广州考古研究所在惠福东路大佛寺附近光明广场工地发现汉代或南越国的城门、水关[⑫]，表明当时珠江江岸早已南移，亦反证硅藻分析反映的环境合理。

三　采用地球化学方法分析古环境

　　笔者曾在研究广州地区第四纪环境变迁时用地球化学的方法[⑬]，认为此方法同样适用于田野考古。许多微量元素、常量元素和一些盐类都能反映环境变化，它们的存在和含量往往具有指示环境的意义。例如锶（Sr）、钡（Ba）、铷（Rb）、钾（K）、硼（B）、镓（Ca）的含量及其相互比值都有指示海、陆环境的意义。泥土中通常都可以用化学或物理方法析出各种元素和盐类，在田野考古中分层取小量的泥土便可获得供地球化学分析的样品。有些元素对环境的反映很直接，例如钒（V），其含量可以直接反映海陆环境的差异。有些元素则可作为气候变化的代用指示物，例如Fe^{++}、Fe^{+++}。某些矿物也有指示环境的作用，例如蒙脱石、伊利石、高岭石、石膏、黄铁矿等。地球化学法可供田野考古的内容十分丰富，有些也很直接很有效，不妨"兼收并蓄"，广纳各种自

然科学方法之长，给考古学增添更多科学证据，从多方面、多手段充实考古成果的
内容。

此文只列举了年代学、古生物学、地球化学的一些方法。实际上，田野考古可以应
用的自然科学方法还很多，恕不罗列了。

考古学绝不能止于挖掘出历史物证。国宝级的器物固然十分珍贵，价值千万甚至论
亿元。但若不能揭示其环境及与人类生存、活动的关系，可能就是历史遗憾，未尽其
责。要揭示环境，自然科学方法是必不可少的。值此《华南考古》出版之际，谨草此短
文表示祝贺！祝愿考古学家把社会科学与自然科学同等看重，把两者紧密结合起来，取
得更辉煌的成就。

注　释

① 《放射性同位素在考古上的应用》，《考古通讯》1955 年 4 期，73～78 页。转引自文献②。

② 夏鼐：《碳—14 测定年代和中国史前考古学》，《考古》1977 年 4 期，217～232 页。

③ G. 但尼尔：《古代》（英文）33 卷（1959 年）130 期，79 页。转引自文献②。

④ 同②。

⑤ 麦英豪、黎金、陈伟汉：《秦代造船工场遗址两次试掘综述》，《广州秦汉考古三大发现》，广州出版社，1999
年，5～42 页。

⑥ 李平日：《从宏观环境质疑"船台说"》，《热带地理》21 卷（2001 年）4 期，378～383 页。

⑦ 周昆叔主编：《环境考古研究》，科学出版社，1991 年，1～236 页。

⑧ 李平日、乔彭年、郑洪汉、方国祥、黄光庆：《珠江三角洲一万年来环境演变》，海洋出版社，1991 年，1～
154 页。

⑨ 李平日、崔海亭、谭惠忠等：《广东全新世埋藏树木研究》，《热带地理》21 卷（2001 年）3 期，195～197 页。

⑩ 李平日：《六千年来珠海地理环境演变与古文化遗存》，《珠海考古发现与研究》，广东人民出版社，1991 年，
265～272 页。

⑪ 同⑤。

⑫ 莫艳民、樊克宁：《这里是南越国城门》，《羊城晚报》2000 年 8 月 11 日第一版。

⑬ 李平日、郑建生、方国祥：《广州地区第四纪地质》，华南理工大学出版社，1989 年，43～46 页。

新旧石器时代的划分和岭南
早期新石器文化

陈　文

英文提要　Stone Ages can be divided into Paleolithic and Neolithic Periods. Neolithic period should be between the Paleolithic and copper age which is characterized by polishing stoneware. Polishing stoneware is its start point and main mark. Furthermore, the appearance of agriculture, poultry raising, and pottery can be the secondary criterion in differentiating the two periods. Based on these standards, it is found that most of the "Mesolithic Period" culture in Lingnan we used to call should belong to the early stage of the Neolithic period. The culture of this time in Lingnan area can be parted into the no-pottery early stage from the upper layer in Dushizi Site and the pottery late stage of the lower layer in Zengpiyan Site.

一般认为，岭南主要是指南岭之南的两广、港澳等地。此外，本文还把处于南岭山脉间以及邻近的湖南道县等地也包括其中。这是我国有相对地方特色的一个地理、文化区域。

这里是我国发现新石器时代早期遗存比较集中的地区，有较多的新石器时代早期遗存发现，对探索旧石器时代怎样向新石器时代过渡有重大学术价值。很长时间以来，学者多把它们划为中石器时代文化。本文在探索新、旧石器时代划分的基础上，对岭南地区的新石器时代早期遗存进行辨析，希望能有助于人们对岭南地区新石器时代早期文化的了解，不妥之处，敬请大家指正。

一　新旧石器时代的划分

把石器时代划分为旧石器时代、中石器时代、新石器时代三个阶段，在中外学术界都有不同的看法，我国学术界的名家大都主张划出中石器时代，我们认为旧石器时代向新石器时代的过渡是客观存在的，但其中很难再划出一个单独的时代——中石器时代来。所谓的中石器时代又称续旧石器时代，在地质年代上已属全新世，当时人们除用直接打击法外，大量采用间接打击或压制法制造石器技术，制造的石器趋于细小化，广泛使用细石器。中石器时代概念最早由 H. 威斯特罗普于 1860 年提出，他为了适应划分历史的习惯三分法而把石器时代也划出三段，但是迄今为止中石器时代的划分还没有得到中外学界的公认①，在中国甚至有人认为中国原始社会的人们没有经过这样的时代。究其原因，主要是"中石器时代"的特征或标志不是十分鲜明造成的，也就是说中石器时代是不应划出来的。其理由如下：

一是没有一个确定的可以有效地划分中石器时代的标准，即没办法划。《辞海》给中石器时代下的定义是"考古学分期中旧石器时代和新石器时代之间的一个阶段，开始于距今约一万年。当时的经济生活主要是渔猎和采集，使用的工具以打制石器为主，也有局部磨光石器，并发明了弓箭，使狩猎的生产效率增长。结束时期各地不一，最早的距今约七八千年便进入新石器时代。"《中国大百科全书·考古学》则说中石器时代是"处于旧石器时代和新石器时代之间的过渡阶段，其基本特征是：这时的人类依然过着渔猎的经济生活，农业和畜牧还没有出现。工具以打制石器为主，用间接打击法制作的典型细石器尤为盛行，仅有个别的磨制石器，陶器还没有产生。这一时代当开始于 1 万多年以前地质上的全新世时代，下限则延续得比较长，在先进的新石器时代开始以后，某些边远的地区还保留了中石器时代的原始状态。"有的学者在探索岭南地区中石器时代遗存时认为它们的共同点（也可说是划分标准）有：石灰岩洞穴；含介壳的文化堆积；石器大多为打制石器，磨光石器少量，无陶片；洞的相对高度在 20 米以下；出土动物骨骼表明全为现生种类；营渔猎、采集。这些定义的说法不一，时代特征或标准并不鲜明。从技术方面看，新旧石器时代的划分主要是基于石器制造中在打制技术基础上出现了磨制技术，而所谓中石器时代的显著特征是主要采用打制（包括间接打击）和压制法制造石器。从内容和技术上很难将它与旧石器时代划分开来，因为这种技术和内容在旧石器时代晚期就已存在，如复合工具弓箭的前端——石镞在旧石器时代晚期就已出现，距今 28000 年前的山西峙峪旧石器时代晚期遗址出土有石镞，同时镶嵌小石片的复合工具在新石器时代也不少，一些细小石器还沿用至铜石并用时代。在我国北方草原区细小石器可延至青铜时代，甚至可沿用至 1000 年前的辽代。因而很难在时间上划分得出一个清晰的中石器时代。此外，包括划分中石器时代的学者们基本上承认在所谓的中石器时代还没有出现农业、家畜饲养，与旧石器时代一样都属于采集、狩猎经济，也没有制造陶器，而当时使用的先进工具如弓箭等早在旧石器时代晚期就已出现并延及后代。显然当时的经济、文化生活等方面和旧石器时代并没有多大区别。由于没有什么鲜明的划分标准，从而导致在考古实践中难以具体操作，因而哪些属中石器时代的文化便很难识别出来。

二是如果划分出中石器时代，就违反了逻辑学上的同一标准划分原则。从划分的角度来看，划分时代的标准可以是多样性的，但根据逻辑性的原则，其划分的标准必须前后同一，划分旧、新石器时代是基于石器是"打制"还是"磨制"，划分的标准是技术，可见从中划分中石器时代也应从石器制作技术来划分，这样的划分才合乎同一标准，合乎逻辑性，而不能是"人类依然过着渔猎的经济生活，农业和畜牧业还没有出现。工具以打制石器为主，用间接打击法制作的典型细石器尤为盛行，仅有个别的磨制石器，陶器还没有产生。"也不能是"石灰岩洞穴；含介壳的文化堆积；石器大多为打制石器，磨光石器少量，无陶片；洞的相对高度在 20 米以下；出土动物骨骼表明全为现生种类；营渔猎、采集"等这些不是石器制作技术的模糊的不同标准。同时，"间接打击法"和如前所述的"压制技术"从旧石器时代沿用到历史时期，跨度太大，也无法作为划分的标准。

三是划分的意义不大，如果划分出中石器时代还会模糊新旧石器时代之间的界线。从认识论的角度看，划分时代或阶段是为了便于我们更好地了解古代社会的面貌。如按细小石器标准来划分出中石器时代，即把石器时代划分为旧石器时代、中石器时代和新石器时代，就会使本可以划分得清楚的旧石器时代与新石器时代间的界线模糊了，无助于我们对石器时代的认识。至于出现磨光石器、农耕、陶器以后还制造和使用的细小石器无疑反映了旧石器时代技术在新的时代（新石器时代及以后各时代）中的继续应用。例如新石器时代的老官台文化就有不少由打制石片加工而成的细石器；广西横县西津、江口遗址都有相当数量的打制石器、细小石器，更有很多的磨制石器和陶器。许多过去被认为是中石器时代的典型遗址迄今也发现了磨光石器和陶器，实属新石器时代遗址。总之，从中石器时代的划分的标准、逻辑性，特别是从石器制造技术、经济文化生活、认识论的角度乃至可操作性方面看，都没有必要单独划分出中石器时代来，因而到目前为止，石器时代还只需划分出旧石器时代和新石器时代这两大阶段，这可能是比较恰当的。可能有人认为这种思想比较保守落后，因为它局限于器物及其技术，如果从考古学研究的对象是古代遗存，划分时代的标准是基于某一反映时代主体特征物及其制造技术的演进的话，那么这划分标准仍是合乎逻辑的实用的标准，是经得起考古学实践考验的标准。

在中国，由于一些人不明确石器时代的同一划分标准，因而新石器时代开始的标志也就众说纷纭。有人认为是农业的发明；有人认为是陶器的出现；有人认为是磨光石器；有人认为是农业、陶器、磨制石器三者合一，磨制石器仅是其中的一个标准。甚至有学者认为不能把磨制农业工具的有无作为是否进入新石器时代的一个主要标志[②]。我们认为磨制的石器并非都是农业工具，而从新石器时代的定义本身说这是以新的石器为特征的时代，是介于旧石器时代与铜石并用时代之间的以使用磨制石器为主要特征的时代，因而新石器时代的起点和标志主要是磨制石器，不管其是否是农业工具或数量的多少，也就是说应以有无磨制石器作为划分新旧石器时代的主要标准。首先磨制技术在石器制造上的应用，使人类的工具更加复杂多样和专门化的倾向特别明显，在新石器时代仅磨制的常见石器种类就有斧、锛、铲、刀、凿、镞、网坠、磨盘、磨棒、杵等，再加上只打制或压制成的石器，其种类和数量都是空前的，非常可观的。其次磨制使制作石器等工具的器身、刃部平整光滑，使器形更规则，更齐整，更称心合用，以适应各种需要，特别是可有效地减少使用时的阻力，提高工具的机械效益和省力，使之发挥更大的效用。再次磨制对制作石器等工具来说更易于制出成品，提高制作工效，还可随心所欲地制造各种石器。同时，石器等工具用钝或缺口后可以打磨锋利再用，从而延长了工具的寿命。旧石器时代的石器制造场上废品数以万计，而新石器时代石器制造场较少发现就反映了这种情况。磨制石器的出现体现了石器时代人类在石器制作技术上的重大进步，是具有划时代意义的，也是当时最主要的技术进步之一，是可以作为划分新石器时代的主要标准的。此外，广东阳春独石仔遗址出土了距今约 14000 年前的磨制刃部石器（此为用 T6②A 层上、下发现的烧骨测定的数据）。湖南道县玉蟾岩、江西万年仙人洞、吊桶环等发现了距今约万年左右的类似水稻的扇形体植硅石，玉蟾岩遗址还出土了距今万年前的栽培稻。广西桂林甑皮岩遗址发现了距今约 9000 年前经人工饲养而变异的猪骨。湖南道县玉蟾岩，江西万年仙人洞、吊桶环，广西桂林甑皮岩，河北徐水南庄头等遗址都发现了距今约 10000~9000 多年前的陶片。看来在中国是以磨制石器出现为早，而农业、农畜饲养、陶器的出现略晚，只是目前这种资料太少，还不能确证，后三者也可以作为划分新石器时代的补充——次要标准。可以认为，从新石器时代早期开始，人们开始使用磨制石器，进行农业生产、家畜饲养。从此，采集、狩猎、捕捞等被动的攫取型经济在人类生活中的地位逐渐降低，而主动的农业、畜牧等生产型经济地位逐渐增强并最终居于主要地位，此外当时人们还制造陶器炊煮食物，穿上了人工纺织物，并有了长期定居生活。显然新石器时代较之旧石器时代，人类在物质、文化生活等方面都有了特别大的发展，产生了质的飞跃，标志着社会发展进入了新的历史时期。

对于岭南地区被视为旧石器时代向新石器时代过渡阶段的遗存，有学者把它们划为中石器时代③，也有学者认为一些属新石器时代早期④。根据上述新旧石器时代划分的标准，审视岭南这些已发现的旧石器时代晚期向新石器时代早期过渡阶段的遗存，就会发现较多的遗存出土有磨制石器、陶片等物，有的还发现了栽培稻遗存或家畜骨骼，显然可把它们划分新石器时代早期。

二　主要的新石器时代早期遗存

对比新石器时代的划分标准，我们认为岭南地区迄今发现的重要新石器时代早期遗址约有 10 多处，现简介如下。

1. 阳春独石仔遗址

广东阳春独石仔遗址属洞穴遗址，前后经过三次发掘。堆积可分 5 层⑤，其中第②层即上文化层为褐色沙土层，有大量螺蚌壳、动物骨骼化石，还有打制石器、磨制石器、骨器等。从出土有数件磨制石器等现象综合分析看，当属于新石器时代早期，出土贝壳的 ^{14}C 测定年代为距今 14900 ± 300 年。第③层即中文化层，为坚硬的灰黑色板状胶结黏土，也有大量螺蚌壳和动物骨化石，少量的打制石器和磨制的骨器等，该层也可能属于新石器时代早期。第④层即下文化层为灰黄色砂土，不甚胶结，仍含螺壳、砾石，但数量比第②、③层少，出土打制石器、穿孔石器，骨器有局部磨光的骨锥等，还有人牙及大量石化程度深的动物骨骼化石，但由于未见磨制石器，且有石化程度深的动物骨化石，其中有可能属灭绝种的犀、獏等，因而该层堆积应属旧石器时代末期或者稍晚。

2. 封开黄岩洞遗址

广东封开县黄岩洞遗址也是洞穴遗址。洞内有三处堆积，其中第三处为黄褐色砂土胶结堆积，发现有大量打制石器，穿孔石器和残磨制石器各 1 件，还有猪、鹿、麂等的牙齿、骨骼和螺、蚌壳及少量灰烬、炭屑。对该层出土的螺蚌进行 ^{14}C 测定，其年代为距今 10950 ± 300 年，当属于新石器时代早期⑥。

3. 翁源青塘墟诸遗址

广东翁源县青塘墟朱屋岩遗址含有大量田螺壳、烧骨、炭骨、打制的砾石块，出土夹砂绳纹粗陶片及一些人骨。仙佛岩红褐色松土层中也有与朱屋岩遗址相似的绳纹粗陶片。狮子岩黄岩门 2 号洞出土有红或黑色的夹砂粗陶片。在 3 号洞的下洞还采集到两件刃部稍磨的石器（属斧、锛类），其磨制技术非常粗糙、原始。而各遗址出土的打制石器大部分为细砂岩作原料的砾石石器，器形有砍砸器、石片、石砧、砺石等。发现的陶片基本上都是些夹砂粗红陶或黑陶片，多羼石碎末、砂粒，火候较低，纹饰有绳纹⑦。从已有刃部磨光石器和陶片堆积中含大量田螺壳及几种现生种动物骨骼看，这几处遗址的这些堆积可划归新石器时代早期，而像仙佛岩及其他洞穴还发现了年代很晚的曲尺纹、编织纹、方格纹的红或灰的泥质软陶片，约相当于新石器时代晚期甚至更晚。

4. 道县玉蟾岩（蛤蟆洞）遗址

湖南道县为五岭间的谷地，与广西相邻，比广西资元、全州县还要南些，境内多石灰岩山洞。洞内常有古遗址，其中，寿雁镇玉蟾岩（又称蛤蟆洞）遗址出粗绳纹陶片、石、角、骨、牙、蚌器。陶片很少，且火候低，胎厚，相当原始，是用贴塑法制成的，器形有罐等。石器全为打制，未见磨制石器。骨角器主要也是打制的，有骨锥、骨铲、角铲等。骨锥尖部通常为磨制。1993 年 3 个层位堆积出土了稻属的硅质体，经初步电镜分析认为是野生稻，但仍具有人类初期干预的痕迹。1995 年在文化胶结堆积的层面中发现了 2 粒完整的稻谷，经鉴定认为是栽培稻，兼具野、籼、粳的特征[8]，从发现陶片和栽培稻实物看，该遗址可划为新石器时代早期。

5. 桂林庙岩遗址

该遗址在广西桂林市南郊庙山南麓的庙岩内。试掘了 50 平方米，发现了呈屈肢蹲葬状的人骨架 2 具、椭圆形烧坑 1 个，出土了打制石器、骨器、蚌器以及石料，还有大量的螺蚌壳、兽骨，也有火候低、质松的夹砂粗陶片发现[9]，可以判定该遗址属于新石器时代早期。

6. 桂林甑皮岩遗址

广西桂林甑皮岩遗址的第③层被简报认为新石器时代堆积层，但述说土色时却说为黄红土和浅灰层，可能是两层堆积。据北京大学历史系考古专业 [14]C 实验室等单位的考察，认为存在第二层钙华板，以此为界，上、下层的 [14]C 测定年代分别为距今 7500 年左右、9000 年以上[10]，而对陶片的热释光测定年代与此两者的年代正好对应，说明甑皮岩遗址无疑应分以第二钙华板为界的早晚两期。目前除了在第二钙华板以下采到夹砂粗陶片、猪骨、骨（堆积中猪牙、猪骨等大都出于下层）外，到底还出些什么是不能清楚的，但无疑可把此层归于新石器时代早期。总的看，遗址发现有圆形火坑、石料贮放点，并在文化层中发现了较密集的 18 具人骨架。墓葬多为侧身屈肢蹲葬，也有侧身屈肢和二次葬。出土石器以打制为主，磨制石器次之，并有骨、蚌器、陶器[11]。出土的猪牙、骨显示出人工驯养家猪的特征[12]。此外，可肯定的是第二钙华板以上的堆积已出泥质陶，石器磨制较精，年代较晚，约属新石器时代中期。

7. 桂林北门、武鸣等地的新石器时代早期遗存

1935 年，裴文中先生发现了广西武鸣苞桥 A 洞、芭勋 B 洞、腾翔 C 洞、桂林 D 洞遗址，洞内堆积含大量的螺壳、獾、香狸、猕猴、牛等现生种动物骨骼，骨骼石化程度很轻，此外还有人骨。石器有刮削器、尖状器、穿孔石器、磨盘、磨棒等[13]。在 20 世纪 50 年代一些洞穴中还发现了磨制石器和陶器，可定它们为新石器时代早期。

8. 柳州白莲洞遗址

广西柳州白莲洞遗址存在旧石器时代晚期和新石器时代早期堆积，以洞穴东侧剖面为例，它的第①层为含陶片的钙华板，部分陶片夹在钙华板中或贴在钙华板面上，有些有零星螺壳。该层 [14]C 测定年代为距今 7080 ± 125 年。②层为含螺壳的钙华板，即第一钙华板。③层为灰黄色亚黏土，含大量螺壳、动物化石、磨制石器、打制石器、烧骨、炭粒等，铀系测定年代该层为距今 8000 ± 800 年。④层为黄褐色亚黏土，含少量螺壳，并含动物化石、磨制石器、打制石器。⑤层为第二钙华板，偶见螺壳。⑥层为棕褐色含岩屑亚黏土，顶部富集螺壳，出打制石器及穿孔砾石，含少量角砾。可见该遗址是以第

⑤层即第二钙华板为界，以上层位出磨制石器，为新石器时代，以下层位出打制石器，不见磨制石器，为旧石器时代。而洞穴西侧剖面的②—③层出穿孔石器、磨刃石器、燧石小石器；④层为薄的钙华板；⑤层出动物化石、打制石器；⑥层为钙华板；⑦层出动物化石、人牙化石、打制石器。可见洞穴西侧的②—③层为新石器时代，⑤层以下包括⑤层则为旧石器时代。从^{14}C测定年代看，东壁①层含陶片的钙华板为距今 6880±125 年；东壁②层钙华板为距今 13500±250 年；东壁属旧石器文化层为距今 12610±150 年[14]。由于该洞穴主堆积间常有钙华板间隙，上下层位的年代差是相当显著的。从出土遗物、^{14}C测定数据和报告得出"磨制石器多出自上部堆积，少数出自下部堆积的仅磨刃部，到后期才通体磨制"的结论看，该遗址的新石器时代遗存也有早晚之别，目前看来，至少出穿孔石器、磨刃石器、燧石小石器的西②—③层可划归新石器时代早期。

9. 柳州鲤鱼嘴遗址

广西柳州鲤鱼嘴遗址上下层均属以贝壳为主的堆积。上文化层含大量螺蛳壳，出打制石器、石片、石核、磨光石器、骨器、蚌器、陶片及动物骨骼等；下文化层的上部发现无明显墓圹的 6 个个体人骨，估计为墓葬，葬式有仰身屈肢、俯身屈肢等。下文化层有大量烧结土和螺蛳壳，出土打制石器（包括燧石小石器）、大量石核、石片、磨刃石器、夹砂陶片、骨器和动物骨骼等，未见蚌器[15]。上文化层不出下文化层较多的燧石小石器、石核、石片，却有火候较高的弦纹、划纹泥质陶片，而且出土的动物骨骼还未石化，年代较晚，从文化面貌以及出土蚌壳的^{14}C测定年代距今 5650±100 年、7640±100 年看约属新石器时代中期。而墓葬的人骨的^{14}C测定年代为距今 10210±150 年、1145±150 年[16]。下文化层以打制石器为主，并有相当数量的燧石小石核、石片，磨刃石器仅有 1 件斧，陶片主要为粗劣的夹砂绳纹陶，数量极少。从人骨的测定年代及下文化层的面貌看，墓葬及下文化层均可划归新石器时代早期。

10. 邕宁顶狮山遗址下层（棕红色黏土层）遗存

广西邕宁顶狮山遗址的下层遗存以 T2207④层为代表，出土较多的玻璃陨石质细小石片石器、穿孔石器、石核、少量的夹粗石英粒粗绳纹灰黄陶片以及天然玻璃陨石[17]。从出土石器和陶片看，该层遗存应属新石器时代早期遗存。

11. 南宁豹子头遗址

广西南宁豹子头遗址为河旁贝丘遗址，贝壳层堆积厚达 3 米以上[18]，出土陶片多为厚胎夹粗砂的绳纹陶，磨制石器仅磨刃部，此外还有骨器、穿孔蚌刀、穿孔蚌网坠等。不见蚌匕和鳖甲刀这些规整的蚌甲器，显然要早于出蚌匕和鳖甲刀的西津遗址同类遗存，所以它的下层应该比较早，从出土螺壳的^{14}C测定年代看，在距今 9350±120 年～10430±200 年间，剔除石灰岩地区水生动物的^{14}C测定年代偏老的时间差（1000～2000 年），当在距今 8000～9000 年左右，也可归于新石器时代早期。

三　分段与年代

从上述主要的新石器时代早期遗存介绍中可以看出，这些新石器时代早期遗存存在两种不同情况。一种是以独石仔遗址上文化层为代表，出土石器以打制石器居绝大多数，也有些磨制石器，还有骨器、石化程度较浅的动物骨骼化石，未发现有陶片。除独石仔上文化层外，黄岩洞第三处堆积、白莲洞西②—③层等也属于此种情况。一种是以甑皮岩遗址下层、顶狮山遗址下层为代表，遗址数量比较多。除了出土打制石器外，有较多的磨制石器、骨角器，出现了陶器乃至蚌器。它们应存在着早晚关系。只是由于这些遗址的规模较小，加上发掘工作还不够深入和细致等原因，目前尚未发现这两种遗存的直接层位叠压关系。柳州白莲洞遗址出陶片的东①层叠压在不出陶片的东③层之上，很可能意味着存在这样的叠压关系，只是东①层的[14]C测定年代较晚，东③层可能已出通体磨制石器，目前还不能明确地把它们归于新石器时代早期。而从[14]C测定等年代数据看，不出陶片的比较早，独石仔遗址上文化层为距今 14900±300 年，封开黄岩洞遗址的同类堆积为距今 11590±200、10640±300 年；柳州白莲洞西②层的钙华板测定为距今 19350±180 年（此数据可能偏老太多）。总的看大体在距今 14000 年左右至距今 10000 年左右。而出陶片的遗存则比较晚。柳州鲤鱼嘴遗址下层上部人骨的[14]C测定年代为距今 11450±150 年、10210±150 年；甑皮岩遗址下层的[14]C和热释光测定年代当在距今 9000 年左右；豹子头遗址的[14]C测定年代约为距今 8000 年。从出土器物看，不出陶器遗存的打制石器占石器总数的 90% 左右，磨制石器占 10% 左右；出陶器的遗存一般仍以打制石器占多数，但磨制石器已相当多，估计占出土石器的 30%～40% 左右。独石仔、黄岩洞遗址出土的穿孔石器是一面或两面琢打穿孔的；甑皮岩遗址出土的均为对钻穿孔。琢打穿孔显然比对钻穿孔落后些、原始些。综上情况可以把岭南地区的新石器时代早期文化分为两段，即以独石仔上文化层为代表的无陶器的早段和以甑皮岩遗址下层为代表的有陶器的晚段。这和西亚等地的有陶新石器时代文化晚于无陶新石器时代文化的情况是一致的。从[14]C测定年代数据看，岭南地区的新石器时代早期文化的年代约从距今 14000 年至距今 8000 年。

四　文化特征与经济生活

综上分析，岭南地区新石器时代早期文化典型的特征是出现了磨制石器（磨刃石器），但还未见通体磨光石器。随着时间的推移，磨刃石器的数量逐渐增加，打制石器则逐渐减少，但打制石器始终在石器中占主要地位。在广义的打制石器中有一些天然陨石、燧石的细小石核和石片石器，此外还有穿孔石器、骨、角器发现。在新石器早期文化的晚段还出现了夹砂陶器、蚌器。

从出土的动物骨骼、贝壳及生产工具看，在新石器时代早期早段，岭南地区的人们仍以狩猎、渔捞、采集为生，主要狩猎偶蹄类动物，如鹿、麂、羊、野牛、野猪等，此外还有猪獾、水獭、小灵猫、大灵猫、金猫、长尾麝香猫、果子狸、貉、豪猪、鼯鼠、家鼠、板齿鼠、猕猴、熊、豹、鸟类等，捕捞鱼、虾、龟、鳖、螃蟹、螺蚌等。根据泰国仙人洞遗址同时期堆积发现有樱桃、橄榄、槟榔、胡桃、菜豆、豌豆、蔓豆、菱角、葫芦、黄瓜等种子以及丝瓜属种子看[19]，当时岭南地区人们很可能种植薯芋类及豆、瓜类作物，即可能已有了原始的园圃式农业。

新石器时代早期晚段，尽管岭南地区的经济仍以狩猎、渔捞、采集为主，捕获的动物与早段差不多，但至迟这时已出现了稻作农业和饲养家畜。道县玉蟾岩发现了这时期的栽培稻遗存，这是我国迄今发现年代最早的栽培稻。甑皮岩遗址发现了谷物加工工具——石杵，还出土了我国迄今最早的经人工饲养变异的家猪骨骼。从出土动物骨骼看，鹿等野生动物骨骼约占动物骨骼总数的77%以上，而猪等家养动物骨骼约占23%，反映了当时家畜饲养已有了初步的发展。为了适应炊煮谷物性食物的需要，当时人们已制造出夹砂粗陶。庙岩、甑皮岩遗址下层等出土了距今约10000～9000年前的夹砂粗陶片，这也是我国迄今发现年代最早的陶片之一，正因为这阶段有这么多重要的发现，反映了在新石器时代早期，岭南地区的经济、文化获得了飞跃性的发展。

岭南地区新石器时代早期遗址多存在于石灰岩特别是孤峰的洞穴中，反映出当时的人们已较普遍地有意识地选择居住地。石灰岩孤峰在原始社会多兽的环境中是相当安全的，而且这些地方视野开阔，也便于人们出入劳作。洞内堆积相当厚，既有打制石器、磨制石器、骨角器、陶器，也有灶坑及大量烧骨、炭屑、灰烬发现，说明是经过人类长时期的活动而形成的，反映了这时期人们已过着长时期的定居生活。

随着社会经济、文化的发展，新石器时代早期，岭南地区的先民已有了灵魂、祖先的观念，有了处理尸体的方式，出现了岭南地区迄今所见最早的墓葬——居室葬。这些墓葬大都在人们居住的洞穴或岩厦内，尽管一般未见有随葬品随葬，但已有了一定的葬式，如甑皮岩遗址有屈肢蹲葬、侧身屈肢葬、二次葬等，鲤鱼嘴遗址有仰身屈肢葬、俯身屈肢葬。

五　结　　语

由上可以看出，宜把石器时代划分为旧石器时代和新石器时代两大阶段。新石器时代应是处于旧石器时代与铜石并用时代之间的以使用磨制石器为主要特征的时代。它的起点和标志主要是磨制石器,此外农业、家畜饲养、陶器的出现也可作为划分新旧石器时代的次要标准。对比这些标准,岭南地区过去常称的"中石器时代"文化中有较多的应属新石器时代早期。岭南地区的新石器时代早期文化可划分出以独石仔遗址上层为代表的无陶器的早段和以甑皮岩遗址下层为代表的有陶器的晚段。在这两个阶段中特别是在有陶器的晚段,岭南地区社会经济、文化都有了很大的发展,已有了稻作农业、家畜饲养和制陶。这是一个值得纪念的"革命"性时期。在人类社会从旧石器时代向新石器时代转变的"革命"性过程中,岭南地区的先民始终站在时代的前列,做出了很大的贡献。

注 释

① 否定中石器时代存在的观点以著名考古学家贾兰坡先生为代表。见贾兰坡:《中石器时代是否存在》,载封开县博物馆等编《纪念黄岩洞遗址发现三十周年论文集》,广东旅游出版社,1991年,第52~54页。

② 张之恒:《关于旧石器时代向新石器时代过渡的几个问题》,《史前研究》1984年3期,第57、60页。

③ 何乃汉、覃圣敏:《试论岭南中石器时代》,《人类学学报》第4卷第4期(1985年)。

④ 同②。

⑤ 邱立诚等:《广东阳春独石仔新石器时代洞穴遗址发掘》,《考古》1982年5期456~481页。

⑥ 宋方义等:《广东封开黄岩洞穴遗址》,《考古》1983年1期,第1~3页。

⑦ 广东省博物馆:《广东翁源县青塘新石器时代遗址》,《考古》1961年11期,第585~587页。

⑧ a. 袁家荣:《道县玉蟾岩石器时代遗址》,载中国考古学会编《中国考古学年鉴》(1996),文物出版社,1998年,第200~201页。b. 刘志一:《玉蟾岩遗址发掘的伟大意义》,《农业考古》1996年3期95~96页。

⑨ 阳吉昌:《桂林新石器时代遗址的调查与试掘》,《桂林文博》1994年2期。

⑩ 北京大学14C实验室等:《石灰岩地区碳—14样品老化的可靠性与甑皮岩等遗址的年代问题》,《考古学报》1982年2期。

⑪ 广西壮族自治区文物工作队等:《广西桂林甑皮岩洞穴遗址的试掘》,《考古》1976年3期。

⑫ 李有恒等:《广西桂林甑皮岩遗址动物群》,《古脊椎动物与古人类》第16卷第4期,1978年10月。

⑬ Pei w. c. 1935: on a Mesolithic Industry of the Caves of Kwangsi. Bull, Geol, Soc, China. 14 (3).

⑭ a. 柳州白莲洞洞穴科学博物馆等:《广西柳州白莲洞石器时代洞穴遗址发掘报告》,《南方民族考古》1987年第一辑,第144、145、158页。b. 中国社会科学院考古研究所编:《中国考古学中碳十四年代数据集》(1965~1991年),文物出版社,1992年,第218页。

⑮ 柳州市博物馆等:《柳州市大龙潭鲤鱼嘴新石器时代贝丘遗址》,《考古》1983年9期。

⑯ 同⑭b。

⑰ 中国社会科学院考古研究所、广西文物工作队等:《广西邕宁县顶狮山遗址的发掘》,《考古》1998年11期13页。

⑱ 广西壮族自治区文物考古训练班等:《广西南宁地区新石器时代贝丘遗址》,《考古》1975年5期。

⑲ a.(美)切斯特·戈尔曼:《和平文化及其以后——更新世晚期和全新世初期东南亚人类的生存形式》,《考古学参考资料》第二辑,文物出版社,1979年,第107~130页。b.(越南)黄春征:《关于和平文化阶段》,《考古学参考资料》第五辑,文物出版社,1982年,第119~140页。

环珠江口区史前彩陶源流试论

杨耀林

英文提要　There have been two theories（Southern Origin and Western Origin）on the origin of pre-historic painted pottery around the Pearl River Delta since the 1930s. And another two theories（Eastern Origin and Northern Origin）have come into being since the 1990s. This essay brings forward a distinct viewpoint: The pre-historic painted pottery around the Pearl River Delta originates from the Mid-Neolithic Xiantouling Culture in Shenzhen which has a comparatively independent process of development. This viewpoint has been firmly supported by the local archeological findings.

关于环珠江口区（包括广东，以下同）史前彩陶的源流问题，自 20 世纪 30 年代以来就有"南来说"、"西来说"。90 年代以来又有"东来说"、"北来说"（北来说指大溪文化传播论）。本文提出鲜明的观点：环珠江口区史前彩陶源于迄今本区发现年代最早的新石器时代中期的深圳咸头岭文化，有其相对独立的发展过程，此论得到本地考古发掘材料的有力支持。

一

环珠江口区史前彩陶的考古发现，最早可追溯到 20 世纪 30 年代，外籍业余考古学者芬戴礼神父在香港南丫岛大湾遗址发掘出土了两件可复原的彩陶圈足盘和各种刻划、戳印、压印及拍印细绳纹陶器。在同一时期意大利人麦兆良神父受芬神父的影响，在粤东进行业余考古，在海丰沙坑北史前遗址中，出土彩陶圈足盘和夹砂陶刻划纹和绳纹为主的陶器。

由于受时代的局限和受安特生仰韶彩陶文化西来说的影响，麦兆良神父认为极可能"仰韶文化产生自沙坑文化的雏形"，而沙坑文化"可能是由西方而来"，"而仰韶文化经越南或柬埔寨——香港——黄海至中国北部，或经缅甸——云南——四川来到中国的"①。现今我国考古发现大量事实业已证明，"南来说"、"西来说"是毫无根据的臆测，早已被考古学界所抛弃，在此不必花过多的笔墨赘述。

随着新中国考古事业的发展，广东史前彩陶遗址发现越来越多，尤其是环珠江口区

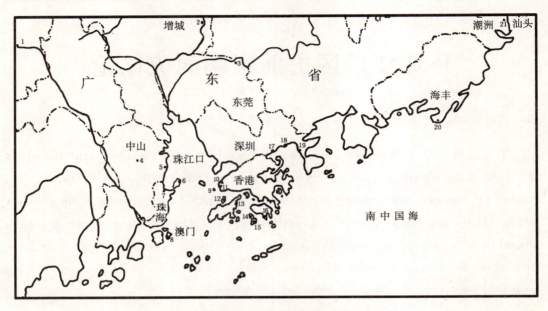

图一　环珠江口地区史前彩陶分布示意图

1.蚬壳洲　2.金兰寺　3.万福庵及蠔岗　4.白水井　5.龙穴　6.后沙湾　7.下栅　8.黑沙湾　9.铜鼓洲
10.涌浪　11.龙鼓滩　12.深湾村　13.蟹地湾　14.大湾　15.深湾　16.春坎湾　17.小梅沙　18.大黄沙
19.咸头岭　20.沙坑　21.陈桥村

分布甚密。到目前为止已发现25处之多[②]，其中沙丘遗址15处（深圳咸头岭、大黄沙、小梅沙、大梅沙，珠海后沙湾、下栅，中山龙穴、白水井，香港大湾、春坎湾、蟹地湾、深湾、铜鼓洲、涌浪，澳门黑沙湾），贝丘遗址10处（增城金兰寺，东莞万福庵及蠔岗，肇庆蚬壳洲，南海西樵山螺岗、鱿鱼岗、灶岗、通心岗、"NKG"地点、佛山河宕）。此外，有粤东的潮安陈桥村贝丘遗址和海丰汕尾沙坑北沙丘遗址。应引起特别注意的是深圳咸头岭沙丘遗址和潮安陈桥村贝丘遗址所发现的原始彩陶（图一）。

随着环珠江口区史前彩陶遗址的大量发现，对其源流问题引起考古学界的注意。20世纪90年代初，有人撰文认为环珠江口新石器时代中期彩陶与我国东南沿海省区的地域可能有一定的关系，意即受福建和台湾地区彩陶的影响[③]，有"东来说"之意。闽台地区目前所发现的彩陶遗址年代大体与广东佛山河宕相当（距今4000～3000年之间），文化面貌亦属于全然不同的系统，故此不论。

环珠江口新石器时代中期的彩陶遗址年代，有^{14}C测定资料的见表一。

《南丫岛深湾发掘报告》中说并未发现彩陶（深湾遗址 F 层），而邓聪在《大湾文化试论》和杨式挺《岭南文物考古论集》中均将深湾列入彩陶遗址范围，或许后来有所发现，故本文列入彩陶遗址中。增城金兰寺贝丘遗址下层，即出土彩陶的③层虽无测定年代，但②A层（②层分 A、B 上下两层）贝壳测定（zk103）4085±95 年，树轮校正

表一　　　　　　　　　　　　**出土彩陶遗址的¹⁴C测年数据表**

编号	遗 址	地 层	原始资料（B. P）	校正年代（B. P）	资 料 出 处
1	大梅沙	Ⅰ区 T11③	6250±240	6895±255	《南中国及邻近地区古文化研究》
2	黑沙湾	下层	6100±200	6755±217	JHKAS Vol. Ⅶ，Ⅺ
3	大黄沙	T101④	5600±200	6255±260	《文物》1990年11期
4	涌 浪	南区②B层	5490±220	6140±238	JHKAS Vol. ⅩⅢ
5	涌 浪	南区②B层	5450±150	6100±180	JHKAS Vol. ⅩⅢ
6	涌 浪	南区②B层	5230±100	5860±125	JHKAS Vol. ⅩⅢ
7	蚬壳洲	下层	5130±100	5750±125	《考古》1990年6期
8	蟹地湾	下层	5100±100	5720±125	JHKAS Vol. Ⅷ
9	涌 浪	南区②B层	4880±170	5470±185	JHKAS Vol. ⅩⅢ
10	白水井	下层（第2层）	4820±120	5400±150	《南中国及邻近地区古文化研究》
11	涌 浪	南区②B层	4710±130	5270±160	JHKAS Vol. ⅩⅢ
12	涌 浪	南区②B层	4700±120	5260±150	JHKAS Vol. ⅩⅢ
13	春坎湾	下层	4570±130	5105±205	《香港考古学会会刊》（JHKAS Vol. Ⅺ）9676
14	龙鼓滩	下层（第3层）	4020±100	4430±150	JHKAS Vol. ⅩⅢ
15	深 湾	F层	4000±100	4405±150	《南丫岛深湾》

4510±108年，该层出土几何印纹软陶，属新石器晚期阶段，参考测定年代，③层理应比②A层的年代早。

有热释光测定资料的有蚬壳洲、白水井、大湾、后沙湾等遗址（表二）。

表二　　　　　　　　　　　　**出土彩陶遗址的热释光测定资料表**

编号	遗 址	地 层	测定资料（B. P）	资 料 出 处
1	蚬壳洲	下层陶片	5680±284	《考古》1990年6期
2	白水井	彩陶片	5340±550	杨式挺：《岭南文物考古论集》
3	大 湾	④层陶片	5300±900	《南中国及邻近地区古文化研究》
4	后沙湾	⑥层彩陶片	4828±483	《珠海考古发现与研究》1991年

南海西樵山螺岗、鱿鱼岗、灶岗、通心岗、"NKG"地点和佛山河宕属新石器时代晚期几何印纹陶遗址。其中河宕¹⁴C人骨测定距今为4200±160年，鱿鱼岗3240±80年。新石器时代晚期彩陶本文暂不讨论。

关于环珠江口史前彩陶文化的渊源问题，有学者撰文："我们估计从大溪文化的鼎盛时期开始，彩陶技术自长江中游向下游及东南地区扩散，其中一支抵达广东南部沿海地区"。追根溯源，"大溪文化的彩陶技术是渊源于仰韶文化。大湾式彩陶盘又沿袭自大溪文化"④。有学者"赞同大溪文化特别是几种典型陶器对珠江三角洲早期彩陶遗址文化的影响，但这种影响看来是间接的，它很可能通过'前石峡文化'遗存之类再逐渐南传。石峡文化或文化因素沿北江、西江南传至封开、三水等地，亦是一个由北南传的例证。"⑤有些学者进一步阐述：环珠江口史前彩陶的源头分布在洞庭湖地区大溪文化的汤家岗类型，"推定大溪文化向南传布经由沅水流域"，一是由沅水支流渠水陆行数里入西江上游之一的浔江，至柳州入西江；二是溯沅水主源清水江，过贵州云务山，入古代牂柯江的支流漕溪河，然后注入西江。并说："由于经济形态的接近，甚或还有种族的亲缘关系，成为与珠江三角洲居民在物质文化上相互沟通的基础，甚至成为大规模移民的动因。"⑥

以上学者共同的观点是：环珠江口史前彩陶的源头在大溪文化。

笔者坚持"本地说"。1998 年笔者有幸受邀参加在马来西亚召开的"环印度洋——太平洋史前学会第十六届考古大会"，在讨论会上宣读了《中国深圳咸头岭史前文化遗存初步研究》⑦论文，提出了"环珠江口史前彩陶源于咸头岭文化"的命题，经过对本地区考古材料的进一步探索和研究，更增添了我坚持此说的信心。

二

所谓"本地说"，是指一个自然地理区域内的一种考古学文化的概念。在考古学上就是苏秉琦先生所提出的"区、系、类型说"。苏秉琦先生《关于考古学文化的区系类型问题》的论述，打破了"过去有一种看法，认为黄河流域是中华民族的摇篮，我国的民族文化是从这里发展起来，然后向四处扩展"的传播论。苏先生提出这一宏论 20 余年来，经过全国考古学者们的不懈努力，证实了"人们活动地域的自然条件不同，获取生活资料方法不同，他们的生活方式也就各有特色。这样，在他们的产品，即我们今天接触到的生产工具、生活用品以及其他遗存所表现出的差异也就可以理解了。"⑧

持大溪文化传播论观点的学者是以洞庭湖区大溪文化一期，即汤家岗、丁家岗以及"前大溪文化"的皂市下层文化与环珠江口区史前彩陶文化、主要是咸头岭遗址的文化遗存作比较的。

大溪文化与环珠江口区史前彩陶文化是两种不同的文化遗存。首先在自然环境方面存在极大的差异。居住在平原、丘陵的洞庭湖地区的"大溪人"的生产、生活方式是以稻作农业为主的一种原始文化。而居住在面向海洋的"咸头岭人"的生产、生活方式则以渔猎、捕捞为主，稻作农业经济为辅的原始文化。因此，他们之间的生产工具和生活用器，以及以物质文化为基础，反映精神文化生活的艺术品（这里主要指彩陶）存在差异是必然的。其二，岭南（广东）岭北（湖南）关山阻隔，海拔高达 1000 至 1500 米的大庾岭、骑田岭及其余脉滑石山、大瑶山和南岭山横贯东西，形成天然屏障，南岭山地更是长江与珠江流域的分水岭，又是华中与华南气候的分界线。有学者推论大溪文化的传播途径是由湘西的沅水转道贵州入古牂柯江的支流漕溪河，然后注入西江。这一传播路线未免太遥远了。更为重要的是这些学者设定的这条传播路线，即贵州乃至西江上游广西境内的黔江、浔江流域和桂江流域至今仍未见大溪文化彩陶的足迹。

大溪文化与环珠江口区彩陶文化之间的差异，以及两地彩陶孰早孰晚问题作如下考察：

1. 石器

咸头岭出土石器 100 多件，以磨制的长身锛数量最多，依次为斧、拍、圆饼，以及少量的刀、凿、饰物等。其中有槽石拍 14 件，这种被一些著名民族考古学家称之为"树皮布石拍"的石器，在长江流域的大溪文化及中原诸著名史前文化中极为罕见。

汤家岗、丁家岗一期石器数量不多，斧、锛类的特点顶端圆弧，椭圆形断面，这种类型的斧、锛与环珠江口常见的长身梯形斧、锛有别，特别是在环珠江口史前彩陶类型文化中不见扁薄长方形双面磨刃的铲。

2. 陶器

陶器制作大溪文化一期与咸头岭文化咸头岭期的共同点是：方法较为原始，用手制、贴塑，这些特点应是新石器时代早、中期不同区域陶器制作的共同特征。在陶质方面差别颇大，汤家岗、丁家岗以泥质红陶占统治地位，有极少量的泥质黑陶和灰陶（丁家岗多为粗砂红陶），且有一定数量的黑皮陶和白陶。

环珠江口区史前彩陶文化中的任何一个遗址，均以夹砂灰陶占绝对多数。咸头岭期夹砂陶占 96% 以上，以灰褐陶为主，依次为灰黑陶、橙黄陶、红衣陶和少量的白陶。无论是陶质和陶色，两地之间都存在较大的差异，这应与当地的自然环境、陶土资源和制陶方法的不同有关。陶器组合共同点是圜底器和圈足器占绝对多数，不见三足器。而咸头岭期可见小平底器。咸头岭、大黄沙器类均由釜、罐、盘、盆、钵、碗、器座组成（图二、三）。大溪文化一期有各式器盖，器形表样复杂，如侈口、有颈、斜肩、折腹圜底釜，或双耳亚腰形的罐（釜），敛口或内折沿圈足盘和盆，敞口坦腹内弧壁圈足碗，弧壁或内弧壁圜底钵，侈口直腹戳印纹圜底罐等。棱角、转折甚多，这些特点，在咸头岭组乃至整个环珠江口史前彩陶文化遗址中十分罕见（图四、五）。

咸头岭文化中的咸头岭期罐、釜类全是夹砂陶，流行尖唇、口微侈、束颈、扁圆腹（深腹或球腹），到大黄沙期出现圆唇、平沿。典型器物中的圈足盘，咸头岭期夹细砂、素面、敞口、斜腹、圈足稍矮外撇，到大黄沙期的小梅沙彩陶盘发展到弧腹、圈足与盘几乎等高，陶土纯净，器表磨光、器身绘彩及圈足上刻划与小镂孔组合（图六）。

两地之间也能找到一些相似的器物，如敞口、坦腹、内弧壁圈足碗以及牛鼻形的器

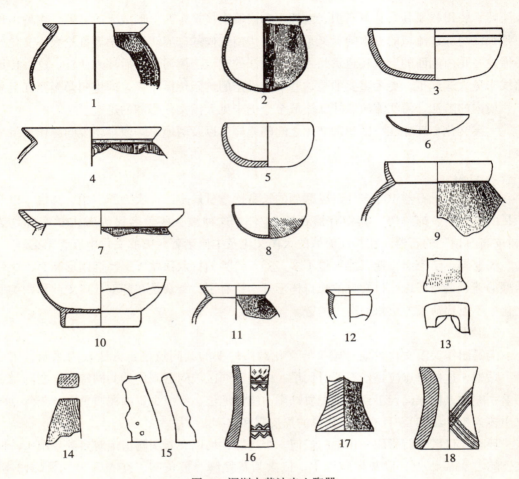

图二　深圳大黄沙出土陶器

1. Ⅱ式罐（T202④:23）　2. Ⅲ式罐（T202⑤B:5）　3. 盆（T201④:4）　4. Ⅱ式釜（T201②:12）
5. Ⅱ式钵（T101②:8）　6. 盘（T101②:7）　7. Ⅰ式罐（T201⑤A:7）　8. Ⅰ式钵（T202②:3）　9.
Ⅰ式釜（T101②:6）　10. 碗（T201①:13）　11. Ⅰ式小罐（T202②:11）　12. Ⅱ式小罐（T201②:
11）13. 支座（T201④:21）　14. 支座（T202④:22）　15. 支座（T202④:22）　16. Ⅰ式器座（T101
②:9）17. Ⅱ式器座（T202④:14）　18. Ⅰ式器座（T202②:2）

耳等。咸头岭期典型的敞口、束颈、扁圆腹釜，在大溪三期（汤家岗 H7:1）才可见外
形相似的器物。

"绳纹大概是人类制陶史上最早出现的纹饰之一"。洞庭湖区大溪文化早期陶器的纹
饰，"改彭头山文化几为单纯长绳纹的状态，绳纹和划纹变化规律都是由粗变细，由乱
变为规整。"⑨大溪文化绳纹由粗乱变细的发展规律，恰好与环珠江口区新石器时代陶器
绳纹发展规律相反，由细变粗，到新石器晚期环珠江口区已很少见到细密规整的细绳纹

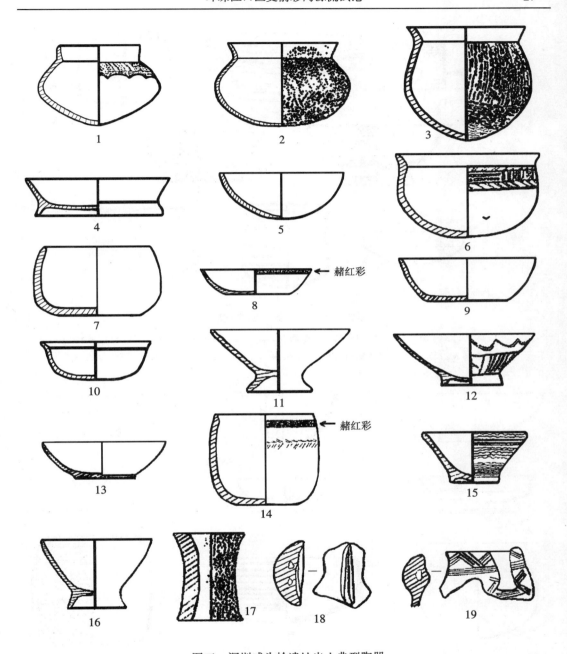

赭红彩

赭红彩

图三　深圳咸头岭遗址出土典型陶器

1.Ⅰ型釜（T101②:4）　2.Ⅰ型釜（T202②:24）　3.Ⅱ型釜（T109②:6）　4.Ⅰ型圈足盘（T105②:25）
5.Ⅰ型钵（T203②B:47）　6.圈底钵（T103②:25）　7.Ⅲ型钵（T117②:13）　8.IB式盘（T114②:2）　9.
小盘（T203②:49）　10.Ⅰ小盘（T116②:26）　11.（T107②:25）　12.碗（97:3）　13.Ⅰ型碗　14.筒型
双耳杯　15.杯（T105②:30）　16.杯（T111②:18）　17.Ⅰ型器座（T107②:27）　18.器耳（T202②）
19.器耳（T105②）

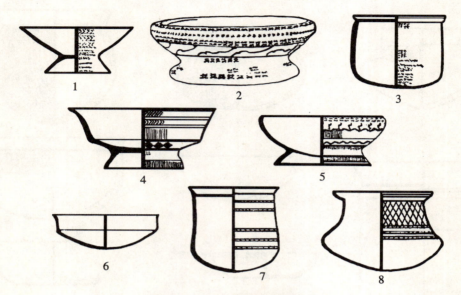

图四　大溪文化第一期典型器物

1.盘（丁家岗 M3：2）　2.白陶盘（汤家岗 M1：2）　3.圜底罐（汤家岗 M4：6）　4.碗
（汤家岗 M2：2）　5.盆（汤家岗 M5：3）　6.钵（丁家岗 M3：1）　7.釜（丁家岗 M3：3）
　　8.釜（丁家岗 T1（三）：13）

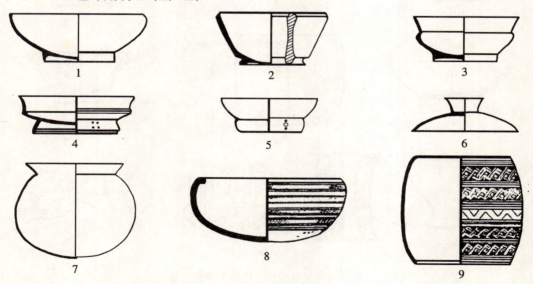

图五　大溪文化第二期典型器物

1.碗（丁家岗 M30：4）　2.碗（丁家岗 M26：1）　3.碗（丁家岗 M27：1）　4.碗（关庙山 T5④：35）
5.盘（丁家岗 M15：1）　6.釜（丁家岗 M26：4）　7.器盖（三元宫 H8：3）　8.锅（三元宫 T3M 下
②：1）　9.器座（丁家岗出土残片，参照关庙山器型复原）

了。这一现象值得研究。戳印、篦点、刻划、贝印（大溪一期有拍印或模印）的花纹图案，艺术技法两地有相似之处，特别是一种以小方格篦点纹作地的技法，何其相似，但上面所刻划图案就有较大的差别了。

3. 彩陶

大溪文化彩陶的出现最早是在皂市下层（T43 第五层 ^{14}C 测定年代为 6920±200 年），T44④:7 圈足盘，泥质红陶，饰白衣。尖唇，坦腹壁近平，高圈足且向内收缩，在托盘外壁上部饰二道深红彩带纹。^{⑩}汤家岗早期遗物中发现 8 片彩陶，均为红地黑彩，绘简单的点线纹。中期彩绘陶数量略有增加。共发现 24 片，彩绘多施于罐和豆圈足上，出现了红陶白衣上绘红、褐彩的，图案有点线、网纹、漩涡纹、波状纹等。丁家岗第一、二期文化遗存中极少彩绘，共不足 10 件（片），纹饰除多宽带纹外，出现了宽带纹间夹弧线和曲折纹的图案。大溪文化三期彩陶才发展到繁荣阶段，这一期以毛家山，关庙山第四、五层，红花套一、二期，三元宫中层为代表。其年代以关庙山为例，用木炭 ^{14}C 测定 T6④为 2795BC±90、T9③为 3085BC±70（未经树轮校正）。^{⑪}大溪三期的陶器已出现三足器、平底器、卷沿器、簋形器等。在环珠江口区新石器时代晚期才可见到的瓦棱纹也普遍存在。彩陶出现蛋壳黑彩陶。彩陶在这期除红衣黑彩外，普遍出现了一种白衣棕彩（或称赭彩）和白衣黑彩。还有一种白色或橙黄色衣上同时绘红、黑二色彩的。花纹主要有平行条纹、水波纹、漩涡纹、绹索纹、网格纹、圆点弧形勾叶纹、弧线三角纹、变形鱼头纹和花瓣纹等（图七、八、九）。

环珠江口的史前彩陶有一个明显的相对独立的发展过程，据现有的材料，可初步看出其肇始、发展、繁荣和衰落的脉络。

咸头岭遗址的地层中仅发现两件彩陶器，均为夹砂粗陶。一件为筒形双耳杯（耳脱落），另一件为小平底盆，表面抹光，在口沿内外饰一周赭红色宽带彩（图二，8、14）。在调查中曾采集到一件带大镂孔的泥质彩陶圈足盘的残圈足，因层位不明，不能纳入咸头岭期。在咸头岭期的陶器中，迄今未见环珠江口区彩陶器中最具代表性的彩陶圈足盘。夹砂彩陶器及内、外涂赭红色陶衣是咸头岭期的独特之处。这种量少、质粗、纹饰简单的器型，可视为本土彩陶之肇始。

增城金兰寺下层是衔接咸头岭彩陶肇始期与大黄沙彩陶兴盛期之间过渡阶段的典型。金兰寺下层有一种着赭红或黄色陶衣的陶器，有些则仅在口沿内外施赭红色陶衣，甚似彩陶，磨光红陶和彩陶陶胎与陶衣颜色相同，彩陶则在磨光红陶的表面，用赭红色彩绘上单条、双条和叶脉状的图案，由于胎色相同，几不可辨。表现出彩陶的发展形态。

大黄沙期中的小梅沙彩陶圈足盘，是环珠江口区彩陶器的代表和成熟之作，泥质细腻，烧制良好，表面打磨光滑，暗红色陶衣上绘赭红色彩，圈足配以小镂孔和刻划波折纹（图一〇）。

图六　深圳小梅沙彩陶盘（SLS：01）　　　　图七　大溪文化一期彩陶纹饰（丁家岗 T9③：30）

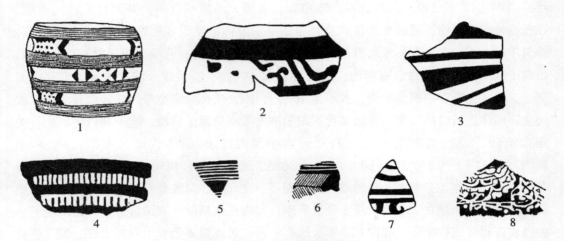

图八　大溪文化二期彩陶纹饰

1. 关山庙 T65⑦H149：1　2. 丁家岗 T8②：19　3. 丁家岗二期　4. 丁家岗 T12②：43　5. 丁家岗 T1②：16　6.
丁家岗 T9②：67　7. 丁家岗 T7②　8. 丁家岗 T8②：52

　　大黄沙期是环珠江口彩陶发展的高峰期，纹样变化多端，据邓聪先生统计有 50 多
种彩纹，但主题都离不开描绘水的各种形态，包括流水与浪花（图一一）。

　　后沙湾则是彩陶由兴盛向衰落转型的阶段，出现施白陶衣之上绘赭红彩的圈足盘，
彩陶器类中出现罐。到深湾组衰落期已不见典型的彩陶圈足盘了。

　　从洞庭湖区与岭南两地新石器中期彩陶的比较中可以发现，它们之间的最大区别在
于：红衣黑彩是大溪文化彩陶的主色，环珠江口史前彩陶（指新石器时代中期）仅见赭
红一种；彩陶器类方面，洞庭湖区最常见的是罐，其次才是盆、盘；环珠江口区则以圈
足盘为主，只有少量的碗、杯、罐。

　　彩陶纹样中的宽带彩、并行线和点彩大概是彩陶史上最早出现的纹饰之一。美术史
学家认为，点、线、面是构成美术图案的基本要素，古今中外，概莫如此。因此，肇始
期的彩绘多见宽带彩。美术作品的产生，离不开现实生活和自然环境，洞庭湖区和环珠
江口区都面对碧波荡漾的湖、海，故多有以水为题材的图案。但绘画技法和表现形式就
各有千秋了，如洞庭湖区出现较多的漩涡纹，在环珠江口区就找不到，洞庭湖区更广袤
的是平原和丘陵，因此其花纹题材也就更为广泛。

图九 大溪文化三期彩陶纹饰

1. 王家岗 T6④:17　2. 划城岗 T3（F）　3. 关山庙（T4③:9）　4. 三元宫 T3M 下①:2　5. 划城岗 H8:2　6. 王家岗 T11④:2　7. 关山庙 T52⑤AH43:5　8. 王家岗 T6④:20　9. 汤家岗 T9②:2　10. 划城岗 T8M12　11. 划城岗 T8H12:6　12. 划城岗 T3H8:1　13. 关山庙 T51⑤A:192　14. 划城岗 T8⑤　15. 划城岗 T9⑥:1　16. 关山庙 T37④:9　17. 关山庙 T51⑤A:171　18. 划城岗 T8H12

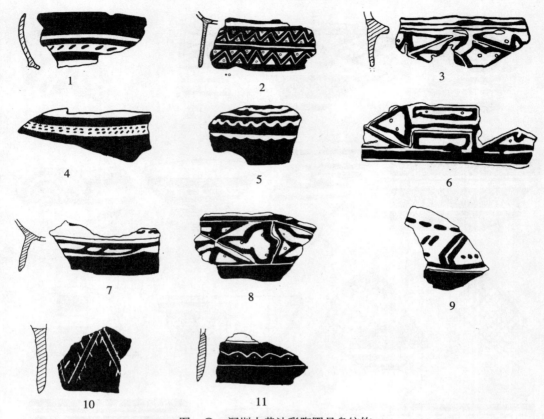

图一〇　深圳大黄沙彩陶圈足盘纹饰

1. T101④:19　2. T101④:31　3. T202④:24　4. T202④:15　5. T202④:18　6. T202④:32　7. T202④:21
8. T202④:10　9. T202④:37　10. T202④:28　11. T202④:34

　　大溪文化从距今6800～6500年之间的汤家岗下层至距今5000年左右的大溪晚期墓葬，何介均先生将其划分为四期。[12]彩陶从一期的肇始期发展到三期的繁盛期，到四期的衰落期，前后经历过1000多年的漫长时期。

　　环珠江口区彩陶文化遗址的年代分期，参考各遗址年代测定资料，并根据出土陶器、石器等文化遗物的类型及组合差异等，彩陶从咸头岭肇始期——金兰寺发展期——大黄沙繁盛期——蚬壳洲、深湾衰落期，也走过1000多年的历史。咸头岭虽未有^{14}C测定资料，但从各组别器物的排比考察，咸头岭组的陶器、陶系、制作等是较原始的，曾骐教授认为它的时代相当于"前大溪文化"。距离咸头岭8公里处的大梅沙遗址，其下层与咸头岭有密切的关系。大梅沙遗址Ⅰ区下层出土长条形斧、锛和石拍；陶器中夹砂陶占99.7%，泥质陶很少，着红色陶衣。纹饰中绳纹占64.77%，刻划纹占14.2%，有脉状纹、水波纹、贝印纹等。器类有罐、釜、碗、豆、器座、支脚；器形仅见圈底器和圈足器，典型器为尖圆底绳纹罐[13]，与咸头岭遗址出土的石器、陶器十分接近。参考

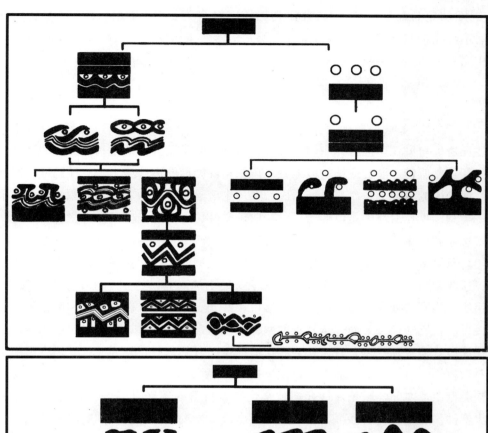

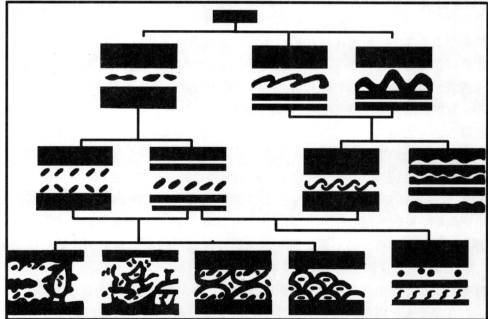

图一一　环珠江口区出土彩陶纹饰演进图

（引自邓聪等《大湾文化试论》）

大梅沙^{14}C 测定为距今 6250±240 年，树轮校正为 6895±255 年，那么咸头岭遗址的年代显然不会晚于 6800 年。也就是说，大溪文化彩陶肇始期与咸头岭文化彩陶肇始期的时代相当。可谓一北一南，花开两朵，各表一枝。

三

　　沙丘遗址与贝丘遗址有着密切的关系，两种不同类型（指沙丘和贝丘）的遗址，生态环境却是相似的，沙丘遗址一般地处海湾峡角潟湖前的古沙堤上，贝丘遗址一般濒临近海江河两岸的台地上。沙丘遗址居民的经济生活是以渔猎为主，兼以原始农业和采集的经济类型；贝丘遗址则是以捕捞（除获取鱼类外，更多的捕捞贝壳类食物）为主，兼以原始农业和采集的经济类型。从文化遗存中的生产工具和生活用具考察，也就存在一些差异。石器方面，贝丘遗址多见制作粗糙并较大型的蚝蛎啄和手斧，出土不少骨器和蚌器，这些在沙丘遗址中都极为鲜见；贝丘遗址中的陶器，特别是在早期遗址较少见，陶胎粗厚。相同之处在于陶器器类、器形以及磨光石器用材、制作工艺和造型等方面都极为接近。在居住遗迹方面，从发现的两种类型遗址聚落居址规模和稳定性来看，贝丘遗址要比沙丘遗址强得多。有人认为沙丘遗址是一种季候性的聚落形态[14]，广州中山大学曾骐教授说"贝丘遗址可能是沙丘遗址的大本营"，这仅仅是一种推测，以此说明两种不同类型遗址之间的联系。沙丘遗址文化有着自身的发展空间，2001 年深圳考古人员在大梅沙沙丘遗址（古沙堤）潟湖后面的山坡上发现大面积的排列有序的柱洞，无疑是居住遗迹，虽未全面揭示，但从出土的陶片和石器的时代特征来看，与古沙堤出土文物是相一致的，这说明了两者之间的内在关系。

　　从以上诸文化因素考察，沙丘遗址与贝丘遗址之间虽然存在一些差异，但同大于异，仍属同一自然地理区域内的一种考古学文化。

　　咸头岭沙丘遗址与陈桥村贝丘遗址发现的原始彩陶之间的关系问题：

　　1956 年冬至 1957 春和 1960 年 6 月，莫稚等人在粤东的潮州陈桥村发现了新石器时代中期最早阶段的贝丘遗址[15]。"陈桥人"使用最有特点的大型"蚝蛎啄"、石手斧、砍砸器、敲砸器和半磨制的石锛，与华南新石器时代早期遗址青塘洞穴的石器十分相似[16]，莫稚先生认为它们之间存在着传承关系。

　　陈桥村贝丘遗址中发现了华南最原始的彩陶，绝大多数夹沙粗陶的表面都涂上一层红彩，并在部分夹砂陶的颈部、肩部绘有一周宽带状赭红彩。陈桥村的陶器全系夹砂陶，以灰胎质量多，兼有红、黑胎，火候很低，手制，器表磨光，有的陶片器表石英砂粒裸露，有的陶片沿边、颈部、内壁、腹部涂赭色彩，器表多施贝印文。陶片的断口可以看到多层结构的胎壁，这种贴塑法是手制陶器的一种原始工艺。陈桥村贝丘遗址的年代，朱非素认为属广东早期新石器时代的晚一阶段。莫稚、杨式挺均认为属广东新石器时代中期的前段[17]。

陈桥村贝丘遗址陶器的特点，与深圳咸头岭沙丘遗址陶器有许多共同之处，尤其是夹砂陶绘宽带彩的原始彩绘技法，如出一辙。陈桥村遗址的年代与咸头岭遗址的年代大体相当。

陈桥村贝丘遗址和咸头岭沙丘遗址所发现的原始彩陶，从时间、空间和文化面貌诸方面考察，他们之间的关系应该是互相交流、同时发展的一种文化。这个问题，在环珠江口区彩陶繁盛期的深圳大黄沙沙丘遗址、珠海后沙湾沙丘遗址和东莞万福庵贝丘遗址等诸遗址中得到进一步的证明。

四

华南史前考古材料表明，彩陶源于红衣陶是无可争辩的事实。陶器彩绘与赭红色陶衣有密切的关系，开始人们因某种用途的需要，将陶器内外涂上红色的颜色。陶衣制作技术为彩陶的出现提供了技术和物质条件，人们在现实生活和自然环境中得到感受和认识，为他们的艺术作品提供了表现内容，在原始经济发展到一定程度之后，于是彩陶艺术便应运而生。

在咸头岭遗址中发现一块研磨过的赭石（赤铁矿石），并有多件中心有凹、凸的石器，这块不规则、中间有磨陷痕迹的颜料，与陶器上的赭红色陶衣和彩绘颜色是一致的，应是本土彩陶颜料来源的物证。

陈桥村、咸头岭陶器上的红色陶衣、彩绘颜料以及咸头岭出土的赤铁矿石，虽未经化学分析，但"光谱分析表明，赭红彩的主要着色元素是铁，当以赭石为原料，在仰韶文化遗址中往往发现赭石和研磨工具，可为佐证。"[18]民族考古学材料也可得到证明，分布在滇、桂、川等地汉唐时期的崖画颜色，几乎全是红色。1962年，汪宁生教授在调查沧源第一地点已经模糊的画面上刮取少量的红色粉末，送请昆明工学院化学教研室做定量分析，化验结果称"……沧源崖画所用红色颜料，经分析结果，其主要成分是铁。这种颜料可能是天然的赤铁矿。"第七地点取同样的标本送昆明有色金属研究所进行光谱分析，结果证明其中铁最多，占10%以上，镁占10%，矽和钙各占了3%～10%，铝占3%，其他元素有微量。两次分析表明，红色崖画都是以赤铁矿为主要颜料，现在云南一些地区犹用此物为颜料[19]。

赤铁矿石必须研磨或捣成粉末，并以液体调和后才作为颜料使用。陶器施彩颜料调浆液用纯净水抑或其他调和剂，需作进一步的研究。崖画"以血为颜料或调和料在世界其他地区屡见不鲜，且有惊人的持久性。"云南西盟佤族过去头人家"大房子"上的壁画，就是用赤铁矿加黄牛血。广西宁明，即崖画集中分布地区，古越族后裔——壮族直到解放前还以赤铁矿为红色颜料，他们则是用牛皮熬成胶来调和的。彩陶与崖画到底有质的区别，崖画是绘在岩石上的，需要有牢固的粘合剂，而陶器吸水性能强，且施彩后还要入窑焙烧，烧成后黏合紧密，故推测可能是用纯净水调浆。

以赭红色的赤铁矿石为颜料，其传统可以追溯到旧石器时代晚期北京周口店"山顶洞人"，其头骨周围撒有赤铁矿，往后红色也成为许多原始民族的爱好。值得注意的是，黄河流域的新石器时代的马家窑文化和仰韶文化的彩陶纹饰以黑色为主，少量红色。而红色却是古南越族的先民及其后裔永恒的主色，无论是史前的彩陶，还是汉唐之际的崖画，千篇一律使用红色。红色是南方很多民族喜爱的颜色（包括前面所述左右江的花山崖画和沧源崖画的主人西瓯、骆越、百濮等百越族），因为它是血液的颜色，象征着生命、力量、强健以及生活的美好和欢乐。

大溪文化彩陶的主色则是黄河、长江流域彩陶的传统色彩——黑色，"黑彩的主要着色元素为铁和锰，原料可能是一种含铁较高的红土"[20]。耐人寻味的是长江中游的湖北、鄂西、川东等大溪文化分布区不乏赤铁矿石，岭南更是含铁、锰的红土遍地皆是。那么，是否可以说明大溪人对黑色的偏爱？黑色又意味着什么？这个问题值得探讨。

珠江远古人类文化摇篮源远流长，从马坝人——宝晶宫人——罗沙岩人——独石仔、黄岩洞人——青塘人[21]——陈桥村、咸头岭人，他们一步步走出洞穴，迁向丘陵、平原，一部分成为南越族先民，他们来到海滨，向海洋拓展。进入环珠江口的史前人类发展了一系列适应海洋环境的技能，逐步建立起稳定的定居聚落。他们在特定的自然环境中选择自己的生存方式，在生产和生活中与华南山地的南越族先民及其他族群不断交流，创造和发展了颇具特色的生产工具和生活用器，包括以红色为主的绚丽的彩陶文化。

注 释

① ［意］麦兆良著、刘丽君译：《粤东考古发现》，汕头大学出版社。

② 深圳博物馆：《深圳考古发现与研究》，文物出版社，1994年。《珠海考古发现与研究》，广东人民出版社，1991年。中山市博物馆编：《中山历史文物图集》，1991年。杨式挺：《试论西樵山文化》，《考古学报》，1985年1期。邹兴华：《珠江三角洲史前文化分期》，载《岭南古越族文化论文集》，香港博物馆编，1993年。莫稚：《珠江三角洲的贝丘遗址》，《南粤文物考古集》，文物出版社，2003年。广东省博物馆等：《广东高要县蚬壳洲发现新石器时代贝丘遗址》，《考古》1990年6期。邓聪、黄韵章：《大湾文化试论》，载《南中国及邻近地区古文化研究》，香港中文大学，1994年。

③ 杨式挺：《试论闽台粤先秦考古文化关系》，载《福建文博》"闽台古文化论文集"，第42～45页，1991年。

④ 深圳博物馆、香港中文大学中国考古艺术研究中心、中山大学人类学系：《环珠江口史前文物图录》，香港中文大学出版社，1991年。

⑤　杨式挺：《从中山龙穴及白水井发现的彩陶谈起》，载《南中国及邻近地区古文化研究》，香港中文大学出版社，1994 年。

⑥　何介均：《环珠江口的史前彩陶与大溪文化》，载《南中国及邻近地区古文化研究》，香港中文大学出版社，1994 年。

⑦　Bullefin of the lndo－pacitic prehistory Association 18，1999·Indo-pacific prehistory：the melaka papers，Volume2，pp105～106．

⑧　《苏秉琦考古学论述选集》，文物出版社，1984 年。

⑨　何介均：《洞庭湖区新石器时代早期文化探索》，载《湖南考古辑刊》，1989 年 5 期。

⑩　湖南省博物馆：《湖南石门县皂市下层新石器遗存》，《考古》，1986 年 1 期。高中晓：《大溪文化陶器纹饰浅析》，载《湖南考古辑刊》第 3 期，1986 年。

⑪　何介均：《试论大溪文化》，《湖南先秦考古研究》，岳麓书社，1996 年。

⑫　何介均：《长江中游原始文化再论》，同⑪。

⑬　深圳博物馆：《广东深圳大梅沙遗址发掘简报》，《文物》1993 年 11 期。

⑭　商志䨓等：《环珠江口史前沙丘遗址的特点及有关问题》，《文物》，1990 年 11 期。

⑮　广东省文物管理委员会：《广东潮安的贝丘遗址》，《考古》，1961 年 11 期。

⑯　广东省博物馆：《广东翁源县新石器时代遗址》，《考古》，1961 年 11 期。

⑰　朱非素：《广东新石器时代考古若干问题的探讨》，《广东出土先秦文物》，1984 年香港出版。杨式挺：《广东新石器时代文化及相关问题的探讨》，《史前研究》，1986 年 1～2 期。

⑱⑳　《中国大百科全书·考古学》，第 709 页，中国大百科全书出版社，1986 年。

⑲　汪宁生著：《云南沧源崖画的发现与研究》，文物出版社，1985 年。

㉑　《纪念马坝人化石发现三十周年文集》，文物出版社，1988 年。《纪念黄岩洞遗址发现三十周年论文集》，广东旅游出版社，1991 年。广东省博物馆：《广东翁源县青塘新石器时代遗址》，《考古》，1961 年 11 期。

沙丘遗址出土的玦和环砥石

肖一亭

英文提要　*Jue* is commonly found amidst sand dunes, which is believed to come into use about 5000 years ago by our ancient ancestors round the Pearl Estuary, its perforating process being divided into three categories: drilling, grinding and stone-sawing. Circular whetstones are believed in relation to the process of making of jade, probably used more as a type of pulley than for direct drilling; details of their deployment are yet to be discovered nonetheless. The emergence of *Jue* and numerous workshops for the making of it have something to do with the religions at that time.

玦的出现可以追溯到距今 8000 年前，在中国内蒙古兴隆洼遗址出土过软玉玦饰。耳珰的出现在距今 7000 多年前，在浙江余姚河姆渡遗址中有出土。在珠江口地区的沙丘遗址中，距今 4000 年前大量出现石玦。玉石玦的研究早已引起学界的注意[1]，台湾学者黄士强先生分别于 1971 年和 1975 年，发表《台湾的石玦》[2]、《玦的研究》[3]两文，对玦作系统论述；香港学者邓聪先生对于环珠江口地区出土的石玦有较多的研究，近年来发表了一系列研究文章[4]。笔者由于参加宝镜湾遗址考古发掘与整理工作，接触到一些材料，对玦和环砥石也试作一二观察。

一　沙丘遗址出土的玦

目前，沙丘遗址中出土的玉、石质的玦为数不少。珠海宝镜湾[5]、锁匙湾[6]、棠下环[7]，香港涌浪[8]、白芒[9]，澳门黑沙[10]等地都有玉石器作坊发现，零星出土石玦及与玦有关的石环芯的出土地点在沙丘遗址中更是普遍。宝镜湾遗址，经考古发掘出土了上百件与制玦有关的物品，有石料、半成品、成品、废品、附产品及制作工具，如环砥石、石刀、砺石等。从质地上看，这些玦全都不是现代矿物学上所指的玉——翡翠，而是一种玉的代用品[11]。珠海宝镜湾出土的玦，经矿物学专门人员鉴定，质地有石英石、石英脉、石英岩、玉髓、水晶、玛瑙、灰岩等。这些岩石大都可以在珠海及附近找到。环珠江口地区沙丘遗址中出土的玉器、石器饰品，以玉、石、水晶质的玦为大宗，同时也出土一批玉、石质的环。玦和环都是圆玉（石），也就是圆形且中间有孔的玉，不同的是玦有一道缺口，从制作的工艺过程看，一般都是先加工成环状，再在环上开出缺口。所以，有的环可能是未完成的玦。

香港涌浪出土石玦数量众多，发掘者将其划分为七个不同的式别。从宝镜湾和涌浪遗址等地发表的材料看，这批石玦的外圈直径都不是很大，在 2.04～7.70 厘米之间，内径在 0.94～6.28 厘米，厚度 0.42～1.30 厘米，顶径（与缺口对应的玦实体的宽度）0.56～1.30 厘米之间，而缺口的宽度在 0.16～0.60 厘米之间。

从整体尺寸看，两个遗址出土的玦大体相同，但是细部也可以发现一点点的差异。根据从宝镜湾遗址和涌浪遗址两个地点出土的 20 件（其中宝镜湾 9 件，涌浪 11 件）较完整的玦的观察发现，宝镜湾出土石玦的缺口大都保持在 0.4～0.6 厘米之间，而涌浪出土玦的缺口宽度大都在 0.22～0.40 厘米之间，这个数据可以看出，宝镜湾遗址出土玦的缺口稍宽。玦在使用时，从玦的缺口处套入耳垂，再穿过耳垂的穿孔，将玦的缺口旋到向下的位置。缺口是玦穿入耳垂中的一个通道，其起码宽度应保证能够穿过耳垂，当然，缺口不能太宽，不然戴好的玦容易掉出来。1998 年在香港的一个展览中，有人复原了一个四千年前先民的半身像，其玦的使用方法则是玦的缺口卡在耳垂上（也就是缺口朝上），实际上这是很难挂稳当的，不符合古人的使用规律。

一般认为玦饰在距今 4000 多年前才在环珠江口地区流行。邓聪先生对香港地区出土的玦饰进行了初步分期[12]，分为三段：第一段以涌浪上文化层为代表；第二段以大湾中层及东湾仔第二期文化遗存为代表；第三段以白芒第二期文化遗存及过路湾遗存为代表。笔者以为，宝镜湾遗址的一个早期单位的材料值得注意，可能为玦饰年代的提前提供证据。这是一座编号为 M2 的墓葬。其中出土了两件水晶玦（图一，1、2），直径 5.1～5.5、内径 2.7～2.9 厘米，经过抛光，相当精美，与水晶玦共存的是一件刻划纹陶杯（图一，3）和一件刻划纹小口垂腹陶釜（图一，4）。从陶器特征看，具有珠江口地区新石器时代晚期早段风格。墓葬形制小，墓口长只有 1 米，宽只有 0.6 米，由于其中并没有发现人骨，在整理过程中又将其改为灰坑，编号 H21。从这个单位的地层及其出土器物判断，玦饰在环珠江口地区最早使用年代当在距今 5000 年前后。

二　玦的制作

玦的制作首先是采集和鉴选原料。从珠海宝镜湾遗址的制玦情况看，原料来源有两种：一种是采集河卵石，遗址中也出土了相当数量的只稍作加工的石英、水晶的河卵石块，当然也有石英脉、玉髓、水晶、灰岩质的卵石；另一种是采矿，也就是在岩石上直接采取，遗址中出土了一些不是河卵石的石英石块。2000 年 5 月，在宝镜湾遗址进行

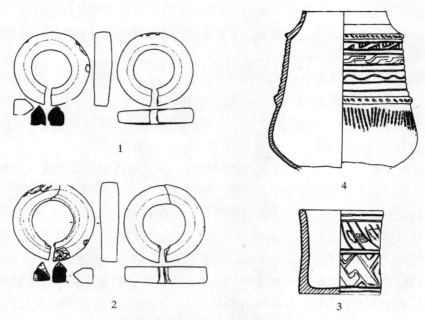

图一　宝镜湾遗址 M2 出土水晶玦与刻划纹陶器

1、2. 水晶玦（M2:1、M2:2）　　3. 刻划纹陶杯（M2:3）　　4. 刻划纹陶釜（M2:01）

　　第三次正式考古发掘期间，笔者在高栏岛的东南部牛龙咀发现了被当地村民称之为"白石"的矿石。由于基建，这里的山石被炸开，石英石、蛋白石等石料碎块遍地都是，再看一看四周，有多处直接暴露在外的石英石，有的地方还可以用石块砸下石英石块。这些石英石与宝镜湾遗址出土的石英石一样，且牛龙咀距宝镜湾遗址很近。毫无疑问，这里的石料可能被先民用来制作玉石玦。先民也是十分珍重制造玦、环的石料。在珠海宝镜湾遗址之中就曾发现古墓葬（M3）中随葬石料的情况。该墓中除了随葬有陶釜、沉石、石网坠、石英玦之外，还随葬两块石料：一块为水晶石料，一块为石英片岩石料[13]（图二）。

　　第二步是将石料加工成坯。石坯的加工结果可生成两种类型半成品。一种是经琢磨而成扁平圆饼，石料经过周边琢磨近圆，再将两面尽可能磨平，厚度一般磨到 0.4～1.3 厘米之间，而以 0.8 厘米左右的居多；另一种是未经磨平者形，仅仅是琢打修整加稍微的磨制，令其形状呈算珠形。

　　第三步是穿孔。其方法主要有三种：

　　管钻法　这是这一地区最为常见的一种方法，加工对象是第二步加工时经过琢磨而成扁平的圆饼。利用竹、骨等外廓圆中间空的管状物体，垂直于扁平的石坯上作旋转运动，带动石英砂、水等中介物质，对石坯进行磨擦，而达到穿孔的功效。管钻的方法又分为单面钻和双面对钻两种。从宝镜湾遗址出土相关材料的统计可知，采用单面钻的情

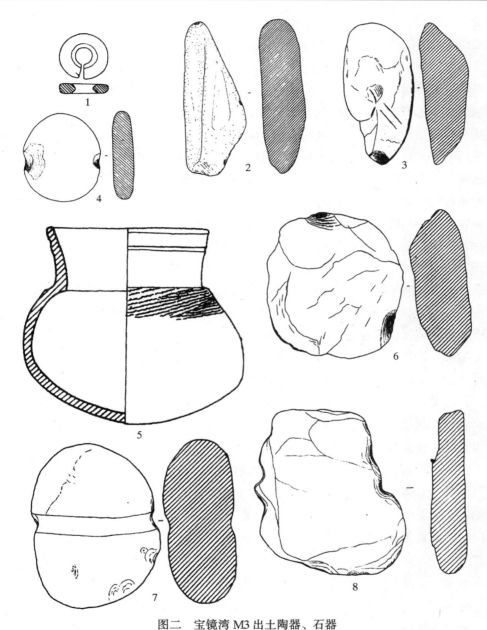

图二　宝镜湾 M3 出土陶器、石器

1. 石英玦　2. 石杵　3. 石英片岩石料　4. 网坠　5. 陶釜　6. 水晶石料　7、8. 沉石

况占绝大部分。一方面是因为石坯都不是很厚，单面钻可以直接解决问题，另一方面，因为对钻有一定的技术难度，两面对钻最难的是找到圆芯，要使对钻接口完全吻合不容易。从一面钻，钻到快穿透时，中间的石芯往往崩落（图三，22、25、27～30），有时为了防止崩坏制品，在快穿透时从另一面敲打一下，使石芯从管钻用力方向相反的方向

（开始钻孔的一面）掉出。经观察，沙丘遗址出土的石环玦，目前还未能确定有同时对钻的实例，最多的情况是从一面钻到将穿而未完全穿透时，为了防止崩坏环玦的边沿，而从另一面对钻（图三，20、23、24、26）。这种情况从石芯上或是残石玦的对钻接口线上可以分析得知。观察发现：宝镜湾出土石玦、环半成品上的对钻接线有两个特点：a. 对接线往往不在中间，而是偏一边；b. 对接线不平直，而是斜线。这两个特点说明其不是同时对钻，而是钻好一面再钻另一面，因为同时从两面对钻，必然要求两面的作用力在同一线上，只是作用力的方向相反，且钻孔留下的同心圆磨痕也应与表面平行。管钻法穿孔广泛采用的原因不仅因为这样钻孔成功的概率较高，而且因为这样钻孔可以充分利用石料。较大的石坯，用管钻钻出的石芯，可以作为下一个较小的石环、玦的石坯，可以再用稍小的管状工具进行钻孔，所得到的石芯如果可能还可作为更小的石环、玦的材料。因而在同一石块上制出多个大小相套的石玦。

琢钻法 用尖状的石器在石坯上直接琢打，从而形成穿孔。这种方法的加工对象是只经琢打而未经磨平的那部分石坯。在宝镜湾遗址之中发现几件采用此法穿孔的实例，都是废品（图三，18、19，13），在中山龙穴也发现这种方法穿孔的残器，可见这种方法的成功率有限。在宝镜湾遗址，用这种方法穿孔的石料只发现水晶石。

石锯法 这种穿孔方法以往学者极少提到，笔者在宝镜湾遗址中观察到多件采用石锯法穿孔的实例。具体操作是：将石坯磨圆、磨平，从边沿处用石刀锯出缺口，缺口一直锯到石坯的中心，再从中心向周围磨大，形成穿孔。从实例上看，采用此法的器形都较小，直径不超过4厘米；这种方法穿孔的特点是穿孔不圆，周围的磨痕明显，宝镜湾遗址出土的一件完整的石玦（编号T6②：6；图三，11）、二件残玦（T11③：110、T20①：1；图三，12），就是这种方法制成。在香港深湾遗址也曾发现以此种方法穿孔的实例，其编号为C85/441的一个石英玦也当是此种方法穿孔[14]。

第四步为整形、抛光。沙丘遗址出土的玦，剖面看有多种形制，以五边形、长方形、椭圆形的常见，也有外沿上磨出一凹槽的玦。表面看来都十分考究，特别是水晶器，在出土的时候往往还晶莹透亮，可以想见当时先民在磨制和抛光方面已经下足了功夫。一般来说，玦都是在穿孔完成之后，再来修整抛光。笔者以为，在这一工序中，先民们已经使用了简单的机械，特别是能使环、玦半成品在加工过程中旋转的机械。不然，就难以理解当时加工的物品能达到如此的精致。

第五步为开缺口。经过整修过程后，进入制玦的最后一道工序——开缺口（这是指一般情况而言，也有特别例子，前面已经介绍采用石锯法钻孔的这类玦饰就是在穿孔、抛光之前就已经开好缺口，由于开好缺口之后的玦饰强度减弱，容易在抛光过程中断裂，所以只有小件器物才采用先开好缺口的石锯法钻孔）。从玦饰缺口上的锯痕，我们可以看出，当时是用一种我们称之为"石锯"的石片进行的，用石片直接在环上来回上

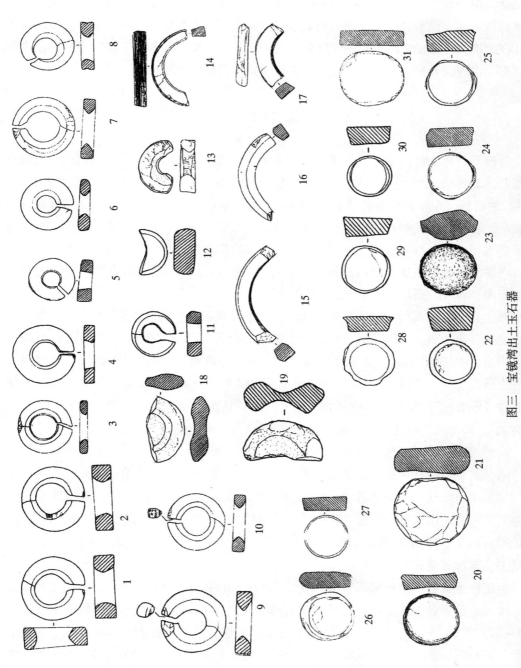

图三 宝镜湾出土玉石器

1～11. 石玦 12～13、18～19. 石玦半成品 14～17. 石玦残器 20～31. 石环芯与石坯

下拉动，由外沿往垂直向孔心进行切割。而作为石片石锯的硬切割，切痕为不规则的抛物状斜线。从宝镜湾遗址出土的石块的缺口上观察，有相当数量块的缺口上还保持粗糙面。在宝镜湾等遗址中出土过用于锯切割的小石片，有的两侧刃和一端刃都可以用来作锯切割，也许在开好缺口后，还会回过头来对玦饰进行二次抛光。

三　沙丘遗址中出土的环砥石

环砥石在环珠江口地区的古代遗址之中常有发现。环砥石是一种一端或两端有明显经过高速旋转磨出的同心磨痕，中心部位有旋磨留下的乳突（或称之为"螺蛳状"头[15]）的石器。在乳突周围有平整的磨面，器身整体形状各异，有橄榄状，有柱状，有三棱形，有半球形，有不规则形，有扁圆状，有方形。从加工的情况看，有的周身经过初步磨圆，有的器身基本没有加工，或只是局部特别是靠近乳突的地方经过初步磨或琢打。在珠海宝镜湾遗址、澳门黑沙湾遗址等制玉作坊中，环砥石与水晶石料、石英石料、石玦、石环、石玦石环半成品、石玦石环废品、附产品等一同出土，同时出土的还有砺石、石刀等工具。这一系列的物品出土，不仅展示一个玉石器作坊的文化面貌，而且也说明环砥石是一种与制作玉（石）器有关系的工具。安徽省文物考古研究所于1998年11月在含山县凌家滩遗址发掘出土1件"环砥石"，称为"石钻"[16]。浙江省文物考古研究所于1979年11月至1980年1月在桐乡县罗家角遗址第1层和第2层各出土1件"环砥石"，发掘报告称其为"钻头"[17]，并认为"这类钻头，可能与石器钻孔技术有关"。邓聪先生将这一类物品称之为辘轳[18]。

（一）环砥石的发现

从目前掌握的材料看，环砥石发现最多的遗址是珠海宝镜湾遗址，共出土18件。在与宝镜湾遗址相望的荷苞岛锁匙湾遗址也有出土。此外在珠海湾仔、澳门黑沙湾[19]、香港大屿山万角咀[20]、白芒[21]、沙螺湾[22]、春坎湾[23]、新界涌浪[24]、龙鼓滩遗址[25]、东湾[26]等地都有出土。环砥石的石质有石英岩、花岗岩、水晶、脉岩、泥质岩等多种，以石英岩最多，其次是花岗岩。

宝镜湾遗址出土的环砥石中，石英石质的有10件，花岗岩有3件，砂岩2件，泥岩、水晶、脉岩各1件。环砥石的长度在3.4～12.4厘米之间，环砥石乳凸的长度在0.5～3.3厘米之间，环砥石形状各异，或呈橄榄形，或为圆柱形、扁长条形、三棱长条形、近球形、扁圆形或不规则形，有的表面经过磨光磨平，有的则还完全是原始的粗糙面，但共同的特点是：在一端或两端各有一个乳凸，乳凸及周围有明显的高速旋转的同心圆磨痕。标本T29④A:42，石英质，整器似陀螺，两端都有乳凸，但是乳凸已经磨趋平缓，器身整体稍作加工，而乳凸及周围，由于使用时高速旋转的磨擦，石英表面已光滑放亮，并可见同心圆旋线；标本 T1③B:101，石英质，整体呈橄榄状，上半部经过琢打修整，下半部则显现棱角，上半部一端伸出一乳凸，乳状凸及周围经过旋磨显得光滑放亮，其间可见同心弦纹；标本 T15③B:88，砂岩质，为一块未经磨制的石头，稍经琢打，略呈半圆状，在顶部出乳凸，只有乳凸及乳凸的周围局部有旋磨痕迹；标本 T18③B:44，砂岩质，原本为一砾石残片，其上还残留有磨面和磨槽，其后改做环砥石，在一端磨出乳凸。这是最大乳凸的一件环砥石，乳凸长达 3.3、直径 2.7 厘米，周围虽然也有旋转弦纹，但是可以看出尚属刚使用不久；标本 T21③B:24，石英质，石质坚硬，石块表面粗糙，只经简单打琢加工，两端各磨出一乳凸，一长一短，乳凸表面光滑，期间有几道高速旋转留下的弦纹；标本 T13③A:24，花岗岩质，扁圆长条形砾石，砾石一端伸出一乳凸，乳凸及周围有明显的磨痕。标本 T19③A:10−1，水晶质，在不规则的器身一端伸出一个乳凸，出土时乳凸已经残断，但周围磨痕十分明显。澳门黑沙遗址第一层出土的一件环砥石，系石英岩的椭圆形长身河砾石制作，表面光滑，有明显的石英节理层，长 7.76 厘米，最大直径 5.47 厘米，重 307 克。这是一件使用痕迹非常清晰的环砥石，其长轴两端均有砥磨痕迹，一端砥磨头较高，另一端砥磨头较低而秃。俯视较高的砥磨头，可观察到三圈与制作和砥磨有关的痕迹：最内一圈为乳突状，表面有琢击痕迹（图四）。

（二）环砥石出现的年代

环砥石的最早年代当在距今 6000 年前后。在浙江桐乡县罗家角遗址属于马家浜文化晚期的文化遗存中发现两件环砥石，"是迄今发现的年代最早的环砥石"。[21]安徽省含山县凌家滩遗址出土的环砥石，时代属新石器时代晚期，绝对年代约距今 4500 年。河南省安阳"殷墟"发现的环砥石，时代为商代后期，是迄今我国发现的地理位置最北且在内陆地区的环砥石。在环珠江口地区，较早的环砥石是在宝镜湾遗址之中，属于第4A 层的地层堆积中有出土。珠海市高栏岛宝镜湾遗址中各个大的地层之中都有环砥石出土，经北京大学加速器实验室采用加速器质谱计数测年方法测定的第 2~4 层的四个数据看，距今年代在 4360 年~4090 年之间。1995 年 1 月在澳门黑沙遗址发掘出土的 1件环砥石，时代为新石器时代晚期，同层出土的木炭经碳十四年代测定为距今 4190±210 年（未经树轮校正）。

（三）环砥石的使用

环砥石是直接用于钻孔与加工物磨擦，还是作为传动工具——辘轳时与装在其上的转盘磨擦呢，目前还有两种不同的意见。

张之恒先生认为，环砥石是直接接触加工物品的工具[22]。他说，"有的研究者称'环砥石'为'内磨砥石'。环砥石之'砥'是取其精磨或细磨之意，与一般砺石用于粗磨相区别。环砥石的形体一般为椭圆形，两端或一端有'螺蛳状'的头，这是砥磨部分，即使

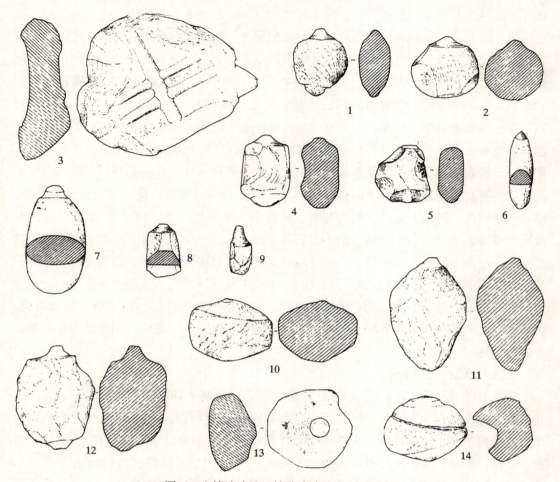

图四　宝镜湾遗址、锁匙湾遗址出土环砥石

用部分，且均保留有同心圆状的使用痕迹。由于环砥石是砥磨环状器物（玉石璧、琮、瑷、玦、环、镯）内切割面的工具，故常和砺石、玉石芯以及一些穿孔器物的半成品一起出土。"[23]张先生将玉石器的穿孔分为钻头钻孔和管钻孔两种，并介绍了磨盘墩遗址发掘者用该遗址出土的两件燧石石钻作的三种试验，说明钻头在使用上的可行性：

（1）将石钻固定于金属钻床的钻杆上，用手拿着辽宁帕岩产的厚3毫米的玉石片（蛇纹石类，硬度约5.5度），对准慢旋转的石钻头（约300转/分），伴以流水冲屑，作两面交互钻5分钟即钻成一个孔。用同样的方法，在厚5毫米的玉石片上，10分钟钻透一个孔。

（2）将石钻固定在拉弓式的木工钻上，以每分钟约200转的速度伴水钻孔，在3毫米厚的玉石片上，10分钟即可钻透一孔。

（3）用石钻在玉石片上刻划，可刻划出十分清晰的线条。

经过上述试验，燧石钻的钻头基本上没有磨损，所钻孔洞都呈锥形，和新石器时代一些玉石制品上的小型穿孔的特征相似，说明新石器时代玉石器上的一些小型穿孔是由钻头钻孔而成。

邓聪认为，这些所谓的环砥石，应该就是辘轳。"在龙山文化阶段环珠江口地区是以旋转机器转动毛坯管钻穿孔。1998 年笔者与寺村光晴及富田富士先生在澳门博物馆参观，观察黑沙出土的文物。对于黑沙出土一件圆筒形两端各有乳首凸的石器，两位先生均认为是辘轳。在当时我们没有进一步详细探讨交流。在《澳门黑沙》中笔者曾将这些石器定名为环砥石，认为是研磨环状饰物内沿的砥石。今日笔者重新检讨如图版二的石器，一方面两端乳突部位无法与环的内沿接触磨擦，该石器 a、b 面两面有圆形光滑的平台，其上呈现由高速旋转后形成的一种光泽。在 a 面这种平台形光泽圈外围，可见琢制的痕迹，估计是先琢制出乳突，然后同心旋转运动形成平台的光释圈。"[③]邓先生还援用了日本学者小林行雄的研究成果"在日本弥生时代尚未见碧玉、石材以辘轳加工的痕迹。然而，中国地区以软玉为材料的特殊攻玉技术，在很早时期就使用了辘轳，到了秦汉之世辘轳制玉技术相当普遍"。邓先生认为"现今环珠江口地区出土具有乳凸状的石器，很可能是辘轳。"关于具体的使用方法，邓先生也做出了推测："按辘轳的乳首凸是插进旋转部件的凹位，而乳首凸的顶端是悬空不与其他部件磨擦。估计旋转构件可能是木制，因此无法保存。目前无法复原当时的旋转机器的结构。根据以上讨论，笔者估计在 4000 多年前的环珠江口地区，很可能是一种以辘轳为轴心的旋转机器，被用作环玦的管钻穿孔。辘轳上旋转盘同一方向转动，带动了在其上固定的玉石毛坯，而制作者以竹管状物套在毛坯上施压，由于转盘的转动，竹管在石英砂与水的帮助下，使钻孔顺利完成。"

上述两种关于环砥石使用方法，一种是将其作为直接钻孔砥磨玉石器——当钻头使用；另一种作为转盘上的一个部件——当辘轳使用。两者的使用方法相距甚远，但也有共同点：1. 都认可它是与玉石器加工有关的工具；2. 都认为使用时是高速旋转的，不管是加工工具旋转还是加工对象旋转，在环砥石上近乳突侧面的磨面和同心旋痕都证明高速旋转的存在；3. 都认为其与玉石玦、环的穿孔（或穿孔的修整抛光）有关。

目前，环砥石使用上的这两种观点都有可取之处，同时也有需要进一步研究的地方。首先，作为钻头，张先生援用的实验钻孔的例子用的是遂石质的"钻头"，而珠海宝镜湾遗址出土的环砥石以石英岩质为最多，其次是花岗岩质的，作为环、玦的原料主要有脉石英、石英水晶、石英岩、玉髓、板岩、页岩、蛇纹石玉、高岭石、粉砂岩、玛瑙、泥灰岩、角岩、长石砂岩、凝灰岩、花岗岩、泥岩、片岩等，其中以石英岩最多见。因而，采用直接钻孔的方法，环砥石的损耗必定很大，而且难以取得较好看的效果，从环珠江口地区出土环砥石的实例看，相当多的环砥石的乳突顶端，没有明显的磨痕，并且有一部分环砥石乳突的顶端还保留未加工的原始面,而在乳突的侧面都有近乎同心圆的旋转磨痕,在乳突与器身的交接处往往形成一个光滑的肩状台磨面。这种情况说明环珠江口地区出土的大部分环砥石,乳突的顶端并不是直接受力,主要作用是来自乳突的侧面及乳突与器身的交接处,这可能说明起码在环珠江口地区,大部分环砥石并不直接钻孔。

其次,从宝镜湾出土的玉石环、玦及其制作过程中的副产品分析我们已经得知:沙丘先民制作玦饰钻孔时,主要是采用管钻的方法,只有少量采用琢钻法和石锯法技术穿孔,用钻头直接钻孔的情况在玦的制造上较少见。

再来分析作为辘轳使用的环砥石:从环砥石乳突及附近的旋磨痕可以看出,这种石器的顶端确实是一般不受磨压力的。其作为辘轳使用,作为承担木质转盘轴心作用的可能,确实是对其功用的一种合理解释。但是,如果说所有环砥石都是作为辘轳使用,则也还有一疑惑,因为,在宝镜湾遗址中出土的18件环砥石中,只有一两件像澳门黑沙遗址出土的环砥石一样身体剖面是近圆形的,其余的十多件均为呈不规则形,器身基本没有加工,或是局部经过磨或琢。比如T7出土的一件环砥石,我们称之为复合器(T7③B:3),在不规则的器身一端伸出一个乳状凸,在乳凸周围有明显的高速旋转的磨痕,明显表现出环砥石器的特点,而器身则作为砺石使用,一共有三个磨面:两个磨面为凹面或平面,可以砺磨面积稍大的物品;一个磨面呈现出三条深深的凹槽,是磨砺较窄的物品留下的凹槽,也可能就是用于磨石环等物品的侧面(图四,3)。从器形上难以观察到磨砺和环砥功能的前后使用顺序,完全可能一会儿作为环砥石用,一会儿作为砺石用,如果这种推论成立的话,这件石器并不方便安装在其他设备之中作为辘轳使用。另外,环砥石的器身不规则,也不便于安装作为辘轳使用,而且在器身上也未发现安装痕迹。

这样看来,如果说有的环砥石是作为辘轳使用的话,还有一部分并不适于作为辘轳使用,因而环砥石的具体使用方法,还需要作更进一步的研究。

四 玦的大量出现与原始宗教有关系

在史前时期,玦是一种耳饰,这在香港东湾仔北墓葬之中已经有了实证,玦在一些墓葬中正好在人头骨的耳部位置出土,给了人们一个比较明确的信息。但是,如果仅仅是从审美的角度来看待这些玉玦、石玦、水晶玦,则将失之偏颇。石玦的制作与使用是一种风俗,与当时的意识形态有密切的关系。

在古人看来,耳是人神相通的媒介手段。从诸多的民族学材料可知,原始初民认为:世界万物的生长变化取决于神灵,通过巫祭可以会通人神,祈福避灾。巫是会通人神的中介,上通神界,将人的愿望送达神灵,下降人界,把神灵的旨意传递给民众。

听觉是人类的一种天性，耳是人类实现听的重要感官之一，声音不仅成为人类重要的生存手段，而且成为先民与神会通的重要方式。音乐悦耳，令人心旷神怡，因而古人以为音乐可以悦神，上古时期乐师均由巫担任，礼乐为一，乐成为巫祭仪式的主要内容，乐成为初民社会生活的秩序，乐成为巫传达的神圣的法则。古代诗歌是乐的重要内容之一，诗歌的内容口耳相传，因而耳受到了古人相当的重视，耳的装饰也就成为一部分早期人类文化的重要内容。玦在东南沿海地区广泛使用，应当就是神灵文化的一种反映。

由于声音在通神中的重要作用，人们以为耳大则可以听得更真、更清楚。《山海经》中有不少关于聂耳的记载。《海外西经》："聂耳之国，在无肠国东，使两文虎，为人两手聂其耳。"郭璞注"言耳长，行则以手摄持其也。"说耳大到只有两手托着才能行走。《淮南子·地形训》："夸父耽耳在其北方。"注"耽耳，耳垂在肩上。"《大荒北经》："有儋耳之国，任姓。"注"其人耳大，下垂在肩上，朱崖，儋耳，镂画其耳，亦以放大也"。儋，大的意思，儋耳也就是大耳。《博物志》之中有"南方有落头民，头能飞，以耳为翼"的记载。这个耳更大，大到可以为翼，大到能飞的程度。

除了耳朵要大，最好还能有多个耳孔。《淮南子·修务训》："禹耳有参漏，是为大通。"注"参，在；漏，穴也。"《白虎通·圣人》："禹耳三漏，是谓大通，兴利除害，决河疏江"。三星堆二号坑 D 型人头像的耳上沿耳廓至耳垂连续穿了三个圆孔，证实了古代典籍记载。普通人只有一个孔，禹有三孔，自然能听到常人不能听到的声音信息。

人耳朵的大小本是天生注定，但是，由于耳朵的大小关系到能否与神灵相通，这就使得一些本来耳朵不是很大的常人，要想方设法加大耳朵的尺寸；本来只有一个耳孔的常人要在耳上多钻出一个到几个孔来，以便能够与神灵相通。当然，原本耳朵较大的人，也不甘于天生的大小，想更大。于是，将耳朵拉大，在耳朵上钻孔就成了人们的一种追求和时尚。在耳上穿孔，疼痛是难免的。古代还没有现在常见的无痛穿耳技术，如激光穿耳、穿耳枪钢针穿耳等技术，不过，根据一些民族学材料可知，用两粒豆子或是小而圆的石子，在耳珀部位两侧长期揉动并施压，可使耳珀某一个部位变得越来越薄，最后穿透，形成穿孔。穿孔钻成之后则需在孔中插入一些物品，如玦、耳珰等，或在耳珰上加串珠。玦除了实实在在地装饰在耳上，还用来祭祀神灵，或作为随葬品入葬，或作为祭品埋入祭礼坑，在宝镜湾遗址之中还发现玦放在豆盘之中的情况，估计先民也是在进行祭祀活动。

只有理解到石玦的制作与使用是一种风俗，与当时的意识形态有密切的关系，才好理解在沙丘遗址之中众多的制玦作坊遗址的存在和数量众多的玦的存在的原因。这种专业化专门化的玦饰生产，也显示着当时沙丘先民商品交换与商品流通的存在。

五　春秋战国以后玦的佩戴方式有了变化
而且附加了其他意义

　　需要顺便提及的是，秦汉时期，玉石玦的佩戴方式有所改变，主要作为佩玉使用。《礼·内则》载："右佩玦、捍、管……"玦作为一种礼器，与捍、管等佩挂在右面。而这时的耳饰则主要是用珰和坠珠组成的耳珰。珰又称之为瑱，为塞在耳垂上钻穿的孔中的一种装饰，不是像九巧塞中的耳塞那样塞在耳孔中。珰中间有一穿孔，可以穿线，下系珠子或坠子。事实上，耳珰的产生与玦一样也是相当早的。在珠海宝镜湾遗址也曾出土过一件耳珰，这是一件高岭石质的耳珰。一面大，一面小，两面中间有一穿孔，腰部为一周似滑道的凹槽。整器磨光。局部磕损。两面直径分别为3.1、2.4厘米，腰部直径2.2、厚1.6厘米。孔为双面钻，直径分别为1和0.8厘米（标本T1②：22），使用时，将珰的一面穿入耳珥，正好嵌在凹槽之中。到两汉时期，珰的发现就更多了，珠江三角洲的番禺，发现这一时期的古墓中大多都有耳珰出土[31]。

　　玦不仅作为佩玉，而且表示使人下决心，做决断的意思，这在史书上也有不少记载。

　　《左传·闵公二年》也有玦使用的记载："卫懿公与石祁子玦、与宁庄子矢，使守。"注"玦，玉玦，示以当决断，矢示以御难。"说当时狄人伐丘，情况紧急，卫懿公送玉玦给石祁子，要求他坚决果断地坚守卫国，丝毫不能动摇。

　　《史记·项羽本纪》、《汉书·高帝纪》中也都有关于玉玦的记载：说当时刘邦先于项羽攻下都城咸阳，项羽十分恼怒，这时又有刘邦手下司马曹无伤派人到项羽处告刘邦的黑状，说刘邦打算在关中称王，安排子婴为相，占尽了珍宝。项羽大怒，下令大劳将士，准备第二天进攻刘邦，打掉这一心腹大患。刘邦当时的军力仅为项羽的四分之一，兵力悬殊，只好前往项羽军中说好话、赔不是。项羽一时心软，不仅未动杀机，反而宴请刘邦。项羽手下大臣范增心里着急，举起身上所佩玉玦，敦促项羽快下决心早动手。结果，项羽默然不应。范增无法，只有招项庄舞剑，说是助兴，实则伺机刺杀刘邦。刘邦巧妙逃脱，并最终灭项羽。

　　示玦的情节还见于《后汉书·宗室四王二侯传》：刘秀与其长兄伯升，于春陵一同起义，大破王莽军，拥刘玄为天子，号更始。伯升战功显赫，更始君臣深感不安，想谋杀他。于是设计大会诸将。聚会之时，更始假意取出伯升所佩宝剑观赏，这时在旁边的绣衣御史申屠建认为时机成熟，宜早动手，遂递上玉玦，暗示更始刘玄果断行事。更始当时没有动手。伯升的舅父看出了其中的猫腻，事后，他对伯升说："前鸿门之时，范增举玦示意项羽杀刘邦，今天，申屠建献玉，难道没有恶意？"伯升笑而不语，没有在意，结果，不久伯升被更始借故杀害。古代男子把玦当作佩玉，以显示自己是真正的男子汉。《白虎通》："君子所决断，则佩玦。"

从范增举所佩玉玦到申屠建献玉（递上玉玦），大体可知在春秋战国至两汉时期玦已经是一种佩在身上、便于解下来的饰品。

距今 5000 年前后，玦在环珠江口地区沙丘先民中开始使用；距今 4000 年前后，玦的制作与使用在沙丘先民中达到鼎盛时期；距今 3000 年前后，随着先民们逐渐退出沙丘，玦在珠江口地区明显少见。秦汉时期，珠江三角洲地区作为耳饰的玦，已基本为珰和坠珠组成的耳珰所取代。

（本文石器线图由周凤珍绘制）

注　释

① 夏鼐、任式楠、牟永抗、陈星灿等先生都有专文论及。

② 黄士强，台湾大学考古人类学系教授，该文发表于《中国民族通讯》12：12。

③ 《考古人类学刊》37＼38：44～67。

④ 《东亚玦饰四题》，《文物》创刊 50 周年纪念专辑；《中国古代玉器研究方法论之一——玦饰的测量方法》，"中国玉文化、玉学学术研讨会"国际会议，1999 年 5 月，香港中文大学；《环珠江口考古之崛起——玉石饰物作坊研究举隅》，《珠海文物集萃》，香港中文大学出版社；《澳门黑沙》考古专刊，香港中文大学出版社，1995年。

⑤ 肖一亭：《岭南史前玉石器的初步研究》，《南方文物》1998 年 4 期；李世源：《珠海、澳门近年出土水晶器、玉器试析》，《东南玉器》第一册，香港，中国考古艺术研究中心，1998 年；陈振忠：《广东珠海市宝镜湾遗址试掘简报》，《东南文化》1999 年 2 期；广东省文物考古研究所、珠海市博物馆：《珠海宝镜湾遗址第一次发掘》，《广东省文物考古研究所建所十周年文集》，岭南美术出版社，2001 年。

⑥ 尚元正：《广东珠海荷苞岛锁匙湾遗址调查》，《东南考古研究》第二辑，厦门大学出版社，1999 年。

⑦ 广东省文物考古研究所古运泉等：《珠海平沙棠下环遗址发掘简报》，《文物》1998 年 7 期。

⑧ 香港古物古迹办事处等：《香港涌浪新石器时代遗址发掘简报》，《考古》1997 年 6 期。

⑨ 邓聪、商志𧤭、黄韵章：《香港大屿山白芒遗址发掘简报》，《考古》1997 年 6 期。

⑩ 邓聪、郑炜明：《澳门黑沙》，香港中文大学出版社，1995 年。

⑪ 翡翠是在清中晚期才大量传入中国的，中国古代以"石之美者为玉"。

⑫ 邓聪：《环状玦饰研究举隅》，《东亚玉器》，香港中文大学中国文化研究所考古艺术研究中心，1998 年。

⑬ 由于未发现人骨，且坑口过小，在宝镜湾资料整理中，该 M3 被改为 H25，也就是当作灰坑（祭祀坑）来认识。

⑭ 香港考古学会：《南丫岛深湾遗址报告》（英文）1978 年，邓聪在《环状玦饰研究举隅》也曾引用，见《东亚玉器》，香港中文大学中国文化研究所考古艺术研究中心 1998 年版，p88。

⑮ 张之恒：《环砥石与穿孔技术》，《华夏考古》，2001 年 4 期。

⑯ 张敬国等：《凌家滩遗址考古发掘重大成果》，《中国文物报》1998 年 12 月 9 日第 1 版；安徽省文物考古研究

所：《安徽含山县凌家滩遗址第三次发掘简报》，《考古》1999 年 11 期。

⑰ 罗家角考古队：《桐乡县罗家角遗址发掘报告》，《浙江省文物考古学刊》第 6 页。

⑱ 邓聪：《环珠江口考古之崛起——玉石饰作坊研究举隅》，《珠海文物集萃》，香港中文大学中国考古研究中心出版，2000 年。

⑲ 邓聪、高炜明：《澳门黑沙》，香港中文大学出版社，1996 年。

⑳ Davis, S. G. and Tregear, M, Man Kok Tsui – Archaeo – logcal Sete 30, Latau Island, Hong（Hong Kong：Hong Kong University Press, 1961）.

㉑ 邓聪、商志䪍、黄韵璋：《香港大屿山白芒遗址发掘简报》，《考古》1997 年 6 期。

㉒ Drewett, P. L. Neolithic Sha Lo Wan, Antiquities and Monuments Officc Occasional Paper No. 2, 1995.

㉓ Bard，S, M, Chung Hom Wam, Journal of the Hong Kong Aechaeological Society, Vol. Vl（1976），pp. 9~25.

㉔ Meacham, W.W, Middle and Later Neolithic at：YungLong South,《东南亚考古论文集》（香港：香港中文大学美术博物馆），1995 年；招绍赞、邹兴华、李浪林：《港涌浪新石器时代遗址发掘简报》，《文物》1997 年 6 期。

㉕ 邓聪：《龙鼓滩考古收获》（油印本），1990 年。

㉖ 邓聪等：《香港石壁东湾新石器时代遗址——1987、1988 年两次发掘综合报告》，《香港考古学会会刊》1990 年 12 期。

㉗ 张之恒：《环砥石与穿孔技术》，《华夏考古》，2001 年 4 期。

㉘ 张之恒：《环砥石与穿孔技术》，《华夏考古》，2001 年 4 期。

㉙ 张之恒：《环砥石与穿孔技术》，《华夏考古》，2001 年 4 期。

㉚ 邓聪：《环珠江口考古之崛起——玉石饰物作坊研究举隅》，《珠海文物集萃》，香港中文大学中国考古艺术研究中心出版，2000 年。

㉛ 感谢番禺市博物馆卢本珊馆长、齐晓光先生的大力支持，笔者曾在该馆文物标本库房看到番禺出土的部分汉代耳珰。

广东青铜时代初论

卜 工

英文提要 Based on existing archaeological data, this article has a preliminary research on some important issues of Bronze Age in Guangdong province. The author gives his own opinion on how to distinguish the division between Bronze age and Neolithic period in Guangdong province. In this article, general cultural stages of Bronze Age in Guangdong province is substituted by new chronological framework——that is, the pre-bronze age period, the exotic bronze artifacts period and the aboriginal bronze artifacts period. Moreover, the author has a further study on character, basic pattern of cultural development and archaeological cultural situation of different kinds of Bronze age remains in Guangdong and put forward some new viewpoints.

广东青铜时代一直是考古界研究的热点之一。笔者关于广东青铜时代的认识[①]曾引起国内同行的关注和反响，但由于一些认识多是就某一问题、某一区域的考古学资料所反映的线索有感而发，因此，从宏观、系统的角度而言，对有些方面的研究可能语焉不详，或为说明某些问题而将不同系统的考古学遗存直接进行年代的排比，容易产生误解，因此，有必要作进一步探讨。

一 认识与资料

广东青铜时代考古资料的发现与相关研究发端很早。1932 年芬戴礼（F.D.finn）在香港仔神学院附近海边的沙滩中发现青铜器残片，尔后在南丫岛发现匕首等青铜器与夔纹硬陶器共存，并最早提出青铜器文化的概念。1937 年戈斐侣氏（W.sohofield）在香港大屿石壁遗址发现青铜斧铸范。意大利传教士麦兆良（Fr.R.maGlioni），于1936～1939 年间在粤东地区收集到青铜戈、铃等器物和铜斧，铜铃铸范。此后，随着时间的推移和考古资料的迅速积累，综合研究也提到日程上来。其中对年代与分期的探讨较多且意见不同，主要有三期说、二期说和现行分期不可行说等[②]。三期说认为肇始期始于商代晚期，终止于两周之际；形成期为西周晚期至春秋早、中期；繁荣期从春秋期至秦统一岭南。并认为战国时期在某些遗址中即已出现了铁器，但总的说来，发现数量极少，分布范围有限，所出铁器从类别型式和大小说来，都和南岭以北特别是楚地所出几乎完全一样。因此，可推定当时岭南尚无自己的铁器冶铸业，可以把秦统一岭南作为铁器时代的开端，即青铜时代的终结。两期说有两种意见：其一，第一期从西周起到战国早期，即夔纹陶类型文化时期，第二期为战国中、晚期属于米字纹陶类型文化时期。其二，认为早期为西周至春秋时期，晚期为战国时期。同时也有认为上述分期均不可行者。在类型的划分方面，通常是夔纹陶类型、米字纹陶类型和浮滨类型，最近，有学者提出东莞村头类型、石峡中层类型③。

应该指出，上述研究对广东青铜时代的认识和理解都曾起过历史性的推动作用，但是，都有两个问题值得商榷。首先是对青铜时代上限的年代估计有明显的不足；其次，青铜时代的年代下限的认识过于模糊，战国时期广东多有铁器的发现，且陶器中米字纹的兴起，器物组合、墓葬结构的变化等一系列新特征的出现委实难以青铜时代概括。特别是自上个世纪90年代，广东青铜时代的考古资料有突破性的发现。其中，珠海棠下环④、东莞村头⑤、三水银州⑥、南海鱿鱼岗⑦、博罗横岭山⑧、深圳屋背岭⑨、普宁后山⑩、香港东湾仔北⑪等地的考古收获令人耳目一新，过去的成果、经验和概念面对这些崭新的资料不可能无动于衷，历史的认识与现实的资料在此碰撞，引发出来的诸种疑惑，不能不使人们反思以往的研究。多年的实践表明，广东青铜时代的考古学研究要坚持两个原则：

第一，从材料出发，注重地方特色。例如，过去的三期说所使用的肇始、形成、繁荣等概念所表述的三个阶段乃是事物发展的一般规律，不论对一考古学文化，还是指示一物种的发生与发展过程，无疑都可以使用。概念本身并无错误，但用放之四海而皆准的概念表示某一地区的具体情况，由于失掉特殊性的内容，会令人产生大而空的感觉，这种概念不能揭示广东青铜时代的主要特色，因此，应该注重从实际资料中科学地概括总结，并提炼出比较接近客观实际的认识。

在类型的划分方面，夔纹陶和米字纹陶，在广东应该是具有时代意义的概念，将其归为文化类型显然有失偏颇，两者的分布区域远比浮滨类型大得多，而且在不同的地理单元其文化面貌也不尽相同。在中国考古研究中有些考古学文化的标型器，在年代学上具有意义，但在类型的划分上却不是主要的依据。例如，湖北盘龙城和江西清江的吴城文化，它们都是据商代陶鬲确定其具体年代的，但在类型的认定和划分方面，则依据的是地方性特点的器物，正如青铜时代往往是依据有地方特点的陶器来划分类型一样。因此在广东青铜时代的研究中，夔纹陶和米字纹陶类型概念有逐渐被淘汰的趋势。此外，石峡中层和东莞村头类型，前者的年代偏晚，陶器的基本组合及自身的发展线索不清晰；后者的资料公布过少且分期研究相对缺乏，故难以类型名之。

第二，把握大格局，正确地运用概念。在广东考古学研究中，新石器时代和青铜时代的概念有之；史前和先秦时期的概念有之；夏、商、周、春秋和战国的概念有之。但上述概念的层次和意义有区别，所涵盖的范畴不完全等同。在新石器时代的研究中应该避免使用史前的概念，在青铜时代的研究中则应该不使用先秦的概念。这一点大概不会引起疑义。夏代，夏商时期这种概念是很多学者都习惯使用的，然而，在广东使用这类概念却要有必要的分析和说明。

在中国考古学研究中，许多考古学文化被冠以历史时期朝代的名称，这是屡见不鲜的，也是中国考古学的特色之一。在中原地区，由于二里头文化的特征、地域和年代与文献中的夏王朝接近，由于商史成为信史，因此夏文化和夏代的概念得以成立。在边疆地区，特别是在岭南，新石器时代的考古学遗存在文明化的进程中有明显滞后的特点，相当中原的夏时期这里的文化结构、特征和面貌较之以前并无变化，陶器的基本组合在环珠江口地区依然是小口圈足罐与陶釜的组合，仍属新石器时代范畴毫无争议，否则新石器时代晚期这里将成为空白；只是到了更晚的阶段，文化的结构才发生变化。但是，问题的关键是如何认识这种变化。因为从陶器的质地、颜色、烧成的温度和陶胎方面两者的联系甚为紧密，而陶器的基本组合却发生了变化。如果把陶器研究中心的五要素归为两类的话，那么，器型和纹饰与文化传统息息相关，质地、颜色和陶器的制法则与技术水平相联系。夏时期，广东考古学文化遗存较之以前并无质的飞跃，只是在生产陶器的技术水平方面有某种提高，到了更晚的阶段，陶器的基本组合才有大的变化，主要是小口圈足罐的改型或消失，凹底器、折肩器的出现等等。南海鱿鱼岗等地的碳十四年代数据证明，这正是早商时期。因此，在广东青铜时代的研究中，使用夏代的概念容易产生误解，使用夏商时期的概念则混淆了新石器时代与青铜时代的界限。因为在岭南，相当于中原的夏时期，广东的先民仍然在新石器时代中摸索，而早商时期这里已经步入了青铜时代，夏商连读有此弊端是显而易见的。

二 历程与阶段

考古学的分期研究要有明确的目的性，惟此才有意义。广东青铜时代的分期不同于考古学文化或遗址的分期，主要是为揭示青铜时代的基本过程，突出广东的地方性特点。广东的青铜时代有自己的特点，它所经历的过程不能简单地套用中原地区常见的概念来概括。从 1932 年以来，广东青铜时代的遗址已发现 400 余处，大量的青铜器主要集中在春秋战国时期。研究表明：此时青铜器中有与中原地区完全相同者；有与滇桂地区发生密切联系者；也有来自长江流域的因素。但由于独具特色的青铜器在此地屡有发现，青铜器中含砷的比例加之夔纹陶遗存自身所表现的青铜文化色彩，广东青铜时代有个土著时期是不难理解的。上个世纪 80 年代，在珠海岛屿的考古调查中采集到与青铜制品相关的石范，后来又在珠海棠下环晚商遗址发掘到石范，于是这便成为将广东青铜时代的上限推至商时期的铁证。像东莞村头、石峡中层遗存等由于许多因素与棠下环相近而被视为广东青铜时代早期的文化类型。但是有两种情况必须考虑：首先，棠下环这样的海岛型遗址是否有冶铜的资源，冶铜和铸器是青铜器生产过程的两个环节，如果没有冶铜的资源和条件，铸器的材料必然从外地输入；其次，发掘面积大过棠下环几倍的东莞村头遗址却毫无青铜制品的线索，因此，海岛所见的石范自应是舶来品，资料显示它来自同时期的粤东地区。由此可见，对于广东青铜时代的许多地区而言，在土著时期之前确实存在一个舶来的时期。

然而，这个舶来的时期是否是广东青铜时代的早期却必须认真加以讨论。因为这关系到广东新石器时代之后诸多遗存的时代归属，甚至是认识该时期考古学文化基本格局的钥匙。新石器时代晚期粤北山地与环珠江口区已经形成了文化性质完全不同的考古学区域，北有著名的石峡文化，南有香港涌浪⑫、东莞圆洲早期⑬、珠海宝镜湾⑭等遗址代表的遗存，前者是以鼎、三足盘、圈足盘为特征，后者是以釜、小口圈足罐、豆为特征，粤东地区的小口圈足罐与环珠江口地区比较接近，应该说这时广东考古学文化格局主要是南北的问题。可是，当这两类遗存消失之后，特别是粤北山地以南的区域，代之当兴的遗存却是另一番风貌。这些遗存在不同的地理单元文化面貌上有不同的表现形式，但却有共同的特点：陶器的基本组合发生了变化，小口圈足罐退出了历史舞台，表明文化结构产生了变化；纹饰中雷纹的出现预示着以往流行的刻划纹将被更加规范的拍印或戳印纹取代；折肩器、折腹器和凹底器，器口内侧和领口以下修整的特点反映了制陶工艺迈向更高的台阶；碳十四年代数据显示这些遗存虽有早晚之分，可大多在商代纪年之内。应指出，广东青铜时代的考古学文化是在同周边地区的不断交流中形成和发展的，因此，虽然拥有自己的特点，但时代的特色依然清晰可见，它们已经走出了新石器时代，但文化面貌与新石器时代又有千丝万缕的联系，虽未见青铜制品，但文化特征和传统与晚商的遗存更为接近，在这样复杂的情况下，着眼于大的文化背景和时代格局，其性质的归属理应选择青铜时代。过去的研究或称上述遗存为新石器时代晚期，或称夏商时期，见仁见智，莫衷一是，其原因就在于缺乏从大的文化背景考虑，提出明确的时代标准和比较科学的界说。同时忽略了中原地区夏商两个时期同属青铜时代，而广东地区相当于这两个朝代的时期分别属于新石器与青铜两个大时代。如此看来，广东的青铜时代在舶来时期之前还存在一个未见青铜制品时期，或可称前青铜制品时期。

至此，不难得出这样的结论：广东的青铜时代可分三个大的阶段，早期是未见青铜制品的时期，中期是舶来的青铜制品时期，晚期是土著的青铜制品时期，不同的阶段又存在年代划分的可能。以往，人们通常使用分析中原地区青铜时代的概念，或是滥觞、形成和发展；或是初始、成熟和繁荣，对广东青铜时代进行阶段划分，这种尝试和概念虽然无可厚非，但终不能揭示广东青铜时代的特点，只有从材料出发，而非从概念出发，才可能得出比较接近客观实际的认识。中国的青铜时代在不同的地区发展不平衡，进程与道路也有区别。学术界大都接受中国的青铜文化可能是多源的观点，也认同不是任何一考古学文化都可以直接生长出青铜制品的看法，因为青铜器的生产需要资源、经验与技术等多方面的条件支持，因此，一些与中原尚有距离的边疆地区，即或考古学文化的结构与新石器时代相比已经发生了质的变化或飞跃，进入到了一个新的阶段，却仍然需要等待青铜文明信息的刺激和技术的传播，然后才能创造出自己的品牌，形成自己的风格。换言之，由红铜到青铜的过程并非是中国青铜时代惟一的发展模式。当然，未见青铜制品的青铜时代早期似乎有些矛盾，其实也并不难理解，正如前陶或无陶新石器对于新石器时代一样，在某些地区可能是必然的阶段。青铜时代与青铜制品是有联系的不同概念，青铜时代的特征是青铜制品的出现，但在某些情况下并非惟一的标准。例如二里头遗址属于二里头文化第一期的阶段就无青铜制品，相当于此时的其他同类性质的遗址有的也不见青铜制品，人们能据此而否认这些遗存已进入了青铜时代吗？可见，对于青铜时代的概念要有完整全面的认识。从中国青铜时代的全局考察，广东的特点和历程可能具有一定的代表性，为全面、正确地认识中国青铜时代的文化结构和区域特点，以及不同地区进入青铜时代所走过的道路与模式提供了新的线索。不过，广东青铜时代与新石器时代的分野是在早商以后，与其他的边远地区可能存在差异。

三 年代与类型

广东青铜时代三个阶段的划分为确认这个地区文化类型提供了基本的框架和可资比较的年代依据。其中，土著时期大体相当于西周中期至春秋晚期；舶来的时期和前青铜制品时期大约经历了相当于中原地区早商至晚商的发展过程，两者之间的分野并不明显，因为既然是舶来的青铜制品，考古发现便有或然率程度制约的客观情况；但前青铜制品时期，由于它不仅对于广东，对许多边疆地区都有实际意义，因此，本文仍然将其区分出来，作为一独立的发展阶段研究，而且，重点也放在此阶段。至于土著时期的文化类型、年代及器物的演进逻辑等问题，留待更多系统资料的披露后再作探讨。

为了便于说明广东青铜时代较早阶段考古学遗存的年代关系，这里选择几种代表性器物进行排比制成图一。图一修正了笔者过去的认识，探索了陶釜分型的可能和其特点，然尚不能充分概括广东青铜时代陶釜的全貌，但毕竟可得出如下认识：

第一，本文的排序是深圳向南村、东莞村头、三水银洲、南海鱿鱼岗、香港马湾岛东湾仔北、普宁后山等遗址若干单位由早至晚的顺序，或六个年代组。

第二，由于上述遗址都存在分期的可能，因此本文的排序既不是遗址的分期，也不

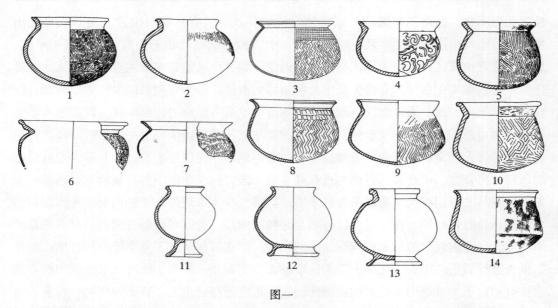

图一

1～5. 卷沿鼓腹型（向南村 T9③：187、村头 T2212 垫：1、银洲 H22③：82、鱿鱼岗 M7：1、东湾仔北 C1018）

6、7. 宽折沿鼓肩型（向南村 T9③：219、村头 T2112⑤：197）　8～10、14. 折沿鼓腹型（银洲 H22③：3、鱿鱼岗 M9：1、东湾仔北 SF12）　11～13. 圈足罐（村头 H76：1、银洲 H22③：2、亚婆湾采集）

是诸遗址年代对应关系，只是这些遗址中部分遗存的年代关系。目前公布的资料可以表明，上述地点的同类遗存均未独自完成本文 6 个年代组的全过程，这可能是客观的事实。

第三，本文的第 1 组与东莞圆洲遗址第三层的器物十分相似，但都是同时出有小口圈足罐，鼓肩陶釜也不如第一组那样折沿近平，目前暂将两者分开，今后的研究与发现都应特别重视这个阶段的资料。

第四，图一香港东湾仔北的陶釜排在鱿鱼岗后，但带流球腹罐的整体形态与鱿鱼岗 M12 的釜酷似（图二，5、8），因此这里遗存的年代未必全然晚于第 4 组。后山的垂折腹的釜可能有某种变异，原报告称罐，本文排在釜序的最后（图一，13），但 84 深圳大鹏咸头岭[15]M4 出土陶釜的形态与第 4 组鱿鱼岗 M9 的同类器形态相近，年代当相去不远（图二，6、9），且该墓同出的鸡形壶年代也早于后山所出，特征是流口与尾部相距较近，靠近顶端中心，尔后则是分别向外发展，到了广东和平子顶山[16]流口和尾部均超出腹径（图二，2、7、1），自身年代特征清晰，阶段性清楚，故后山这类遗存的年代仍然具有再分析的可能，不可全都视为最晚。

基于上述认识，广东青铜时代早期当首推珠江三角洲类型。过去笔者称三水银洲类型。包括珠海棱角咀[17]、深圳向南村[18]、东莞村头、香港白芒第一期[19]、三水银洲遗址第 2 组遗存等都属于这个类型。1991～1993 年发掘的三水银洲遗址有早、中、晚三个时期的遗存。分别属于新石器时代晚期、前青铜制品时期、舶来青铜制品时期。中期

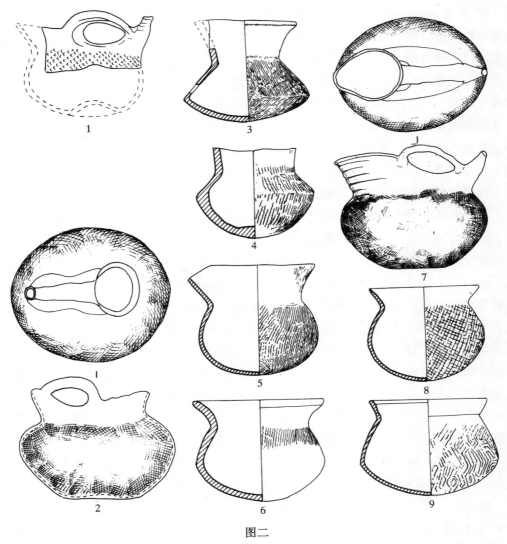

图二

1.和平子顶山采集　2、6.咸头岭 M4:1、2　3～5.东湾仔北 C1087:1、C1064、SF95　7.后山采集

8.鱿鱼岗 M12:1　9.鱿鱼岗 M9:1

遗存陶器的基本组合是陶釜、圈足罐（有折肩与鼓腹两种主要形制）、豆种类多。就分布而言，在珠江三角洲包括珠海的海岛都有明确的线索，银洲遗址本身相对单纯，且年代较早，可能是这类遗存的中心，若然，西江下游应是独立的区域，这里的考古学遗存以其鲜明的自身特征与其东面遗存相区别。而环珠江口地区南部的岛屿则是不同的考古学人们共同体交往和争夺的地带。马湾类型的带流折腹罐、浮滨类型的大口尊在珠海岛屿的发现可以支持这一推测。

马湾岛类型　在环珠江口地区东缘，特别是香港——深圳一线有马湾岛类型。主要是 1997 年香港马湾岛东湾仔北遗址认识的第二期遗存。陶器基本组合是陶釜、带流折腹罐、大口折肩圜底罐和凹底罐。此类器物曾见于深圳 1984 年发掘的墓葬中，与后山类型的鸡形壶共出。从该遗址发掘简报公布的资料分析，马湾类型已经存在进一步分期的可能，陶釜和带流折腹罐具有共同的演进趋向，显示出明确可分的递嬗特征，而且年代跨度较长，此类遗存绝非新石器时代的遗存，其折肩、凹底、折腹以及肩部和领口以下修整的特点是广东青铜时代早期普遍流行的时代风格。带流折腹罐和大口折肩圜底罐是这类遗存的特色，陶釜既可与三水银洲类型比较年代，又可探索两者的文化交往。大概正是马湾类型的存在和浮滨类型的西进，才造成后山类型的北上。随着考古工作的深入，这类遗存的面貌将更全面地被揭示出来。

榕江流域的后山类型　在榕江流域有后山类型。1983 年发现于普宁池尾的后山遗址，资料以墓葬为多，陶器的组合是凹底罐和鸡形壶。过去，包括榕江流域在内的粤东地区被视为浮滨类型的一统天下，后山类型的发现成为解释浮滨类型来源的线索，但是，这两个类型的陶器基本组合完全不同，在文化的谱系上存在明显区别，是两类性质不同的遗存，不存在继承发展的关系。资料表明，后山类型在榕江流域消失的原因正是浮滨类型西进的结果，在广东莲花山脉以北的龙川、五华、和平、丰顺等广大区域内，后山类型遗存大都晚于榕江流域的同类遗存，呈现出退居的倾向。这种不惜跨越崇山峻岭向北迁移，或者生存空间压缩在莲花山以北的现象，暗示出在后山类型西面尚存在一更强大的考古学人们共同体。当然，已有资料证实后山类型与浮滨类型的陶器在同一墓葬中共生，两者有平行发展的阶段应是不争的事实。总之，后山类型的发现将改变对广东青铜时代考古学文化格局的传统认识，是今后学术上新的生长点。

韩江流域的浮滨类型　1974 年发现于广东饶平的浮滨遗址[㉒]，此类遗存地跨闽粤两地，以韩江为中心向外扩张。其资料主要出于墓葬，陶器的基本组合是大口尊、折腹豆、圈足壶，石戈和釉陶最有特色，陶器上的刻划符号引人注目。有的研究据石戈的形制推测其年代；有的侧重于釉陶，认识存有差距。根据现知的资料，浮滨类型的年代约在商代晚期至西周中晚期之前，是广东青铜时代最具活力的考古学遗存。目前的主要问题是对其自身的排序、分期和阶段性特点的认识。需要指出，在广东青铜时代的早期，浮滨类型的线索还不见于珠江三角洲地区，惟香港东湾仔北有一座与其相似的墓葬打破马湾岛类型的遗存，显示出浮滨类型的年代可能不会与向南村等遗存比肩。

四　格局与线索

有了对广东青铜时代基本特点的认识，就不难发现和观察到这个时代的早期，不同的考古学遗存在发展交流的过程中已经形成了新的格局，并构筑和反映出更加复杂的文化态势。当广东的青铜时代悄然而至，不同考古学文化类型之间的交流、影响和文化因素的传递，明显呈现出由东向西推进的趋势，其自身的发展则存在着由南而北，或由中部向南北展开的倾向，彻底改变了新石器时代晚期南北对话的格局，这一客观事实无疑是认识广东青铜时代早期特征的基础，而新的格局更是认识岭南文明进程，揭示岭南古城古国文化底蕴的前提。

应该指出，广东的粤西地区，包括西江流域和西部沿海地区囿于工作和资料，仍处于比较朦胧的状态。但是，已知线索表明，广东北部的连南地区那样边远的地方都有青铜时代的文化遗存，罗定、怀集、封开、信宜那种相对独立的自然地区单元中当必有青铜时代的文化遗存等待人们的开垦和发现，更何况信宜早年就有周代青铜器的发现。这一认识同样适用于韶关、粤东等地区。本世纪初，广东青铜时代有两项重要发现值得大书特书，一是博罗横岭山晚商至周代的墓地；二是深圳屋背岭商代墓葬的发现与研究。其意义的重要不仅仅是惊世骇俗的考古发现，而是彻底打开了认识岭南历史的大门，它警示考古工作者，在广东任何一相对封闭或独立的自然单元都可能有青铜时代的遗存。其中，超大型遗址和墓地是古国存在的物质见证，这种数量众多的考古学文化群体和错居杂处的复杂背景，可能不是简单地使用中原地区已然流行的考古学概念所能够认识理解并加以概括的。一些重要的区别往往可能仅仅集中在某几件甚至一件陶器之上，一些相似的现象又可能覆盖几条重要的河流。因此，考古发掘、整理和研究的水平都需要进一步提高。资料和研究表明：实践要求广东的考古学研究要创造新的理论、理念和方法来加以指导。可以预期，不久的将来这种需要必然成为现实。

感谢陈红冰女士为本文绘制了插图

注　释

① 卜工：《广东青铜时代的分期与文化格局》，《中国文物报》2001 年 11 月 16 日；《环珠江口商时期考古学研究的几个问题》，《考古》2002 年 2 期；《屋背岭商代墓葬与岭南文明的进程》，《中国文物报》2002 年 7 月 5 日。

② 何介钧：《试论岭南青铜文化》，载深圳博物馆编《深圳考古发现与研究》，文物出版社，1994 年 6 月；徐恒彬：《广东青铜时代概论》，载《广东出土先秦文物》，广东省博物馆、香港中文大学文物馆出版，1984 年 9 月；吴曾德、叶扬：《论广东青铜时代三个基本问题》，载深圳博物馆编《深圳考古发现与研究》，文物出版社，1994 年 8 月。

③ 李岩：《广东早期青铜时代遗存述略》，《考古》2001 年 3 期。

④ 广东省文物考古研究所、珠海市平沙文化科：《珠海平沙棠下环遗址发掘简报》，《文物》1998 年 7 期。

⑤ 广东省文物考古研究所、东莞市博物馆：《东莞村头遗址第二次发掘简报》，《考古》2000 年 6 期。

⑥ 广东省文物考古研究所、北京大学考古学系、三水市博物馆：《广东三水市银洲贝丘遗址发掘简报》，《考古》2000 年 6 期。

华 南 考 古

⑦ 广东省文物考古研究所、北京大学考古系实习队、三水市博物馆：《广东南海市鱿鱼岗贝丘遗址的发掘》，《考古》1997 年 6 期。

⑧ 《广东博罗横岭山青铜时代墓葬》，载国家文物局主编《2000 中国重要考古发现》，文物出版社，2001 年。

⑨ 周军：《深圳屋背岭发现广东迄今所见最大商代墓地》，《中国文物报》，2002 年 4 月 19 日。

⑩ 广东省文物考古研究所、普宁市博物馆：《广东普宁市池尾后山遗址发掘简报》，《考古》1998 年 7 期。

⑪ 香港古物古迹办事处、中国社会科学院考古研究所：《香港马湾岛东湾仔北史前遗址发掘简报》，《考古》1999 年 6 期。

⑫ 香港古物古迹办事处：《香港涌浪新石器时代遗址发掘简报》，《考古》1997 年 6 期。

⑬ 广东省文物考古研究所、东莞市博物馆：《广东东莞市圆洲贝丘遗址的发掘》，《考古》2000 年 6 期。

⑭ 珠海市博物馆：《广东珠海市宝镜湾遗址试掘简报》，《东南文化》1999 年 2 期。

⑮ 《深圳市先秦遗址调查与试掘》，载深圳市博物馆编《深圳考古发现与研究》，文物出版社，1994 年。

⑯ 广东省文物考古研究所、和平县博物馆：《广东和平县古文化遗存的发掘与调查》，《文物》2000 年 6 期。

⑰ 龙家有：《香洲区棱角咀遗址发掘》，载珠海市博物馆、广东省文物考古研究所、广东省博物馆编《珠海考古发现与研究》，广东人民出版社，1991 年。

⑱ 深圳市文管会办公室、深圳市博物馆、南山区文管会办公室：《深圳市向南村遗址的发掘》，《考古》1997 年 6 期。

⑲ 邓聪、商志䃟、黄韵璋：《香港大屿山白芒遗址发掘简报》，《考古》1997 年 6 期。

⑳ 广东省博物馆、饶平县文化局：《广东饶平县古墓发掘简报》，《文物资料丛刊》第 8 辑，文物出版社，1983 年。

广东古国问题初论

徐恒彬

英文提要 As to the discussion of primary state in Guangdong province, scholars often refer to the fragmentary recordation in Pre-Qin documents, such as "*Shanhaijin*"（山海经），"*Lushichunqiu*"（吕氏春秋），"*Shiji*"（史记）and "*Hanshu*"（汉书），and related relics to explore the primary states established in Guangdong province from Warring states period to Han dynasty. But we still know little about the history, territory, society, polity, culture and economy of those states for the insufficiency and ambiguity of related historical documents. The key to resolve this problem depends on further archaeological excavation and research.

广东濒临南海，地处五岭之南，与中原地区距离遥远。由于古代文献资料稀少，先秦时期的历史混沌不清。过去研究广东古代文明和古国的学者不多，进展不大。20 世纪 80 年代以后，随着考古发现的进展，特别是大型墓葬群和聚落遗址的发掘，使这一重大课题越来越引起专家和学者们的关注和重视。本文拟就这方面的研究和发现情况进行初步的讨论并提出一些个人的看法，希望对这一课题的研究和发展有所补益和促进。

一 广东古代文明和古国问题的提出

广东古代属于"百越"地区，老一代学者罗香林、徐松石、蒙文通等先生对于古代越族进行了深入广泛的研究，为研究广东先秦的民族史、文化史奠定了良好基础。

新中国成立以后，考古工作和地方历史研究工作取得了显著成绩，但是关于古代文明和古国的研究还没有提到讨论和研究日程。历史学者对于古代文献中记载的广东古国多持怀疑或否定的态度；考古学者限于出土资料较少和思想认识的局限，把秦汉以前的遗址及其出土文物笼统地称之为新石器时代，有的学者在理论上认为广东是由原始社会（新石器时代）直接飞跃进入封建社会的，飞跃的动力是秦汉的军事统一。

1962 年、1963 年在清远县三坑圩马头岗发现了两座比较大型的春秋战国墓葬[①]，情况才开始有所转变。根据出土的大量青铜器，莫稚同志大胆地提出了广东的青铜器时代和奴隶社会问题，得到了一部分同行的认同。20 世纪 80 年代以后，发现和出土的青铜器墓葬及遗址越来越多，引起了更多学者的重视和研究，青铜器时代及其奴隶制问题得到比较广泛的认同。对于青铜器时代的墓葬、遗址分期、社会经济、文化面貌等方面的研究都取得了较明显的进展。

从考古学上探索广东古代文明和古国问题，应该从曲江县马坝石峡遗址发现开始。1972 年发现石峡遗址，从 1973 年冬至 1976 年底，发掘 1660 平方米，发现柱洞、灰坑、窑址等遗存，清理墓葬 108 座，共出土遗物 2000 多件②。在 1975 年底和 1976 年初，著名考古学大师苏秉琦先生亲自深入到石峡遗址工地，参加工作和指导研究，经过长时间的研摩陶片和整理研究，通过对石峡文化特征、年代、分期、来龙去脉和社会发展阶段的分析，提出："岭南有自身的新石器时代和青铜器时代的发展规律和阶段性，秦在岭南设郡，其性质与秦并六国相同，是在其他条件业已具备的情况下实现政治上统一的。"③在 1997 年 6 月出版的《中国文明起源新探》一书中，苏秉琦先生又进一步指出："岭南有自己的青铜文化，有自己的'夏商周'，只用砂陶、软陶、硬陶来划分阶段是过于简单化了。"④为我们探讨和研究广东地区的古代文明、青铜器时代和古国问题指明了方向。

二　广东的先秦小国问题

随着广东考古发现的进展和对岭南先秦史的深入研究，考古学者、历史学者、历史地理学者等，都对岭南先秦古国问题产生兴趣，提出了研究意见：

1980 年，蒋廷瑜同志在《从银山岭战国墓看西瓯》一文中认为："西瓯活动的中心只能在南越之西，骆越之北，楚之南，恰当今桂江流域和西江中游一带。银山岭战国墓群与西江中游德庆、肇庆、四会、广宁、罗定等地战国墓相互类同，正好与此吻合。"⑤

1988 年，余天炽、覃圣敏、蓝日勇等在《古南越国史》中认为："分布在今广东中部、北部和广西北部桂江流域和东部西江流域"的这支越人"应叫苍梧，这是可以考虑的。"⑥

1989 年，蒋祖缘、方志钦主编的《简明广东史》认为："战国时期广东境内除出现过番禺小国之外，还在今粤东的博罗县北面出现过'缚娄'（符娄）和在粤北连江右侧即阳山县东南出现过'阳禺'两个小国。这些小国臣服于楚，有的在兼并战争中消失了。"⑦

1992 年，张荣芳教授在《两汉时期苍梧郡文化论述》一文中认为："苍梧郡的得名，是由于先秦时期聚居于此地的百越民族的一支——苍梧族。""仓吾为国，已早见于周世"，"苍梧之名落实之处，正是桂东北、粤中、粤北地区灿烂的先秦文化的中心地带，当地独具一格的战国墓葬分布区和当时岭南人口最为密集处，即在汉苍梧郡内。"⑧

1993年，著名地理学家曾昭璇先生指出："百越郡指南方三郡"，"这里越人建立了很多小国。"在这些小国中，"缚娄即今博罗县；阳禺即扬越，在粤北湘南。驩兜《山海经》称'驩朱'，今称番禺。可见岭南地方当时已立有许多小国，秦代按国置县管辖。此外在郁水之南还有伯虑国、离耳国（今儋县）、雕题国（今琼山）、北朐国"等。⑨

1993年，著名的国学大师饶宗颐先生在《从浮滨遗物论其周遭史地与南海国的问题》一文中指出："饶平浮滨和揭阳地古时应属越，西江流域属于西瓯，此数处陶器、兵器上面多刻王字，正是当时称王之证据。""四会、罗定等地铜器均有双钩王字纹，很可能即西于王国的遗物。""浮滨文化遗存分布于粤东与闽西，恰巧是闽南方言的区域，要寻找汉初南海王国的所在，此中正可透露一点消息。"⑩

1998年，中山大学地理系司徒尚纪教授在《广东政区体系》一书中认为："古越族土邦小国为岭南政区建置前身"，这些土邦小国有驩兜（头）国、缚娄国、阳禺国、儋耳国、雕题国、西呕国、骆越国、伯虑国、苍梧国等九个。"秦汉在岭南初立郡县，多以这些土邦小国为基础，利用他们的首领为地方长官，尊重他们的风俗习惯""使秦汉王朝顺利地实现对这些地区的政治统治。可见这些土邦小国对广东历史早期政区建置功不可没。"⑪

2001年，笔者在《论岭南出土的"王"字形符号青铜器》一文中提出："广西东北的桂江流域和广东西部的西江流域不是西瓯国的地域，而是苍梧国的地域。"关于苍梧国的地域问题，值得注意的是在春秋时期，都统属于一个夔纹陶文化区，这个文化区包括湖南的南部、广西的东北部和广东的西江、北江、东江、韩江、珠江流域以及粤西南地区。这一地区的文化与广西其他地区和越南北部的西瓯、骆越地区文化有明显的差异，应该统属于南越文化区域。在南越文化区域内，除苍梧国之外，还有缚娄、阳禺、驩兜等国，这些国家曾经经历过"无君"的发展阶段。⑫

综观上述各家研究的意见，虽然分歧不少，但都认为广东先秦时期经历过古国阶段。这些古国的起源、分布、发展和具体情况有待于深入的考古调查发掘和进一步的综合研究工作。

三 广东古国问题的讨论意见

关于广东古国问题的研究和讨论，从目前的情况看，学者们主要讨论和研究的先秦古国多以《山海经》、《吕氏春秋》、《史记》、《汉书》等历史文献记载的零星资料为依据，联系到出土的有关文物，探讨战国及秦汉时期在广东境内建立的小国。由于受文献资料稀少和不明确的局限，有关这些战国时期的小国的历史、地域、社会、政治、文化和经济情况确实很难弄得清楚。当然，不管多么困难，这方面的研究仍然需要继续努力，争取有新的进展、新的突破。

解决广东古国问题的关键在于从考古方面来着手，不加强探索古国问题的课题的调查发掘和研究工作，是不可能解决这个问题的。广东的考古工作者如何来解决广东的古国问题，我以为应该加强以下几个方面的工作：

1. 在认识上应该区别广东历史上的战国和秦汉小国与考古学上的古国不是一个概念。两者有联系，但不是一码事。以历史文献资料为主探索的先秦古国，研究得越清楚，越有利于考古学上的古国探索；反之，考古学上的古国探索和研究清楚了，也会促进和推动解决并弄清历史上记载的先秦小国。如果不加以区别，把两者混为一谈，可能会不可避免地出现乱联系、乱戴帽子的问题，其结果会越搞越乱，对两方面的探索和研究都造成不利的影响。因此，我希望历史学家从历史的角度继续加强研究和探讨，考古学家从考古学的角度加强调查、发掘和研究，取得一定的成果后，再共同讨论探究先秦时期广东的古国问题。因此，打好坚实的考古基础工作是必不可少的。

2. 探索广东的古国问题，从考古学上加强这方面的调查、发掘和研究极其重要。解决广东的古国问题必须与解决广东的古代文明问题结合起来，古国问题是古代文明的关键问题。我国在完成夏商周断代工程之后，正开展解决中国古代文明问题的综合研究。这是一个极好的契机，我们应该抓住这个机遇，加强有关广东古代文明课题的调查、发掘和研究工作，争取在三至五年内初步解决这一重大课题。

解决广东的古代文明和古国问题，应该从聚落考古入手，发现和发掘一般的聚落遗址、重要的聚落遗址，特别是大的聚落遗址，进一步探索广东古代文明起源的问题。同时要加强对古城的调查、发掘和研究。广东不可能没有古城，肯定是我们的工作做得还不够。众所周知，"越人好相攻击"，有了战争，有了掠夺，就要防护和建立防御设施。村寨、城堡和都邑等就会随之而产生。再者，为了防御洪水，也有必要修建一定的城、寨和堤围、沟渠设施。这些都值得我们去认真调查、寻找和发掘。

在进行聚落考古和古城考古的时候，除了重要地区要进行拉网式调查以外，还应加强使用高科技手段和自然科学技术，如航空摄影和探测、GPS（全球卫星定位系统）和GIS（地理信息系统）测量技术以及 DNA 提取和研究等，使我们的调查发掘和研究工作与时俱进，在现代科学技术上起步和工作，在现代化考古方面取得明显进展，从而推动聚落考古、古城考古和古代文明问题的研究工作，争取有突破性的新发现、大发现和科学研究成果。

在开展聚落考古、古城考古和古代文明问题探讨和研究工作时，要注意吸取先进省区、特别是长江中下游地区的考古经验和科研成果。在进行聚落考古时应该特别重视和关注聚落和聚落群的规划、聚落内部各相关设施的分布、城乡的分化和聚落人口等方面的问题,把聚落考古与考古地理学的方法紧密结合起来;农业是文明形成和发展的基础,在探索和研究古代文明问题时,应该充分注意农业问题;同时也要注意手工业技术的发展,宗教礼仪的变化和完善,文化交流的扩大和发展等古代文明进化发展的必不可少的重要条件。

在探索广东古代文明问题时还要注意地方特点的问题。虽然我国学者对"中国文明起源的多元性并逐渐走向一体化的过程已经得到认同"。⑬但是,这并不排斥各个地方有各个地方的特点,特别是地处岭南、濒临南海的广东,应该有自己的特点。只有把广东的特点搞清楚,才能更好地认识与周边地区和中原地区的关系,才能逐步弄清岭南地区如何走向一体化的过程和特点。

3. 我们可以把广东分成几个区域,把工作基础好、已经有重要发现的地区作为工作的重点,进行大规模的突破性的考古调查发掘和研究工作。

关于分区问题,建议以古代的地理、历史环境为依据,划分为北江地区、西江地区、东江地区、榕江和韩江地区、珠江地区及高雷地区等。从目前的基础情况看,应该把重点先放在东江地区,亦即河源、惠州、东莞、深圳地区。在惠州地区,除采用各种现代科技手段进行勘探调查外,重点地域还可采用拉网式的调查方法,力争把古代聚落群、古城、古都邑找出来,实现突破性的进展。

从时代方面考虑,过去发现的"米"字纹陶和夔纹陶时代的遗址、窑址和墓葬比较多,再早的遗存发现和发掘的不多。因此,在调查时应在夔纹陶时代的基础上,注意发现云雷纹、曲尺纹时代的遗存,通过发掘和研究探索聚落的形成和发展。从时代上说,重点在距今 3600~2800 年的商、西周和春秋时代。这一历史时期应该是解开岭南聚落、古城、都邑和古国之谜的关键时期。

从文化内涵上考虑,除重视几何印纹陶、青铜器的研究外,还应该重视对原始青瓷器和釉陶器的研究,重视对玉石器的研究。种种迹象表明,广东出土的釉陶和原始青瓷器与商周和江浙一带的原始青瓷器有着密切的文化和技术渊源关系。发现的牙璋和玉琮标志着商周时期的礼制文化和用器已经传播到岭南,不能不引起我们对玉石器的重要意义和文化工艺技术的探索和研究工作的重视。

以上讨论意见志在抛砖引玉,希望大家深入讨论,把这一课题的研究推向新的高度。

注 释

① 广东省文管会:《广东清远发现周代青铜器》,《考古》1963 年 2 期。广东省文管会:《广东清远的东周墓葬》,《考古》1964 年 3 期。

② 广东省博物馆、曲江县文化局石峡发掘小组:《广东曲江石峡墓葬发掘简报》,《文物》1978 年 7 期。

③　苏秉琦：《石峡文化初论》，《苏秉琦考古学论述选集》，文物出版社，1984 年。

④　苏秉琦：《中国文明起源新探》，商务印书馆（香港）有限公司，1997 年。

⑤　蒋廷瑜：《从考古发现探讨历史上的西瓯》，《百越民族史论集》，中国社会科学出版社，1982 年；蒋廷瑜：《从银山岭战国墓看西瓯》，《考古》1980 年 2 期；广西壮族自治区文物工作队：《平乐银山岭战国墓》，《考古学报》1978 年 2 期。

⑥　余天炽、覃圣敏等：《古南越国史》，广西人民出版社，1988 年。

⑦　蒋祖缘、方志钦主编：《简明广东史》，广东人民出版社，1989 年。

⑧　张荣芳：《西汉时期苍梧郡文化述论》，《秦汉史论集》，中山大学出版社，1995 年。

⑨　转引自司马尚纪：《广东政区体系》，中山大学出版社，1998 年。

⑩　饶宗颐：《从浮滨遗物论其周遭史地与南海国的问题》，《饶宗颐潮汕地方史论集》，汕头大学出版社，1996 年。

⑪　司马尚纪：《广东政区体系》，中山大学出版社，1998 年。

⑫　徐恒彬：《论岭南出土的"王"字形符号青铜器》，广东省文物考古研究所《建所十周年文集》，岭南美术出版社，2001 年。

⑬　上海博物馆考古部：《长江下游地区文明化进程学术研讨会综述》，《中国文物报》，2002 年 9 月 6 日第七版。

广东地区盐业考古研究刍议

李　岩

英文提要　The article gives a brief introduction to the salty industry archaeology in prehistoric and historic periods in both Japan and China and the ways of archaeology and natural science in which it uses. Based on Guangdong natural geographical conditions and related documents, the article points out that it is not only necessary but possible to have a good study on the salty industry archaeology in Guangdong. Believing it will become Guangdong's feature in archaeology study, the article states that such a study will surely has a bright future in Guangdong.

一

2001 年，笔者在深圳屋背岭发掘时，逢一位台湾籍学子，介绍了三峡地区近年开展井盐考古研究的情况，引起我和同事们的注意。回想起早些时候，一位老领导聊起客家地区的民俗，解放前，客家地区还有人专门从事盐的贩卖。从潮汕地区买进，靠人力肩挑贩至江西，从中获取差价以帮补家用。其中一个重要的原因是江西省不产盐。关于岭南产盐见诸文献较为著名的是《史记·货殖列传》，有记载当时全国盐产地概况的一段文字："人民谣俗，山东食海盐，山西食盐卤，岭南、沙北固往往出盐"。[①]说明在汉武帝时期，岭南出产盐是当时普遍认知的事情。《汉书·地理志》注当中有南海郡番禺和苍梧郡高要均设有盐官的记载[②]，与《史记》之载互为印证。

2002 年 10 月，往日本访问时，又向一些日本学者专门请教这一问题，日本的绳纹时代就已经制海盐并用于交换了[③]。如果将动物和人类相比的话，许多哺乳动物是以迁徙的方式"舔地"、"舐土"来取得身体生理活动所需之盐，人的历史上也应当有类似的阶段。由于社会结构的复杂，人口集中，在某些特定空间的数量规模也越来越大，随着交换活动的日益增加，人类又创造出一种新的东西，就是商品。从动物需要盐的行为模式逐水草就食，及迁徙到产盐之地"舔"、"舐"，而演变成由商品的产地向人群需要的空间流动。从某种意义上说，这与储藏食物就有了本质的不同，是文明进程的产物，而不完全依赖于自然地理环境的恩赐，还更在乎人类社会发展本身产生的需求与动力。于是，在国内外考古研究中，盐的生产与交换被逐渐重视起来。继三峡井盐考古研究之后，最近，在山东召开的环境考古会议上，国内学者在山东沿海，就周代的制盐问题展开了研究工作。④

聚焦广东，在汉代岭南盐业记载的支持之下，我们不仅要考虑广东汉代的盐业考古研究，而且，追溯到先秦时期盐业活动的考古学研究是十分必要和可能的。这是因为盐是广东独特地理环境的产物，特别是它和商品交换联系紧密；而先秦又是岭南文明进程的重要时期。可能性是从学习借鉴同业先进的方法，从考古学的立场，如何去辨认相关的遗物、遗迹。现将自己的思考整理成下文，以求引玉。

二

根据《史记》、《汉书》的记载：汉时，广东出盐，并在国内贸易和政府财政收入两方面都占有重要地位，特别是当时苍梧郡高要县所设盐官，高要不产盐，其盐官有着特殊的意义——这里的盐官应当是为控制销售而设的，足以说明盐作为商品的重要地位。以后三国、两晋、南朝、唐、宋、元、明、清关于岭南盐业的记载不绝于史，无需多言，从汉乃至秦（包括南越国时期）也是十分肯定的。

广东地区的食盐生产始于何时？从汉代的文献中，说明当时已经形成了相当的规模，可以推知其发生在更早的时候，虽然目下无直接的证据，但从国内外的发现和研究，结合广东本地的材料，大致可以看到一些线索：

日本的绳纹时代，在沿海的一些贝丘遗址中，普遍使用一种尖底的陶器煮海盐，在确认这些遗物的使用功能时，他们采用了测定相关遗物、遗迹碳酸钙含量的手段，碳酸钙是海水制盐过程中遗留下来的化学物质，通过其含量的对比，确定尖底陶器和埋藏层位与制盐活动的关系。⑤

三峡地区忠县的井盐制作研究表明：目前为止，已经发现的煮卤之器物的年代可以追溯到东周的春秋时期。⑥

最近，笔者在与李水城先生的学习过程中了解到，他所带领的课题组在山东沿海，对于西周时期普遍存在"将军盔"形陶器开展了研究，基本确认这类器物是煮海盐用的专门器皿。据李先生介绍，这类遗址有三个共同现象：一是煮盐的陶器为尖底或较尖的圜底；二是器物个体在陶器群中的比例相当大，反映出特殊用途的趋向；三是遗址普遍分布在海边。

反映先秦至汉时期盐业情况的文献当中，关于海盐的记载可见若干：《周礼·盐人》所记各地向周天子朝贡的不同种类之盐中有散盐，根据唐代陆德明的注释⑦，散盐就是煮海之盐；《管子》中不仅记录了当时的燕、齐两地之盐业生产，甚至还主张"君以四什之贾，循河、济之流、南输渠、赵、宋、卫、濮阳"等地。不仅可获经济利益，还因为："恶食无盐则肿"⑧，更可以用这种战略物资左右不产盐的诸侯国；而《史记·淮南王安列传》中提到吴楚地方数千里，东煮海水为盐⑨，《盐铁论》则更加广为流传。

这些都说明盐在先秦及汉时的社会生活中的重要作用，已经达到了何种程度。

先秦之广东是否产盐？我们不仅从国内外的考古发现与研究中可以看到旁证，从汉代的"岭南、沙北固往往出盐"找到支点，与吴、楚、齐、燕共同的地理条件上看到共同的资源背景，一个推论是：广东先秦时期出产海盐，而且，有相关的贸易活动，并与文明进程密切相关。

三

当我们粗线条地分析了岭南先秦时期有专门制盐业和交换的可能性之后，跟着的问题就是以考古学的立场、方法，如何去开展研究。首先就是如何确认先秦时期的遗物和遗迹中哪些与制盐有关。

根据盐业史专家的研究⑩，海盐的制作程序以宋代为分界线，宋以前是煮海水或卤水为盐的阶段；其后则用晒盐法，煮盐逐步被取代。唐人刘恂在《岭表录异》中记述了这样一段文字来描述广东地区制盐的过程："广人煮海，……但恃人力收聚咸池沙，据地为坑。坑口稀布竹木，铺蓬簟，于其上堆沙。潮来投沙，咸卤淋在坑内。伺候潮退，以火炬照之，气冲火灭。则取卤汁，用竹盘煎之，顷刻而就。……谓之野盐。"⑪这对于我们了解煮海盐的过程和器具有很大帮助，煮亦先取得卤水，所用器具则是"竹盘"，而"竹盘"如何形状，又如何使用，现在不明。

广东境内目前发现的与盐业有关之遗址有宋代潮阳的盐灶。《潮阳文物志》（1985年版）记载有一处可能是宋代盐灶的遗址，录于右："河浦华里煮盐遗址，在河浦区华里盐场东灶。西距华里乡约 1 公里，南离海岸约 2 公里。一九五九年将沙埠改为水埠时，发现遗址分布达 1000 多亩，现仅存金狮陇盐埠一处遗址。此处灶壁土块经火烧，呈黄褐色。在离灶址约 5 公里的龟背海滨，有宋绍圣三年三月的游记石刻。又有宋代诗人王安中的诗句：'万灶晨烟邀白云'，说明这里可能是宋代盐灶遗址。"⑫

另外，根据原省文物队莫稚先生回忆，20 世纪 80 年代在深圳开展文物普查时，也发现不少宋代的盐灶，现在保存情况不明。

上述所列，目的是从较晚的记载和发现中，了解煮海盐的基本程序和器具。这样，对于我们日后观察更早阶段的盐业遗迹、遗物会有所启发。无论汉唐所产井盐、海盐，基本程序是先制卤后围灶煮，在取卤和煮制的过程中都会相应留下遗迹和遗物。

制盐遗址一般分布在海边，其所用器皿或尖底或圜底，制作粗糙，此类遗址中用于煮盐的器皿数量非常大，以上述的程序和其他遗存持有线索衡量之：广东沿海的沙丘遗址，特别是集中在珠江口附近深圳、珠海、阳江、港澳地区者，似乎有类似的情况。试以珠海东澳湾遗址的情况加以对比：⑬

1. 地理位置：珠海淇澳岛东澳湾，距现代海岸数百米。

2. 时代：商时期。

3. 陶器群：各类夹砂釜和钵的个体数量以统计显示比重大。

4. 遗迹：当时形成简报时，对遗迹 A、B、C 的性质判断有不易定性之难，非通常的灶、窑，其表面又有数件煮器个体和陶支脚，现在联想起汉代画像砖中煮卤水之灶⑫，一灶几锅的做法，或许存在异曲同工之处。

在没有确切的分析和证据之前，我们当然不能说商时期大量的沙丘遗址或其内的遗迹、遗物就与制盐活动有关，而是经过线索对比，来寻找今后研究工作对象的大体范围。

四

从日本同行研究的过程和方法中，我们可以考虑以化学分析的方法作为广东盐业研究的基本方法之一。

1. 通过对现有盐场或已经废弃的现代盐场进行调查取样，测定分析碳酸钙在这些晒盐池和不同其他生活区域以及不同深度土壤中的含量，与海边自然状态的沙土堆积碳酸钙含量作出对比。同时借助化学分析手段对这些标本中的微量元素进行分析对比，试图寻找出一种类似碳酸钙的指标性微量元素物质。

这样的测试分析至少先分别选择三个地点，将不同地点的标本数据进行比较，目的是了解盐卤池与制盐活动有关的指标性化学物质的情况。

2. 从现代盐场取海水的附近水域采取海水标本配含 1 中所涉及的微量元素分析测试，寻找相同或相关的微量元素，以使得可以确认与制盐池有关的微量元素与海水的关联性。

3. 在 1、2 测试分析的基础上，通过模拟手段，以海水或卤水用陶器煮之，达到一定数次的积累之后，测试模拟陶器的不同部位相关化学物质的含量（碳酸钙和相关微量元素）。

4. 在沙丘遗址中选取夹砂釜、钵类器物进行碳酸钙和相关微量元素的测试分析，与 1 至 3 数据进行对比，注意器物群中不同器类和相同器类不同个体、相同个体不同部位的比较。

5. 在已经发掘的沙丘遗址和未发掘的沙丘遗址地层堆积和可疑的遗迹中采取土样

进行碳酸钙和相关的微量元素分析及对比。

通过上述的分析、测验，目的是除碳酸钙之外，测验分析与盐业制作活动相关的微量元素含量，以及通过对比确定相关数值，再通过模拟，和与已有资料，特别是各类夹砂釜、钵类器物测试结果的对比，建立确认煮盐陶器辨认的化学分析方法指标。同时，对沙丘遗址的田野考古工作，特别是化学分析手段的使用，也提出了新的要求。

做法二：对现有盐场、废弃盐场和宋代盐灶开展田野考古工作方法的调查。其意义在于：

了解当时（宋代）盐灶的基本情况，如盐灶的个体状况、形制、大小、盐灶之间的布局，地理环境，所处空间的高度，与海岸线的关系，周边的地形、地貌等，从而，使我们今后无论遇到年代相近或较远的同类遗迹，判读时都有所参考和启发。

而对现代盐场，特别是手工作业已废弃者的盐场调查了解，不仅对日后开展制盐，特别是晒盐方式的盐业研究有直接的帮助，而且以聚落的眼光观之，使我们在宏观上理解盐场的地理位置、分布、与交通和城市的关系以及盐场内部的不同功能分区亦有裨益。

总之，海盐作为广东沿海的一项特殊自然资源，在不同历史阶段发挥的作用虽然各有不同，但无论是对于先秦还是以后各个不同的历史时期而言都是十分重要的物质基础。开展其专门的研究不仅会有些具体成果，而且对于整个考古学而言，还会在如何与自然科学和技术手段的结合以及促进田野工作方法细化及水平提高等方面都具有重要的意义。

注　释

① 《史记·货殖列传》。

② 《汉书·地理志》。

③ 加藤晋平等编：《绳纹文化的研究》第 2 卷，日本雄山阁出版株式会社，1995 年。

④ 根据李水城先生介绍。

⑤ 同③。

⑥ 任乃强：《四川上古史初探》，四川人民出版社，1986 年；屈小强：《三星堆文明时期的食盐贸易》，《盐业史研究》1994 年 1 期。

⑦ 《周礼·盐人》陆德明注。

⑧ 《管子》卷 23。

⑨ 《史记·淮南王安列传》。

⑩ 中国盐业总公司编：《中国盐业史》，人民出版社，1997 年。

⑪ 刘恂：《岭表录异·补遗》。

⑫ 潮阳县文化局、博物馆编：《潮阳文物志》，1985 年。

⑬ 广东省文物考古研究所等：《广东珠海市淇澳岛东澳湾遗址发掘简报》，《考古》1990 年 9 期。

南方地区出土商周时期硬陶尊初探

张金国

英文提要　Hard pottery *zun* is a special utensil produced in south China.　This kind of pottery got a further development when south China was dominated by Shang dynasty. Here, Panlongcheng site and Wucheng site became central region of hard pottery *zun* successively.　As an important artifact, hard pottery *zun* grew into one of ceremonial utensils this period.　The influence of this kind of utensil spread almost all over south China.

　　单种器物的研究，人们已作过不断的尝试。其中，以鬲、鼎的研究为最多，通过对这类特殊器物的研究，解决了许多的学术难题，收到了较好的效果。我们对硬陶尊的研究，也是想通过这一特殊器物来探索它的历史。近年来，湖北、湖南、江西、浙江、江苏、广东等省，不断发现有丰富的各类型硬陶尊。与此同时，河北、河南、山东、安徽等省，也有一些零星的发现。由于这类器物的大量出现，以及它广泛的分布，它的特殊性及重要性，也就逐渐地显示出来。使我们对主要分布于长江中游地区及其以南的这一特殊器物的认识，就显得更为重要与突出。本文借此机会，作些初步的探讨，错误难免，请指正。

一　型式及特征

　　本文收集的各类型硬陶尊，计78件。按形态的不同，分为七类。

　　1. 第一类：矮体尊，18件。以肩部形态的不同，分三型。

　　A型：双折肩尊，3件。分二式。

　　Ⅰ式：1件。盘龙城杨家嘴（PYZ）T2⑦:2，口外翻，口小于肩。肩、腹饰方格纹（图一，2）。

　　Ⅱ式：2件。盘龙城楼子湾（PLW）M3:16，平沿，沿上有一道凹槽，斜直腹，凹底。肩饰方格、云雷复合纹，表施青绿釉（图一，5）。盘龙城（P）采:091。窄沿，尖唇，弧腹。腹饰网状细方格纹（图一，六）。

　　B型：折肩，13件。分七式。

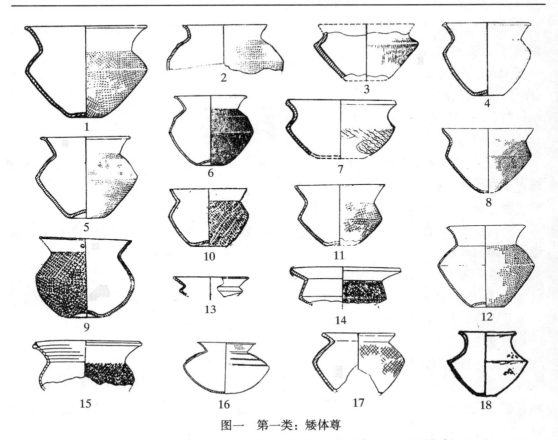

图一　第一类：矮体尊

1.B型Ⅰ式 PWZ 采:029　2.A型Ⅰ式 PYZT2⑦:2　3.B型Ⅰ式 PYZT3⑦:67　4.B型Ⅱ式 PLWM6:6　5.A型Ⅱ式 PLWM3:16　6.A型Ⅱ式 P:091　7.B型Ⅳ式 PYWM4:11　8.B型Ⅳ式 PYWM12:1　9.C型Ⅱ式香港大湾 M1　10.B型Ⅰ式石峡狮子头洞出土　11.B型Ⅴ式 PTZ:0135　12.B型Ⅲ式 PLZM1:24　13.B型Ⅴ式 74HPAT017②:16:　14.B型Ⅴ式郑州小双桥 H29:59　15.C型Ⅰ式郑州小双桥 H29:16　16.B型Ⅵ式湖南高脊砂 M1:24　17.B型Ⅵ式江西竹园下 H9:4　18.B型Ⅶ式江西新干牛头城遗址出土

　　Ⅰ式：3件。盘龙城王家嘴（PWZ）采:029。口径等于肩径，宽大于高。腹饰方格纹（图一，1）。盘龙城杨家嘴（PYZ）T3⑦:67，折肩尖锐，腹饰细绳纹（图一，3）。石峡狮子头洞出土一件[①]。敞口，口内壁微外弧，斜直腹，凹底，肩、腹饰间断线纹（图一，10）。

　　Ⅱ式：1件。盘龙城楼子湾（PLW）M6:6，折沿外斜，尖唇，斜直腹，凹底。腹饰方格纹（图一，4）。

　　Ⅲ式：1件。盘龙城李家嘴（PLZ）M1:24，敞口，折沿外斜，斜直腹，凹底。肩、腹部饰方格纹（图一，12）。

　　Ⅳ式：2件。盘龙城杨家湾（PYW）M12:1，敞口，斜直腹，尖底。肩、腹部饰方格纹（图一，8）。盘龙城杨家湾（PYW）M4：11，敞口，颈作圆弧状内束，弧腹。腹饰绳纹（图一，7）。

Ⅴ式：3件。盘龙城童家嘴（PTZ）采：0135，敞口，斜直腹，肩，腹部饰方格纹（图一，11）。1974年黄陂盘龙城第4象限（74HP4）T017②：16，敞口，口径大，肩径小，斜直腹（图一，13）。郑州小双桥 H29：59，大敞口，颈、肩折角尖锐。腹饰方格纹（图一，14）。

Ⅵ式：2件。湖南望城高脊砂 M1：24，敞口，口小于肩，弧腹，圜底。肩上四扉棱，颈肩部饰方格纹、弦纹（图一，16）。江西竹园下 H9：4，敞口，口小于肩，矮颈，斜直腹。肩、腹部饰网格纹（图一，17）。

Ⅶ式：1件。新干牛头城②出土，口外翻，领较高，斜直腹，小平底。折肩处一周锯齿状附加堆纹，肩部有横穿耳和等距离排列十六个圆饼形装饰（图一，18）。

C型：圆肩，2件。分二式。

Ⅰ式：1件。郑州小双桥 H29：16，敞口，沿面外斜。腹饰方格纹（图一，15）。

Ⅱ式：1件。香港大湾 M1 出土，敞口，腹饰方格纹（图一，9）。

2. 第二类：高体凹底尊，16件。以肩部形态的不同，分四型。

A型：双折肩，4件。分三式。

Ⅰ式：1件。盘龙城王家嘴（PWZ）T82⑧：4，敞口，平折沿，沿上有两道凸棱，斜直腹。颈壁有密集的轮制纹，肩部饰曲折纹和编织纹，腹部饰编织纹。器表施青釉泛黄（图二，2）。

Ⅱ式：1件。盘龙城楼子湾（PLW）H1：17，翻缘，沿面外斜，直领，弧腹，圜底，底部起泡。肩腹饰篮纹，局部饰细方格纹（图二，6）。

Ⅲ式：2件。盘龙城杨家湾（PYW）H1：10，敞口，沿面外斜，弧腹。肩、腹部饰方格纹（图二，10）。盘龙城楼子湾（PLW）M10：2，口微敞，沿面外斜，弧腹。颈部有密集的轮制纹，肩部饰云雷纹与方格纹，腹饰方格纹（图二，14）。

B型：折肩，10件。分六式。

Ⅰ式：2件。盘龙城王家嘴（PWZ）采：096，敞口，沿面外斜，斜直腹。肩、腹部饰方格纹（图二，5）。盘龙城王家嘴（PWZ）T66⑦：23，敞口，沿面向外，斜直腹，肩腹饰方格纹（图二，12）。

Ⅱ式：1件。盘龙城李家嘴（PLZ）H4：26，口外翻，领较高，弧腹，底不周正。颈部饰有平行线纹（图二，13）。

Ⅲ式：1件。盘龙城李家嘴（PLZ）M3：5，敞口，弧腹。颈部饰有两道弦纹，肩、腹部饰绳纹（图二，1）。

Ⅳ式：4件。香港大湾 M7 出土一件，敞口，矮领，宽肩，弧腹。腹饰漩涡纹（图

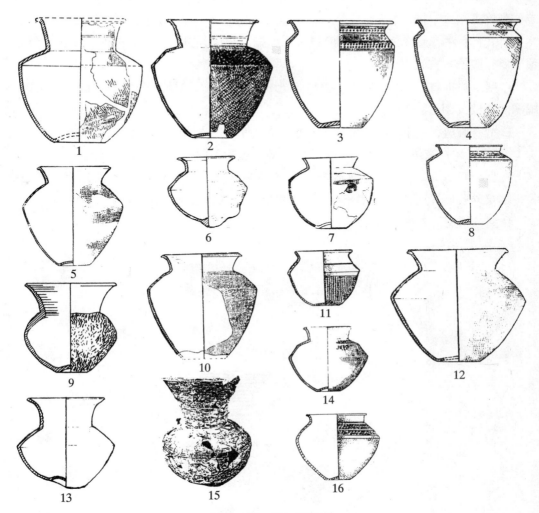

图二　第二类：凹体尊

1.B 型 Ⅳ 式 PLZM3：5　2.A 型 Ⅰ 式 PWZT82⑧：4　3.B 型 Ⅴ 式吴城 74 秋 T2④：2　4.B 型 Ⅵ 式吴城 74 秋 T7H8：11　5.B 型 Ⅰ 式 PWZ：096　6.A 型 Ⅱ 式 PLWH1：17　7.B 型 Ⅳ 式香港大湾 M7　8.B 型 Ⅳ 式吴城 74 秋 T7⑤：29　9.C 型吴江广福村 J1：13　10.A 型 Ⅲ 式 PYWH1：10　11.B 型 Ⅳ 式郑州南顺城街 H1 下：18　12.B 型 Ⅰ 式 PWZT66⑦：23　13.B 型 Ⅱ 式 PLZH4：26　14.A 型 Ⅲ 式 PLWM10：2　15.D 型粤东出土　16.B 型 Ⅳ 式南顺城街 H1 下：227

二，7）。吴城 74 秋 T7⑤：29，原始瓷。敞口，矮领，弧腹。肩饰三道锯齿状附加堆纹，腹饰小方格纹（图二，8）。郑州南顺城街 H1 下：18，敞口，弧腹。腹部饰交错绳纹（图二，11）。郑州市顺城街 H1 下：227，原始瓷。折沿，矮领，弧腹。肩饰两组 S 纹（图二，16）。

Ⅴ式：1件。吴城 74 秋 T2④：2，原始瓷。敞口，折沿，弧腹。肩饰两组圆圈纹带，腹饰方格纹（图二，3）。

Ⅵ式：1件。吴城74秋 T7H8：11，原始瓷。敞口，折沿，沿面向外，矮领，弧腹。颈、肩、腹饰方格纹（图二，4）。

C型：圆折肩，1件。吴江广福村 J1：13，喇叭口。颈壁有密集的轮制纹，腹饰不规则的绳纹（图二，9）。

D型：圆肩，1件。粤东出土③，喇叭口，腹饰多道凹弦纹（图二，15）。

3. 第三类：高体圈足尊，15件。以肩部形态的不同，分四型。

A型：双折肩，1件。盘龙城杨家湾（PYW）H1：8，喇叭口，上腹近直，下腹弧收，圈足外张。颈部饰多道凹弦纹，肩部饰席纹，腹饰菱形纹（图三，2）。

B型：折肩，7件。分四式。

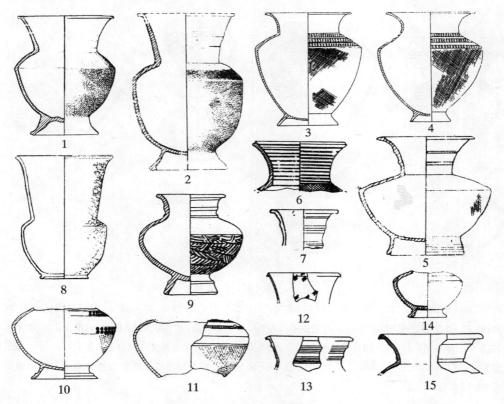

图三　第三类：圈足尊

1.B型Ⅰ式 PLWM1：8　2.A型 PYWH1：8　3.B型Ⅱ式郑州南顺城街 H1F：229　4.B型Ⅱ式或南顺城街 H1F：228　5.B型Ⅲ式石峡中层出土　6.B型Ⅳ式五华狮山采：6　7.Ⅲ式茅岗出土　8.B型Ⅳ式珠海水涌采：29　9.D型南头后海采：3　10.C型湖南望城高脊砂 AT1②：2　11.C型高脊砂 AH5：12　12.萍乡禁山下 T2②：37　13.萍乡禁山下 T1③：23　14.C型佛山河岩　15.东莞村头 T2301③：7

Ⅰ式：1件。盘龙城楼子湾（PLW）M1：8，喇叭口，平折沿，沿上起一道凸棱，弧腹，圈足外张。颈部有多道轮制纹，肩饰间断线纹，腹饰斜行米粒状纹（图三，1）。

Ⅱ式：2件。郑州南顺城街 H1 下：229，口外翻，弧腹，矮圈足。肩饰三组 S 纹带，腹饰方格纹（图三，3）。郑州南顺城街 H1 下：228，颈肩接合处圆转，圈足较小（图三，4）。

Ⅲ式：3件。石峡中层出土④，喇叭口，宽肩，腹较扁矮，圈足斜直外张。颈部饰两道凸弦纹，腹饰绳纹（图三，5）。五华仰天狮山采：6，喇叭口，沿面外斜。颈部有密集的轮制纹，肩部饰方格纹（图三，6）。高要茅岗出土一件⑤，喇叭口。颈部饰多道凸弦纹（图三，7）。

Ⅳ式：1件。珠海水涌采：29，喇叭口，长颈，肩较窄，弧腹，矮圈足。足、颈、腹部饰席纹（图三，8）。

C型：圆折肩，3件。湖南望城高脊砂 AT1②：2，弧腹，矮圈足外张。肩上多道凹弦纹及戳印一圈小圆圈间乳钉纹，腹饰粗绳纹和方格纹（图三，10）。湖南望城高脊砂 AH5：12，弧腹，肩、腹各饰一组 S 纹带（图三，11）。佛山河岩出土一件⑥，弧腹，矮圈足较小。肩上饰凹弦纹（图三，14）。

D型：1件。深圳南头后海采：3，口外翻，弧腹，小圈足外张。颈、足上饰多道凸弦纹，腹饰叶脉纹、交错绳纹（图三，9）。

其他：3件。萍乡禁山下 T2②：37，折沿，沿面向外，尖唇。颈饰方格纹（图三，12）。萍乡禁山下 T1③：23，硬陶。折沿，沿面向外。颈饰多道凸弦纹（图三，13）。东莞村头 T2301③：7，折沿，沿面向外。颈部饰弦纹（图三，15）。

4.第四类：瓠形尊，16件。以腹部形态的不同，分五型。

A型：球形腹，3件。分三式。

Ⅰ式：1件。盘龙城王家嘴（PWZ）T9⑧：12，平折沿，沿面有凹槽，尖唇，上腹部附三竖耳。颈部有三道凸弦纹，腹饰云雷纹。表施棕色釉（图四，1）。

Ⅱ式：1件。盘龙城杨家湾（PYW）M3：4，敞口，沿面向外，肩腹部附三竖耳，矮圈足较小。颈部有轮制纹，腹饰叶脉纹（图四，7）。

Ⅲ式：1件。盘龙城杨家湾（PYW）H6：16，敞口，折沿，沿面上有一道凸棱，上腹附三竖耳，矮圈足外张。颈部有密集的凹凸纹，腹饰云雷纹和叶脉纹（图四，3）。

B型：弧腹，3件。分二式。

Ⅰ式：1件。盘龙城李家嘴（PLZ）M1：23，敞口，平折沿，矮圈足，上腹附三竖耳。腹饰云雷纹和叶脉纹（图四，2）。

Ⅱ式：1件。盘龙城杨家湾（PYW）T38④：4，敞口，折沿，沿面向外，矮圈足外撇，上腹饰三竖耳。腹饰叶脉纹（图四，6）。

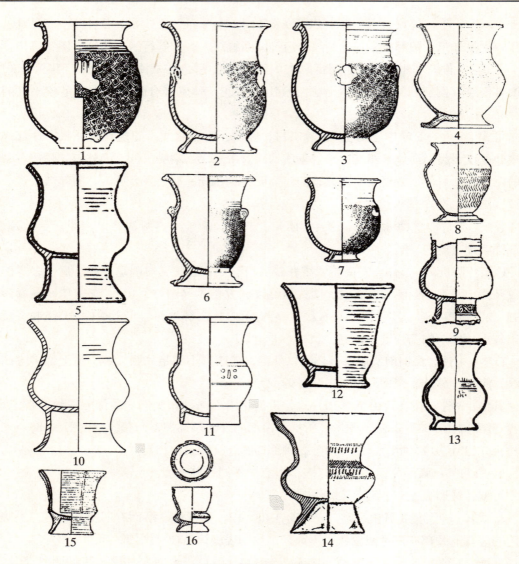

图四　第四类：瓠形尊

1.A型Ⅰ式 PWZT9⑧:12　　2.B型Ⅰ式 PLZM1:23　　3.A型Ⅲ式 PYWH6:16　　4.C型子顶山 M2:1
5.D型Ⅱ式马桥 TⅢ:5　　6.B型Ⅱ式 PYWT38④:4　　7.A型Ⅱ式 PYWM3:4　　8.B型Ⅲ式佛山河岩
9.D型Ⅰ式马桥中层出土　　10.D型Ⅲ式深圳屋背岭墓出土　　11.D型Ⅲ式湖南望城高脊砂 M7:3
12.E型无锡华利墓出土　　13.D型Ⅴ式溧水乌山 M2　　14.D型Ⅳ式安徽屯溪　　15.E型江山地山岗出土
　　16.D型Ⅴ式江山大麦山 M2:14

　　Ⅲ式：1件。佛山河岩出土，敞口，折沿，短圈足外撇度大，腹饰曲折纹（图四，8）。
　　C型：折腹，1件。和平大坝镇子顶山 M2:1，敞口，矮圈足外撇度大。腹饰方格
纹（图四，4）。

D型：扁圆腹，6件。分五式。

Ⅰ式：1件。上海马桥中层出土[⑦]，颈较直，圈足较高。圈足上饰云雷纹带（图四，9）。

Ⅱ式：1件。马桥 TⅢ:5。敞口，高圈足。颈、足上有多道弦纹（图四，5）。

Ⅲ式：2件。深圳屋背岭墓葬出土一件[⑧]，喇叭口，高圈足外撇（图四，10）。湖南望城高脊砂 M7:3，喇叭口，短圈足（图四，11）。

Ⅳ式：1件。安徽屯溪出土[⑨]，喇叭口，口部加厚，圈足较高。颈、腹部饰篦点纹、斜方格纹和曲线纹（图四，14）。

Ⅴ式：2件。江苏溧水乌山二号墓[⑩]一件，喇叭口，矮圈足（图四，13）。江山大麦山一件，敞口，颈较高。腹部上戳印圆圈纹四层，并有扉棱三条。器表施茶绿色釉（图四，16）。

E型：2件。无锡华利墓[⑪]一件，喇叭口，圈足外撇。周身饰横行瓜棱纹（图四，12）。江山地山岗一件，器身上附有三条竖行扉棱（图四，15）。

5.第五类：钵形尊，3件。分二式。

Ⅰ式：折腹，2件。普宁后山 M2:1，敞口，圜底。腹饰小方格（图五，1）。盘龙城杨家湾（PYW）T5④:5，腹饰小方格纹（图五，3）。

Ⅱ式：弧腹，1件。盘龙城杨家湾（PYW）T42④:1，微敞口，尖唇。腹饰云雷纹（图五，2）。

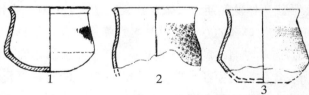

图五　第五类：钵形尊

1.Ⅰ式普宁后山 M2:1　2.Ⅱ式 PYWT42④:1

3.Ⅰ式 PYWT5④:5

6.第六类：杯形尊，3件。福建扬山类型[⑫]一件，敞口，扁腹，平底。腹饰云雷纹（图六，1）。浙江地山岗（平）M1:1，腹饰曲折纹（图六，2）。江南土墩墓一件，腹饰曲折纹（图六，3）。

7.第七类：簋形尊，7件。分三式。

Ⅰ式：1件。三水银洲[⑬]出土，敞口，颈上起突棱，矮领，矮圈足外撇（图七，7）。

Ⅱ式：1件。福建扬山类型[⑭]出土，敞口，折腹，圈足外张（图七，1）。

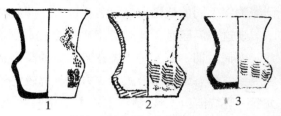

图六　第六类：杯形尊

1.福建扬山类型出土　2.浙江地山岗（平）M1:1

3.江南土墩墓出土

Ⅲ式：5件。安徽屯溪[⑮]出土二件：一件敞口，折腹，腹饰曲折纹和方格（图七，2）；另一件[⑯]侈口，折肩尖锐，小圈足。腹饰横条状纹（图七，4）。江南土墩墓出土一件，侈口，折腹尖锐，圈足较小。颈内壁有轮制纹，腹饰网格纹（图七，3）。德独

D2M1：18，侈口，折腹，矮圈足，腹饰网状纹（图七，5）。德独 D2M1：17，敞口，圆腹，矮圈足外撇。腹饰圆圈纹带（图七，6）。

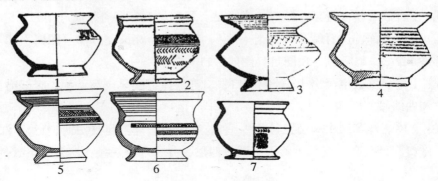

图七　第七类：簋形尊

1.Ⅱ式福建扬山类型　2.Ⅲ式安徽屯溪　3.Ⅲ式江南土墩墓　4.Ⅲ式安徽屯溪　5.Ⅲ式德独 D2M1：18　6.Ⅲ式德独 D2M1：17　7.Ⅰ式三水银洲

以上形式的划分，是根据已有的考古实物材料定名为尊者而进行的，关于尊名的来源，是商周时期青铜器自铭的。如"西周早期的青铜器铭文中有一件子尊，自铭为盥[⑰]。""春秋晚期，安徽寿县蔡侯墓出土一尊，自铭为彝盌[⑱]。"以上二例，后一字为传统称之为尊者的专名，可见当时尊是实有其名的。但这只是指的瓠形尊，对青铜折肩尊是否有此专名，就不得而知了。至于出土的硬陶、瓷尊有无专名，回答是否定的。本文所收集的尊类型器是考古工作者在获取的实物材料时，针对实物材料的特征进行比照、归类，形态相同者同名，这是人们在运用类型学原理时采用的一种科学方法。

据发掘材料，可称为尊者，我们初步分为七类。七类尊中，虽然，大小悬殊，形态差别明显，然而，在铜、陶共生时代，实物分类与定名，是有章可循的。但是，也有相同器物在不同的地区存在定名不统一，即同器异名的现象，以尊为例说明。

谈这个问题时，有必要拟出一个比较符合客观实际的框架，尽可能地做到准确一些。商周时期，尊是陶质类器组合中的高档品之一，我们之所以这么说，是因为这类器物无论在形态、装饰、工艺等方面，都较它类器物优胜许多。因此，尊形器一般具备了如下一些特征：（1）制作上：主要由高岭土作坯料，在 1000℃～1200℃ 高温下烧成，胎体坚硬。当然，也有极少器物为一般泥料制成，但淘洗精细，工序复杂，基本采用了慢轮修整，整体制作精细；（2）造型上：尊型器的形态较多，但总的特征为大口外敞，高领，折肩，斜直腹或弧腹或鼓腹，凹底或圈足；（3）装饰上：在一般情况下，器表有釉，并装饰有精细规矩的几何图纹，或几种纹样拼组而成的复合纹。

收集的材料显示，第一类尊：湖南望城高脊砂 M1：24，原报告中称之为釜。但该器物为泥质硬陶，按照器物使用的原理，釜为炊器，应为夹砂陶，因夹砂陶耐烧，不易破碎，且导热快是其特征。而该件器折肩之上，还装饰有高雅庄重的四扉棱及方格纹，若称之为釜，显然违背了器物使用的常理。因此，该器物还应称之为尊，较为妥当。石峡狮子头洞所出，原报告定为凹底罐，按上述条件，亦应定为尊。第三类尊：南头后海采：3、湖南望城高脊砂 T1②:2，原报告中称之为罍。罍为小口而矮，口外敞不明显是其特征。综合上述条件，应定为尊较为合适。五华仰天狮山采：4、6，原报告定为罐，若从口、颈部的特征，应定为尊。第四类尊：和平子顶山 M2:1，原报告定为罐，整体形态似尊。第五类尊：普宁后山 M2:1，原报告定为罐，而应定为尊。

二　器物的演变及年代

这里有必要说明一点，就是我们对硬陶尊的研究，只是一个初步的尝试，所作的工作，只是将报道的材料，尽可能地收集整理，目的只在于找出规律性的东西。

2001 年，盘龙城商代遗址发掘报告的正式发表，为我们认识南方地区商周时期尊型器的文化特征，提供了必要的条件。前面所划分的七个类型，其中的五个类型，盘龙城遗址均有出土，而且数量大、年代早、存在的时间最长，从二里头晚期至二里岗上层晚段，基本上没有间断，前四个类型中，早晚之间的变化明显，这为我们认识南方地区商周时期硬陶尊的发生与发展找到了线索（图八）。

第一类尊：形态为方形，以折肩（B 型）尊的数量为多，出现的时间相对较早。口与底部的变化较明显。二里岗下层，口等于或稍大于肩，也有极少数口小于肩；二里岗上层，器体稍有加长，底部收缩较小。折肩之上还施以复合纹，整体制作较讲究；商代晚期，口变小，折肩不明显，至西周时期，折肩又开始变得尖锐起来。

第二类尊：基本形态近似罐形，器体高大。以折肩（B 型）尊的数量为多，变化也较明显。二里头晚期至二里岗上层，颈由高向矮演变，折肩变窄，折肩尖锐的态势有所减弱，器身加长；商代晚期，折肩的形式少见，新出现了圆折肩或圆肩圆腹（C、D型）尊，颈部增高，有超越前期之势。商周之际，硬陶的硬度更高。装饰上：从二里头晚期开始，方（菱）格纹、云雷纹与编织纹的组合形式就显得非常的成熟，纹理规矩精细，具有极高的水平。二里岗上层至商代晚期，这种现象已极少存在，纹饰简单，随意拍划。

第三类尊：此类尊的基本形态与第二类尊有许多的相似，不似之处，只是在器物的底部加上了高矮不同的圈足，体形显瘦长，二里岗上层至商代晚期有较多的出现。整体变化是器身由高瘦向矮胖演变，最明显的变化在腹部。商代晚期，新出现了圆肩圆腹（C、D 型）尊，形态与第二类 C、D 型尊相同。此两型尊的出现，是这一历史时期的普遍特征。

第四类尊：形体较小，高瘦。口、腹、足的直径比例相差不大。二里头晚期出现，二里岗下层未见，二里岗上层复出。其变化为：如早期的口沿平折→沿面外斜；口微敞→敞口→撇口（口外翻）；腹由球腹→弧腹、圆腹→扁圆腹。装饰上：二里头晚期至二里岗期，肩腹处装饰有三耳，商代晚期，这种装饰的作风不见。再如二里岗期器身上装饰的复合纹样，商代晚期不见，代之以简化的兽面纹或圆圈纹，总之，装饰由繁而简。

第五、六类尊：此二类尊出土的数量少，缺乏可比性，此不多述。

第七类尊：此类尊的出现较晚，或由第二、三类尊演变而来，在商代晚期至西周早、中期有较多的发现，时代特征明显。商代晚期，口外敞，矮领，折腹；西周早中期，口沿外侈，折肩尖锐。

三　源流与分布

硬陶尊主要分布于长江流域及其以南。偃师二里头[19]、郑州二里岗[20]、南顺城街窖藏[21]、小双桥商代遗址[22]、河北藁城台西商代遗址[23]、山东前掌大 M119[24]有少量的发现。四川成都宝墩遗址[25]，发现有定名为尊的，年代早在 4000 年以前。类似于这类情况，有良渚文化晚期，出土了一件定名为尊的[26]，其形制酷似于第三类尊。江西萍乡禁山下遗址的一、二期，分别出土了较多定名的高领尊[27]，时代相当于龙山晚期、夏商之际。在长江中下游地区及其以南，出土有商周时期的尊型器的遗址和墓葬有：湖北黄陂盘龙城[28]、湖南望城高脊砂[29]、岳阳费家河[30]、江西吴城[31]、萍乡竹园下[32]、禁山下[33]、安徽屯溪、新干牛头城[34]、上海马桥中层、福建建阳山林子[35]、粤东区、福建扬山类型、石峡中层、石峡狮子头洞[36]、子顶山[37]、普宁后山[38]、佛山河岩、珠海水涌[39]、香港大湾[40]、东莞村头[41]、深圳屋背岭、南头后海[42]、三水银洲等。在这一分布的区域范围内，较集中的发现，我们将其分为四区：

第一区，以盘龙城遗址为代表。其范围包括了鄂东南、洞庭湖区以北。二里头晚期，已出现了第二、四类尊，这是目前南方地区出土较早的两件。二里岗上层期已增至五个类型，以前四个类型为最多，且自成系列。

第二区，以吴城遗址为代表。其范围包括了鄱阳湖区、赣江流域。遗址经研究分为三期，分别为二里岗上层、商代晚期、商末周初，商代晚期是遗址的繁荣时期。三期中复原有类似于第二类 B 型尊，新干大墓中[43]，也出土了较多的同类型的尊，这一类型尊在这一区域范围内，出现的年代较早。

第三区，以上海马桥中层为代表。其范围包括了宁镇地区、闽西北。遗址出土了第四类型尊[44]、鸭形尊，其中，鸭形尊，本文未收入。

第四区，以石峡中层为代表。其范围包括了粤东，环珠江口一带。遗址中出土了第三类型尊。关于遗址的年代问题，存在着分歧。根据遗址出土的第三类型尊的特征，较近似于盘龙城遗址二里岗上层一期的同型尊。前者为宽肩，腹部宽矮，是时代偏晚的形态，与郑州南顺城街 H1 下：229 的形态更为接近。因此，我们倾向于将该型尊的年代，定于二里岗上层或稍晚。

由此，我们对四区之中，不同类型尊出现的年代与特征，进行了比较，发现前四型尊中，盘龙城商代遗址出土的尊，类型之多，数量之大，年代之早，在长江流域及其以南的地区少见。这并不是说，前几类型尊有源于盘龙城遗址之嫌，但有一点是可以肯定的，那就是二里岗期在盘龙城商城遗址盛行。为此，我们有必要对盘龙城商城遗址作些简单的介绍。遗址经过了系统的研究，分为七期：一期相当于二里头二期或三期偏早，二期相当于二里头三期，三期相当于二里头四期偏晚或二里岗下层一期偏早，四、五期相当于二里岗上层一期偏晚阶段，六期相当于二里岗上层二期偏早，七期相当于二里岗上层二期晚段。二里岗上层期是遗址的繁荣时期。城墙、宫殿、壕沟等遗存即建筑于这一时期。而城墙、宫殿、壕沟等遗存的建筑形制及方法基本同于郑州王城，因此，学界公认盘龙城商城是商王朝侵掠南方的第一站。

吴城遗址，虽说出土了较多的硬陶、瓷尊，但收集到见诸报道的只发现有第二类型尊。萍乡禁山下遗址二期，出土的一部分高领尊，年代定在夏商时期，据报道的材料，仅器物的颈部存有一块陶片，很难说明问题，我们期待更多材料的发表。

近些年来，在两湖流域，不断发现商文化遗址，尤其在鄱阳湖北，至长江一带，发现了商文化遗址的分布区。它的发现，进一步表明了吴城遗址是以商文化为主体，使我们清楚地看到，在盘龙城商文化遗址繁荣之后，吴城遗址又成为商人在南方经营的第二站。商人不断南侵，必将对本地及周边地区文化产生强烈的影响。

马桥文化分为早、中、晚三期，早期发育于本地区良渚文化晚期，中期为商时期，即马桥中层。研究者认为，这一时期是一种受外来文化冲击而成的一种新的文化。

岭南，地处南部边陲，北有五岭阻隔，是较为独立的地理单元。由于人们在生产方式与生活习俗上的差异，文化面貌有着自身的特色。尽管如此，外来的文化因素也是显而易见的。本文所探讨的尊类型器就是其中之一。近些年来，在岭南地区出土了为数较多的种类复杂的（一至七类尊均有发现）尊型器，对于这些特殊的器种，经研究发现，与赣鄱地区同一历史时期的同类器物极其相似。由于这一历史时期的实物材料的不断增多，为了解决本地区人类遗存的历史编年，人们更是着力于将两地同一历史时期的文化进行对比研究，解决了一些历史性的问题，收到了较好的效果。

的确，我们对尊类型器的研究，也发现了以往未曾见到的一些文化现象。如岭南地区商时期出土的各类型尊，虽与吴城文化或与马桥文化有许多的相似之处，但是，在盘龙城商城遗址中，更能找到它们的原始形态。如第一类型尊中，香港大湾 M1、石峡狮子头洞与盘龙城童家嘴采:0135 相似,所不同点,只是折肩不够尖锐,施纹不同而已;第二类型尊中,香港大湾 M7 与盘龙城李家嘴 M3:5;第三类型尊中,石峡中层与盘龙城楼子湾 M3:5;第四类型尊中,子顶山 M2:1 与盘龙城李家嘴 M1:23、杨家湾 T38④:4;第五类型尊中,普宁后山 M2:1 与盘龙城杨家湾 T5④:5 相似。它们之间除了细部的差异外,整体的形态是极其相似的。这之中,除了受各地区性文化的影响外,年代的早晚是主要原因,这种相似性,不是历史的巧合,而是历史的必然。因此,我们认为商人从二里岗期,来到长江流域,首先是扎根于盘龙城遗址,而后向两湖流域扩张。二里岗上层偏晚在吴城建立城池,同时强烈影响周边地区,岭南当不例外。

商代晚期,商王朝占卜用龟,主要由南方进贡而来。《尚书·禹贡》:"九江纳锡大龟;"《诗·鲁颂·泮水》:"憬彼淮夷,来献其深,元龟象齿,大赂南金;"《国语·楚语下》:"龟珠角齿,皮革羽毛,所以备赋,以戒不虞者也。"证明了江汉、淮夷之地贡于商王朝。另据研究,商王朝所用的龟甲"小的可能是陆地龟,多用大的龟甲由南方江淮流域、珠江流域贡纳而来,其特大龟是海龟。"[45]由此可见,江淮与珠江流域与商王朝的联系是非常紧密的。因此,在商人活动和日益控制的地域范围内,各类型尊得以长足的发展,以上的材料恰好说明了这一点。

从盘龙城商城遗址—吴城遗址—粤东北、环珠江口地区,我们能够清楚地看到它们发展的轨迹。

我们对尊类型器的研究,是想通过这一特殊器物为切入点,去贴近历史真实的一面,从而为南方地区商周时期的历史学研究找到一种切合的方法。

四　功用及文化属性

已收集的材料表明,各类型尊,形态各异、大小悬殊、质地优良、做工精细,非一般生活器皿可比,关于它的文化属性则少有人涉及。

青铜尊始于商,盛行于周。(汉)许慎《说文解字》(清)段玉裁注:"尊酒器也,凡酒必实于尊,以待酌者"。郑注礼曰:"置酒曰尊,凡酌酒者必资于尊"。金文中称之为尊彝,尊像双手奉酉形,彝像双手献沥的鸡,以尊酒奉鸡牲祭礼之意,说明尊为祭祀之礼器。《礼记·礼器篇》云:"宗庙之祭—五献之尊,门外缶,门内壶"。大全吴氏:"以尊盛酒,以簋盛食"。上实指的青铜尊,说明尊为酒器,是礼器之一,而与青铜尊处于同一时期的陶瓷尊,文献未提及。

新干大墓出土了第二类型瓷尊 3 件,硬陶尊 2 件,盘龙城李家嘴 M1、M2,楼子湾 M1、M3 等较大型的贵族墓中,出土了第三、四类型尊。各类型尊大部分出自墓葬内,灰坑中也有一定的数量,遗址的地层中出土较少,但一般年代较早。

前面谈到这类尊的制作特点，在此，我们再从应用功能上作些分析。这类器皿基本选用高岭土做坯料，经高温烧成，胎质细腻，坚硬，无透水性，造型高雅，庄重，地位特殊。用于祭祀、宴请等活动。在应用上，第二、三类型尊，形体较大，宜于贮备；第一类型尊，形体较小，易于移动，可作少量的贮备。大敞口，便于观看，倾倒，宜于加盖；第四类型尊，酷似铜质觚形尊，可作炊具，或作为量酒的器具。各类型尊多出土于贵族墓葬中，地位特殊，绝不是一般的老百姓所能拥有，它的出现，即具备有较高的品质，是礼制器皿之一。

五　结　语

通过对硬陶尊型器的研究，使我们在熟悉这种特殊器物的情况下，认识到它本身的文化内涵，从中得到理性的认识，归纳起来有如下几点：

①时间上：盘龙城商城遗址二期已出现了第二、四类型尊（相当于偃师二里头晚期），此两类尊的出现，即表现出了它成熟的一面，也就是说，它的直接源头当会更早；二里岗期、商晚期繁荣，并有着广泛的分布；西周早、中期曾一度兴盛之后，两周之际，逐渐走向衰落。

②空间上：主要分布于古代越人生活的范围之内，与几何印纹陶的分布范围大致相当。这种特殊的器种，随着商文化在南方的不断扩张，逐渐的发展壮大。在商王朝统治的强盛时期，其范围几乎遍布于大江南北，并充当了重要的角色。

③功能上：在墓葬中，多与铜质礼器，或与其他的陶质器皿同出。是否以礼制器皿的身份出现，我想回答应该是肯定的。有学者认为，湖南的卣、四川的罍，是该地区备受宠爱的礼制器皿，那么，这种制作讲究、体态高雅的尊型器，也应是极其重要的礼制器皿之一。

④意识形态上：南方经济不发达，文化落后，人类依自然而生存，敬天事鬼，是这一历史时期人们的普遍心理，发达地区是如此，不发达地区也应如此。在贵族墓葬中，与青铜器伴出，在一般的墓葬中（无铜器墓），尊与其他器物的组合关系如何，还有待深入的探讨。

它源于南方肥沃的土壤中，又成为商文化领域中的礼制文化器皿之一，是历史时期人类物质文明与精神文明的一部分，它随着商王朝从强盛走向了终点，周初，它又以新的姿态融入新的文化之中，可见其生命力是何等的旺盛。

注　释

①　摘自彭适凡：《中国南方古代印纹陶》第 184 页，文物出版社，1983 年。

②③　余家栋：《新干县发现商周遗址》，文物工作资料（内部）1976 年 6 期。

③　（意）麦兆良：《粤东考古发现》，汕头大学出版社，1994 年。

④　广东省博物馆：《广东曲江石峡遗址的发掘报告》，《文物》1978 年 7 期。

⑤⑥　摘自李岩：《试析东澳湾遗存》，《珠海考古发现与研究》，广东人民出版社，1991 年。

⑦　黄宣佩：《上海地区几何印纹陶遗存的分期》，《文物集刊》第三辑。

⑧　广东省文物考古研究所等：《深圳屋脊岭发现广东迄今最大商代墓葬》，《中国文物报》2002 年 4 月 19 日。

⑨⑮⑯　安徽省文化局文物队：《安徽屯溪西周墓发掘报告》，《考古学报》1959 年 4 期。

⑩㊱　镇江市博物馆、溧水县文化馆：《江苏溧水乌山西周二号墓清理简报》，《文物资料丛刊》第二辑，1978 年。

⑪　摘自杨楠：《江南土墩墓遗存研究》，第 93 页，民族出版社，1988 年。

⑫㉟　福建省博物院：《福建建阳山林仔遗址的发掘》，《考古》2000 年 3 期。

⑬　广东省文物考古研究所：《广州三水银洲贝丘遗址的发掘》，《考古》2000 年 6 期。

⑭　林忠干：《从考古发现看吴越文化在闽地的传播影响》，《东南文化》1990 年 3 期。

⑰⑱　摘自马承源等：《中国青铜器》第 198 页，中国古籍出版社，1988 年。

⑲　中国社会科学院考古研究所编：《二里头陶器集粹》，社会科学出版社，1995 年。

⑳　摘自中国历史博物馆：《简明中国文物辞典》第 68 页，福建人民出版社，1997 年。

㉑　河南省文物考古研究所：《郑州南顺城街青铜器窖藏坑发掘简报》，《华夏考古》1998 年 3 期。

㉒　河南省文物考古研究所：《1995 年郑州小双桥遗址的发掘》，《华夏考古》1996 年 3 期。

㉓　河北省文物考古研究所：《藁城台西村商代遗址》，文物出版社，1985 年。

㉔　中国社会科学院考古研究所山东队：《山东滕州前掌大商周墓地 1998 年发掘简报》，《考古》2000 年 7 期。

㉕　中日联合调查队：《四川新津县宝墩遗址 1996 年发掘简报》，《考古》1998 年 1 期。

㉖　同⑪，第 116 页。

㉗㉞　江西省文物考古研究所：《江西萍乡禁山下遗址的发掘》，《考古》2000 年 12 月。

㉘　湖北省文物考古研究所：《盘龙城 1964—1994 年考古发掘报告》，文物出版社，2001 年。

㉙　湖南省文物考古研究所：《湖南望城高脊砂商周遗址的发掘》，《考古》2001 年 4 期。

㉚　湖南省博物馆等：《湖南岳阳费家河商代遗址和窑址的探掘》，《考古》1985 年。

㉛　江西博物馆编：《江西清江吴城商代遗址发掘简报》，《文物》1975 年 4 期。

㉜　江西省文物考古研究所等：《江西赣州市竹园下遗址商周遗存的发掘》，《考古》2000 年 12 期。

㊲　广东省文物考古研究所等：《广东和平县古文化遗存的发掘与调查》，《文物》2000 年 6 期。

㊳　广东省文物考古研究所等：《广东普宁市池尾后山遗址发掘简报》，《考古》1998 年 7 期。

㊴　广东省文物考古研究所等：《前山镇水涌，猎地遗址调查》，《珠海考古发现与研究》，广东人民出版社，1991 年。

㊵　卜工：《环珠江口商时期考古学研究的几个问题》，《考古》2002 年 2 期。

㊶　广东省文物考古研究所等：《东莞村头遗址的第二次发掘简报》，《文物》2000 年 9 期。

㊷　深圳市博物馆：《深圳考古发现与研究》文物出版社，1994 年。

㊸　江西省文物考古研究所等：《新干商代大墓》文物出版社，1997 年。

㊹　摘自彭适凡：《中国南方古代印纹陶》第 184 页，文物出版社，1987 年。

㊺　吴浩坤、潘悠：《中国甲骨学史》第 69 页，上海人民出版社，1985 年。

论广东先秦秦汉的航运

赵善德

英文提要　There were canoes traveling in South China Sea about 6000bp., and then double bracketed boats were used. During the warring states period, people could voyage to South Pacific islands by double ship. 25－30 tons weighted wooden boats were built in Gondong province for seeking treasures of seashore area in Qin dynasty. Storied ships more than thirty meters high were sailing in river and sea in Nanyue state. In earlier Eastern Han dynasty, some storied ships, which equipped with helm, scull and sail, traveled in river and seashore at south east of China. Those kinds of ships and other simplified middle or small size boats were used broadly in Guangdong province.

以前研究广东航运的论著，或者较少涉及先秦者，这就使秦汉的研究结论缺乏基础；或者较少将史籍与考古文献紧密结合；或者较少将中国航运发展的大背景同广东的具体情况紧密结合。因此，有结论不太详细和证据不很坚实之嫌。本文希望在上述几个方面有所改进。不当之处，请指正。

一　先秦时期的航运

距今 6500～5000 年间，主要分布在今珠江口岛屿和沿岸的咸头岭文化[①]，虽然没有与木船有关的遗存被发现，但是第一，其先民可能是由五岭南麓顺水南迁的[②]；第二，该文化许多遗址的分布是隔着辽阔水域的，但遗存一致，当有航运交往；第三，居住在太平洋海域岛屿上的波利尼西亚人，在和欧洲人接触以前用石器和贝壳加工木材，制作独木舟，可为旁证[③]；第四，约距今 7000 年前后，主要分布在浙江省宁绍平原东部地区的河姆渡文化，出土有木桨[④]，有桨就有船，亦是旁证。综合之可认为，当时的"越人"或已使用"双架艇"[⑤]沿海航行。

稍晚的石峡文化，所出的陶鬶形制接近于良渚文化的风格，两个文化有着直接的联系[⑥]。1984 年广东海丰出土的玉琮，其质地和纹饰均与良渚文化的相似[⑦]。而石峡文化共出土有 6 件同样的玉琮，据此学者更进一步说，这种交往的路线当以海道为主[⑧]。

先秦的有段石锛，除了分布于我国的东南沿海之外，还包括云贵高原、台湾、菲律宾附近岛屿和南太平洋的一些岛屿。它应是大陆发生，然后传于海岛的⑨。

　　曾骐先生充分研究了广东西樵山的石器后说："就西樵山文化本身而言，由于它的外向型特征和它所处的位置，这个文化已超出了今天的国界，成为环太平洋文化的一员。"⑩

　　具体到春秋战国时期，史籍即有丰富的有关记载。

　　《韩诗外传》载，周成王时，越裳（今越南北部）献白雉于周公。并言之凿凿来于海路："久矣天之不迅风疾雨，海不溢波也，三年于兹矣，意者中国殆有圣人，盍往朝之。"《尚书》亦有相同记载⑪；《汉书·王莽传》也有提及。当可信。

　　《左传·哀公十年》："（吴大夫）徐承帅舟师，将自海入齐，齐人败之，吴师乃还。"⑫说的是公元前485年，吴国派遣海军由海上进攻齐国，但未入境，即为齐军击退。这当是一场海战。《史记》吴世家、齐世家也有记载，可信。

　　实际上，当时吴国海军的装备已经颇具规模了。如《越绝书》所云："阖闾见子婿，问船备何如？对曰：船名大翼、小翼、突冒、楼船、桥船。令船军之教，比陵军（按即陆军）之法。大翼者，当陵军之重车；小翼者，当陵军之轻车；突冒者，当陵军之冲车；楼船者，当陵军之楼车；桥船者，当陵军之轻足骠骑也。"

　　章巽先生分析了众多史籍后认为，战国时代沿海交通线上的重要港口颇多，而东瓯、冶、番禺等各族越人的都邑也都是比较重要的港口。⑬

　　并进一步推论说，《周礼·春官》中所说的"以十二风察天地之和"，实际记述着人们在公元前3世纪以前，即对一年中季风的变化有了较准确的认识。⑭

　　史籍中虽然没有关于此时期广东航运方面的具体记载，但考古所获的文化遗物却很丰富。例如：

　　博罗园洲的一座春秋龙窑所出产的印纹陶罐和原始瓷豆，是其典型产品⑮。目前得知，这种产品非但见于东江流域的冲积平原一带，而且在香港南丫岛大湾遗址⑯、深圳的叠石山⑰、大梅沙⑱和鹤地山、九祥山、铁公坑等⑲遗址也均有出土。

　　在珠海，不但是现为大陆的金鼎外沙⑳、沙煲地㉑和鸡山㉒遗址有所发现，而且在外伶仃岛的石涌湾㉓，也发现它们的残片。

　　这说明惠阳平原当时已经形成以陶瓷为纽带的贸易交往圈，而且可能通过水路将其影响扩大到沿海和海外岛屿。

　　铜鼓仅分布于中国南方和东南亚各国。这些国家中以中国的云南、贵州、广西、广东、四川南部、湖南西部，以及越南北部和中部偏北一带，为分布最稠密的地区。老挝、柬埔寨、泰国、缅甸、马来西亚、印度尼西亚都只有零星的发现。云南楚雄万家坝23号墓出有4件铜鼓㉔，该墓的碳－14测年为距今2640±90年，而从铜鼓发展的序列来看，祥云大波那出土的1件铜鼓比万家坝的更原始，因此更原始的铜鼓还应更早㉕。

虽然某些地区铜鼓沿用到清代的道光年间，甚至 20 世纪初，但早期铜鼓的分布和年代[26]与一种不对称形铜钺[27]大体一致。即往北可到四川南部及贵州西北部，南面越海除爪哇岛外还达苏门答腊岛、巴厘岛、苏拉威西岛、卡伊岛等地。年代为战国——西汉时期，即公元前 5 世纪～前 1 世纪。

梁钊韬先生认为，罗泊湾铜鼓上的双身船纹中所见的双身船也就是南太平洋岛屿民族在大海大江航行的"双独木舟"（Double canoes）。而且波利尼西亚人所信仰的水神（Tangaroa）与闽越沿海的疍民有关。并且进一步说，从新石器时代晚期开始便有我国沿海居民向太平洋诸岛屿迁移[28]。

综合之，完全可以说先秦时期的广东先民，已经利用"双架艇"或"双身船"[29]游弋于南中国海乃至南太平洋岛屿。

二　秦与南越国时期的航运

由上述结论可以进一步说，秦统一岭南时"越之犀角、象齿、翡翠、珠玑"[30]中的部分"珍怪"应来自海外。

而且，秦始皇时徐福"求仙"最终落户日本，不但可信，尚可认为是从琅琊台（今山东藏马）或芝罘（今山东烟台）港口发舶，先向东直驶而去，靠近朝鲜半岛后再沿海岸南下，横渡对马海峡到达日本的九州或本州[31]。

广州市中山四路的秦汉遗址，或为造船工场[32]，或为建筑遗址[33]，见仁见智。但估计当时有能力制造载重 25 吨～30 吨的木船[34]，则另当别论。

因为下列三组互为增援的资料，是有力的佐证：

其一，建元三年（公元前 138 年），"闽越围东瓯，东瓯告急。遣中大夫严助持节发会稽兵，浮海救之。未至，闽越走，兵还。"

元朔元年（公元前 128 年），"东夷秽君南闾等口二十八万人降，为苍海郡。"服虔注曰："秽貊在辰韩之北，高句丽沃沮之南，东穷于大海"。

元鼎六年（公元前 111 年）"秋，东越王馀善反，攻杀汉将吏。遣横海将军韩说、中尉王温舒出会稽，楼船将军杨仆出豫章，击之。"[35]

——这说明，至汉武帝晚年，西汉王朝制造海船和海军作战能力之强，它完全可能影响到当时的南越国。同时，既然闽越有实力"围东瓯"，南越国的海上航运水平也不可低估。

其二，汉武帝准备征伐南越时，大修昆明池"治楼船，高十余丈，旗帜加其上，甚壮"，那是因为"是时越欲与汉用船战逐。"[36]暗示着南越国的楼船亦如此"甚壮"。

经过准备，汉武帝"令粤人及江淮以南楼船十万师往讨（南越）"。元鼎六年（公元前 111 年）"冬，楼船将军将精卒先陷寻峡，破石门，得粤船粟因推而进，挫粤锋，以粤数万人待伏波将军。"陷番禺时，"吕嘉、建德以夜与其属数百人亡入海"。"（伏波）遣人追。故其校司马苏弘得建德。"⑰

　　——南越国之河船、海船装备，果真"甚壮"：既可在内河与汉军抵抗一阵，又可"夜亡入海"，而且汉军的楼船还不一定能入海追之，非其旧部方可。

　　其三，考古发掘获南越国时的木船 5 件，均出自广州。M1048∶87 只存船底及旁板，系由一整段凿出⑱；东山出土的是彩绘楼船，惜未可复原⑲。

　　——注意，随葬品从本质上反映了人们的欲望。木船模型并非出于大墓，表明了社会使用船的相对普遍性。进而说明，南越国的造船业已具相当规模。

三　西汉中晚期的航运

　　汉武帝平定南越之后，又于元封二年（公元前 109 年）"遣楼船将军杨仆、左将军荀彘将应募罪人击朝鲜。"⑳

　　三年后的元封五年（公元前 106 年）"冬，行南巡狩……自浔阳浮江，亲射蛟龙江中，获之。舳舻千里。"㉑这次巡幸江海的规模更大。

　　应当说，汉武帝建元至元封（公元前 140～前 105 年）的 35 年间，巡幸江海诸事频繁，这是一个高峰。但自此之后，史籍中非但未见与海河有关的巡幸之事，反倒是因为反逆或大旱或冬无冰，以至"罢郡"之事不绝于史㉒。例如，

　　始元元年（公元前 86 年），益州廉头等（西南夷别种名）二十四邑皆反；

　　始元五年（公元前 81 年），罢儋耳、真番郡；

　　元凤五年（公元前 76 年），秋，罢象郡，分属郁林，牂牁；

　　甘露二年（公元前 52 年），夏四月，遣护军都尉禄将兵击珠崖；

　　初元三年（公元前 46 年），珠崖郡山南县反，博谋群臣。待诏贾捐之以为宜弃珠崖，救民饥馑。乃罢珠崖。

　　为什么要罢郡呢？

　　"武帝末，珠崖太守会稽孙幸调广幅布献之，蛮不堪役，遂攻郡杀幸。幸子豹合率善人还复破之，自领郡事，讨击余党，连年乃平。豹遣使封还印绶，上书言状，制诏即以豹为珠崖太守。威政大行，献命岁至。中国贪其珍赂，渐将侵侮，故率数岁一反。元帝初元三年，遂罢之。凡立郡六十五岁。"㉓

　　司马光从另一侧面记录："（初元三年）春，（元帝）诏曰：'珠崖虏杀吏民，背叛为逆。今廷议者或言可击，或言可守，或欲弃之，其指各殊。朕日夜惟思议者之言，羞威不行，则欲诛之；狐疑辟难，则守屯田；通乎时变，则忧万民。夫万民之饥饿与远蛮之

不讨，危孰大焉？且宗庙之祭，凶年不备。况乎辟不嫌之辱哉！今关东大困，仓库空虚，无以内赡，又以动兵，非特劳民，凶年随之。其罢珠崖郡，民有慕义欲内属，便处之；不欲，勿强。'"㊹

原来"中国贪其珍赂，渐将侵侮，故率数岁一反"，面对这样的局面，西汉元帝治本（使勿贪）不能，治标（诛之）不可，又撞上"关东大困"，只能找台阶罢郡。

因此将航运与海内外社会状况联系起来考察，无妨说西汉晚期的中国航运有过短暂的式微。

又，东汉初的"建初八年（公元83年），（郑弘）代郑众为大司农。旧交趾七郡贡献转运，皆从东冶（引者注：今福州），泛海而至，风波艰阻，沉溺相系。弘奏开零陵、桂阳峤道，于是夷通，至今（引者注：今，南朝刘宋范晔时）遂为常路。"㊺注意"皆从东冶"。

而这"水运常路"是东汉桓帝（公元147～167年在位）时才得到完善延伸的：时桂阳太守周昕将瀑亭至于曲江（今韶关市）之水路进行整治，"由是小溪平直，大道允通。利抱布贸丝，交易而至。"㊻

另，广州汉墓未见西汉后期的木船模型，属西汉中期的有2件：

M2060：34，从所存残板可知，这船的规模较大，为楼船的结构。

M2050：28，复原之，船中有两舱，前舱较高，呈方形，上为四阿盖顶，左边开一个方形的"横门"，后舱稍矮一些，长形，两坡上盖，分向两边斜出。舱旁两边有走道。撑棹的木俑有五个，前面四个，尾舱前一俑坐于板凳上㊼。这或为行驶于江河的交通船。

是为佐证；亦可从中了解到广东的航运也受大背景的影响，经历过这种曲线的过程。

四　东汉时期的航运

平帝元始元年（公元1年）"春正月，越裳氏重译献白雉一，黑雉二。"

元始二年"春，黄支国献犀牛。"㊽

"莽既致太平，北化匈奴，东致海外，南怀黄支，唯西方未有加。……越裳氏重译献白雉，黄支自三万里贡生犀。"㊾

从上引文献中得到的信息是，史称"光武中兴"，或"岭南风华，始于二守"，㊿在新莽时期已露端倪。不过，航运业在东汉以后才有更大的发展。

"建武十二年（公元36年），九真徼外蛮里张游，率种人慕化内属，封为归汉里君。明年，南越徼外蛮夷献白雉、白兔。至十六年，交趾女子徵侧及其妹徵贰反，攻郡。

……于是九真、日南、合浦蛮里皆应之，凡略六十五城，自立为王。交趾刺史及诸太守仅得自守。光武乃诏长沙、合浦、交趾具车船，修道桥，通障溪。十八年，遣伏波将军马援、楼船将军段志，发长沙、桂阳、零陵、苍梧兵万余人讨之。明年夏四月，援破交趾，斩徵侧、徵贰等，余皆降散。进击九真贼都阳等，破降之。徙其渠帅三百余口于零陵。于是岭表悉平。”(51)

当时，“军至合浦而志卒，诏援并将其兵。遂缘海而进，随山刊道千余里”，斩徵侧、徵贰后，又“将楼船大小二千余艘，战士二万余人，进击九真贼徵侧余党都羊等。”(52)

这两条史料所记载的史实相当丰富。一是光武帝在处理“海外反逆”这类事情时，再也不像元帝那样诛、守两难了。讨之，是有政治和经济基础的(53)。二是主力军队是“伏波将军”、“楼船将军”率领的颇具规模的“海军”。三是最后用于达到“岭表悉平”的手段是全新的“徙其渠帅”。

之后直至顺帝永和二年（公元137年）的一百年间，“徼外蛮夷”与东汉王朝的关系是以“贡献”和“内属”为主流。

顺帝永和二年，由于日南、象林区怜等“烧城寺，杀长吏”，非但以往惯用的“就近郡兵”已不足以解决问题，反而“贼势转盛”。“帝以为忧”。后纳李固之议，拜祝良为九真太守，张乔为交趾刺史，采用“设方略”、“开示慰诱”的方法，使“（贼）皆降散”，“由是岭表复平。”(54)

再后的四五十年间，若“贪暴无度”，则“蛮夷相聚，攻杀县令”；若“威惠素著”，则“徼外贡献”。但后者为主流(55)。

估计当时海运情况时，一定要把握住这些基本的情况 。因此，我们对下面这段阐述表示赞同。

“汉代的造船地点分布全国。在内地的有长安（长安以东的船司空县，今陕西华阴东北，即因造船而得名）、洛阳、巴蜀（四川）、湘州（长沙郡和洞庭湖一带）、庐江郡（今安徽庐江县一带，又其所属浔阳，为汉时楼船集中之地）、豫章（今江西南昌附近）。沿海地区有渤海郡（故治在今河北沧县）、琅岈郡（今山东诸城县东南一带）、东莱郡（今山东掖县至福山一带）、会稽郡（秦、西汉时郡治在今江苏苏州，东汉移治进浙江绍兴）、永嘉郡（今浙江温州）、闽越（今福建福州）、南海郡（郡治番禺，今广州）、合浦郡（郡治徐闻，后又移治合浦）、交趾郡、日南郡。”(56)

虽然，东汉初据守长江中游的公孙述已经制造“十层赤楼帛兰船（唐李贤注：盖以帛饰其兰槛也）”(57)了。不过应当认识到，上举的有些造船地点（如长安）当为西汉时期盛极一时的，东汉初年海运的高度发展，仅局限于东南沿江、滨海一带。因为：

“和帝永元九年（公元97年）都护班超遣甘英使大秦，抵条支（今伊拉克），临大海欲度，而安息（今伊朗）西界船人谓英曰：'海水广大，往来者逢善风三月乃得度，若遇迟风，亦有二岁者，故入海人皆赍三岁粮。海中善使人思土恋慕，数有死亡者。'英闻之乃止。"⑱

一般认为甘英未可渡海的一个主要原因，是对航海知识的贫乏。大汉帝国一位著名的使者，对此认识不足，显然与当时海运的低程度普及有着密不可分的关系。

东汉广东海运的高度发展，又可以出土文物加以说明。

广州汉墓出土的东汉前期木船模型 1 件。M4013：戊 26，经部分复原，得知船上建有重楼，桨十支和橹一支。大部分木板都有彩绘花纹，以朱、黄、蓝、粉、墨五色相间绘成，有两块作三角形的木板，中部镂空，绘以龙虎相斗的画面。另一块可能是船舱上镂空的天花板，画有相背向的鸟和云气纹⑲。注意，这种楼船的推进器是先进于桨的橹；而且讲究舱位的装饰。应是客货混载的船只。

东汉后期的较多，但均为陶质模型。佛山墓水田附船模型 1 件（M14：21），船身被两道坐板隔成前、中、后三个舱，中舱内有一圆形小篮，船的两头翘起，呈新月形。船长 21、宽 7、通高 6.8 厘米⑳。当为农耕运输小艇。

德庆墓出的船模型长 54、高 20 厘米。首尾翘起，底平。分前、中、后三部分，前为头舱，中为楼舱，后为舵楼。头舱拱形篷顶。楼舱是船上的主体建筑，长 16、宽 13、高 10 厘米。盖呈庑殿顶；两侧有对称窗户，有门与船尾舵楼相通；两侧墙壁用复线弦纹分成五格，可能表示梁柱结构。楼壁与两边船舷相接处各有三个小孔，大概表示底舱的透光排气孔㉑。该船没有见到樯、帆的迹象，但已明确地使用舵了。其用途与 M4013：戊26 相同。

广州墓出土 4 件：黑山墓出的已残，M5062：2 仅存船底部的一段，均形制不清。

东郊红花岗船的结构形制较简，船体较长而宽，底平。两舷上而后能够架"梁担" 8 根。舱室在中部，不分间格，舱盖为拱形篷顶，4 俑分立在篷盖上，皆作撑篙的动态。

M5080：127 全长 54、通高 16、前宽 8.5、中宽 15.5、后宽 11.5 厘米。船体长条形，首尾狭，中部较宽，底平。船头两边各插桨架 3 根，船舱横架梁担 8 根。船前有锚，船后有舵，两旁为司篙的走道。船内分前、中、后三舱。船尾还有一间矮小的尾楼，后舱右侧附一小房，有门互通，是厕所。船上有俑 6 个。这只陶船结构复杂，有舵、锚和"梁担"的装置。应是比较大型的可作客货混载的内河航船。这种船有梁担则船身骨干坚强，吃水可深，负载量大，行驶平稳，风涛不易掀簸，显示了当时广州地区造船技术的进步与水运交通的发展㉒。

根据上述的航船模型，言"（秦汉时代），楼船者，船上建楼三重，列女墙、战格，树（巾番）帜，开弩窗矛穴，外施毡革御火，置炮车，檑石铁计，状如小垒。"㉓可信。

东汉末，曹操于建安十三年（公元 208 年）先"作玄武池以肄（习）舟师"。㉔其年九月，以"船步兵数十万"与周瑜督领的七八万水兵大战于赤壁（今湖北武昌县西赤矶山，或湖北蒲圻西北赤壁山），吴将黄盖取轻利舰十舫，中江举帆，同时放火。时风盛猛，悉延烧岸上营落。倾之，烟炎张天[65]，曹军大败。这就是著名的赤壁之战。文中没有涉及大船的结构，但从近百万水军大战的规模估计，大船当是非常壮观的。并请注意，已用了帆船。

又，"自日南障塞（今越南岘港）、徐闻、合浦船行可五月，有都元国（今越南南圻一带）；又船行可四月，有邑卢没国（今泰国华富里）；又船行可二十日，有谌离国（指暹罗古都佛统）；步行可十余日，有夫甘都卢国（今缅甸蒲甘地区）。自夫甘都卢国船行可二月余，有黄支国（今印度东岸建志补罗），民俗略与珠崖相类。其州广大，户口多，多异物，自武帝以来皆献见。有译长，属黄门，与应募者俱入海市明珠、璧琉璃、奇石异物，赍黄金杂缯而往。所至国皆禀食为耦，蛮夷贾船转送致之。亦利交易，剽杀人。又苦逢风波溺死，不者数年来还。大珠至围二寸以下。平帝元始中，王莽辅政，欲耀威德，厚遣黄支王，令遣使献生犀牛。至黄支船行可八月，到皮奈，船行可二月，到日南、象林界云。黄支之南，有已不程国（Sihadvipa，意为狮子洲，今斯里兰卡），汉之译使自此还矣。"[66]对这条文献中的地名及其相关内容的理解，历来有参商，我们依《中国大百科全书》；并注意到"译长"与"应募者"们，有被"蛮夷贾船转送致之"的过程。因此只能说当时广东的航船至少已达今斯里兰卡一带。

五　简要的结论

至此，可以总结广东先秦秦汉时期的航运情况如下。

早在距今 6000 年前后，已有独木舟；稍晚则使用"双架艇"航行于南中国海沿岸；战国时应利用"双身船"航至南太平洋岛屿。

秦时，徐福可渡海达日本，广东亦可造 25～30 吨的木船，沿海岸航行求取"珍怪"。

南越国时，汉武帝置备了高十余丈的楼船，中国航运发展出现第一个高峰。南越王国也有与之侔比的河船、海船装备。但民众在日常生产生活中较广泛地使用各种木船，却是其他地区所罕见的。

西汉晚期，由于经济萧条、社会动荡，中国航运有过短暂的式微，广东也受其影响。

东汉初期，端倪于西汉末年的"光武中兴"，促使中国航运渐显兴旺，东南沿江、滨海地区，均可见到使用舵、橹和风帆的数层楼船。广东既有此类大船航行于河、海，还有较之简便的各种中、小木船，普遍使用于日常生产生活；甚至一般民众竟将木船视为努力置备的家产。

注　释

① a. 杨耀林：《深圳新石器时代沙丘遗址年代分期及其相关问题的探讨》，《南中国及邻近地区古文化研究》，香港中文大学出版社，1994 年；b. 李松生：《试论咸头岭文化》，《深圳考古发现与研究》，文物出版社，1994 年；c. 邓聪等：《大湾文化试论》，同 a。

② 赵善德：《论珠江三角洲的先民迁五岭南麓》，《广东史志》2001 年 3 期。

③ a.（前苏联）С.П. 托尔斯托夫等主编，周为铮等译：《普通民族学概论》第 84～85 页，科学出版社，1960 年；b.（英）雷蒙德·弗思著，费孝通译：《人文类型》第 51 页，商务印书馆，1991 年。

④ 浙江省文管会等：《河姆渡遗址第一期发掘报告》，《考古学报》1978 年 1 期。

⑤ "一只独木舟一边绑扎一木架，即成单架艇，两边加木架为双架艇。任何小船加上单架或双架，在海上航行虽遇风浪，不易倾覆。"参阅凌纯声、凌曼立：《树皮布印纹陶与造纸印刷术发明》（第一、八章），（台湾）中央研究院民族研究所，1963 年。

⑥ 黎家芳：《石峡和与东南沿海原始文化的关系》，《纪念马坝人化石发现卅周年文集》，文物出版社，1988 年。

⑦ 毛衣明：《海丰县田墘圩发现新石器时代玉器》，《中国考古学年鉴·1985 年》第 202 页，文物出版社，1985 年。图见广东省文物管理委员会办公室等：《广东文物普查成果图录》图 24，A、B（P23－24）。

⑧ 吴汝祚：《试论石峡文化与海岱、太湖史前文化区的关系》，《纪念马坝人化石发现卅周年文集》。

⑨ 林惠祥：《中国东南区新石器文化特征之一：有段石锛》，《考古学报》1958 年 3 期。

⑩ 曾骐：《西樵山的开发和西樵山文化的外向型特征》，《纪念黄岩洞遗址发现三十周年论文集》，广东旅游出版社，1991 年。

⑪ 转见于，蒙文通：《越史丛考·"越裳为越章"辨》第 26 页，人民出版社，1983 年。

⑫ 《春秋左传集解》第 1766 页，上海人民出版社，1977 年。

⑬ 章巽：《我国古代的海上交通》第 8 页，商务印书馆，1986 年。

⑭ 同⑬第 9 页。

⑮ 广东省文物考古研究所：《广东博罗县园洲梅花墩窑址的发掘》，《考古》1998 年 7 期。

⑯ 彩图见香港古物古迹办事处编制：《香港文物》第 13 页。

⑰ 深圳市博物馆：《深圳市叠石山遗址发掘简报》，《文物》1990 年 11 期。

⑱ 深圳市博物馆：《广东深圳大梅沙遗址发掘简报》，《文物》1993 年 11 期。

⑲ 三处遗址的材料见，杨耀林等：《深圳市先秦遗址调查和试掘》，《深圳考古发现与研究》，文物出版社，1994 年。

⑳ 李子文：《金鼎镇外沙遗址调查》，《珠海考古发现与研究》，广东人民出版社，1991 年。

㉑ 赵善德：《南屏镇白沙坑、沙煲地遗址调查》，《珠海考古发现与研究》。

㉒ 李子文：《唐家镇大坞环、鸡山遗址调查》，《珠海考古发现与研究》。

㉓ 杨少祥等：《珠海海岛考古调查》，《珠海考古发现与研究》。

㉔ 云南省博物馆文物队：《云南楚雄县万家坝古墓群发掘简报》，《文物》1978 年 10 期。

㉕ 广西壮族自治区博物馆：《古代铜鼓学术讨论会纪要》，《古代铜鼓学术讨论会论文集》，文物出版社，1982 年。

㉖ 汪宁生：《试论中国古代铜鼓》，《考古学报》1978 年 2 期。

㉗ 汪宁生：《试论不对称形铜钺》，《考古》1985 年 5 期。

㉘ 梁钊韬：《西瓯族源初探》，《学术研究》1978年1期。

㉙ 将两艘小船用横台连结在一起，成为一艘大船，类似于今天的“双体快船”。又可参阅《普通民族学概论》第84～85页及图21～23。

㉚ 《淮南子·人间训》第203页，上海古籍出版社影印本，1989年。

㉛ 姚楠等：《七海扬帆》第23～25页，中华书局（香港），1990年。

㉜ 广州市文物管理处等：《广州秦汉造船工场遗址试掘》，《文物》1977年4期。

㉝ 请参阅徐恒彬：《华南考古论集·南海“丝绸之路”概述》第232页注⑦。

㉞ 《广州市文物志》第50页，岭南美术出版社，1990年。

㉟ 《汉书·武帝纪》第158、169、189页，中华书局标点本，1962年。

㊱ 《史记·平准书》第1436页，中华书局标点本，1959年。

㊲ 《汉书·西南夷两粤朝鲜传》第3854～3858页。

㊳ 广州市文物管理委员会等：《广州汉墓》第177、475页，文物出版社，1981年。

㊴ 黄森章：《广州东山西汉木椁墓发掘记》，《广州文博》1986年4期。

㊵ 《汉书·武帝纪》第194页。

㊶ 《汉书·武帝纪》第196页。

㊷ 可参阅《汉书》中的武、昭、宣、元、成、哀平帝纪。

㊸ 《后汉书·南蛮西南夷列传》第2835～2836页，中华书局标点本，1964年。

㊹ 《资治通鉴·汉纪二十八·元帝初元三年》标点本第906页。

㊺ 《后汉书·郑弘传》第1156页。

㊻ 阮元：《广东通志》卷二百《周府君功勋碑》，商务印书馆1934年影印本第3629～3630页。

㊼ 《广州汉墓》第246～248页。

㊽ 《后汉书·平帝纪》第348页、352页。

㊾ 《汉书·王莽传》第4077页。

㊿ 指九真太守任延和交趾太守锡光，参阅《后汉书·任延传》第2460～2462页。

(51) 《后汉书·南蛮西南夷列传》第2836～2837页。

(52) 《后汉书·马援列传》第838～839页。

(53) 关于此还有其他方面的解释，如有认为，刘秀是七郡刺史的连襟，他们两人是同一郡的人（《后汉书·岑彭传》，注引《东观汉记》：刺史邓让之妻是刘秀的大姨子）。部分地由于这个缘故，刘秀在公元29年轻而易举占领了这片南方领土。参王赓武著、姚楠编译：《南海贸易与南洋华人》中华书局（香港）1988年版第32页。

(54) 《后汉书·南蛮西南夷列传》第2837～2839页。

(55) 《后汉书·南蛮西南夷列传》第2839页。

(56) 周连宽等：《汉代我国与东南亚国家的海上交通和贸易关系》，《文史》第九辑（中华书局1980年）。

(57) 《后汉书·公孙述传》第537页。

(58) 《后汉书·西域传》第2918页。

(59) 《广州汉墓》第356页。

(60) 广东省文物管理委员会：《广东佛山市郊澜石东汉墓发掘报告》，《考古》1964年6期。

(61) 杨耀林等：《广东德庆汉墓出土一件陶船模型》，《文物》1983年10期。

(62) 《广州汉墓》第427～430、475页。

㉝　茅元仪辑：《武备志》卷 116《战船》，明天启元年刻本。

㉞　《三国志·魏书·武帝纪》第 30 页，中华书局标点本，1959 年。

㉟　参阅《三国志·吴书·周瑜传》第 1261～1263 页。

㊱　《汉书·地理志》第 1671 页，括弧中所注今地名依《中国大百科全书·中国历史》（光盘版）"南海交通"条。

南越王墓出土陶器与两广战国
秦汉遗存年代序列

李龙章

英文提要　*Nanyue* king's tomb is regard as an important criterion to date the cultural relics from Warring State period to Han dynasty in Guangdong and Guangxi province. Potteries excavated from *Nanyue* king's tomb and other Western Han tombs in Guangzhou city are obviously about the same，but potteries of *Nanyue* king's tomb could be only compared to the first phase of early period of Western Han tombs in Guangzhou and typical potteries of the second phase of the latter aren't found in *Nanyue* king's tomb. So it is necessary to e-mendate the time of early period of Western Han tombs in Guangzhou city.

Comparing to *Nanyue* king's tomb and the boatyard of Qin and Han dynasty in Guangzhou city，most potteries with "米" shaped decoration cannot so earlier as Warring State period.

1983 年发现的广州西汉南越王墓是中国考古史上的一次重大收获，其墓葬保存之完好、随葬品之丰富、学术价值之重要至今在岭南仍无出其右。为纪念南越王墓发现二十周年，笔者就南越王墓出土数量较大但讨论较少的陶器作些分析，旨在有助于建立两广地区战国秦汉文化遗存准确的年代序列。

一

众所周知，陶器由于易破碎，更新快，因而具有鲜明的时代特征和文化特点，一直是考古学上用来区分文化类型、判断遗存相对年代的重要物证。如果一批陶器出自时间明确的墓葬中，那么这批器物就具有度量相关遗存年代先后的标尺作用。

综观岭南地区先秦至秦汉已知的考古材料，可以说能担当年代标尺作用大任的非南越王墓出土的陶器莫属。因为南越王墓的年代是明确的。根据墓主身上随葬的玺印及有关的封泥、铭刻，发掘报告认为："墓主是南越国文帝赵眜，也就是南越国第二代王赵胡。他大约死于元朔末元狩初，估定在公元前 122 年左右，入葬年代亦以死年或稍后一二年为宜。"①我认为报告的断代意见是客观的、准确的。虽然在南越王墓发掘资料公布以后，学术界对墓主以及墓葬相应的年代有过种种质疑和猜测②，但迄今为止没有哪一种意见能动摇南越王墓发掘报告所作的结论。因此可以肯定南越王墓是西汉中期的墓葬，相应地其所出的陶器便是南越国后期的标准器。拿这根标尺去衡量岭南地区已知的考古材料，我们发现原先对岭南地区先秦秦汉考古材料所作的分期断代意见实有重新商榷的必要。为了论述方便，下面先将南越王墓出土的陶器与广州汉墓已见陶器作一全面的比较分析。

南越王墓出土陶器近千件，若不计数量较多的陶网坠，总数为370件。这些陶器的种类发掘报告分为瓮、罐、双耳罐、三足罐、瓿、鼎、壶、匏壶、提筒、小盒、三足盒、盒、钵、碗、盆、釜、甑、熏炉、器盖、璧、扁圆响器、鱼形响器等22种③。它们大多数见于1953～1960年发掘的广州汉墓前期墓，其总的特点如《广州汉墓》所总结的："一是以灰白色硬陶为主，釉陶占有一定比例，釉色青黄而透明，属南方早期的青釉系统；二是器形明显分两类，一类是仿中原地区汉式陶器，另一类是带有浓厚地方色彩的器形，两者共存；三是陶器纹饰以印纹和刻划纹为主，构图基本上是几何图形"。④具体地说，南越王墓与广州汉墓前期墓出土陶器相同或相近者有如下：

瓮：南越王墓出土30件，发掘报告分为二型。Ⅰ型瓮形体较大，敛口，卷唇，肩腹部鼓圆突出，下部收敛成小平底，器表均拍打方格纹与几何形戳印，此型器与广州汉墓所出的Ⅰ型瓮（如1125：3）器形接近；Ⅱ型形体较小，折唇，短颈，鼓腹，平底，与广州汉墓Ⅲ型瓮（1026：22）相同。

罐：出土85件，分二型六式。其中Ⅰ①式卷唇，短颈，鼓圆腹，平底，腹部拍印小方格纹，其上再旋压三道宽弦纹，与广州汉墓B类Ⅲ型罐（1048：70）基本相同；Ⅰ②式平唇外折，鼓肩，平底，器表戳印方格纹、圆几何图形，与广州汉墓B类Ⅱ型罐（1097：3、1097：1）相同；Ⅰ③式卷唇，短颈，鼓肩，此器与广州汉墓B类Ⅲ型罐（1078：7）相同；Ⅱ①式敛口，卷唇外侈，扁圆腹，平底，器表中部刻划细线水波纹带，与广州汉墓A类罐（1029：6）完全相同。

双耳罐：出土12件，不分型式。总的形制为敛口，垂腹，折收成平底，对称半环耳，有盖，通体施弦纹、线点纹，此种器形在广州汉墓有多种型式，与南越王墓最相似的是异型双耳罐（1040：10）。

三足罐：出土1件。器形较小，敛口，短颈，扁腹，上腹部有两系耳，平底，缺三足，腹部施箆梳纹间水波纹，无盖，此器与广州汉墓Ⅱ型三足罐（1177：33）基本相同。

瓿：出土13件，分四型。其中Ⅰ型敛口，短直唇，鼓圆腹，最大径靠上，大平底，双耳，有盖，腹饰箆纹、绚纹与旋纹，此型器与广州汉墓Ⅰ型②式瓿（1043：9）相同；此型另一器鼓肩，下腹斜收成凹平底，与广州汉墓Ⅰ型①式瓿（1125：5）相同；Ⅱ型敛口，直唇斜肩，鼓腹，平底，带盖，肩部有一对象征性的附耳，通体饰几何形纹，此型器与广州汉墓Ⅰ型①式瓿（1100:11）接近，惟南越王墓所出腹要深些。

鼎：出土14件，分为三型。其中甲Ⅱ型敛口，子口合盖，深圆腹，圜底，三蹄足，方形附耳，盖和器腹均有彩绘，此器与广州汉墓Ⅱ型鼎（1082:16）接近，均属汉式鼎，惟前者腹深些，足扁些；乙Ⅰ型鼎敛口，垂鼓腹，圜底，三扁形实足，腹上部贴对称半环形竖耳，有盖，腹饰细方格纹、篦纹等，与广州汉墓异Ⅳ型鼎完全相同，均属越式鼎。

壶：仅出土1件。侈口，卷唇，粗短颈，椭圆腹，最大径在下腹，矮圈足，腹部饰两个铺首，带盖，盖和腹有彩绘，此器与广州汉墓Ⅱ型壶（1144:5）相同。

匏壶：出土3件，分二型。其中Ⅰ型敛口无嘴，粗短颈，圆鼓肩，大平底，肩装一对桥耳，腹部饰篦纹、绹纹和弦纹，此型器与广州汉墓Ⅰ型①式匏壶（1056:15）相同；广州汉墓Ⅰ型③式匏壶（1113:1）若去掉三足，也与南越王墓Ⅰ型匏壶相同。

提筒：出土2件。形为广口，直筒身，平底，腹上部附一对方形贯耳，缺盖，腹饰弦纹、水波纹等，此种器物与广州汉墓所出的Ⅰ型提筒（1181:49）基本相同，只是后者的贯耳附在腹的中部。

小盒：出土8件，不分型式。器形似小碗，弧腹或直腹，平底，子口合盖，腹壁饰水波纹，有的加彩绘，此器与广州汉墓Ⅰ型②式小盒（1121:9）相同。

三足盒：出土21件，分为四型。Ⅰ型敛口，浅腹，直壁或弧壁，圜底，下附三扁足，子口合盖，盖面有圈足状抓手，壁饰水波纹，这与广州汉墓所见的Ⅰ型三足盒接近；Ⅱ型形制与Ⅰ型相差不大，只是三足足尖叉开如两趾；Ⅲ型形制亦与Ⅰ型基本相同，惟底近平，盖面为半环钮，卷角状钮座，与广州汉墓Ⅱ型三足盒相同；Ⅳ型属三足小盒，形与Ⅰ型相近。

盒：出土1件。敛口，子口扣盖，深圆腹，圈足，盖面有圈足状抓手，器壁彩绘，此器与广州汉墓Ⅰ型盒（1056:17）相近，是为汉式器。

碗：出土6件。器形相同，口微敛，浅腹，下部折收成小平底，有的有彩绘和墨书，此器与广州汉墓Ⅱ型①式碗大体相同。

盆：出土1件。平折沿，腹壁斜收成平底，壁上饰凹宽弦纹，这与广州汉墓Ⅱ型盆（1179:6）相近，惟后者的腹壁稍弧。

釜：出土1件。盘口，宽唇，扁圆腹，圜底，腹下部饰粗绳纹，广州汉墓Ⅱ型釜（1116:64）与之相近，只是腹浅些。

甑：出土2件。敞口，宽沿，腹壁斜弧，平底。底部有圆形箅孔，腹壁上部饰有弦纹，此器与广州汉墓1178:38甑锅中的甑基本相同。

熏炉：出土2件。豆形，喇叭形圈足，子口合盖，盖面较平，立钮周围有两圈三角形镂孔，此器与广州汉墓Ⅰ型①式熏炉（1136:5）相同（图一）。

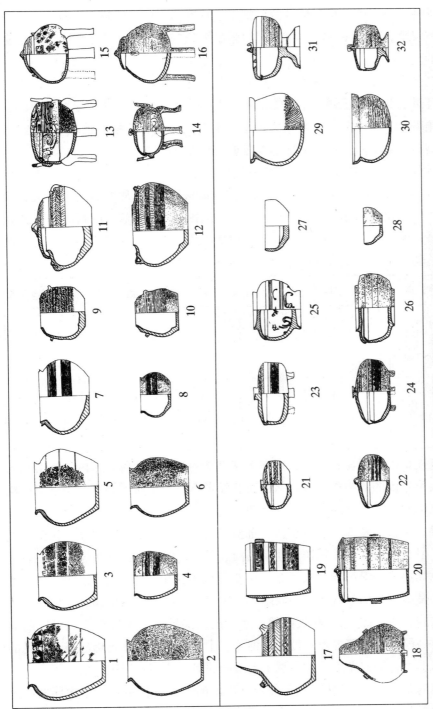

图一　南越王墓与广州汉墓部分出土陶器对照图

1. 南越王墓瓮　2. 广州汉墓Ⅲ型瓮　3. 南越王墓Ⅰ型①式罐　4. 广州汉墓 B 型Ⅲ式罐　5. 南越王墓 B 型Ⅲ式罐　6. 广州汉墓Ⅰ型③式罐　7. 南越王墓Ⅱ型①式罐　13. 南越王墓甲Ⅱ型瓿　14. 广州汉墓Ⅰ型①式瓿
武罐　8. 广州汉墓 A 型Ⅱ罐　9. 南越王墓双耳罐　10. 广州汉墓异型双耳罐　11. 南越王墓Ⅱ型瓿　12. 广州汉墓Ⅰ型③式瓿　18. 南越王墓Ⅰ型匏壶　19. 南越王墓Ⅰ型提筒　20. 广州汉墓Ⅱ型提筒　27. 南越王墓碗
汉墓Ⅱ型鼎　15. 南越王墓乙Ⅰ型鼎　16. 广州汉墓异Ⅳ型鼎　17. 南越王墓Ⅰ型匏壶　24. 广州汉墓Ⅰ型三足盒　25. 南越王墓盒　26. 广州汉墓Ⅰ型盒
21. 南越王墓小盒　22. 广州汉墓Ⅰ型②式小盒　23. 南越王墓Ⅰ型三足盒　31. 南越王墓Ⅱ型熏炉　32. 广州汉墓Ⅰ型①武重炉
28. 广州汉墓Ⅱ型①式碗　29. 南越王墓釜　30. 南越王墓Ⅱ型釜

璧：出土 145 件，分二型。两型璧的两面都用小竹管压印多周圆圈，这种仿玉璧的明器同样见于广州汉墓，例如 1134：132 两面均戳圆圈纹，边沿有一周宽弦纹，这与前者 I 型璧是相同的。

综合起来，二者相同或近似的陶器有 I 型瓮、III 型瓮、A 类罐、B 类 II 型罐、B 类 III 型罐、异型双耳罐、II 型三足罐、I 型①式瓿、I 型②式瓿、II 型鼎、异 IV 型鼎、II 型壶、I 型①式匏壶、I 型提筒、I 型②式小盒、I 型三足盒、II 型三足盒、I 型盒、II 型①式碗、II 型盆、II 型釜、甑、I 型①式熏炉、璧等。

《广州汉墓》将西汉前期墓分为两段，第一段的时间"上限在秦始皇二十八年（前 219 年），下限到文、景期间，即赵氏南越王国的前期阶段"；第二段的时间"由文、景之间到武帝元鼎六年，相当南越王国的后期"。也就是说，广州汉墓前期墓时间从公元前 219 年延续至公元前 111 年，前后共 108 年，包括了战国末期、秦及南越王国整个过程。这里将报告整理出的一、二段陶器分期罗列如下：

型式 / 分段	瓮	四耳瓮	罐	双耳罐	四耳罐	小盒	三足盒	瓿	盆	釜	鼎	盒	壶	钫	提筒	井	灶
第一段	I II III		A BI BII BIII	I II		I① I②	I	I① I② I③	I II	I	I II	I	I II	I II①	I		
第二段	II III	I II	A BII BIII BIV① C	II III IV	I	I① II	I② II III	I② I③ II	I II III	I	I II III	I II III	I II III IV① IV② V	II① II②	I II	I II	I II

用此表与南越王墓出土器物相对照，按理南越王墓的时间既然属第二段，其出土的陶器就应与分期表第二段的器物相符合。然而我们发现不仅表中所列的广州汉墓前期墓第二段的一些典型陶器，如 I 型四耳瓮、II 型四耳瓮、B 型 IV①式罐、C 型罐、III 型双耳罐、IV 型双耳罐、I 型四耳罐、II 型小盒、III 型三足盒、III 型鼎、III 型壶、IV 型①式壶、IV 型②式壶、V 型壶、II 型②式钫、II 型提筒、井、灶等不见出于南越王墓，表中未列的第二段器物如温壶、温酒尊、双耳盒、格盒等也不见出于南越王墓（图二），就连一二段均流行的某些器物如三联罐、四联罐、五联罐、四联盒、I 型钫、II 型①式钫等同样不见出于南越王墓（图三）。相反南越王墓所出的陶器大多见出于广州汉墓前期墓第一段，其中第一段属典型第二段不见的 I 型瓮、I 型①式瓿等亦是南越王墓常见的器物。这说明单从器物排队的角度看，南越王墓应归属第一段而不属第二段。

这里需要强调的是，《广州汉墓》是一部极有价值的考古发掘报告，是指导两广秦汉考古工作的重要教科书，作者当年围绕报告编写所做的基础性工作在岭南考古研究中具有开创性的意义，报告的不少论断至今仍不失为真知灼见。但是如同考古是一门不断

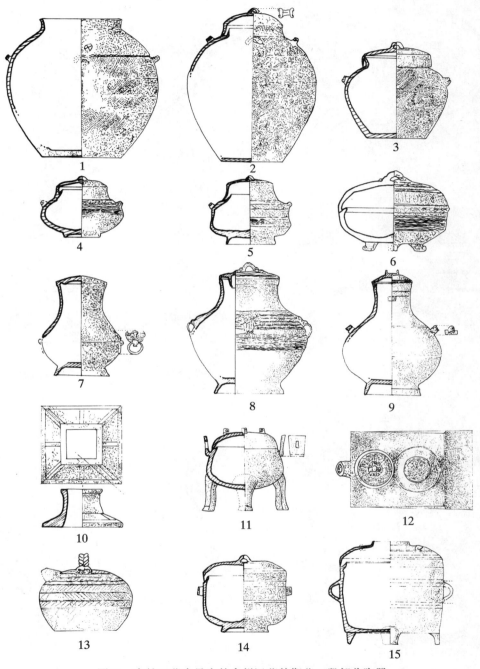

图二　南越王墓未见出的广州汉墓前期墓二段部分陶器

1. Ⅰ型四耳罐　2. Ⅱ型四耳瓮　3. Ⅳ型双耳罐　4. Ⅲ型①式双耳罐　5. Ⅲ型②式双耳罐　6. Ⅲ型三足盒　7. Ⅲ型壶　8. Ⅳ①式壶　9. Ⅴ型壶　10. 井　11. Ⅲ型鼎　12. 灶　13. 温壶　14. 双耳盒　15. 温酒樽

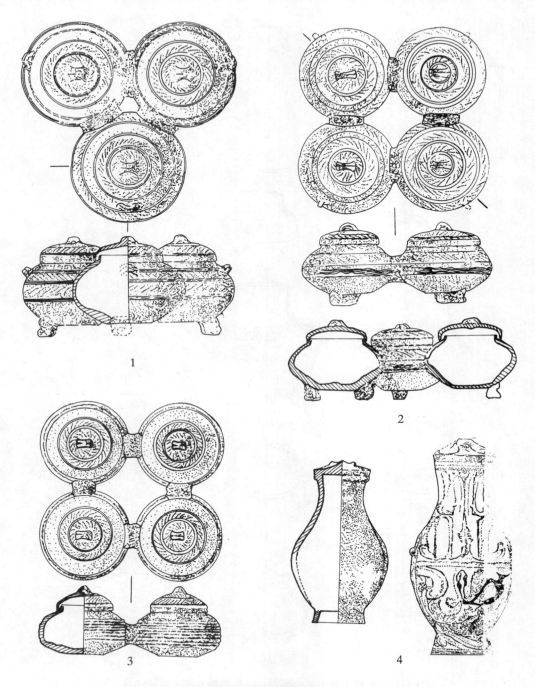

图三　南越王墓未见的广州汉墓前期墓部分其他陶器

1. 三联罐　2. Ⅰ型四联罐　3. Ⅱ型四联罐　4. Ⅰ型钫　5. Ⅱ型①式钫

用新发现来补史正经并修正补充自己过往说法的学科一样，报告囿于历史条件，也存在着一定的局限性。尤其是报告编写完成时南越王墓尚未见天日，"广州秦汉造船"遗址也才刚刚发现，通过后两处遗存发掘所获得的新认识自然也就不可能吸收到该报告的编写上来。这一点最明显反映在报告所作的前期墓葬分期方面。如上所述，既然我们肯定南越王墓的断代无误，那么原先对广州汉墓的年代分期现今就有改进的必要。广州汉墓前期墓第一段的时间按南越王墓出土器物衡量，到不了"上限在秦始皇二十八年（前219年），下限到文、景期间"。又因为广州汉墓前期墓第二段的器物均晚于南越王墓所出，故此第二段的实际年代理应处在南越国末期甚至更晚。

二

　　广州"秦汉造船工场"遗址的发掘资料则从另一方面证明南越王墓断代无误，而广州汉墓前期墓第一段的断代则是需要改进的。广州"秦汉造船工场"遗址发掘于1975年。从发掘资料看，它的地层关系是很清楚的。从下至上，第十层是灰黑色黏土层，无文化遗物，即为生土层；第九层是"船场遗址"层，"船台"出土的板瓦、筒瓦和少数米字纹陶片和第八层所出相同；第八层是灰土层，覆盖在第一号"船台"上面，出土较多的瓦片、陶片；七Ｃ层为红黄色亚黏土层，土质较纯，与上下文化层土色均判然有别。因此第八层出土的遗物应不会与晚的文化遗物相混，具有标准的断代意义⑤。

　　第八层出土的陶器从器物类型学的角度看是比较早的，它不但没有见广州汉墓前期墓第二段的典型器物，而且所出的器物比南越王墓及与南越王墓相当的广州汉墓前期第一段墓还要早。其出土的瓮罐以大小方格纹为多，米字纹陶片的数量竟达20％之多。米字纹陶的这种比例在南越王墓、广州汉墓均不见（南越王墓拍印有米字纹的陶器仅有3件瓮，广州汉墓182座墓仅2座墓出有米字纹陶罐）。但与广东始兴白石坪山⑥、增城西瓜岭⑦、博罗银岗⑧等地的米字纹陶类型遗存米字纹陶所占的比例接近。其一部分瓮罐的高领卷唇、短领卷唇风格与白石坪山、西瓜岭、银岗二期所出相近；瓿、釜、三足盒、鼎足等器物也与银岗二期等米字纹陶遗存同类器相似（图四）。

　　由于以往白石坪山、西瓜岭等米字纹陶类型遗存的年代均被断为战国时期，故广州"秦汉造船工场"遗址第八层所出的米字纹陶也就被误认为属战国时期遗物。其实米字纹陶遗存并不一定属战国时期，它的流行期主要还在秦——西汉早期⑨。广州"秦汉造船工场"遗址第八层遗存虽然出有不少米字纹陶，时间肯定也要早于南越王墓和广州汉墓前期墓第一段。但由于该层出有汉文帝五年始铸的四铢半两，因此它的年代上限实际已被卡死，肯定晚于《广州汉墓》所定的前期墓第一段的绝大部分时间——即秦始皇二十八年至汉文帝五年。又鉴于四铢半两流布到岭南肯定要比岭北晚一段时间，且第八层

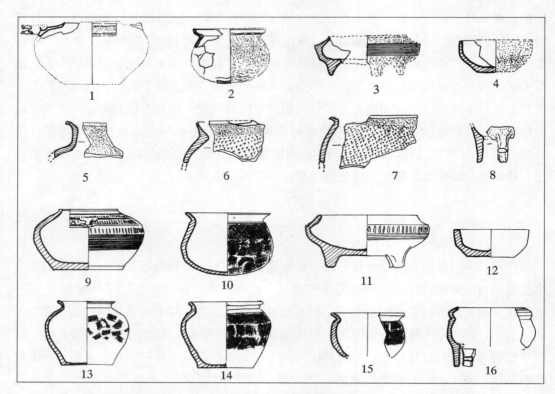

图四　广州"秦汉造船工场"遗址第八层与博罗银岗二期出土陶器对照图

1.瓿　2.釜　3.三足盒　4.碗　5～7.瓮罐口沿　8.鼎足（以上为广州"秦汉造船工场"遗址第八层出土）

9.瓿　10.釜　11.三足盒　12.碗　13.罐　14.罐　15.釜　16.鼎（以上为博罗银岗二期出土）

出有少量白石坪山、银岗二期等遗存没有的几何形戳印纹，虽然只有方格交叉和圆形戳印这两种简单纹饰，但足以表明其时代晚于白石坪山、银岗二期而早于南越王墓，实应处在文帝晚期至武帝初之间，也即《广州汉墓》所定前期墓第二段的开始时间。由广州"秦汉造船工场"遗址第八层的断代又可进一步推定，南越王墓的年代从器物类型学的角度看，也应排在第八层年代"文帝晚期至武帝初之间"后面。而广州汉墓前期一段墓的时间基本上早不过汉文帝晚期，晚则起码与南越王墓的时间相当。

　　博罗银岗二期遗存是典型的米字纹陶类型遗存，其重要性甚至被人认为是米字纹陶类型遗存今后断代的标尺。1996年和1998年广东省考古研究所先后两次发掘。发掘简报鉴于其与增城西瓜岭、始兴白石坪山文化内涵相似，文化特征又与广州汉墓等相区别，但同时又承认在陶器器形、纹饰方面又表现出与广州汉墓前期墓有某些相同的因素，遂定其年代在战国晚期。但综观其文化内涵其实也存在着不少较晚的因素。银岗二期出的卷唇短颈罐与广州汉墓的B类Ⅰ型罐、南越王墓Ⅰ型3式罐器形就基本相同；银岗二期折沿罐与广州汉墓B类Ⅱ型罐也接近；瓿更是与广州汉墓所出从器形到纹饰完全相同；同样类似的器物还有三足盒、盒、碗、釜、釜形鼎等。

值得指出的是，银岗二期还出有重圈纹陶璧、交错细方格纹板瓦、细方格纹筒瓦、十字卷云纹瓦当这些典型的秦汉式器物。陶璧是仿玉陶礼器，是秦汉时期中原文化影响岭南的结果，多见于广州汉墓和南越王墓。战国时期的岭南越人既无这方面的观念，更不见陶璧出于典型的战国越人墓，因此凡出陶璧的两广遗存时代只可能处于汉代。板瓦、筒瓦和云纹瓦当也有这方面的问题，以云纹瓦当为例来说，瓦当是古代装饰兼实用的建筑材料，一般只用在较大型的宫殿和屋宇上。目前考古发现所见，最早的瓦当出自陕西扶风召陈西周宫殿建筑遗址[10]，云纹瓦当则是到了战国晚期或秦时才开始使用。由于秦汉时期神仙道教流行，云纹瓦当大行其道，它们像一朵朵祥云镶嵌在宫室殿宇上，衬托出建筑的雄伟巍峨，既显吉祥，又寄托了当时人们祈求升天成仙的思想。因此云纹瓦当明显带有秦汉时期精神和时尚的痕迹，只有在秦始皇平定岭南后，两广地区才会出现此类具有明显时代特征的建筑材料。

银岗二期发现的铁器也属晚出的因素。铁器在两广相邻的湖南省——先秦时期的南楚地区最早发现于属春秋晚期的长沙七六·长杨 65 号墓[11]。到了战国时期，湖南的墓葬陆续见出铁器。但由于楚国从未攻占过岭南，楚国的南界也从未逾五岭，岭南越人与楚的关系基本隔绝。因此楚文化对岭南的影响只是间接的、有限的，相应的楚国的产品（包括铁器）不排除有可能个别零星在两广地区发现，但绝不会普遍出土，以前笔者对两广越墓出土的青铜器所做的分析已证明这一点[12]。而两广米字纹陶类型遗存普遍见出铁器，除银岗二期外，始兴白石坪山、深圳叠石山[13]、封开利羊墩第三期[14]、乐昌对面山一期后段[15]、平乐银山岭"战国"墓[16]、武鸣安等秧山墓葬[17]等处所谓的战国时期遗址和墓葬均见铁器，并且往往不止出一件，像平乐银山岭墓还大批量出土，种类繁多，这难道不令人怀疑其年代的真实性？如果有证据表明米字纹陶遗址有冶铁现象，而且所锻铸的铁器不是锸、斧一类秦汉时期流行的铁器，尚可另当别论。可是我们清楚地知道，至少直到西汉中期，岭南地区并不能自行生产铁器，大量的铁器是靠岭北输入的。关于这一点，西汉南越国资料[18]和广西贵县罗泊湾汉墓所出的《从器志》、《东阳田器志》均有明确的记载[19]，笔者也撰文作过论证[20]。由此而论，银岗二期一类的米字纹陶遗存普遍出铁器，只能证明其时代晚于战国时期。再从南越王墓——广州"秦汉造船工场"遗址第八层上推，银岗二期的年代应早于汉文帝晚期，大体处在秦——西汉早期。

三

从南越王墓这块年代基石出发，我们初步理清两广东周秦汉文化遗存年代的头绪，其年代序列列表如下：

年　　代	文 化 类 型	代 表 遗 存
春秋晚期——战国早期	夔纹陶类型（早）	深圳大梅沙㉑
战国中期	夔纹陶类型（中）	银岗一期、马坝石峡㉒、博罗梅花墩㉓
战国中晚期	夔纹陶类型（晚）	五华屋背岭㉔、四会鸟旦山墓㉕
战国晚期前段	夔纹陶——米字纹陶过渡类型	封开利羊墩一期
战国晚期后段	米字纹陶类型（早）	封开利羊墩二期、增城西瓜岭
秦至西汉文帝早期	米字纹陶类型（晚）	银岗二期、始兴白石坪山
汉文帝晚期——武帝初期	米字纹陶——几何戳印纹陶过渡类型	广州"秦汉造船工场"遗址第八层
汉文帝晚期——武帝元狩初	几何戳印纹陶类型	南越王墓、广州汉墓前期墓一段
汉武帝元狩初——元鼎六年及以后	几何戳印纹陶类型	广州汉墓前期墓二段

关于两广夔纹陶类型遗存的年代问题讨论，详见拙作《两广夔纹陶类型遗存年代问题商榷》㉖。关于两广米字纹陶类型遗存的年代问题分析，详见拙作《两广米字纹陶类型遗存和广州汉墓年代问题探讨》㉗。至于广州汉墓的进一步分期，由于不是本文的任务，容待另文讨论。

总结上述研究，我们深刻感觉到南越王墓标尺作用的重要性。在南越王墓发现以前，岭南地区所见的东周秦汉遗址和墓葬缺乏有明确纪年的资料，学术界对它们分期断代主要依靠：一、遗存中其他辅助文字资料，诸如钱币、铜镜、印章、陶器上的文字；二、借鉴其他地区或已知本地相关出土资料和研究成果作器物类型排队分析。这些做法是考古分期断代的基本手段，像《广州汉墓》发掘报告就曾在这两方面对广州汉墓作过详细研究。

但这些做法是有局限性的，首先它不可能像有纪年的典型单位那样能清楚地知道遗存的准确年代，所作的断代只能是粗略的。再是容易因各种原因造成断代失误。例如广东肇庆松山墓㉘、广西平乐银山岭"战国墓"、武鸣安等秧山墓群等均出有一些战国甚至春秋时期在中原或两湖楚地流行的青铜器，同时又出有米字纹陶等时代特征似乎明确的"证物"，发掘者便将这些墓葬的年代定为战国时期。但其实这些墓所出的青铜器在秦汉时期仍见，有些还很流行，南越王墓出土相类似的青铜器就是明证。这说明青铜器使用和延续的时间较长，上述墓葬虽然出有中原和楚地战国时期流行的青铜器，但不代表出有这些青铜器的墓葬年代就处在战国时期，关键还是要看最晚出的文化因素。因此可以这样说，如果研究两广战国秦汉文化遗存的年代时，只是简单地将其与岭北的周楚文化比附，而不注意其晚出因素以及周楚文化因素可能的滞后性，那么不出错才是奇怪的。

又如一些学者基于两广米字纹陶遗存即是战国遗存的观念，将一些米字纹陶遗存所发现的铁器不认为是时代属晚的因素，反倒以为是岭南地区早在战国时期就学会冶铁的证据，又或是战国时期楚文化深入广东的反映。这些认识实属本末倒置。前面我们已对银岗二期一类的米字纹陶遗存普遍出铁器问题作了详细分析，结论只能证明其时代晚于战国时期，进而可以确认米字纹陶并不能成为判断年代的准确标尺。

其实关于米字纹陶类型遗存的年代问题，以往一直有争论。有学者早就发现像平乐银山岭、肇庆松山等墓葬的年代存在问题，并提出应改定为"南越国时期"[②]。但从另一角度看，米字纹陶遗存的年代相对于广州汉墓来说的确要早，既然广州汉墓的年代上限已定在秦始皇二十八年（公元前219年），那么，米字纹陶遗存的年代相应处在战国时期就是顺理成章的事。如果米字纹陶遗存的年代改定，而广州汉墓的断代又是不能怀疑的，这样一来二者的年代岂不是冲突？这也正是米字纹陶类型遗存年代长期争拗的症结所在，难怪一些人明知银岗二期等遗存出有与广州汉墓相似的文化因素，仍毫不犹豫地将其年代定在战国时期。现在用南越王墓这把标尺，我们能够解决这个症结。

再如《广州汉墓》发掘报告因某些前期墓出有始铸于秦惠文王时期的半两钱或出有在长沙战国和西汉初年墓中常见的素镜、山字纹镜等，而又未出汉文帝半两钱或较晚的铭文镜等，便将此作为前期墓分期及某些墓可以早到秦始皇二十八年的重要根据。我认为，这种推论方法并没错，在没有准确的年代标尺可参照的情况下这种推论也是可行的。但正因为是推论，本身就包含有不确定性，它离准确的结论是有出入的。从上述比较分析可以看出，用南越王墓这把标尺衡量，《广州汉墓》报告对前期墓的断代及分期与实际有较大的出入，现在是到了修正的时候。

注　释

①③　广州市文物管理委员会等：《西汉南越王墓》，文物出版社，1991年。

②　余天炽等：《古南越国史》，广西人民出版社，1988年；杨豪：《南越王墓发掘述评》，《广西民族研究》1987年4期；吴海贵：《象岗南越王墓主新考》，《考古与文物》2000年3期。

④　广州市文物管理处：《广州汉墓》，文物出版社，1987年。

⑤　广州市文物管理处：《广州秦汉造船工场遗址试掘》，《文物》1977年4期。

⑥　莫稚：《广东始兴白石坪山战国遗址》，《考古》1963年4期；《广东增城始兴的战国遗址》，《考古》1964年3期；廖晋雄：《广东始兴县白石坪山战国晚期遗址》，《考古》1996年9期。

⑦　莫稚：《广东增城始兴的战国遗址》，《考古》1964年3期。

⑧　广东省文物考古研究所：《广东博罗银岗遗址发掘简报》，《文物》1998年7期；《广东博罗银岗遗址第二次发掘》，《文物》2000年6期。

⑨㉗　李龙章：《两广米字纹陶类型遗存和广州汉墓年代问题探讨》，《考古》待刊稿。

⑩ 陕西周原考古队：《扶风招陈西周建筑群基址发掘简报》，《文物》1981 年 3 期；又见杨鸿勋：《西周岐邑建筑遗址初步考察》，《文物》1981 年 3 期。

⑪ 长沙铁路车站建设工程文物发掘队：《长沙新发现春秋晚期的钢剑和铁器》，《文物》1978 年 10 期。

⑫ 李龙章：《湖南两广青铜时代越墓研究》，《考古学报》1995 年 3 期。

⑬ 深圳市博物馆：《深圳市叠石山遗址发掘简报》，《文物》1990 年 11 期。

⑭ 杨式挺等：《广东封开利羊墩墓葬群发掘简报》，《南方文物》1995 年 3 期。

⑮ 广东省文物考古研究所等：《广东乐昌市对面山东周秦汉墓》，《考古》2000 年 6 期。

⑯ 广西壮族自治区文物工作队：《平乐银山岭战国墓》，《考古学报》1978 年 2 期。

⑰ 广西壮族自治区文物工作队：《广西武鸣马头安等秧山战国墓群发掘简报》，《文物》1988 年 12 期。

⑱ 《汉书·地理志》记载汉武帝实行盐铁官营政策后，在全国设铁官四十多处，但岭南无一处，这绝非史载疏漏，它恰好证明岭南地区当时并无铁器冶铸业。《史记·南越列传》又载，西汉初年南越国需从内地输入为数不少的"金铁田器马牛羊"，后来吕后对南越国采取"别异蛮夷"的政策，"禁南越关市铁器"，为此引起南越王赵佗的不满，在连续派员进京求汉廷解禁无效的情况下，进而发兵劫掠长沙国边邑。《汉书·食货志》又载："汉连出兵三岁，诛羌、灭两粤，番禺以西至蜀南者置初郡十七，且以其故俗治，无赋税。南阳汉中以往，各以地比给初郡吏卒奉食币物，传车马被具……大农以均输调盐铁助赋，故能澹之。"这是汉武帝平南越后，内地调铁器支援包括岭南在内的初郡的明确记载 。

⑲ 广西壮族自治区博物馆：《广西贵县罗泊湾汉墓》，文物出版社，1988 年。

⑳ 李龙章：《西汉南越王墓"越式大铁鼎"考辨》，《深圳博物馆开馆十周年纪念文集》，中华书局，1998 年。

㉑ 深圳市博物馆：《广东深圳大海沙遗址发掘简报》，《考古》1993 年 11 期。

㉒ 广东省博物馆等：《广东曲江石峡墓葬发掘简报》，《文物》1978 年 7 期；朱非素：《马坝石峡遗址出土的青铜器》，《广东文博通讯》1978 年 3 期。

㉓ 广东省文物考古研究所等：《广东博罗县圆洲梅花墩窑址的发掘》，《考古》1998 年 7 期。

㉔ 广东省文物考古研究所等：《广东五华县华城屋背岭遗址与龙颈坑窑址》，《考古》1996 年 7 期。

㉕ 广东省博物馆：《广东四会鸟旦山战国墓》，《考古》1975 年 2 期。

㉖ 李龙章：《两广夔纹陶类型遗存年代问题商榷》，《南方文物》2003 年 1 期，又见《深圳文博论丛》，中华书局，2002 年。

㉘ 广东省博物馆等：《广东肇庆市北岭松山古墓发掘简报》，《文物》1974 年 11 期。

㉙ 见《广州汉墓》第七章；黄展岳：《论两广出土的先秦青铜器》，《考古学报》1986 年 4 期。

岭南汉墓仿铜陶礼器的考察

朱海仁

英文提要 Qin and Han periods was the important period of social development in Lingnan area. The pottery ritual vessels in tombs of Han dynasty in Lingnan area was the material reflection of Central Plains rites cultural pursued in Lingnan. The pottery ritual vessels in tombs of early Western Han Dynasty was the reflection of the rites pursued quickly after the Qin Dynasty unified Lingnan, it was a sudden change and different in areas. The development and change of pottery ritual vessels in middle and late Western Han Dynasty indicated that the rites of Zhou and Qin Dynasties was weakened and Lingnan area began mixing together with the Han cultural. The cultural with the kernel of Central Plains rites pursued in border area was the foundatoin of Qin and Han empires and the unified Han cultural.

　　秦汉时期是岭南社会发展的重要时期。秦平岭南战争首次将该地区全部纳入以中原为中心的帝国版图，促使其社会发展进程与帝国其他地区趋同。这种趋同的进程是分阶段性的。岭南汉墓的墓葬形制及随葬品组合形态的发展变化是当时社会发展呈阶段性趋同的深刻体现。墓葬中本地、中原、秦、楚等文化因素的综合显现代表的是当时岭南社会的整体文化面貌。以中原礼制为核心的多种文化因素整合发展是秦汉时期岭南社会发展的重要内容，也是其社会进步的体现。以鼎、盒、壶、钫为代表的仿铜陶礼器在岭南汉墓中的出现和变化是中原礼制在岭南社会推行的重要物质体现。

　　岭南汉墓的发现以两广地区为主，粗略统计已达 3000 余座。广东地区以广州最为集中，包括韶关、乐昌、徐闻、佛山、封开、番禺的发现较为集中，在揭阳、普宁、澄海、梅县等地均有发现①。广西主要集中于贵港、合浦、梧州及桂北地区②。

　　两广地区汉墓的分期基本参照广州汉墓。广州汉墓由于其分布最为集中，年代序列较为完整，在 20 世纪五六十年代的考古发掘基础上已初步建立了分期断代的标尺。按《广州汉墓》，西汉墓分为早、中、晚三期，东汉墓分为前、后两期③。其中西汉早期墓的上限从秦平岭南战争算起，下限到汉武帝平南越国，前后约 108 年。这个阶段包括了秦平岭南战争（前 218～前 214 年）④、秦经略岭南（前 214～前 207 年）、南越国割据岭南（前 206～前 111 年）共三个时期。西汉中期墓的上限为汉武帝元封元年（前 110 年），下限为元、成之际，前后约 80 年。西汉后期墓下限到东汉建武初年，前后约 50

年，包括王莽时期。东汉墓以建初年间为界，分前、后两期，前期约 50 年，后期约 140 余年。秦平岭南及经略岭南时期前后约十二三年，时间短促，所以目前能确定为秦墓的并不多。广州的区庄螺岗木椁墓（62 东区 M4）、西村石头岗木椁墓（53 西石 M1）因出有秦纪年的铜戈或铜扁壶、铜錾等秦文化遗物，被认为是秦墓⑤。西汉中、后期的墓葬在广州地区比较明确，但在两广其他地区由于材料有限，往往统称为西汉中后期。

本文拟以广州汉墓为基础，结合两广其他地区汉墓材料，主要考察仿铜陶礼器的发生演变过程，并阐述其在岭南社会发展进程中的重要意义。

一

（一）西汉早期

岭南西汉早期墓主要发现于广东的广州、乐昌和广西的贺县、贵县等地。广州的象岗南越王墓⑥和广西贵县罗泊湾一号墓⑦分别是王国最高统治者和地方最高官员的墓葬，是南越国时期最高等级的墓葬。这类墓葬类同汉初中原王侯一级墓葬，在丧葬礼仪上基本延续战国以来高级贵族墓的遗风，主要随葬大量精美的青铜器、玉器、漆器等，并且青铜器仍占主要地位。广东的乐昌⑧和广西的平乐银山岭东周秦汉墓⑨是当时地方军事重镇的代表，其文化面貌与广州和广西的贺县呈现明显差异，其西汉早期墓基本不见鼎盒壶钫类仿铜陶礼器的成套随葬。广州的 400 余座西汉早期墓和广西贺县等地西汉早期墓则普遍随葬鼎盒壶钫类仿铜陶礼器，并且器物形态与组合都呈现稳定统一的面貌。

《广州汉墓》182 座西汉早期墓，零星或成套出鼎盒壶钫类仿铜陶礼器的墓多达 119 座，约占 65%。其中出鼎盒壶钫的 49 座，约占 27%；出鼎盒壶的 28 座，约占 15%。同时，仿铜陶礼器的成套使用与墓葬形制存在密切联系。墓葬规模最大的Ⅲ型有墓道竖穴分室木椁墓，除 1 座底铺小石的墓不出仿铜陶礼器之外，其余几乎全部出有成套的鼎盒壶钫。其次是集中出于Ⅱ型 3 式、Ⅱ型 5 式的（无墓道或有墓道）竖穴单室木椁墓。Ⅰ型的竖穴土坑墓和Ⅱ、Ⅲ型中设腰坑或底铺小石的木椁墓基本不出仿铜陶礼器。

广西贺县河东高寨 5 座西汉前期墓⑩和贺县金钟 1 号汉墓⑪均出仿铜陶礼器。其器物形制与广州相同，所对应的墓葬形制也与广州相同，包括有或无墓道的竖穴单室木椁墓、有墓道的竖穴分室木椁墓。

西汉早期墓中，鼎盒壶钫类仿铜陶礼器与另一类具有地方传统特色的随葬品，在胎质、胎色、纹饰、造型等方面均形成鲜明对比。地方特色的随葬品以灰白色硬陶为主，釉陶占有相当比例，属南方几何印纹青釉器系统。鼎盒壶钫类仿铜陶礼器则以火候相对较低的泥质陶为主，胎色以红黄色居多。纹饰方面的突出特征是以彩绘云气纹为主，出土时多已脱落。

鼎盒壶钫类仿铜陶礼器在岭南西汉早期墓中的出现是突发的，在器物造型上与本地原有器型不存在发展渊源关系。这组器物从西汉早期出现以后形成其自身的发展序列，在每一个时期均形成相对统一的造型风格。

《广州汉墓》西汉早期墓所出陶鼎 116 件（可辨认器型），其中 II 型鼎 83 件，约占 72%。其造型特点是敛口、圆腹较深、圜底、下附弯曲三蹄足，口外侧附对称的长方形耳（图一，1）。陶盒 159 件全属 I 型，敛口、深圆腹、圜底或平底，下附圈足，覆钵形盖上附圈足式提手（图一，5）。陶壶 140 件（可辨认器型），其中 II 型壶 72 件，约占 50%。其特征是口微侈或近直，颈粗短，最大腹径偏下，略呈垂鼓腹，肩附对称的铺首，底附矮圈足（图一，15）。陶钫 70 件（可辨认器型），形态大同小异。其中 II 型 1 式 55 件，约占 79%。其特征是覆斗形盖、口微侈、方唇、微束颈、鼓腹、方足外撇，肩附两个对称的铺首，有的环形鼻成耳（图一，13）。II 型鼎、I 型盒、II 型壶、II 型 1 式钫构成了广州西汉早期墓仿铜陶礼器的典型形态组合。

（二）西汉中期

汉武帝平南越后，岭南地区成为汉朝的地方郡县。岭南地区的政治、经济、文化面貌从西汉中后期开始发生了较大变化。岭南西汉中后期的墓葬形制种类、随葬品组合造型均呈现与早期明显的不同。西汉早期墓中盛行的仿铜陶礼器开始出现造型与组合方面的明显变化，其深刻含义是作为礼器的性质明显弱化。

西汉中期墓仿铜陶礼器的随葬有几个值得注意的现象。一是这类器物零星出现的现象更为普遍。《广州汉墓》64 座西汉中期墓有 60 座出有该类器物，约占 94%。二是成套出现的现象较少。60 座墓中出成套鼎盒壶钫或鼎盒壶的各 3 座，出鼎壶钫的 4 座。近半数的墓仅出壶，其他以鼎壶、壶钫、盒壶等形式出现。壶成为流行的随葬用品，钫、盒的使用已减少。三是成套出现的现象多见于当时规模最大的 III 型 3 式墓，即有墓道竖穴双层分室木椁墓。出鼎壶、壶钫、盒壶的墓则包括 III 型 3 式墓和 II 型 5 式的有墓道竖穴单室木椁墓。单出陶壶的情况除上述两种墓型外，也在 I 型 2 式的长方形直坑墓中普遍出现。

从西汉中期开始，鼎盒壶钫类器物在胎质、胎色、纹饰及造型方面均发生明显变化。其胎质胎色多属灰白色泥质硬陶，多数施釉，已基本不见彩绘，与其他南方青釉系统的器物呈现统一的面貌。在器物造型与纹饰方面也发生一些有规律的变化。如鼎盒类器物多呈深圆腹、盖体隆圆。壶钫类器物普遍在肩部附对称的环形耳，与耳对应的圈足部位多有两个圆形穿孔。西汉早期流行的模贴铺首已开始简化或消失。四叶纹、斜行篦点纹等纹饰开始在鼎盒壶类器盖上普遍出现。

《广州汉墓》西汉中期墓出陶鼎 40 件，以 IV 型为主，约占 58%。其特征是深圆腹、圜底、矮蹄足、盖体隆圆，顶附三个圆环形钮（图一，2）。陶盒 14 件，基本都属 II

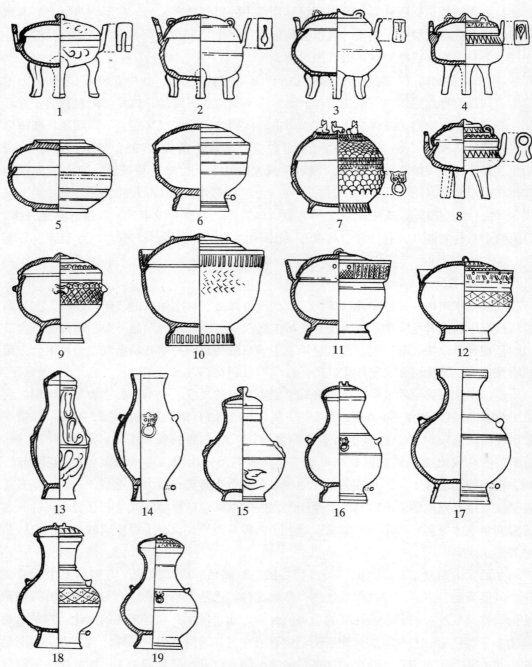

图一　《广州汉墓》仿铜陶礼器类器物典型形态

1～4、8.鼎　5、6、7、9.盒　10～12.簋　13、14.钫　15～19壶（其中1、5、13、15为西汉早期，2、6、
14、16、17为西汉中期，3、10.为西汉晚期　4、7、11、19为东汉前期　8、9、12、18为东汉后期）

型，特点是深圆腹、上腹较直、下腹斜内收，底近平、下附高圈足，盖顶附一圈突棱捉手或模贴四叶纹等（图一，6）。陶壶 158 件（可辨认器型），全属Ⅵ型，特征是形体较大，束颈、鼓腹、下附广高圈足，依口部特征不同分子口带盖、盘口无盖两大类（图一，16、17）。陶钫 22 件，全属Ⅲ型，特征是不带盖，侈口、束颈、鼓腹（图一，14）。Ⅳ型鼎、Ⅱ型盒、Ⅵ型壶、Ⅲ型钫构成了广州西汉中期墓仿铜陶礼器类器物的典型形态组合。

（三）西汉晚期

岭南西汉晚期墓除广州之外，在广东的乐昌、韶关[12]、南海[13]和广西的平乐银山岭、合浦[14]、贺县、贵县[15]等地均有发现。岭南地区经过西汉中期以来作为汉朝郡县的长期发展，西汉晚期墓在墓葬形制与随葬品组合方面都呈现比较统一的现象。

鼎盒壶钫类仿铜陶礼器继西汉中期发生形态变化后，到西汉晚期开始发生组合变化。陶钫在墓葬中已渐趋消失。《广州汉墓》32 座西汉晚期墓均不出陶钫。近年发现的也仅是极少数规模较大的木椁墓才保留有成套的鼎盒壶钫类随葬品[16]。在广西合浦等地西汉晚期墓见有铜钫。钫的造型与西汉中期基本一致。随着钫的消失，岭南及长沙等地西汉晚期墓出现了新器形——陶簋，并与原仿铜陶礼器类器物形成鼎簋盒壶、鼎簋壶等新的组合。《广州汉墓》32 座西汉晚期墓几乎全部出有鼎簋盒壶类器物。其中出成套鼎簋盒壶的有 4 座，出鼎簋壶的 9 座，出鼎盒壶的 5 座。出陶簋的墓超过半数，出陶盒的已减少。西汉晚期上述成套组合器物的仍以Ⅲ型墓为主，包括有墓道竖穴双层分室或横前堂木椁墓。其次是Ⅱ型 5 式的有墓道竖穴单室木椁墓。其中出成套鼎簋盒壶的全属Ⅲ型墓。

在器物造型方面，鼎盒壶类器物与西汉中期比较接近，仍以Ⅱ型盒、Ⅵ型壶为主要形态。陶鼎以折腹平底的Ⅴ型鼎为主要形态（图一，3）。陶簋的特征是广口、高唇、深圆腹、圈足。早期形态是唇腹分界不明显（图一，10）。晚期形态是唇腹分界明显（图一，11）。

（四）东汉前期

岭南东汉前期墓在广东的广州、南海[17]、徐闻[18]、韶关、乐昌和广西的贵县、昭平[19]、柳州[20]等地均有发现。从东汉前期开始，以簋为主体的鼎簋壶、鼎簋盒壶组合已占主体，单纯鼎盒壶的组合已比较少见。《广州汉墓》41 座东汉前期墓几乎全部零星出有鼎簋盒壶类器物。其中出成套鼎簋壶的 14 座，约占 34%；出鼎簋盒壶的 12 座，约占 29%。成套出现的情况仍集中于Ⅲ型有墓道竖穴分室木椁墓（包括双层横前堂或假双层分室墓）和Ⅱ型 5 式的有墓道竖穴单室木椁墓。新出现的砖室墓中出成套组合的现象不多，且主要集中于规模较大的直券顶分室墓和横直券顶墓。

在器物造型上，东汉前期发生了新的变化。陶鼎除仍见Ⅴ型折腹平底鼎外，新出现

Ⅵ型、Ⅶ型鼎，其特征是器腹较浅，上腹壁内敛加剧，蹄足简化（图一，4）。陶簋全属唇腹分界明显的Ⅱ型（图一，11）。陶盒全属Ⅲ型，盖身扣合成隆起的圆球形，广圈足，多施刻划纹（图一，7）。陶壶均属Ⅵ型，但形态已有变化，腹部略显扁圆，圈足变矮外撇（图一，19）。

（五）东汉后期

岭南东汉后期墓按《广州汉墓》的划分，时段较长，目前在两广地区发现较多。东汉后期墓的突出现象是鼎簋盒壶类器物在墓葬中出现的比例明显降低，成套使用的情况更少。《广州汉墓》90座东汉后期墓仅半数墓零星出有该类器物。出成套鼎簋壶的14座，仅占15%，出鼎簋盒壶的仅4座。成套出现的情况集中于墓葬规模最大的Ⅲ型木椁墓和Ⅵ型穹隆顶合券顶砖室墓。

在器物造型与纹饰方面，东汉后期的时代特点相当明显。器物的盖顶及上腹部多施粗疏的刻划纹。陶鼎的蹄足已简化成较高的扁直足（图一，8）。簋的圈足变小且外撇（图一，12）。盒、壶类器物都出现喇叭形高圈足的造型，壶腹多呈扁圆形（图一，18）。

二

仿铜陶礼器在岭北内地从春秋早期开始在中下层贵族墓中出现，到春秋晚期始见成套仿铜陶礼器[20]。其出现的社会历史背景是春秋时期以来的社会变革导致对原有等级礼制的突破。到战国晚期，仿铜陶礼器的随葬已相当普遍。陕西凤翔秦墓多见鼎盒壶钫，中原地区常见鼎盒壶，江陵楚墓见鼎敦壶或鼎盒钫，长沙楚墓常见鼎盒壶钫。

岭南地区作为相对独立的地理区域，在秦以前已形成其具有地方特色的青铜文化面貌。在岭南青铜文化时期已出现较多周边文化因素的融合，包括中原、楚、滇等因素，与中原礼制相关的青铜器也屡有发现。但直到秦汉以前，岭南地区的文化面貌始终以地域特色占主流。岭北战国晚期墓普遍出现的仿铜陶礼器在岭南地区战国墓中未有发现。岭南文化面貌的突变应始于秦平岭南战争。岭南西汉早期墓普遍出现的鼎盒壶钫类仿铜陶礼器是岭南社会文化发生根本性变革的标志。

岭南西汉早期墓鼎盒壶钫类仿铜陶礼器的器形与组合均与长沙战国晚期墓具有相似性，应与战国晚期秦文化的影响有关。其内涵是周秦等级礼仪制度的体现。从胎质、胎色、纹饰的特殊性分析，应是专门烧造的具有特殊代表意义的陶礼器。这批器物的出现是秦平岭南后包括南越国时期大力推行中原礼制的反映。

根据岭南西汉早期墓的发现情况，南越国时期在推行中原礼制方面存在地域上的差异和等级上的差异。广西平乐、广东乐昌等地的西汉早期墓基本未见鼎盒壶钫类仿铜陶礼器的随葬，而在广州却普遍随葬仿铜陶礼器。这说明南越国中心地区较为彻底地推行了中原礼制，而边远军事重镇并未全面推行，存在地域差异。同时，南越国时期墓葬在礼器的使用上还遵循一定的等级差异。以南越王墓、罗泊湾一号墓为代表的最高等级统治者是效仿汉初内地王侯一级的丧葬礼仪，延续战国以来随葬大量精美青铜器、玉器的做法。仿铜陶礼器的使用主要是王国官吏和中下层贵族，并有等级差异。如墓葬规模较大的有墓道竖穴分室木椁墓几乎全部出有成套的仿铜陶礼器；竖穴单室木椁墓则有出鼎盒壶钫，也有出鼎盒壶。

另一个现象是，南越国时期的墓葬中有一批地方特色的竖穴土坑墓和设腰坑或底铺小石的木椁墓。这类墓葬中基本不出仿铜陶礼器。其中部分或有可能是秦或战国晚期的本地越人墓，但多数应属南越国时期越人官吏墓葬。这说明以中原礼仪为主导的汉越文化融合是一个渐进的过程。

根据广州西汉早期墓高达65％的墓中出有鼎盒壶钫类仿铜陶礼器的情况说明，南越国时期在中心地区大力推行中原礼制，并形成其统治基础。南越国政权核心应是以南下汉人为主，以中原等级礼仪价值观念实现架构，极力效仿汉制。

三

西汉早期墓仿铜陶礼器的普遍出现是秦及南越国时期在岭南推行中原礼仪文化实现统治的缩影。西汉中后期开始，这组器物形态与组合的变化则是汉武帝平南越后，周秦礼制弱化和岭南地区融入大一统的汉文化的体现。

从西汉中后期开始，鼎盒壶钫类仿铜陶礼器已发生形态与组合的变化，严格意义上已不再是仿铜陶礼器。从西汉中期开始，鼎盒壶钫类器物的胎质、胎色、纹饰已完全本地化，融入南方青釉系统。从西汉后期开始，陶钫已渐消失，形成了以区域特色的陶篂为核心的鼎篂盒壶的多样性组合。同时，这类器物的成套使用率逐步降低，表明作为特定身份等级标志的仿铜陶礼器组合已被打破，社会文化价值观念已发生变化。

从西汉中后期开始，鼎盒壶钫或鼎篂盒壶类器物作为礼器的性质已弱化，但依然具有身份等级的象征意义，是周秦礼制在大一统汉文化中的尾声。从西汉中期开始，该类器物成套使用率降低，但在西汉中后期和东汉前期墓中零星出现的现象更为普遍，每种器物出现的数量往往是比较固定的1~2件。成套出现的情况均相对集中于墓葬规模相对较大的有墓道竖穴双层分室木椁墓中。即便是在东汉后期，也多集中于该型木椁墓和规模较大的穹隆顶合券顶砖室墓中。说明该类器物的成套使用仍具有一定的等级差别。

从西汉中后期开始，鼎盒壶钫或后期的鼎篂盒壶类器物在岭南墓葬中零星出现的现象较为普遍，并且分布地域扩大。这说明，一方面是西汉早期鼎盒壶钫类严格的仿铜陶礼器作为周秦礼制的延伸已基本结束，另一方面是其所代表的中原文化礼仪观念已对岭南地区形成全方位的影响。经过秦及南越国割据岭南的上百年时间以后,岭南地区文化已逐步融入汉文化系统。汉武帝平南越国后,岭南地区成为汉朝郡县,其政治等级降低,文化面貌趋于统一。在仿铜陶礼器本地化的同时,一批具有浓厚地方特色的器物如瓿、三足罐、三足盒等开始消失。另一批具有汉代地主庄园经济特色的模型明器,如仓、灶、井、屋及猪、狗、牛、羊、鸡、鸭等家禽俑开始普遍出现。岭南地区西汉中期以后的文化面貌不仅是本地区内部的趋同,同时也与汉朝其他地区文化趋同,进入大一统的汉文化发展道路。

到东汉后期,岭南地区墓葬中鼎簋盒壶类陶器的出现已大为减少,成套使用更不多见。由此说明仿铜陶礼器作为岭南汉墓的随葬品在经历了西汉早期的繁盛和西汉中后期、东汉前期的弱化演变后,到东汉后期已全面淡化。

综上所述,岭南地区汉墓仿铜陶礼器类随葬品的发展演变过程也是中原礼制文化在岭南的推行历史。岭南汉墓仿铜陶礼器的发展演变从一个侧面反映了周秦礼制的逐步淡化和大一统汉文化的逐步形成。同时也说明秦汉帝国大一统文化的形成是通过以其礼仪等级价值观念向周边地区的不断推行而实现的。战争对版图的统一和礼制对文化的统一共同造就秦汉大一统文化的形成基础。各地的地方文化正是在接受了中原地区的礼仪制度和等级观念后,逐步开始按照中原地区文化的发展模式向前发展[22]。

附:本文插图由朱家振同志描绘,谨此致谢。

注 释

① 古运泉、邱立诚:《广东省考古五十年》,《新中国考古五十年》,文物出版社,1999年。

② 蒋廷瑜:《广西壮族自治区考古五十年》,《新中国考古五十年》,文物出版社,1999年。

③ 广州市文管会、广州市博物馆:《广州汉墓》,文物出版社,1981年。以下凡涉及此书内容,恕不一一注明。

④ 关于秦平岭南战争起始年代有不同观点,目前倾向于公元前218年或公元前219年。本文按张荣芳、黄淼章《南越国史》,广东人民出版社,1995年。

⑤ 广州市文化局等:《广州文物志》,广州出版社,2000年。

⑥ 广州市文管会等:《西汉南越王墓》,文物出版社,1991年。

⑦ 广西壮族自治区博物馆:《广西贵县罗泊湾汉墓》,文物出版社,1988年。

⑧ 广东省文物考古研究所等:《广东乐昌市对面山东周秦汉墓》,《考古》2000年6期。

⑨ 广西壮族自治区文物工作队:《平乐银山岭战国墓》,《考古学报》,1978年2期;《平乐银山岭汉墓》,《考古学报》,1978年4期。

⑩ 广西壮族自治区文物工作队等:《广西贺县河东高寨西汉墓》,《文物资料丛刊》第4期,文物出版社,1981年。

⑪ 广西壮族自治区文物工作队等:《广西贺县金钟一号汉墓》,《考古》,1986年3期。

⑫ 杨豪:《广东韶关西河汉墓发掘》,《考古学集刊》第1集,中国社会科学出版社,1981年。

⑬　广东博物馆：《广东南海汉墓发掘简报》，《文物资料丛刊》第 4 辑，文物出版社，1981 年。

⑭　广西壮族自治区文物工作队：《广西合浦县堂排汉墓发掘简报》，《文物资料丛刊》第 4 辑，文物出版社，1981 年；《广西合浦西汉木椁墓》，《考古》1972 年 5 期；《广西河浦县凸鬼岭清理两座汉墓》，《考古》1986 年 9 期。

⑮　广西文管会：《广西贵县汉墓的清理》，《考古学报》1957 年 1 期。

⑯　广州市文物考古研究所：《广州横枝岗西汉墓的发掘》，《考古》2003 年 5 期。

⑰　同⑬。

⑱　广东省博物馆：《广东徐闻东汉墓》，《考古》1977 年 4 期。

⑲　广西壮族自治区博物馆等：《广西昭平东汉墓》，《考古学报》1989 年 2 期。

⑳　柳州市博物馆：《柳州市郊东汉墓》，《考古》1985 年 9 期。

㉑　郭德维：《楚系墓葬研究》，湖北教育出版社，1995 年。

㉒　水涛：《论中原地区在中国文明化进程中的作用和影响》，《中原文物》，2001 年 6 期。

南越国宫署遗址 2000 年
发掘出土瓦当研究

李灶新

英文提要　In the year of 2000，we excavated not only the site of the main palace of the Nanyue Kindom but also a lot of the tile－ends of different historic time．The tile－ends all have specific stratification which will play a very important role in researching their evolution in Guangzhou area．In this article，the writer tried to research the features，eras，cultural connotations and the evolution law of evolution of the tile－ends.

广州是一个具有悠久历史的文化名城，是两千多年前南越国的都城及其后历朝府署的所在地。自 20 世纪 70 年代以来，在广州市老城区中心不断有南越国时期的重要遗迹发现，1975 年在中山四路西段北侧发掘出秦代造船遗址，其上叠压有南越国的砖石走道[①]；1995 年和 1997 年在忠佑大街西侧相继发掘出南越国的大型石砌水池和曲流石渠等园林水景遗迹[②]。从发掘和钻探资料得知今儿童公园内应是南越国的宫殿区的所在地，为了探查南越国宫殿区的具体位置，2000 年 2～5 月，由中国社会科学院考古研究所、广州市文物考古研究所和南越王宫博物馆筹建处联合组成的发掘队，在儿童公园内选点试掘，发掘出南越国宫殿的散水遗迹[③]。这次发掘清理出南越国时期的大型宫殿建筑基址，其上还叠压有汉、晋、南朝、唐、五代南汉、宋元和明清时期的遗迹和遗物，出土的建筑构件，特别是瓦当的种类丰富，而且层位明确。本文试就这批瓦当的特征、时代及其演变规律等方面作一些探讨。

一　瓦当的类型与特征

这次发掘出土的瓦当均是圆形瓦当，当面的纹饰图案均为模制，其背面一般比较平整，与筒瓦相连接处还可以看到手捏及抹平的痕迹，根据瓦当的形制、当面纹饰图案的变化，可分成文字瓦当、云树纹瓦当、莲花纹瓦当、凤纹瓦当和花卉纹瓦当五类。

（一）第一类：文字瓦当

可分三型。

Ⅰ型："万岁"文字瓦当。当面图案纹饰以"万岁"文字为主要内容，边轮和中心文字凸起，"万岁"二字自右向左横读，篆书，无界栏，窄边轮。当面一般都涂有朱砂，均为灰白泥质陶，火候较高。分二式。

A式：标本 2000GEI（15）:18（图一，1）。当面"万岁"二字字体笔画卷曲较甚，边轮内饰一圈凸弦纹。当径 16.5、厚 1、边轮宽 0.6 厘米。

B式：标本 2000GEI（15）:17（图一，2）。当面模印"万岁"二字，外饰两圈凸弦纹，窄边轮。当径 16、厚 1.2、边轮宽 0.8 厘米。

1997 年发掘南越国宫苑曲流石渠遗址还出土有青釉"万岁"瓦当和青釉板瓦、筒瓦，釉薄而均匀。

Ⅱ型："大吉"文字瓦当。标本 2000GEI（9）:11（图一，3）。当面长方形边框内模印"大吉"二字，楷书，四周饰花草纹，外饰一圈凸弦纹和一周联珠纹。泥质灰陶，陶质细腻、松软。当径 11.5、厚 1.0 厘米。

Ⅲ型："金玉寿"文字瓦当。标本 2000GEI（1）:1（图一，4）。当面模印"金玉寿"三字，无界栏，其中"寿"字居中，占据当面的绝大部分位置，"金玉"两字分列左右，外缘饰一圈万字连续纹。红褐泥质陶，质坚硬。当径 8.7、厚 1.4 厘米。

（二）第二类：云树纹瓦当

标本 2000GEI（15）:40（图一，5）。当心饰两圈凸弦纹，当面被双直线分隔成若干区间，内饰树纹和卷云纹，窄边轮。黄白泥质陶，夹细砂，厚 1.3 厘米。

（三）第三类：莲花纹瓦当

可分五型。

Ⅰ型：穿孔莲花纹瓦当。这类瓦当当心均饰四叶纹，中心穿孔，外一圈周格纹，当面饰莲瓣纹，边轮宽矮，当背平整。均为红褐泥质陶，夹细砂。可分二式。

A式：标本 2000GEIT3J8:15（图一，6）。当心用浅浮雕饰四叶纹（残存两朵），中心穿孔。周格纹外饰重叠的莲瓣纹，莲瓣以凸线表示，瓣尖之间饰弧线纹，外一圈凸弦纹。边轮内侧饰一圈向心锯齿纹。当径 14.6、厚 1.1、孔径 0.6、边轮宽 1.3 厘米。

B式：标本 2000GEIT3J8:5（图一，7）。周格纹外饰细小的莲瓣纹，向外再饰一圈周格纹。窄边轮，较高，边轮与周格纹之间饰竖线纹。当背有斜直相交的刻划纹，当径 14.5、厚 1.1、孔径 0.6、边轮宽 0.9 厘米。

Ⅱ型：高边轮莲花纹瓦当。这类瓦当采用浅浮雕形式，均是当心一花蕊，边轮内饰 8 瓣莲花图案。边轮平面高于当面凸起的纹饰，上饰卷草纹或联珠纹等。均为灰黑泥质陶，瓦当宽大、厚重。分四式。

A式：标本 2000GEI（13）:23（彩版一，1）。当心一圆形突台，上饰 5 个圆点纹。周围饰 8 个橄榄形莲瓣，外一圈周格纹。高边轮，较宽，上饰 8 枝卷草纹。当径 14.9、

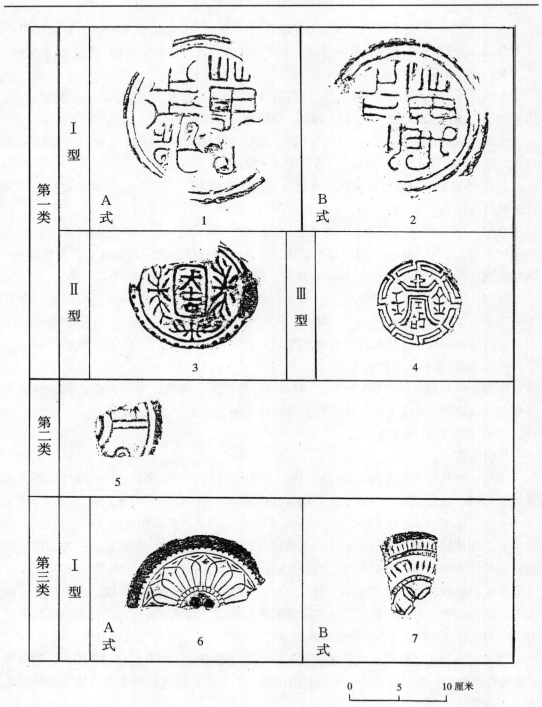

图一　瓦当拓片

厚 2.3、边轮宽 1.3 厘米。

B 式：标本 2000GEI（13）:22（图二，1）。当心圆形突台外饰一圈八角形凸弦纹，周围饰 8 个（残存 6 个）菱形莲瓣纹，瓣间用"T"字纹分隔，外饰一圈凸弦纹。边轮上饰一周菱形突点纹。当径 15.7、厚 2.2、边轮宽 1.3 厘米。

C 式：标本 2000GEI（11）:1（图二，2）。当心一圆形突台，外一圈凸弦纹，当面饰 8 个（残存 4 个）椭圆形莲瓣纹，瓣间以"T"字纹分隔，向外再饰一圈凸弦纹。宽边轮，上饰一周联珠纹。当径 14.6、厚 1.6、边轮宽 1.8 厘米。

D 式：标本 2000GEI（13）:26。当心一圆周，内饰突点纹，圆周外饰 8 个宽大的莲瓣，瓣间以"T"字纹分隔。边轮高起，上饰一周联珠纹。当径 16、厚 2.6、边轮宽 1.1 厘米。

Ⅲ型：凹边轮莲花纹瓦当。这类瓦当均是当心一圆周象征花蕊，内饰突点纹，周围饰莲瓣纹，外再饰一周联珠纹，边轮凹下，低于当面纹饰。大多是泥质灰陶，表面灰黑。根据莲瓣的多寡，可分七式。

A 式：6 瓣莲花纹瓦当。标本 2000GEIT3－15♯:4（彩版一，2）。当心圆周内饰 5 个突点纹，外饰 6 个橄榄形莲瓣纹，瓣间以"T"字形纹分隔，向外再饰一周凸弦纹和一周联珠纹。当径 13.5、厚 2.2 厘米。标本 2000GEIT1－14♯:1（图二，3）。当面饰细长莲瓣纹 6 个（残存 4 个），瓣间以三角纹分隔。当径 14、厚 0.9 厘米。

B 式：7 瓣莲花纹瓦当。标本 2000GEIT3－14♯:2（图二，4）。当心圆周内饰 6 个突点纹，周围饰 7 个细长莲瓣，莲瓣间用三角形纹分隔，外饰两周凸弦纹，弦纹间饰一周联珠纹。当径 14、厚 1.6 厘米。

C 式：8 瓣莲花纹瓦当。标本 2000GEIT3－14♯:1（彩版一，3）。当心圆周内饰 5 个突点纹，外饰 8 个细长莲瓣纹，瓣间用"T"字纹分隔，向外再饰两周凸弦纹，弦纹间饰 23 个联珠纹。当径 15、厚 1.6 厘米。

D 式：9 瓣莲花纹瓦当。标本 2000GEIT3－15♯:3（图二，5）。当面饰 9 个椭圆形莲瓣，瓣间以"T"字形纹分隔，外饰两周凸弦纹，弦纹间饰 19 个联珠纹。泥质灰陶，表面灰黑。当径 14.5、厚 1.5 厘米。

E 式：10 瓣莲花纹瓦当。标本 2000GEIT3－15♯:1（图二，6）。当心圆内饰 6 个突点，圆周外饰 10 个（残存 6 个）橄榄状莲瓣，瓣间用"T"字纹分隔，外缘饰一周联珠纹。灰白泥质陶，夹细砂，表面灰黑。当径 14.3、厚 1.4 厘米。

F 式：12 瓣莲花纹瓦当。标本 2000GEIF21－1♯:3（图二，7）。当面饰三周同心圆，第一周中心为 7 珠，第二周饰一圈联珠纹共 11 个（残存 10 个），第三周内饰 12 个（残存 10 个）细小莲瓣纹，瓣间以"T"字形纹分隔，外缘再饰一圈凸弦纹和一周联珠纹。黄褐泥质陶，夹细砂。当径 13、厚 1.3 厘米。

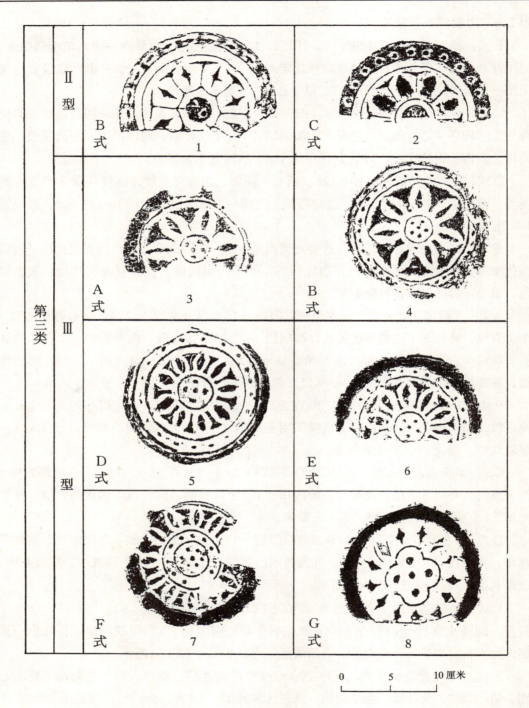

图二　瓦当拓片

G 式：13 瓣莲花纹瓦当。标本 2000GEIT3 - 15♯:5（图二，8）。当心饰 5 个突点纹，圆周外饰 13 个菱形莲瓣纹。灰白陶，泥质，夹细砂。当径 13.1、厚 1.7 厘米。

H 式：青釉莲花纹瓦当。这类瓦当胎色青灰或灰褐，质坚硬，当面和当背均施有高温釉，釉色青黄或青绿，有细小开片。标本 2000GEIF17 - 1♯:2（彩版一，4）。当心一圆周，内饰 5 个突点，圆周外饰 8 个（残存 6 个）细长莲瓣纹，瓣间用"T"字纹分隔，外饰一周联珠纹，边轮凹下，低于当面纹饰。当径 10.2、厚 1.3 厘米。

Ⅳ型：菊瓣纹瓦当。当面花瓣细长呈菊瓣状，均为浅灰泥质陶，陶质松软。标本 2000GEI（9）:12（图三，1）。当面饰细长菊瓣纹，外饰一周曲线，向外再饰两圈凸弦纹，弦纹间饰联珠纹，边轮突起成棱状。当厚 1.2 厘米。标本 2000GEIS16:9（图三，2）。当心圆内一小乳突，外饰细长菊瓣，瓣间以三角形纹分隔，边缘饰斜向弧线纹。当径 12、厚 1.3 厘米。

Ⅴ型：凸边轮莲花纹瓦当。这类瓦当以莲瓣和联珠纹为主要纹饰内容，当面莲瓣呈水滴状，花瓣之间没有纹饰分隔，边轮突起成棱状。略高于当面纹饰。均为浅黄白色泥质陶，陶胎未经淘洗，夹有细砂，瓦当后面连接的筒瓦两面均为素面。瓦当的个体变小、变薄。分四式。

A 式：8 瓣莲花纹瓦当。标本 2000GEIT1H24:2（彩版一，5）。当心圆周内饰 5 个突点纹，周围饰 8 个椭圆形莲瓣，外饰两周凸弦纹，外缘饰一周联珠纹 19 个。当径 12.4、厚 1.4、边轮宽 0.4 厘米。

B 式：10 瓣莲花纹瓦当。标本 2000GEIT2H22:2（图三，3）。当心一圆形突台，上饰突点 14 个，外一圈凸弦纹，向外周围饰 10 个水滴状莲瓣，外饰两圈凸弦纹和一周联珠纹，边轮较宽。当径 12、厚 1.3、边轮宽 1.0 厘米。

C 式：11 瓣莲花纹瓦当。标本 2000GEI（6）:1（图三，4）。当心圆周内一突起圆台，圆周外饰 11 个椭圆形莲瓣，外饰一周曲线纹和一周凸弦纹，外缘环绕一周联珠纹 41 个。当径 11、厚 1.3 厘米。

D 式：12 瓣莲花纹瓦当。标本 2000GEI（6）:3（彩版一，6）。当心一圆形突台，上饰 7 个联珠纹，当面饰 12 个圆点纹，外一周锯齿形纹和一周凸弦纹，向外再饰 34 个联珠纹和一圈凸弦纹，边轮较宽。当径 10.5、厚 1.0、边轮宽 0.9 厘米。

（四）第四类：凤纹瓦当

这类瓦当的纹饰以凤鸟为主题内容，有黄白陶和青釉两种。标本 2000GEIF1 6 - 2♯:1（图三，5）。当面模印两只首尾相随的凤鸟，凤鸟张嘴高吭，振翅飞翔，形象生动，外缘环绕一周联珠纹。黄白色泥质陶，夹细砂，当厚 2.0 厘米。

（五）第五类：花卉纹瓦当

可分三型。

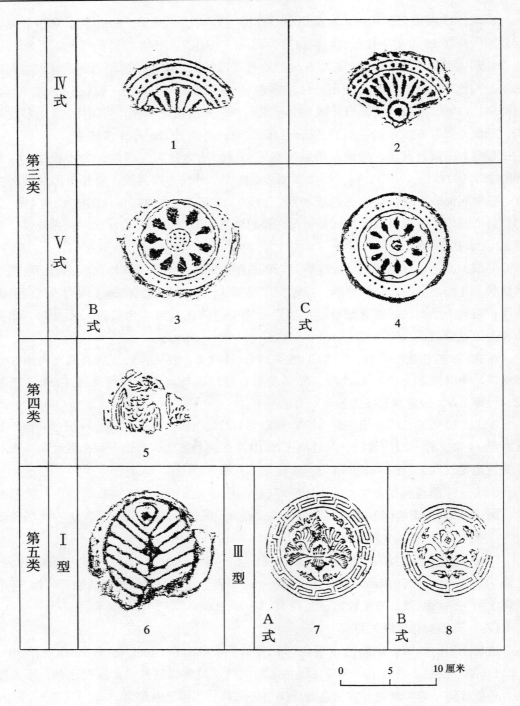

图三　瓦当拓片

Ⅰ型：叶脉纹瓦当。标本 2000GEI（8）：1（图三，6）。当面模印一叶脉，顶端一三角形纹，内饰一圆点。外缘饰联珠纹。泥质灰陶。当径 13、厚 1.3 厘米。

Ⅱ型：花卉联珠纹瓦当。这类瓦当的当面均饰一朵或两朵侧视的花卉，并配以茎叶，线条流畅自然，极具写实风格，外缘再环绕一周联珠纹。均为黄白色泥质陶，可分三式。

A 式：菊花纹瓦当。标本 2000GEIT2H22：1（彩版二，1）。当心为一朵盛开的菊花，下连茎、叶，外缘饰一周联珠纹，边轮突起成棱状。当径 11、厚 1.2 厘米。

B 式：花卉纹瓦当。标本 2000GEI（6）：4（彩版二，2）。当心模印交枝花卉两朵。向外再饰一圈凸弦纹和一周联珠纹，宽边轮。当径 11.5、厚 0.5、边轮宽 1.0 厘米。

C 式：莲花纹瓦当。标本 2000GEI（6）：6（彩版二，3）。当心模印一朵侧视莲花，外饰一周凸弦纹，外缘环绕一周联珠纹 18 个，边轮凸起。当径 12.4、厚 1.8、边轮宽 0.8 厘米。

Ⅲ型：花卉万字纹瓦当。这类瓦当当面均饰一朵盛开的侧视花卉，外缘环绕一圈万字（回纹）连续纹。均为夹细砂泥质陶，陶色灰白。可分二式。

A 式：标本 2000GEI（5）：1（图三，7）。当面饰一朵盛开的花卉，并配枝叶，线条飘逸自然，形象逼真，外饰一周凸弦纹，外缘再环绕一周连续万字纹（回纹）。当径 10.7、厚 1.1 厘米。

B 式：标本 2000GEIT2H1：27（图三，8）。当心饰一朵侧视的花卉，外缘环绕一周万字连续纹。当径 9.4、厚 0.6 厘米。

二　瓦当的分期与年代

这次试掘出土的瓦当，其年代上溯汉初南越国时期，下迄至明清时期，历经 9 个朝代共两千多年。根据瓦当的出土层位以及它的纹饰变化，对这批瓦当进行分期研究，大致可分成五期。第一类Ⅰ型"万岁"文字瓦当和第二类云树纹瓦当为第一期，年代是西汉南越国时期；第三类Ⅰ型穿孔莲花、菊花纹瓦当为第二期，年代为东晋至南朝时期；第三类Ⅱ、Ⅲ型莲花纹瓦当和第四类凤纹瓦当为第三期，属于唐、五代时期；第一类Ⅱ型"大吉"文字瓦当，第三类Ⅳ型菊花纹瓦当和第五类Ⅰ型叶脉纹瓦当为第四期，其年代是宋元时期；第一类Ⅲ型"金玉寿"文字瓦当和第三类Ⅴ型凸边轮莲花纹瓦当以及第五类Ⅱ、Ⅲ型花卉纹瓦当为第五期，属明清时期。

（一）第一类：文字瓦当

Ⅰ型："万岁"文字瓦当，均出土于南越国宫殿基址散水面上。这类瓦当在 1975 年发掘的南越国宫署砖石走道④，1995～1997 年发掘的南越国宫署御苑遗址⑤中均有大量出土。"万岁"是西汉文字瓦当中常见的吉祥语,这一类文字瓦当应是西汉南越国宫署使用的吉语瓦当。1997年,在南越国宫苑遗址的东汉地层中还出土有东汉时期的"万岁"瓦当(彩版二,4、5)。南越国时期的"万岁"瓦当的字体流畅洒脱,因运用美术变体而显得多姿多彩。而东汉时期的"万岁"瓦当的字体相连、方正规矩,"岁"字笔画简化,缺少变化。

Ⅱ型:"大吉"文字瓦当。自晋以来,文字瓦当已很少出现,该类瓦当目前出土的不多,根据出土层位判断其年代为宋代。

Ⅲ型:"金玉寿"文字瓦当。呈土黄色,质坚硬,火候高,这类瓦当在今天广州市西湖路大、小马站一带的见大书院等建筑中仍有保留。而大、小马站的书院建筑群多为清代晚期或民国时期所建的合族宗祠,可见这类瓦当的年代应是清代晚期至民国时期。

(二)第二类:云树纹瓦当

出土于南越国时期的地层之中,但出土的数量不多。这种云树纹瓦当在1995~1997年发掘的南越国宫苑遗址,广东五华狮雄山汉代建筑遗址[6],福建崇安汉城建筑遗址[7]中较为常见,因此这类瓦当的年代也应是西汉南越国时期。

由于这次试掘的面积有限,部分探方仅揭到唐代砖铺路面时即止,未发现东汉时期的瓦当。但在1997年发掘的南越国宫苑遗址中却出土较多东汉时期的云纹瓦当(彩版二,6),瓦当的纹饰也较南越国时期的云纹瓦当发生很大的变化,母体纹饰从过去的卷云纹演变成蘑菇形云纹,树纹消失。

(三)第三类:莲花、菊花纹瓦当

Ⅰ型:穿孔莲花纹瓦当。这类瓦当的特点是中心都有一个小圆孔,当心饰四叶纹,边缘内有一圈锯齿纹或竖线纹。将此类瓦当的年代归类于东晋至南朝时期,依据有二:首先从出土层位看,这类瓦当最早出现是在一口东晋时期的水井[8];其二,及至魏晋、南北朝时期,佛教广泛流行,佛教建筑极度发展,寺观庙宇林立。由于受佛教的思想观念的影响,作为佛教圣物的莲花自然就成为这个时期的建筑和日常生活器物最常见的装饰题材之一。因此这类瓦当的年代应为东晋至南朝时期。

Ⅱ型:高边轮莲花纹瓦当。此类瓦当的莲瓣用浅浮雕的手法表示,立体感强,与东晋时期用线条表示明显不同。瓦当的边轮都较宽、高起,上饰卷草纹、菱形突点或联珠纹。其中A式莲花纹瓦当与江苏徐州市花马庄唐墓[9]出土的长方形墓砖的莲花纹极为相似,砖的四角也配以卷草纹。另外,结合这一类瓦当均出土于一唐代砖铺走道[10]面上等情况分析,A式莲瓣纹瓦当的年代属于唐代早期。B、C、D式和A式瓦当相比,当心的莲蕊外开始加饰一圈凸弦纹,边轮平面的纹饰也从卷草纹变成菱形突点纹或联珠纹。这类瓦当浑圆厚重,极具盛唐气象,也与中唐时期以肥为美的审美观相符。结合出土层位推断B、C、D式莲瓣纹瓦当的年代也应是唐代早、中期,但要稍晚于A式。

Ⅲ型：凹边轮莲花纹瓦当。瓦当中央均有花蕊，当面莲瓣呈橄榄形，有 6、7、8、9 及 10 瓣以上者，但以 8 瓣较为常见，外缘多环绕联珠纹，边轮凹下，低于当面纹饰。其中的 A 式、E 式莲花纹瓦当分别与浙江宁波唐国宁寺东塔遗址[⑪]出土的Ⅲ式和Ⅰ式莲瓣纹瓦当相近；而 C 式瓦当则与河南洛阳定鼎路小学唐代遗址[⑫]出土的一件 8 瓣莲花纹瓦当相同；F 式瓦当与 1992 年在隋唐东都洛阳城外廓城砖瓦窑[⑬]出土的Ⅱ式莲花纹方砖的莲花纹饰基本相同。另外，这类瓦当和伴出的板瓦、筒瓦的表面大多呈灰黑色，这种表面经渗炭处理，乌黑光亮的瓦在唐长安大明宫含元殿遗址[⑭]和唐长安城圜丘[⑮]等遗址中均有出土，这种"青棍瓦"在唐代宫室和官署等大型建筑中极为流行，可见这类瓦当的年代当属于唐代。但这类瓦当与Ⅱ型莲花纹瓦当相比，已没有盛唐瓦当的那种浑圆饱满、厚重的风格，造型趋向于轻巧、细薄。结合出土层位分析，这类瓦当最早出现的年代应是唐代晚期，一直延用至五代、北宋早期。

Ⅲ型 H 式青釉莲瓣纹瓦当的胎呈青灰或灰褐色，质坚硬。表面均施有青釉，釉色青中闪绿，釉质莹润，玻璃质感极强，有细小开片。与这类瓦当共出的大量板瓦、筒瓦也都施有青釉。这批青釉瓦在遗址中出现最早的地层是五代南汉时期。又据清黄佛颐《广州城坊志》记载，遗址所在的儿童公园一带是当年南汉国的宫殿区所在位置。因此，这种带青釉的莲花纹瓦当应是五代南汉国的宫室和官署使用的瓦当。

Ⅳ型：菊瓣纹瓦当。这类瓦当均为泥质灰陶，质软，火候低，当面花瓣细尖而长，它是唐代肥厚而短的莲瓣逐渐向细长条形发展的结果，花瓣数目增多，近似菊花，已失去了莲花原来的面目。这类菊花纹瓦当与洛阳唐宫路北宋代遗址[⑯]中出土的宋代菊花纹瓦当相近，结合这类瓦当均出土于宋代地层分析，该类瓦当的年代属于宋代无疑。

Ⅴ型：凸边轮莲花纹瓦当。均为浅黄白色泥质陶，从瓦当后面连接的筒瓦分析，这类瓦的瓦体已变得小而薄，瓦面和瓦背均为素面，与唐宋时期厚重的布纹灰黑陶瓦形成强烈的对比。此外，这类瓦的莲瓣也变得圆小，瓣间已无纹饰分隔。从筒瓦的特征和瓦当的造型以及出土的层位分析，把这类瓦当的年代定为明代早期是合理的。

莲花瓦当是六朝以来瓦当的最主要形式，但瓦当的纹饰、质地和大小等都具有鲜明的时代特征。东晋时期的莲花纹瓦当还处于初创阶段，主题纹饰莲花多用线条表示，当心是四叶纹。到了唐代，莲花瓦当更加盛行，莲瓣全用浅浮雕的形式表示。早、中期的莲花瓦当个体大、厚重，边轮较宽、高起，上饰卷草纹或菱形突点纹等，当心的莲蕊平台突起。发展到唐代晚期，瓦当的体型变小、变薄，边轮凹下，低于当面纹饰，当心的花蕊改用圆周和突点表示，莲瓣向细长发展，莲瓣的数目越来越多，到宋代更演变成菊瓣纹。宋元以后，由于建筑的结构和形式发生较大的变化，建筑装饰追求轻巧、精美，明代的莲花瓦当变得更加细小、轻巧，边轮突起呈棱状，略高于当面纹饰，莲瓣呈滴水状，莲瓣之间已不再有分隔纹，瓦当的颜色也从唐宋时期的灰黑色变成红黄色，质坚。

第三类莲花纹瓦当的发展演变可用一个简单的图表来表示：

（Ⅰ型）A式→（Ⅱ型）→A式→B式→C式→D式→（Ⅲ型）→（Ⅳ型）→（Ⅴ型）

（四）第四类：凤纹瓦当

当面以凤鸟为主题内容，有黄白陶和青釉两种。青釉凤纹瓦当的釉质、釉色与第三类Ⅲ型H式青釉莲花纹瓦当一致。在古代社会，等级制度极为森严，对不同等级居住者的建筑规模、形制、装饰等均有明确的规定。以龙凤作为装饰图案一般只有王室才能使用。而在唐宋之际，广州曾作为南汉刘氏的兴王府，大兴土木，建造大批宫殿苑囿。它的宫城即位于今中山四路西段的财厅前儿童公园一带[⑰]。结合这类瓦当出土的位置和历史文献可知它的年代也应是五代南汉时期。

（五）第五类：花卉纹瓦当

Ⅰ型：叶脉纹瓦当。这类瓦当在遗址中仅发现1件，根据出土层位以及伴出遗物推断其年代为宋元时期。

Ⅱ型：花卉联珠纹瓦当。瓦当当面一改过去饰俯视莲花的做法，当面饰一朵或两朵侧视的花卉，花卉种类多样，并连有茎叶，具有较强的写实风格，外缘还保留有一周联珠纹。其中的C式莲花纹瓦当与吉林叶赫古城[⑱]出土的一件明代莲花瓦当极为相似，因此，这一类花卉瓦当的年代应为明代。

Ⅲ型：花卉万字纹瓦当。与Ⅱ型花卉联珠纹瓦当相比，纹饰图案趋向单一化，外缘的联珠纹已被万字（回纹）连续纹所取代，均为灰白陶。该类瓦当在遗址中最早出现的地层是在明代晚期文化层，因此，该瓦当属于明代无疑。其中的A式瓦当的纹饰线条圆活流畅，构图层次复杂严谨。B式的花卉纹饰线条显得粗疏生硬。从瓦当的纹饰变化以及出土层位的不同，可知A式瓦当的年代应为明代晚期至清代早期，而B式瓦当的年代要晚于A式，属于清代中、晚期。

三　与周边出土瓦当的关系

瓦当是我国古代建筑上的一种建筑材料，不但具有实用性，还具有装饰性，由于沿用的时间长，使用广泛，因而富有很强的时代性和地域性。南越国宫署遗址出土的各时代瓦当是在融合、吸收周边文化因素的基础上，创造出具有自身文化特征的瓦当纹饰图案。

（一）与关中地区出土瓦当的关系

陕西关中地区是周、秦、汉、隋和唐王朝的京畿之地，是瓦当最早出现的地方，其瓦当的发展变化直接或间接影响其他地区。从目前的考古材料看，最早的瓦当为素面和重环纹半圆瓦当。到战国时期，关中地区主要流行动植物纹、葵纹和云纹瓦当。云纹瓦当的母体花纹——云纹，大致有云朵纹、羊角形云纹、反云纹和蘑菇形云纹等，云纹的图案丰富多样[19]。随着秦汉帝国的建立，云纹瓦当迅速从关中地区推及全国各地。秦始皇统一岭南后，迁徙大批中原人到岭南，他们不但带来先进的生产技术和经验，还与当地的越人和睦相处，共同开发岭南。作为建筑材料之一的瓦当，由于受到中原文化的直接影响，岭南地区也流行云纹瓦当。与关中地区云纹瓦当相比，南越国宫署遗址出土的云纹瓦当种类单一，只有卷云纹和反云纹两种[20]，当心圆周内为一乳突，缺少变化。而关中地区的云纹瓦当不但云纹多种多样，当心圆周内的纹饰图案也极富变化，有菊花纹、四叶纹、方格纹、曲尺纹和乳钉纹等[21]。南越国宫署遗址出土的云纹瓦当也有其独特之处，这里的瓦当多为云树纹，这是关中地区所没有的，可见南越国的云纹瓦当并不是中原云纹瓦当的直接复制品，而是受到中原文化的影响，再融合本地区文化因素，经过改造、创新的结果。

　　文字瓦当的大量出现是两汉时期的一大创举，在中国历史上具有划时代的意义。在西汉京畿地区的各类建筑遗址内出土大量的文字瓦当，如：未央宫出土的"长生无极"、"千秋万岁"、"长乐未央"、"卫"等文字瓦当；汉甘泉宫遗址[22]出土的"长乐未央"、"长毋相忘"、"甘林"等文字瓦当；汉华仓遗址[23]出土的"京师仓当"、"华仓"、"大富"等文字瓦当。汉代长安地区出土的瓦当文字内容十分丰富，除一般的吉祥语外，还有建筑的名称，以及地名、纪年、记事等内容。瓦当文字的形体随当面的格局而变化不一，具有极高的艺术价值。南越国是汉初分封的异姓王国之一，这些王国"制同京师"。结合这几十年来有关南越国的考古材料分析，南越国是效仿京师建制，连宫室的名称也不例外，可见，南越国宫署使用的"万岁"瓦当也应是受到汉长安文字瓦当的影响而产生的。但这里的"万岁"文字结体变化更丰富多姿，具有鲜明的地方特色。

　　三国、两晋、南北朝时期，由于战争频繁，关中地区的社会经济受到严重破坏，曹魏、西晋、北齐迁都洛阳。这时期关中地区发现有瓦当出土的遗址不多。到隋唐多民族国家的建立，社会经济得到空前发展，文化繁荣。长安地区又成为当时全国的政治、经济、文化中心。据文献记载，隋大兴城和唐长安城的宫殿、官署、庙宇建筑布局井然有序，特别是宫殿建筑更是雕梁画栋，金碧辉煌。近几十年来在长安地区的考古发掘出土大量该时期的遗址和遗物，其中的瓦当以莲花纹和兽面纹为主。这种由于受佛教影响而滥觞于六朝时期的莲花瓦当，到隋唐时更为盛行，唐代关中地区出土莲花瓦当的主要集中在长安城遗址[24]，临潼华清宫汤池遗址[25]等。莲花纹种类异常丰富，莲瓣有单瓣和复瓣，有肥、瘦之别。外缘环绕联珠纹，宽边沿，边沿与当面纹饰基本平齐。南越国宫署遗址出土的唐代早期莲花瓦当还明显受到南朝[26]莲花瓦当的影响还保留有该时期瓦当的风格，当心一圆形突台象征莲蕊，周围莲瓣饱满肥厚，边轮突起。由于周边地区深受唐文化的影响，到唐代中晚期，这里出土的莲花瓦当与唐长安城的莲花瓦当已基本一致，形式多样。但在唐长安城常见的兽面纹瓦当在这里暂未发现。到宋代，中原地区的莲花瓦当的莲瓣向细长发展，花瓣数目增多，逐渐演变成菊花纹，其他地方包括岭南地区，这种变化也是一致的。

（二）与河南洛阳地区出土瓦当的关系

洛阳曾是东周、东汉、西晋和北魏的国都和唐朝的东都，在中国城市发展史上有十分重要的地位。近年来，随着考古发掘也出土大量瓦当。先秦时期，洛阳地区出土的瓦当不多，只是到西汉以后才逐渐增多，但这时的瓦当也是受西汉长安城云纹瓦当和文字瓦当影响的产物。到了东汉，洛阳地区云纹瓦当纹饰以蘑菇形云纹居多，当心四叶纹者渐少，圆饼者增多。南越国宫署遗址出土的东汉云纹瓦当与洛阳地区出土的已完全一致。

南北朝时期，由于统治者倡导佛教，莲花纹瓦当逐渐取代云纹瓦当。由于这一时期处于分裂割据局面，南北两地的经济、文化的交流与往来也受到极大的影响，而作为艺术形态反映的瓦当纹饰在南北两地也存在较大的差别。东魏、北齐的莲花瓦当[22]的莲花纹均取用浅浮雕表示。而这里出土该时期莲花瓦当的纹饰却用线条表示，当心的四叶纹和外圈中的锯齿纹，还较多地保留有魏晋时期的纹饰特征。

唐宋以后，随着统一多民族国家的再次形成，各地经济、文化交往的密切，使得各地区之间的文化差异越来越少，地处岭南的瓦当形式变化也与中原地区基本保持一致。

（三）与其他地区出土瓦当的关系

南越国时期的云树纹瓦当除了受到关中地区秦云纹瓦当的影响外，还应受到战国时期齐鲁地区的云树纹瓦当的影响。春秋战国时代的齐临淄和鲁国地区流行一种与中原地区完全不同的树木纹瓦当[23]，这种树木纹的枝条从多到少，从繁到简，后来还出现树纹、卷云纹等一些附加纹饰。南越国的云树纹瓦当应是中原卷云纹瓦当和山东齐鲁地区树木纹瓦当共同影响的结果。

四 余 论

通过对上述五大类瓦当进行分期和断代研究后，对南越国宫署遗址出土的各历史时期的瓦当特征和演变规律等有了比较清楚的认识。

在西汉南越国时期主要以"万岁"文字瓦当为大宗，兼有少量的云树纹瓦当。东晋、南朝以来，瓦当的纹饰图案发生很大的变化，秦汉流行的云纹瓦当和文字瓦当消失，取而代之的是莲花纹瓦当。到明代中后期，瓦当纹饰的俯视式构图完全被侧视式构图所取代，这时的瓦当纹饰题材丰富多样，有菊花、莲花等多种花卉图案。到清代，这种花卉瓦当继续发展，瓦当外缘的联珠纹被万字（回纹）取代，当面的纹饰图案层次多，画面饱满。到清代晚期，瓦当的发展随着中国封建社会的结束也逐渐衰落了。

南越国宫署遗址出土的南越国时期的部分板瓦、筒瓦、"万岁"瓦当还施有青釉，釉薄而均匀，属刷釉烧制而成，并不是窑汗釉。据文献记载，琉璃在建筑上的应用最早要到北魏时期，而南越国宫署遗址出土的青釉琉璃瓦却早到两千多年前的西汉早期，这是我国目前发现年代最早的琉璃瓦。到隋唐时期，唐大明宫㉙和唐洛阳东都上阳宫㉚的一些大型宫室已较多地使用黄、绿琉璃瓦，但这时的琉璃还是属于低温釉陶，真正的高温琉璃砖、瓦到五代南汉国才出现并被广泛应用于宫殿、官署等大型建筑之上。元明清时期，琉璃大为盛行，颜色更是有白、黄、绿、青等多种，色彩缤纷。

城市建筑是社会政治、经济、文化、宗教等各方面的集中反映，而作为建筑构件的瓦当，也是受到当时社会意识形态的影响。

"万岁"瓦当是南越国宫署大量使用的瓦当，这种吉祥语瓦当最早出现在秦汉时期的一些大型宫殿和官署之上。"万岁"、"千秋万岁"等吉祥颂祷之辞是当时统治者骄淫侈奢，追求长生不老、永久享乐的愿望意识的具体表现。

云纹瓦当在战国、秦汉十分盛行。关于云纹瓦当的渊源问题，学术界大多学者都认为是从战国秦的葵纹瓦当演变发展过来的㉛。这种旋云状的葵纹与流动中的水极为相似，秦人以这种纹饰装饰瓦当，可能最初赋予它的是"水"的意义。他们用这种象征水的葵纹或云纹瓦当来装饰建筑，目的可能是希望防止木结构的建筑发生火灾。但南越国宫署遗址出土的云树纹瓦当，笔者认为"云"寓意上天，"树"寓意大地，而统治者则处于天地之间。

关于莲花瓦当的出现，早在战国时期的秦已有出现，但那时的莲花纹饰还是当时人们对自然界花草树木的一种美的向往，追求更多的是装饰性。南北朝时期，由于统治者极力倡导佛教，使得佛教广为流传。因莲花"出淤泥而不染"的高贵品格而被佛教赋予了"洁净"的神圣意义，以致于这一时期的佛教建筑大多用莲花图案来装饰。这种莲花瓦当到了隋唐、五代就更为盛行。除了与佛教有关的寺院、庙宇用莲花图案装饰外，就连一些大型的宫殿、官署等建筑也常用莲花纹来装饰。这种莲花瓦当一直到了明代中后期才渐渐消失。莲花瓦当完全取代曾经流行一时的云纹瓦当和文字瓦当而成为这一时期的瓦当主流并不是偶然的，这是当时的社会崇尚佛教的必然结果。

随着建筑技术进一步的发展，原来只能在宫室、衙署、寺庙等一些高级建筑中才能用的瓦当，到了宋元以后，它的使用更加广泛，一些民间建筑如祠堂、书院等也使用瓦当来装饰。瓦当的纹饰题材日趋丰富、精美。有企盼"吉祥"、"富贵长寿"的吉语文字，有寓意"开枝散叶"的枝叶纹，也有象征"花开富贵"的菊花、莲花等盛开的花卉纹饰。这些纹饰题材正是反映当时人们祈求幸福、康宁的美好愿望。同时，明清瓦当的纹饰特别纤巧、精美，也突出反映了这一时期那种追求精雕细琢、装饰华丽的社会风尚。

注 释

① 广州市文物管理处等：《广州秦汉造船工场遗址试掘》，《文物》1977 年 4 期。

② 广州市文物考古研究所、南越王宫博物馆筹建办公室：《广州南越国宫署遗址 1995～1997 年发掘简报》，《文物》2000 年 9 期。

③ 中国社会科学院考古研究所、广州市文物考古研究所、南越王宫博物馆筹建处：《广州南越国宫署遗址 2000 年发掘报告》，《考古学报》2002 年 2 期。

④ 同①。

⑤ 同②。

⑥ 广东省文物考古研究所等：《广东五华狮雄山汉代建筑遗址》，《文物》1991 年 11 期。

⑦ 福建省博物馆等：《崇安汉城北岗一号建筑遗址》，《考古学报》1990 年 3 期；《崇安汉城北岗二号建筑遗址》，《文物》1992 年 8 期。

⑧ 该井开口于（14）层之下，井壁用砖的侧面有“泰元十一年十月九日立”等铭文，“泰元”是东晋孝武帝年号（史书中为“太元”）。此外，井中还出土大量六朝时期的生活用陶器。从地层、砖铭和出土遗物分析，其年代当为东晋至南朝时期。

⑨ 徐州市博物馆：《江苏徐州市花马庄墓葬》，《考古》1997 年 3 期。

⑩ 这次试掘，在（13）层下清理出两条铺砌讲究的砖铺走道，在路面上以及走道外侧的地面出土有多枚穿上新月的“开元通宝”铜钱和大量唐代早期的青瓷罐、碗等遗物，可知这两条路面的年代当为唐代早、中期。

⑪ 宁波市文物考古研究所：《浙江宁波唐国宁寺东塔遗址发掘报告》，《考古学报》1997 年 1 期。

⑫ 中国社会科学院考古研究所洛阳唐城队：《洛阳定鼎路小学唐宋遗迹和东周墓葬发掘简报》，《考古》1997 年 11 期。

⑬ 洛阳市文物工作队：《隋唐东都洛阳城外廓城砖瓦窑址 1992 年清理简报》，《考古》1999 年 3 期。

⑭ 中国社会科学院考古研究所西安唐城工作队：《唐大明宫含元殿遗址 1995～1996 年发掘报告》，《考古学报》1997 年 3 期。

⑮ 中国社会科学院考古研究所唐城工作队：《陕西西安唐长安城圜丘遗址的发掘》，《考古》2000 年 7 期。

⑯ 中国社会科学院考古研究所洛阳唐城工作队：《河南洛阳唐宫路北唐宋遗址发掘简报》，《考古》1999 年 12 期。

⑰ 黄佛颐编纂：《广州城坊志》“布政司前街”条注引“布政使司署在双门大街。隋为广州刺史署，……南汉僭窃，多所变易。（名节度使府曰乾和殿，其西改构景福、思元、定圣、龙应等宫，铸铁柱十有二。）……”参照明《永乐大典》11905 卷中附有广州的三幅城图，当年南汉的宫城应在图中“广州布政使司”附近，即今天的广东省财政厅、儿童公园一带。

⑱ 刘景文：《叶赫古城调查记》，《文物》1985 年 4 期。

⑲ 秦都咸阳考古工作站：《秦都咸阳第一号宫殿建筑遗址简报》、《秦都咸阳瓦当》，《文物》1976 年 11 期。

⑳ 麦英豪主编：《广州秦汉考古三大发现·南越国宫署遗址》，广州出版社，1999 年。

㉑ 中国社会科学院考古研究所：《汉长安未央宫 1980～1989 年发掘报告》，中国大百科全书出版社，1996 年。

㉒ 淳化县文化馆　姚生民：《汉甘泉宫遗址勘查记》，《考古与文物》1980 年 2 期。

㉓ 陕西省考古研究所华仓考古队：《汉华仓遗址勘查记》，《考古与文物》1981 年 3 期。

㉔ 中国社会科学院考古研究所西安唐城工作队：《唐大明宫含元殿遗址 1995～1996 年发掘报告》，《考古学报》
　　1997 年 3 期；《陕西西安长安城圜丘遗址的发掘》，《考古》2000 年 7 期；李健超：《隋唐长安城实际寺遗址出
　　土之文物》，《考古》1988 年 4 期。

㉕ 唐华清宫考古队：《唐华清宫汤池遗址第二期发掘简报》，《文物》1991 年 9 期。

㉖ 《南京首次发现六朝大型坛类建筑遗存》，《中国文物报》1999 年 9 月 8 日。

㉗ 中国社会科学院考古研究所邺城考古工作队等：《河北临漳县邺南城遗址勘探与发掘》，《考古》1997 年 3 期。

㉘ 李发林：《齐故城瓦当》，文物出版社，1990 年。

㉙ 同⑭。

㉚ 中国社会科学院考古研究所洛阳唐城队：《洛阳唐东都上阳宫园林遗址发掘简报》，《考古》1998 年 2 期。

㉛ 刘庆柱：《战国秦汉瓦当研究》，《汉唐与边疆考古研究》第一辑，科学出版社。

广州出土海上丝绸之路遗物源流初探

全 洪

英文提要 Guangzhou, the jumping – off point of "Silk Road" on the sea, became the most important seaport of China from 2nd century BC. There are some ancient relics with foreign character excavated in Guangzhou city. These kinds of relics could strengthen our comprehension upon the history of oversea traffic and trade at that time, and could also be of great benefit to confirm the shipping route and time of "Silk Road" on the sea. It is concluded that some relics, based on their shape and motif, were imported from Roma, E-gypt, Greece, Middle – east Asia, India or South – east Asia. For the lack of relative da-ta, some views in this article also depend on further archaeological excavation to testify.

我国最早最大的港市是番禺（今广州），汉代番禺已是全国十九个都会之一，还是海外奇珍异宝的集散地。汉武帝平南越后，广州的外贸地位益隆，成为中外海上交通枢纽。大量的史料和考古出土遗物证实海上丝绸之路基本上奠定于两汉时期。海上丝绸之路一路由广州出发，经南洋同东南亚和印度洋沿岸各国通商，是中国同印度、古希腊、罗马以及埃及等国进行经济文化交流的海上通道。另一路从长江口岸出发，东可达日本、朝鲜半岛。唐代广州更成为东方第一大港，率先设立市舶使，是世界上香料和药品的最大港口。对外运输丝绸及其他货物的航船，直达波斯湾和红海之滨，被国外学者誉为"海上丝绸之路"大多指的这个时期。

海上丝绸之路是个代名词，泛指海上交通，与国外的交往不仅限于丝绸贸易，还有陶瓷、茶叶等商品。其航线在不同的时期会不相同，不同时期贸易的货物也会有所不同。有关古代广州港的发生、发展概况，众专家学者从地理条件、历史背景、造船技术进行多方论证，还有文章和书籍介绍广州出土的与海上交通贸易相关的文物，以为广州海上丝绸之路始发港的佐证[①]。本文试图梳理现有的材料，综合专家研究的成果，根据目前的认识水平，探讨部分能够确认以及比较公认的舶来品属于哪个国家或地区的产品，又是通过什么途径和路线传到中国。因为这些舶载品不仅是商品的贸易，同时还是文化交流物证，因此探究其来源，对确认海上丝绸之路的线路和时间无疑是有裨益的。说到物品的渊源，文中不免颇有几次"最"字，但这些都是相对而言的，仅指目前之所见，相信今后会有更多更新的材料拓宽我们的视野，调整我们的观点。当然要弄清方物的来源将是非常困难的，因为物产的交换，多次转辗，而确认交换的线路更是难上加难。因此，只能是一种初浅的探考。

（一）波斯银盒

南越王墓出土的一件银盒（D2），其盖、腹为对向交错的蒜头形凸纹，纹样用模子锤镍而成。盖与身相合处的上下边缘各饰一匝穗状纹带，如谷粒样凸起。盖面上分立 3 个后加的小凸樺，器底附加铜圈足。盖面有两处刻汉字铭文。此银盒从造型到纹饰都与汉代器皿风格迥异，但在西亚波斯帝国时期的金、银器中却不难找到与之相类似的标本。《世界考古学大系》（日本，东京平凡社 1963 年）第 11 卷中刊有这类蒜头形纹的金、银器 4 例[②]。

锤镍法是古波斯阿契美尼德王朝（Achaemenian Empire）兴盛起来的，经过亚力山大大帝东征和塞琉士王朝的统治后[③]，安息人的金银细工，继承和发扬了阿契美尼时代以凸瓣纹为纹饰的作风。这种容器，源自古希腊语中借用的词汇，西方人称之为 phialae，或译作笾䜈。美国纽约大都会艺术博物馆所藏大流士（Darus Ⅰ，前 521～前 486 年）金笾䜈，华盛顿弗里尔美术馆所藏阿塔薛西斯（Artaxerxes Ⅰ，前 465～前 424 年）的银笾䜈；伊朗哈马丹出土的薛西斯（Xerxes Ⅰ，前 485～前 465 年）银笾䜈以及华盛顿赛克勒美术馆（Arthur Sackler Gallery 或译作沙可乐）收藏一件安息银笾䜈。经过孙机的比较研究，认为广州的银盒很可能是从安息输入的，并进一步推断"当丝路开通以前，安息产品要从陆路运到我国困难是很大的，然而从海路运输却完全有可能。"[④] 目前国内发现这样的凸瓣纹盒共有 6 件，除了南越王墓的一件以外，还有山东临淄西汉齐王墓陪葬坑出土一件[⑤]；在云南晋宁石寨山滇墓出土 4 件铜质的[⑥]。中原地区迄今没有发现西汉早中期的波斯方物，故而基本上可以排除银盒通过丝绸之路传至中国的可能性。目前也还没有证据显示在西汉时期就已开通黄海、东海与波斯或希腊曾发生过直接或间接贸易，所以山东临淄的银器也许是南方北上的。云南晋宁出土的几件铜盒，则有可能是按舶来品的式样仿造的。据专家考证战国及西汉初，西亚输入云南的商品种类不多，有蚀花肉红石髓珠、琉璃珠、海贝、有翼虎错金镶嵌银带扣、狮身人面像等[⑦]。而作为西南丝绸之路起点的成都迄今未见明确西亚的遗物[⑧]。由此可见，南越王墓出土的银盒不会是由西南丝绸之路输入的。那么，只有从海上丝绸之路输入。也有学者认为这种称为 Phialaer 的银盒可能是罗马人使用的容器，类似的器物屡见于巴尔干半岛古代遗址[⑨]。公元前 2 世纪，罗马人、阿拉伯人都掌握了航海技术，无论此银盒是波斯产品抑或是罗马产品，都有可能经过印度洋的海上交通到达广州，反映出汉武帝之前从印度洋到广州的远程航行就已经开通了。这比《后汉书·西域传》[⑩]记载东汉桓帝延熹九年（166 年）罗马王派人直接到中国贸易早了将近三百年。

（二）罗马玻璃

如果说银盒是波斯产物的话，还另有实物可证实罗马器物传入中国。广州横枝岗西汉中期墓（M2061）出土 3 件玻璃碗，广口，圆形，平底，唇下有凹形宽弦纹。深蓝色，半透明。器内壁光滑，外壁经打磨，呈毛玻璃状。三件大小略同，口径 10.6、底径 4、壁厚 0.3 厘米⑪。据同位素 X 光射线莹光分析均为钠钙玻璃，估计是地中海南岸的罗马玻璃中心公元前 1 世纪的产品⑫。横枝岗汉墓的时代约在西汉中期，相当于公元前 1 世纪，这批玻璃是目前我国境内发现最早的罗马玻璃器。

反映罗马商人到广州交易的还有乳香和象牙。南越王墓西耳室发现怀疑是乳香的物质，重 21.22 克。经测定为树脂类，成分已有分解。象牙经鉴定是非洲象。公元前 3 世纪中叶通过布匿战争，罗马战胜迦太基争得西部地中海的霸权，当时罗马商人又频繁活动于红海海域，他们可以轻易地得到主要产于红海沿岸的乳香和非洲象齿，并用这些物品与汉人互易。所以这些乳香和象牙完全可能是经罗马商人之手传入广州的⑬。

（三）粟粒金珠饰物

南越王墓主棺室和西耳室共出土 4 枚金花泡，泡体半圆球形，底下焊接一根横梁，以供连缀。直径 1.1、高 0.42～0.5 厘米。焊花颇为繁缛，在球面形的泡体上饰有几组图纹，同是用金丝和小金珠焊接而成的，以圆圈纹、心形纹和堆珠纹分别构成三等份或四等份。在底口的平沿上还饰有两圈纹索形纹带。上述用金丝组成的图纹，每一圈和每粒小珠都是焊接固定的。从传统的金银器加工工艺得知，绞索形纹是用极窄小的薄金片作相对方向搓捻而成，小金球是用金丝剪成小段高温吹熔凝聚而成。同样的金花泡钉在以细密的小颗粒金珠焊接在金器的表面，是地中海沿岸流行的金工技法，如埃及、乌尔（今伊拉克境内）、麦锡尼。这种粟粒金珠工艺随着贸易、战争和移民四向传播。公元前 7 世纪至前 3 世纪间斯基泰人或直接或间接地担任了东西文明交流的任务，斯基泰人特别重视黄金，其文化以富有黄金著称，包括粟粒金珠等作品，成就了斯基泰人艺术的特色。

南越王墓所出的金花泡，主要钉在漆木器或者丝布上以为装饰。东汉墓里出土一种多面金珠则是项链上的装饰。广州汉墓东汉前期墓（M4013）出土由形状、色泽各异的琉璃珠、玛瑙珠、水晶珠、金珠和银珠组成的串珠饰品，中有一枚镂空的小金球，作十二面菱形，每面正中是一个圆形穿孔，每角处有突起的圆珠四粒，直径 1.4 厘米。这种多面金珠在江苏邗江甘泉二号墓、长沙五里牌等东汉墓也有发现。用粟粒金珠堆垒装饰的形制、工艺都不是中国所固有，这种金珠或者其制作方法有可能是由海路传入我国的⑭。

金珠的焊珠工艺源于西方，古希腊麦锡尼则可能是金珠链饰的原始起源地。在印度东海岸、越南古海港奥埃奥（Oc-èo，又译奥高）、印度河流域的咀叉始罗遗址，都发现这种"多面金球"的装饰物。其流传的线路也是地中海、波斯湾、印度洋、南海，自西向东而来。

（四）狮子和有翼兽

广州汉墓还出土一种艺术母题与海外文化有密切关系的造像，尽管这些艺术母题都已转成中国式的题材，那就是狮子。南越王墓东侧室出土的铜瑟枘上见有狮形走兽，瑟枘完全是汉式的博山状。如果推断不误的话，则是国内目前所知年代最早的狮子造像[15]。广州汉墓的西汉后期墓出土一件双狮形座（M3021：40）陶质松软，由两狮合成，连尾背向，狮的头部及四肢清晰，俯首，张口露齿，俯伏于地。背上各有长方形凹穴，当是插物的器座；东汉前期墓出一铜温酒樽（M5003：52）器盖顶刻四叶纹，四叶之间布以青龙、白虎、朱雀、玄武，器下三足作狮形，体形雄健，鬣毛和尾巴均镂刻出；铜熏炉（M5036：26）炉体的座足上面浮雕三兽，状若狮形，一人跪坐其上，双手叉腰，以头托炉身。炉腹上镂刻飞翔的翼兽；同墓还出一铜灯（M5036：70）只存灯座，浮雕式三只带翼的狮子。1998 年中山一路一座东汉中晚期墓出土一件可能为某种器座的立姿铜狮子[16]。

我国自古不产狮子，狮子栖息在热带的草原和荒漠地带，主要分布在非洲的阿尔及利亚、肯尼亚、埃塞俄比亚、索马里和亚洲的伊朗等国，印度西部的卡锡阿瓦半岛也有少量。文献记载狮子产于条支、乌弋山离、天竺摩揭陀国和安息等地。石狮和有翼兽源自波斯和北印度，东汉时期才在中国的陕西、河南、山东、江苏、四川等地流行，广泛应用于各种雕塑题材。早期的例子有云南晋宁石寨山 7 号墓出土的盾牌形翼虎错金镶嵌银带扣，时代为西汉中晚期，13 号墓的狮形饰，时代是公元前 2 世纪中期。据考证，这些商品或由西亚或印度传入，或构思来源于印度由当地人所铸[17]。广州所见有狮形的器物都是典型的汉式，显然系当地自制，但狮子图像的构思则应该是受到了波斯和印度文化的影响。云南的狮、虎图像与西南丝绸之路有着密切的关联，广州南越王墓以及汉墓的狮子题材完全有可能通过海上丝绸之路传来，前者在时间上还要略早于石寨山。由于狮子形象已经改造，很难确认其具体渊源。

广州西汉后期和东汉墓里出土珠饰品，有用玛瑙、琥珀雕作伏兽，颇具狮子的形象。这种圆雕的狮子在广西合浦、贵县也有发现，由于罗马常从非洲及东方各省输入狮子，有学者认为"是琥珀从罗马经东南亚而由海道输入我国的确证。"[18]

（五）"昆仑奴"俑

广州西汉中期墓里开始出现一种外国人形象的托灯陶俑，东汉时数量最多，分布最广，出土范围广及广西贵县、梧州和湖南长沙等地。这些造型特别的陶俑，早年已有比较详细的研究，有专家认为汉代的黑奴是印度尼西亚境内的土著居民，唐宋的昆仑奴是东非洲的黑人[19]。由于汉墓中出土的陶灯座俑无釉，亦不施彩，肤色特征不明显，只限定在印度尼西亚境内的民族范围太小，可能还不足以反映其来源。除了可能是印度尼西亚血统较多的"原始马来族"外，有的学者认为"从深目高鼻这一体形特征来看，他们似乎更有可能来自西亚或非洲的东岸。"[20]还有一个更大可能即来源于印度。印度次大陆的居民成分包含着人类所有的三大人种（即黑种人、黄种人和白种人），男性缠头巾、戴耳环、裸体多毛、髭髯浓密的形象在早期印度雕塑中极为常见[21]。无论是印度的、东南亚的土著抑或是非洲黑人，这些"奴隶"可能是中国的船队带回，也有可能由印度商人贩运而来，即通过海上丝绸之路到达广州。

2000 年春，在广州儿童公园出土一枚唐代胡人头像，象牙质，专家推定为印章，执纽为一女性黑人像，下部椭圆形，光平，通高 3 厘米[22]。从头像的造型看，很可能是来自非洲的黑人。从另一个侧面表明唐人所称"昆仑"是非洲的某地。1954 年西安南郊嘉里村唐代裴氏小娘子墓出土黑人陶俑[23]，咸阳底张湾唐墓也出土黑人立像。唐张籍《昆仑儿》诗："金珠欲落曾穿耳，螺髻长卷不裹头。自爱肌肤黑如漆，行时半脱木棉裘。昆仑家在海中住，蛮客将来汉地游。"就是非洲黑人来到中国的写照。《旧唐书·林邑国志》"自林邑（今越南）以南，皆卷发黑身，通号昆仑。"唐人杜环《经行记》"摩邻国在秋萨罗国西南。度大碛，行二千里，至其国，其人黑……"指的是今肯尼亚的马林迪。《唐会要》记有"殊奈，昆仑人也。在林邑南，去交趾海行三月余日。"从路程的远近来看，当系非洲的某个国家。黑人通过海上丝绸之路由外国商船带到中国。

（六）萨珊玻璃

1986 年在狮带岗广州大学校园内的晋墓（M5）出土一件玻璃器皿[24]，残缺不全，壁甚薄，尚不足 2 毫米。最薄处才 1 毫米。残片中见有弧壁，壁外施一道凸棱。蓝色，表面有一层白色风化层，断口可见气泡。由于过于残缺，器型不明，可能是碗杯之属。经电子探针能谱分析，含 Na_2O 达 17.11％和 17.63％，当属钠—钙系统玻璃，其成分与罗马玻璃有差别，与萨珊玻璃的成分接近，可能跟湖北鄂城西晋墓、日本橿原千冢 126 号墓的玻璃一样是萨珊制品。遗憾的是太过破碎，未能考察其器型及制造成型工艺，缺乏进一步的对照。萨珊玻璃在我国新疆楼兰、巴楚、宁夏固原、北京、湖北鄂城、江苏句容以及日本和朝鲜半岛都有发现。安家瑶研究认为中国、日本、朝鲜半岛发现的玻璃器不仅器型上与伊朗高原的玻璃碗相似，而且年代上也完全相符，因此与伊朗高原的玻璃器为同源产品[25]。5～6 世纪时，萨珊与我国北朝交往频繁，除了玻璃器皿外，银币、银器等也常有发现。萨珊制品在我国西北和东南沿海及日本、朝鲜发现，表明有不同的传入线路。在广州及广东省其他地方出土一批萨珊制品，反映了南方通过海上丝绸之路也同样有着频繁的交往。1960 年广东英德县浛洸南齐墓出土的 3 枚萨珊朝银币、1973 年曲江县南华寺南朝墓出土的 9 枚萨珊朝银币和 1984 年广东遂溪县边湾村发现的金银器窖藏都是由波斯经海路传入的，从而为论证公元 5 世纪中国与波斯之间的海上交通提供了实物资料。波斯萨珊朝玻璃和银币、金银器由海上丝绸之路传至中国的路线大体可推定：伊朗（安息）—印度（天竺）——马来半岛（顿逊）—中国（交州、广州），抵达中国后再转至日本和朝鲜。

"南越国宫苑遗址考古发掘成果展"陈列有一只玻璃杯（碗），白色透明，直口微敛，外唇饰一道凹弦纹，直壁上有旋纹，浅腹，太平底与口径相当。非碗非杯，其造型异于一般中国容器。说明牌道：主要成分为钾钠，唐代从西亚一带传入我国。其成分既与中原的铅钡玻璃不同，也与一般罗马玻璃和萨珊玻璃成分不同，由于具体成分比例未详，其来源一时不好妄断。

（七）五代波斯陶

公元 8 世纪以后随着造船业的发展和航海技术的提高，海上的陶瓷贸易也日趋频繁。瓷器远销世界各地，成为对外贸易的重要商品。由于陶瓷器具有不易腐烂的特性，在亚、非、欧各国沿海的古遗址中尚遗存大量中国的古陶瓷。因此，有人把"海上丝绸之路"称为"陶瓷之路"。这个时期，一些外国的陶瓷器也流传到中国。

1997 年中山四路文化局大院信德文化广场工地发掘，出土一批波斯陶片。"南越国宫苑遗址考古发掘成果展"现在展览的一件，可看出为罐瓶之属。还有不少孔雀蓝波斯釉陶片。共出遗物有"乾亨重宝"铅钱、青釉莲花瓣瓦当、越窑青瓷碗残片等。陶片绿釉偏蓝色，胎质疏松，釉质均匀，发色鲜艳，由于破碎过甚，未能复原。直口，反唇，短颈，瓶体修长，上广下收，小平底，肩腹部贴饰附加堆纹。颈肩部附耳，奇特的是其耳紧贴器身，无孔，不知其耳如何贯绳，与国产罐瓶的容器差别较大。其形制当与福州五代闽国刘华墓出土的孔雀蓝釉 II 式陶瓶相似[26]。这种孔雀蓝釉陶瓶应属古波斯产品，其制作年代大约在公元 9 世纪前后[27]。

福州五代墓的墓主刘华系南汉南平王刘隐次女，于后梁贞明三年（917 年），嫁与闽王王审知次子王延钧。据史载，王审知据闽，重视海外交通贸易，"招来海中蛮夷商贾"。南汉也积极开展海外贸易，史书明确记载刘铱后宫养有波斯女[28]，这应是波斯商人经常到广州经商的旁证。闽、汉两国联姻交好，刘华墓出土的波斯陶器，抑或是闽国直接从海外得来，另一种可能是南汉陪嫁的嫁妆。除广州、福州出土波斯陶外，扬州也出有不少[29]，表明唐代以后，沿海各大港口海外贸易之繁盛。据国外发表的有关资料统计，伊朗、伊拉克、巴基斯坦、斯里兰卡、菲律宾和泰国等地曾发现这类波斯陶器[30]。这些地点都是公元九、十世纪繁荣的都市或海港，是东西方海上贸易通道上的枢纽和货物集散地。

（八）明代孟加拉和威尼斯银币

1964 年广州市东山发掘明提举市船司太监韦眷墓，出土外国银币 3 枚。经夏鼐先生鉴定，其中有 2 枚是榜葛剌（今孟加拉）银币，为榜葛剌国（Bengal）培巴克沙（Ruknal-Dinbarbak 1459—1474A.D.）于 1459 年所铸。另一枚是 15 世纪的威尼斯银币，为威尼斯共和国总督帕斯夸尔·马利皮埃罗（Pasquale Malipiero 1457—1462 A.D.）所铸，叫做"格罗索"或"格罗塞托"。孟加拉早在两汉时期就在中国船只行往印度洋的航线之上，据《汉书·地理志》的记载，平帝元始中，王莽遣使从日南障塞、徐闻、合浦出海，离开汉境，航行一年左右到达黄支国，然后由黄支国返航。来回都行经孟加拉湾[31]。由于千百年来，孟加拉等东南亚地区处初民阶段，深受印度文化的影响，在以往的海上交通和贸易中没能显示出其自身的面貌。15世纪的孟加拉银币在广州出土，表明孟加拉等国已建立起自己独立的国家，在海上丝绸之路上扮演了重要角色。

威尼斯银币更进一步表明其到达广州（中国）的线路是海路而非陆路。14世纪开始，威尼斯实行一条法律，禁止从陆路输出格罗索银币，只允许由威尼斯商人从海路带出。因此，这枚银币最大可能是随阿拉伯商人或是由中国旅行者到达中国，其流通或传播经由海路沿着与威尼斯共和国保持贸易关系的各个国家的海岸进行[32]。但也有可能是商人直接从威尼斯带到中国的，因为中国的航海家早在15世纪以前就已抵达非洲大陆和欧洲。

通过对出土文物源流的分析研究，我们完全可能得出以下结论：广州是我国历史最悠久的港口城市，至少在公元前2世纪就已经直接或间接与阿拉伯人和罗马人进行海上贸易。众多域外珍宝在广州出土，充分显示出广州国际贸易市场的特色。广州港形成时间早，而且是我国最大的国内外货物集散地，无可争议地成为海上丝绸之路的始发港。可是也有人在始发港的问题上做文章，一方面不得不承认广州的"都会"地位，另一方面又提出"汉番禺不是始发港"的论调[33]。这类提法不但混淆了始发港与一般港口的概念，还模糊了始发港的作用和意义，对认识和研究海上丝绸之路毫无益处。

关于海上丝绸之路的航线和所到地点，考证难度非常之大。若要弄清某地是不是海上丝绸之路上的古代港口，仅依靠文献加推论的办法已经是难以奏效的，永远也得不出一个能为各家所公认的结论。要解决这类问题关键在于考古学材料的运用，通过一系列考古发掘，对遗址出土遗物的年代、造型、工艺、质地进行综合分析研究，进行广泛地比较、考证。比如汉代颇负盛名的黄支国，据日本学者藤田丰八和法国学者费琅考证，"黄支"就是健志补罗（Kanchioura），即印度现代港口城市马德拉斯西南的康契普腊姆（Conjeveram，或译康志唯南）。1945年英国考古学家惠勒（M. Weeler）和印度考古学工作者在距离康契普腊姆不远的阿里卡梅杜遗址（Arikamedu）进行的发掘，查明这里是印度与罗马海上贸易中心，有可能是黄支国的某个港口城市。1944年法国学者马利勒（L. Malleret）在越南南部城镇迪石北面发掘的奥埃奥（Oc-èo，或译奥高）遗址，出土东汉至三国的铜镜，还有来自罗马、波斯和印度的各种器物。此地或许就是扶南国的顿逊国，这里是海上丝绸之路的一个重要中转口岸。然而，我们在利用国外文章、资料方面远远不够，尤其是考察、对比外国实物资料方面更是薄弱，已经成为当前研究最大障碍，严重制约着进一步深入研究。

注 释

① 麦英豪：《汉代番禺的水上交通与考古发现》，载陈柏坚主编：《广州外贸两千年》，广州文化出版社，1989 年；广东省文物管理委员会等编：《南海丝绸之路文物图集》，广东科技出版社，1991 年；香港博物馆编制：《南海海上交通贸易二千年》，香港市政局，1996 年。

② 广州市文物管理委员会等：《西汉南越王墓》上册，209 页，文物出版社，1991 年。按：以下凡是引自该书的资料，恕不一一列出页码。

③ 波斯帝国兴起于伊朗高原西部。公元前 522 年大流士夺取政权，统一全国，帝国疆域最大时，东达印度河，西接爱琴海。汉代称为安息的古国，本波斯帝国一行省（伊朗高原东北部），后隶属亚力山大帝国及塞琉士王国。公元前 2 世纪后半叶领有全部伊朗高原和两河流域。萨珊王朝（公元前 226～公元 642 年）中国史籍改称波斯，一起沿用到近代。

④ 孙机：《凸瓣纹银器与水波纹银器》，载《中国圣火——中国古文物与东西文化交流中的若干问题》，辽宁教育出版社，1996 年。

⑤ 山东省淄博博物馆：《西汉齐王墓随葬器物坑》，《考古学报》1985 年 2 期。

⑥ 张增祺著：《晋宁石寨山》，云南美术出版社，1998 年。

⑦ 张增祺：《战国至西汉时期滇池区域发现的西亚文物》，载《古代西南丝绸之路研究》第一辑，四川大学出版社，1990 年。

⑧ 罗二虎：《"西南丝绸之路"的初步考察》，载江玉祥主编：《古代西南丝绸之路研究》第二辑，四川大学出版社，1995 年。

⑨ 林梅村：《中国与罗马的海上交通》，见《汉唐西域与中国文明》，文物出版社，1998 年。

⑩ 《后汉书·西域传》载："天竺国……西与大秦近，有大秦珍物……和帝时数遣使贡献，后西域反叛，乃绝。至桓帝延熹二年、四年，颇从日南徼外来献。"同书又载："桓帝九年，大秦王安敦遣使自日南徼外献象牙、犀角、玳瑁，始乃一通焉。"安敦即罗马皇帝安东尼（M. A. Antoninus），约公元 161～180 年在位。

⑪ 广州市文物管理委员会等：《广州汉墓》上册，239 页，文物出版社，1981 年。

⑫ 安家瑶：《中国早期玻璃器皿》，《考古学报》1984 年 4 期。

⑬ 徐苹芳：《考古学上所见中国境内的丝绸之路》，载《十世纪前的丝绸之路和东西文化交流》，新世纪出版社，1996 年。

⑭ 岑蕊：《东汉魏晋墓葬中的多面金珠用途及其流源》，《考古与文物》1990 年 3 期。

⑮ 文献记载域外进献狮子明确纪年的是公元 87 年，《后汉书》：章帝章和元年，安息国遣使献狮子、符拔；顺帝阳嘉二年，疏勒国献狮子、封牛。

⑯ 全洪：《广州市东山汉至五代遗址和墓葬》，见《中国考古学年鉴（1999）》，文物出版社，2001 年。同墓出土一件刻有"阳嘉二年"纪年，该墓年代不早于公元 133 年。

⑰ 童恩正：《古代中国南方与印度交通的考古学研究》，《考古》1999 年 4 期；又见⑦。

⑱ 周连宽、张荣芳：《汉代我国与东南亚国家的海上交通和贸易关系》，《文史》第 9 辑，1980 年。

⑲ 胡肇春、张维持：《广州出土的汉代黑奴俑》，《中山大学学报》1961 年 2 期。

⑳ 广州市文物管理委员会等：《广州汉墓》上册，478 页，文物出版社，1981 年。

㉑ 常任侠编著：《印度与东南亚美术发展史》，上海人民出版社，1980 年；[美] 爱德华·麦克诺尔·伯恩斯、菲利

　　普·李·拉尔夫著，罗经国等译：《世界文明史》第一卷，商务印书馆，1990 年。

㉒　广州市文化局编：《广州文物保护工作五年》，广州出版社，2001 年。

㉓　杜葆仁：《从西安唐墓出土的非洲黑人陶俑谈起》，《文物》1979 年 6 期。

㉔　广州市文物管理委员会：《广州市下塘狮带岗晋墓发掘简报》，《考古》1996 年 1 期。

㉕　安家瑶：《北周李贤墓出土的玻璃碗——萨珊玻璃器的发现与研究》，《考古》1986 年 2 期。

㉖　福建省博物馆：《五代闽国刘华墓发掘报告》，《文物》1975 年 1 期。

㉗　陈存洗：《福建刘华墓出土孔雀蓝釉瓶的来源问题》，《海交史研究》1985 年 2 期。

㉘　[清] 梁廷楠：《南汉书》。

㉙　周长源：《扬州出土古代波斯釉陶器》，《考古》1985 年 2 期；顾风：《略论扬州出土波斯陶及其发现的意义》，载《中国古代陶瓷的外销》，紫禁城出版社，1988 年。

㉚　[日] 三上次男著，胡德芬译：《陶瓷之路——东西文明接触点的探索》，天津人民出版社，1983 年；三杉隆敏：《探索海上丝绸之路的中国陶器》，《中国外销陶瓷研究资料》第三辑，1983 年。

㉛　朱杰勤：《汉代中国与东南亚和南亚海上交通路线试探》，收入《中外关系史论文集》，河南人民出版社，1984 年。

㉜　[意] 毛里齐奥·斯卡尔帕里：《中国发现的十五世纪威尼斯银币》，《考古》1979 年 6 期。

㉝　司徒尚纪：《汉徐闻港地望历史地理新探》；阮应祺：《汉代徐闻港在海上丝绸之路历史中的地位》，《岭南文史》2000 年 4 期。

广东曲江大岭埂宋塔遗址初探

郭顺利

英文提要 Dalinggeng pagoda of Song dynasty is a relatively intact tower base uncovered by formal archaeological excavtion for the first time in Guangdong province. The platform, subbase, Sumeru-shaped base, sloped channel and balustrade of the pagoda provide ancient architecture with invaluable material data. Because intact platform and sloped channel of Buddhist tower from Tang to Song dynasty haven't been discovered in Guangdong province before, the excavation of Dalinggeng pagoda supplies us with related data and exhibits the original structure of Buddhist tower of Song dynasty.

大岭埂宋塔遗址位于曲江县马坝镇狮子岩附近大岭埂东南坡的坡顶处，北距狮子岩约 300 米，南面为开阔的低洼地，东、西两面与山坡相连。为配合京珠高速公路韶关营运部生活区基本建设工程，广东省文物考古研究所于 2000 年 11 月发现该塔遗址。随后，在 2001 年 1 月对该塔遗址进行考古发掘。发掘前，该塔遗址地表杂草丛生，以布纹瓦、青砖、红砖和大量石灰渣等混杂堆积呈环形，高约 0.3 米。环形堆积物的外径约 10、内径约 5 米；其中间亦存在一堆青砖、瓦件等遗物，高约 0.6 米。环形堆积物周围散布不少碎瓦残砖。经过 16 天的发掘，清理出两座塔基遗址，两者间存在上下叠压关系，上面一座塔基呈八角形，下面一座塔基呈四角形，前者晚于后者。同时，清理出四角形塔的地宫、慢道、基台、柱础和附属建筑砖池、护坡墙以及瓦件、砖件、银铂、铜钱、瓷器等。

一

大岭埂宋塔遗址有关发掘情况和出土遗物，主要详见本书《广东曲江大岭埂北宋塔基遗址》一文。本文以探究文物建筑为出发点，为了较全面、详细地论述该塔遗址，对于该塔遗址出土的建筑形制、结构、材料等情况，稍作必要的、适当的补充说明：

1. 八角塔基遗址

通过清除杂草和表土后，上面的塔基形状即呈现出来，破坏较甚，仅遗存基座和塔心室两部分。基座平面为八角形，东西向外径宽 6.6、南北向外径宽 6.8 米；壁厚

1.65～1.7、深 0.3 米；其内填入灰浆及少量碎石残砖的混合土，大部分已经被扰动（据本地村民言，主要是附近的农民取砖所致）。灰浆由石灰、粗沙合成；残砖呈青色，火候较高，质地坚硬，未见完整的，仅知其宽、厚为：14.5×4.5、15×4.5 厘米等规格。此外，存在极少量褐红残砖，其尺寸规格略小，残长 23.5 厘米，宽厚为：11.5×5、11.2×5.5 厘米等，从此砖的颜色、尺寸、质地等分析，应是近代的遗物。该塔基座底下则用黄土和大小不一的石块（石灰岩质地）混合夯实而成。塔心室平面亦呈八角形，各角与基座各角相对称，外径宽 3.3 米，其内地面完全借用叠压在其下的四角塔基座。

2. 四角塔基遗址

四角形塔基遗址被上面的八角形塔基叠压，经发掘后，除塔基座、地宫、基台、慢道、砖柱础外，还有长方形砖池、护坡石墙等附属建筑。虽然，这些建筑不同程度地受到破坏，但是，其规模形制仍清晰可辨。通过科学的考古发掘，发现宋塔的基台、慢道、砖柱础、砖池、护坡石墙等诸多建筑原貌，在广东省内尚属首次，这对于研究本省宋塔及宋代的基台、慢道、柱础、砖池等方面，具有较大的价值。

（1）基础　即整座塔的地下结构部分。该塔基础在须弥座之下，略大于须弥座而小于基台的面积，其中间一部分为地宫。该基础采用红褐土或红土与大小不等的石块混合夯实的构筑法和水浸法。

（2）基座　该塔坐北向南，须弥座呈正方形，以青砖砌成，东面存 2 层砖，西面存 21 层砖，北面存 9 层砖，西、北两面齐向内塌陷，西北角塌陷最深，达 1.2 米。据遗存最多的西面各层砖砌法看，若以其最下面的底砖为首层往上计数，至 15 层砖砌筑为须弥座，16 至 21 层砖以平铺顺砌错缝呈直壁，这六层砖应是塔身第一层部分。须弥座由下枭牙砧、合莲砧、束腰、上枭涩砧和方涩平砖等五部分组成。青砖火候较高，质地坚硬，其尺寸为：30×15×4.5、31×14.5×4、31.7×14.5×4.5、32×14.5×4.5、33×15×5 厘米等规格。按此类砖平均厚度计算，该须弥座高度在 0.67 米左右。在清理该基座过程中，先后发现"咸平元宝" 2 枚、"开元通宝" 2 枚、"元祐通宝" 18 枚（其中 3 枚铺垫在第二层砖间）、"熙宁重宝" 2 枚及年号不清的 1 枚，共计 25 枚铜钱；最后，在该基座西南角、西面和西北角的底砖下均铺垫若干枚铜钱，陆续地出土了"开元通宝" 5 枚、"元祐通宝" 51 枚、"元丰通宝" 4 枚等以及腐锈胶结致使年号不清的 14 枚和 1 枚银铂，共计 75 枚，尤以"元祐通宝"数量最多、年代最晚，而"开元通宝"则为最早。银铂非常薄，凿雕阴饰"开通重宝"。银铂是在塌陷的西北角处底砖下发现的，其周围铺垫年号模糊（因铜锈胶结、漫漶不清）的 4 枚铜钱。

（3）地宫　从发掘过程来看，地宫在须弥座中部之下，以较大石灰岩石块（多数的规格约 65×60×50 厘米，少数的约 80×60×50 厘米）砌筑一个近四方形的石框架，呈竖井式；其内置一砖函，以青砖砌就。砖函现状呈椭圆形，残长 1、残宽 0.9、残高 0.45 米（彩版三，1）。清除砖函的顶层砖后，其内填满淤土，中间置一小块石灰岩石，白色，近似三角形。除此之外，别无他物。

（4）塔身、刹 塔身仅有西北角一条长方形青砖痕迹，这是该塔基座西、北两面齐向内角塌陷，其塔身则逆向向外倒塌而遗留下来的。这充分说明该塔的毁圮，完全起因于基座的塌陷。未发现塔刹构件。

（5）基台 以青砖砌成，近似正方形，中间一部分地砖被八角塔基削切无遗。该台因山坡地势而建，东、西、北三面均以青砖铺砌于经修平的地面上，北面已无物，东、西两面各残存顺砖顺砌的一层土寸砖（以青砖砌之，故称土寸砖），并有一定的斜度。若以此斜度同基台中部水平线计算，东、西、北各面台明高度约 20 厘米。南面因置慢道，将基台边壁生土向下修平约 30 厘米，再砌土寸砖和台明。因此，南面的土衬低于东、西两面土衬约 15 厘米，以丁头顺砌平铺，宽出台面 14 厘米，并与慢道平头土衬相齐（彩版三，2）。南面土寸砖上砌一层砖似下罨牙砧，顺砖顺砌，宽出台面 3 厘米。

该基台压面石位置（现余南面一部分）和须弥座四周（仅余该座北面长 1、宽 0.48 米的小部分）的铺地，以长方形青砖铺砌成拐子锦。青砖规格与基座青砖的一致。除此之外，该基台地面大部分均以方形青砖平铺顺砌错缝铺墁，方砖经特别烧制，其规格为：30×30×4.5、28×28×5、28×27.5×5、27.5×27.5×4.8 厘米等。同时，该基台发现 10 根柱础遗迹，近似正方形柱网布局。因破坏较甚，露明以上部分已无存。

（6）慢道 位于该塔基台南面，依山坡地势而建，先将地势修理成斜坡道，然后在斜坡道两侧面以平铺顺砌错缝式砌一道青砖成为护坡壁，并直接在生土上墁地。慢道与基台南面衔接处最高，其前端略收窄 0.6 米。慢道以青砖铺地，铺饰拐子锦图案，大部分破坏。慢道左右侧的地面采用二顺夹一丁平砌式。土寸砖采用顺砖顺砌错缝，金边宽出慢道地面 3 厘米。青砖规格尺寸与基座青砖基本相同，慢道前端收窄部分的青砖尺寸则略小为：28×9.5×5.5 厘米。慢道两旁各存一座青砖砌就的附属建筑遗址，基本对称，东西各长 3.7 米，南北各长 3 米，其墙基残存二、三层砖，其砖规格为：30×15×4 厘米。基台东南角和西北角的南面各遗留一小堆杂砖，可能是简易的台阶。

3. 出土的建筑构件

在整个发掘过程中，陆续地发现了板瓦、筒瓦、勾头、砖雕等建筑构件遗物。

（1）板瓦 宋代称瓯瓦。经清理表土后，在八角塔基的南、西两面发现一层板瓦碎片层，初计板瓦有百余件，青灰色或青白色，阴面均饰细布格印纹。其中 2 件较完整：①长 27、瓦翘厚 1.5、前宽约 19、高 4 厘米；后宽 23、高 5.5 厘米。②长 27、瓦翘厚 1.5、前宽约 19、高 3.8 厘米；后宽 23、高 5.5 厘米。从板瓦制作看，沿用了东汉至宋代流行的"桶摸法"[①]。此法不仅制坯速度快，而且坯形准确，凹面平整，厚度均匀，能保证瓦件的质量。由于"扎圈"上套"布筒",瓦的阴阳两面都带有布纹。

（2）筒瓦 宋代称瓪瓦,出土若干件,各件呈青灰或黄褐色,其中 3 件较完整：①全长 33.8、熊头长 6、瓦翅厚 2.1、宽 14、高 8.9 厘米；熊背长 27.8、瓦翅厚 1.1、宽 16、高 10 厘米；②全长 34、熊头长 6、瓦翅厚 2.3、宽 13.5、高 9 厘米；熊背长 28、瓦翅厚 1.2、宽 15.5、高 10.2 厘米；③全长残 27、熊头长 3.5、瓦翅厚 1.7、宽 13、高 6.3 厘米；熊背长 23.5、瓦翅厚 1、宽 15、高 7.3 厘米。

（3）勾头 即瓦当,出土若干件莲瓣勾头,青灰色,圆面雕饰莲花瓣,残缺不全。莲瓣纹呈单瓣,长条形,低平。其中 2 件：①直径长 13.3、厚 2.6 厘米；②直径长 13、厚 2 厘米。莲瓣纹是隋唐至北宋时期勾头上最常见的一种纹饰。

（4）砖雕 在该塔的东北角清理中出土 1 件砖雕,长 15、残宽 7、残高 14 厘米,上为螺旋状向内连接圆孔,孔边外旋出不规则形砖雕,其一竖面平直,显然是便于砌上塔壁的一面。因此,该砖雕应是塔身上一件装饰物。

二

塔,起源于佛教。据《魏书·释老志》谓："佛即谢世,香火焚尸,灵骨分碎,大小如粒,击之不坏,焚也不焦,或有光明神验,胡言谓之'舍利'"。舍利,梵文 Sarira 音译之略,又译"设利罗",意译"身骨",指死者火葬后的残余骨烬。为了保存这些"舍利",以供信徒们顶礼膜拜,瘗藏"舍利"的"窣堵坡"（即佛塔）就应运而生。佛教传入我国后,便陆续在各地流传,随之而来的佛塔同我国建筑的传统形式、结构和文化内涵的特点相结合,形成了鲜明民族特色的独具一格的中国佛塔。据我省现存古塔有关资料得知,始建年代最早的是连州市慧光塔和广州市的六榕塔,两者先后兴建于南朝宋泰始四年（468 年）和南朝梁大同三年（537 年）。自此之后,广东古塔随着历史的演进而不断变化发展。按我省现存古塔有关资料的不完全统计,始建于南朝时期的 2 座、隋唐五代时期的 17 座；始建于或重建于两宋时期的 24 座、元代的 3 座、明代的 86 座和清代的 130 座。从我省古塔的发展历史脉络看,南朝至隋唐五代时期处于初期,两宋时期是第一个高峰,尔后跌入元代的低潮,明代形成第二次高峰,清代走入繁荣至衰落；从古塔的性质、功能与作用看,是由佛门逐渐走向世俗,即从佛塔演变成风水塔,第一次高峰为佛塔的高峰,第二次的高峰则为风水塔的高峰；从古塔分布地域情况看,两宋及其以前时期的古塔主要集中在韶关、广州、潮州等佛教曾经流行特盛的地方,与佛教的寺庙及名僧紧密相关,宗教性强；明清时期的风水塔则分布于全省各地,具有世俗性、普遍性和民间色彩。

曲江县马坝镇大岭埂宋塔遗址位于我省唐宋时期佛教最流行的韶州（即韶关）的中

心地带，这主要是唐代最杰出的佛教领袖慧能大师曾经长达 36 年驻锡曲江宝林寺（今南华寺）和南汉时禅宗的云门宗创立于韶州，致使四方来韶的"缁衣之徒"，"结舍为精庐者，差倍他境"②。到北宋康定元年（1040 年）以前，韶州共 31000 户，"削发隶祠曹者三千七百名，建刹为精舍者四百余区"③，平均不到 9 户便有僧尼 1 人，不到 80 户有寺庙 1 所，寺庙兴建风行一时，而相伴随之的是佛塔的修造。至今，我省现存宋塔 21座，属于原韶州范围的就占 10 座，是我省宋塔保存最多的地区。曲江县是禅宗祖庭南华寺的所在地，自唐代慧能驻锡此寺后，遂为"岭南第一禅林"④，周边佛教迅速发展，"故曲江名山秀水、膏田沃野，率归于浮屠"⑤，寺庙佛塔兴建不断，而大岭埂宋塔应为其中的一座，反映其一个侧面。通过大岭埂宋塔遗址的发掘，结合我省现存唐宋时期的古塔及其有关资料分析，本人认为大岭埂宋塔遗址的年代、性质、形制、结构、特点及其意义如下：

1. 年代

八角形塔基遗址平面比较清晰，该层出土了残缺不全的青砖、板瓦、筒瓦以及白瓷高圈足碗、饼足灯盏等若干件。《曲江县志》等现存史料未记载该塔的情况，故此，无法确定其重建年代。考虑到未见元明清时期的遗物，该塔可能重建于四角塔塌毁之后的南宋中晚期。

四角形塔基遗址同八角形塔基遗址相比，不论从该塔的主体建筑及其附属建筑，还是出土的建筑材料、构件以及钱币、生活用品等各方面，前者都比后者丰富得多。根据考古发掘的建筑遗址、出土文物（尤其是"元祐通宝"）和韶关地区现存唐宋古塔的现状，综合考虑该塔的始建年代不早于且极可能在北宋元祐年间（1086～1094 年），比仁化华林寺塔稍迟 10 年余。

2. 性质

按我省现存古塔的性质类别划分，大致分为宗教塔、风水塔、灯塔、航标塔、军事瞭望塔等，其中宗教塔和风水塔分成几种不同类别⑥。佛塔可以再划分为舍利塔、墓塔、经幢塔、阿育王塔和纪念塔等若干不同的塔。大岭埂宋塔遗址属于佛塔，而且应是纪念六祖慧能（638～713 年）的。据《曹溪通志》记载："招隐岩在寺西十里，有巨石卓起，高十数丈，其半有岩。郡志能禅师常隐居于此，后僧即岩中祀师父母。提刑耿南仲大书'招隐'二字刻于石"⑦。招隐岩即今狮子岩，其半腰有天然岩洞；"能"为六祖惠能；"提刑"是宋初设于各路，掌管所属各州的司法、刑狱和监察，兼管农桑；耿南仲，开封人，元丰进士，曾经"历提举两浙常平"，"提点广南东路及夔州路刑狱"⑧，尚书左丞等；"高宗既即位"，"论其主和误国罪"，"命降授别驾，安置南雄，行至吉州卒"⑨。据此得知，六祖慧能曾时常隐居于狮子岩洞，后来，教徒们纷纷前往该岩洞祀之，并有北宋后期被贬谪之前时任提刑耿南仲书题的"招隐"遗墨。不过，惟有"招隐"二字，未见"寺"字。因此，该岩属于慧能隐居之处，后来，是否发展成为寺庙难以断定。但是，至少是慧能大师佛事活动一个主要场所。

大岭埂宋塔遗址北距此岩约 300 米，是该岩南面最近的一个山坡。根据我国和本省宋代古塔兴建与佛教之缘和六祖慧能的地位，大岭埂宋塔应为纪念六祖慧能的塔。禅宗六祖慧能所处的唐代初期，正是当时统治王朝从"扬道贬佛"转变为"举佛抑道"，特别是武则天即位后，敬重礼拜佛师禅僧，"铸浮屠，立庙塔，役无虚岁"[⑩]，令佛教日渐"世间"化、本土化（主要是玄学化和儒学化）[⑪]，并在全国得到很大发展。当时，中国佛教各宗派力图从盲目崇拜"西来"佛教的经书、仪式等繁文缛节中解脱出来，自成体系的中国僧团相继纷然蔚起，各具特点、规模空前庞大的教派标然林立，如天台宗、华严宗、禅宗等，而民族化、本土化和大众化比较彻底的宗派则非禅宗莫属。同时，别具一格的藏传佛教开始形成并流行[⑫]。虽然，后来有唐武宗断行灭佛和五代后周世宗的废佛。但到宋代时，在国家特别重视之下，佛教又有了新的大发展，最主要的特点是引进了"忠君"、"爱国"的伦理观念，更加向"世间"化趋势演变。"唐以前，僧见君皆不称臣，至唐，则称臣矣。……诸师称天子则曰檀越，自称则贫道。"[⑬]到了宋代，"'佛法即是世法，世法即是佛法。'……奉敕撰《宋高僧传》的赞宁进一步提出'佛法据王法以立'的主张"[⑭]。僧尼必须臣服于君主的权威，彻底结束了沙门与王者抗礼的时代，这在我国佛教发展史上具有里程碑的意义。由于慧能极力把本人的佛教思想同中国传统的哲学、学说、伦理道德等相结合，在宗教伦理上认同上尊下卑、图报国恩皇恩、赡养父母、落叶归根等，这一方面完成了"西来"佛教转化为中国式佛教的最后蜕变；另一方面又适应了当时统治阶级的需要。因此，禅宗获得了快速发展，"天下言禅道者，以曹溪为口实矣"[⑮]，成为当时最流行、影响最大的佛教宗派。慧能之后，其弟子衍生分化南岳、青原两系共五家宗派。同时，传播到日本、朝鲜半岛。禅宗五家至宋代，惟有云门、临济、曹洞兴盛。云门禅在岭南一带势力很大，禅师重显以《颂古百则》中兴云门。以禅宗正宗祖系的禅师契嵩重订《南宗顿教最上大乘摩诃般若波罗蜜经六祖慧能大师于韶州大梵寺施法坛经》（简称《坛经》），编撰《辅教篇》和《传法正宗记》等，均被收入官藏，影响广远。"按照佛教的规定，只有佛祖释迦牟尼传教与活动的记录才能被称为'经'，而记录一个佛教流派祖师的有关思想和事迹的书却被中国佛教尊为'经'，这是佛教史上绝无仅有的"[⑯]。

自唐宪宗"元和十一年某月日，诏书追褒曹溪第六祖能公，谥曰'大鉴'"[⑰]禅师后，到北宋对六祖慧能更是褒扬有加，在 100 年间，宋太宗、仁宗和神宗三位皇帝曾经先后加谥慧能为"大鉴真空禅师"、"大鉴真空普觉禅师"、"大鉴真空普觉圆明禅师"[⑱]。同时，唐中宗因慧能而改宝林寺为中兴寺，并赐其新州故宅为国恩寺；宋太宗"诏新师塔，曰太平兴国之塔"，"宋仁宗皇帝天圣十年，迎师真身及衣钵入大内供养"[⑲]。唐尚书王维、刺史柳宗元、刘禹锡和北宋著名词家晏殊都撰文颂之。朝廷官方确定了六祖慧能为禅宗本土化后创始人的地位，使之成为中国化的"佛祖师"。这也是佛教"世间"化、本土化的必然结果。正是在这种统治王朝多次敕诏褒谥慧能大师的崇佛氛围中，崇拜六祖慧能的"真身"像和有关庙宇殿堂及佛塔随之纷纷出现了，如肇庆的梅庵是智远和尚纪念六祖于北宋至道二年（996 年）而建，相传六祖路经肇庆时曾在此处亲手插梅；广州光孝寺的宋代大鉴禅师殿和风幡阁，记载了慧能长年隐匿于民，首次以六祖身份出道便语惊四座的典故；广州六榕寺六祖堂内供奉的六祖跏趺坐像，是北宋端拱二年（989 年）精心铸造的"真身"紫铜像；远在边陲云南省昆明的曹溪禅寺，是宋代热衷尊崇慧能的当地僧众在安宁仿照曲江曹溪宝林寺（即今南华寺）而修建的寺；以及后来陆续兴建的南雄梅关六祖庙、曲江南华寺和肇庆庆云寺的六祖殿等。由此推断，六祖慧能主持宝林寺 36 年间，经常不辞辛劳到距该寺几十里外的招隐岩，"常隐居于此"，实践他不传衣钵、不假经书、不造寺庙，由"心性本净"，到"净性自悟"，到"顿悟成佛"的宗旨。这无疑是他进行佛事活动的一个重要场所。为了纪念他这一佛事活动，在招隐岩面临下的大岭墩上兴建一座塔，也属于合情合理之事。这如同广州光孝寺瘗发塔——六祖密授禅宗衣钵隐匿 16 年后，公开其承受禅宗衣钵身份而剃发受戒的标志；新兴国恩寺报恩塔——六祖涅槃后其肉身置于塔内（后来，弟子迎其遗体归葬于曹溪），尽显报答父母之恩；曲江南华寺灵照塔——供奉六祖真身，南华寺作为禅宗"祖庭"地位的象征，灵照塔是一座与慧能生世有关的纪念性佛塔。从岭南地区看，除墓塔外，这种纪念名僧佛师塔比较少见，始见于广州瘗发塔，略晚一点的则是惠州"泗洲塔"[⑳]。另外，从大岭墩宋塔同现存我省宋塔相比较，从大岭墩宋塔遗址的基台、慢道和地宫等建筑结构与规格方面分析，规模不大但规格高，只有享有崇高名望的慧能与之相匹配，该佛塔遗址也应是纪念六祖慧能的佛塔遗址。

3. 形制、结构

为了叙述说明方便，将我省现存 21 座宋塔，列表如下（表一）：

此外，曾经建于宋代，后来重建成风水塔或已圮的宋塔，有阳山涅盘石塔、潮阳祥符塔和千佛塔、乐昌南塔等。

从大岭墩宋塔遗址看，八角形的塔基各边长在 2.1～2.3 米间，同许村塔和华林寺塔等边长接近，由此推测其高度在 20～21 米，层数为五层，仿楼阁式，未置副阶周匝和暗层。四角形的塔基各边长 3.65 米，除南宋龙津石塔和阳山涅盘石塔（南宋嘉定五年建的四角塔，1969 年拆毁）外，仅剩溆溪寺塔和下塔可比较。根据我省宋塔（尤其是四方形塔）的特点和考古发掘出土的塔基遗址及其他文物实料分析，四角塔原来的形制、结构如下：

表一　　　　　　　　　　　　　广东省现存宋塔一览表

市 县	名 称	兴 建	平面	边长（米）	层数	结 构	高度（米）	备 注
广州	千佛塔	元祐元年	八角	约6	九	穿壁绕平座楼阁式	57.6	置副阶
广州	瘞发塔	宋	八角		七	仿楼阁式实心塔	7.8	有唐建说
深圳	龙津石塔	嘉定十三年	四角				2	雕饰佛像
仁化	华林寺塔	元丰五年	六角	2.3	七	穿壁绕平座楼阁式	约22	
仁化	浰溪寺塔	宋	四角	3.5	七	穿壁绕平座楼阁式	约23	
南雄	三影塔	祥符三年	六角	4.5	九	穿壁绕平座楼阁式	50.2	置副阶
南雄	小竹塔	宋	六角	1.8		仿楼阁式		残三层
南雄	回龙寺塔	宋	六角	3.2	七	壁内折上楼阁式	残12	残破
南雄	许村塔	宋	六角	2.1	五	仿楼阁式	残20	残破
南雄	国坪塔	宋	六角	3.2	五	仿楼阁式实心体	残13	残破
南雄	新龙塔	宋	六角	1.8	五	仿楼阁式	残18	残破
南雄	溪头塔	宋	六角		五	仿楼阁式	残18	残破
曲江	仙人塔	宋	八角	3.2	七	穿壁绕平座楼阁式	残23	原置副阶
河源	龟峰塔	绍兴二年	六角	5.4	七	穿壁绕平座楼阁式	42.6	置副阶
龙川	下塔	宣和二年	四角	4.6	七	仿楼阁式实心体	16.3	
龙川	正相塔	南宋	六角		七	穿壁绕平座楼阁式	32.2	吴潜谪址
连平	仙塔	元丰年间	六角	3.4	七			仅存遗址
新会	龙兴寺塔	宋	八角	0.8	五	仿楼阁式实心体	3.9	
阳江	北山石塔	宝祐年间	八角		九	仿楼阁式实心体	18.5	
英德	蓬莱寺塔	宋	六角		五	穿壁绕平座楼阁式	21.4	置地宫
连州	慧光塔	宋	六角	4.2	九	穿壁绕平座楼阁式	49.9	原置副阶

　　注：边长为首层的边长，边长和高度单位为"米"；层数指外观层数，不含暗层。

　　（1）基础　平面呈方形，直壁平底，边长5.2、深2.05米；其中间为地宫；以大小不一的石块（石灰岩质地）与红褐土或红土混合夯打筑实，这与《营造法式》卷三筑基条中"凡开基址，须相视地脉虚实，其深不过一丈，浅止于五尺或四尺，并用碎砖瓦石扎等，每土三分内添碎砖瓦石等一分"[21]的不分层混合夯筑做法基本相似。

　　（2）地宫　又称"龙宫"、"龙窟"。地宫是中国佛塔构造独自特有的一部分。自佛教传入我国后，瘞埋舍利制度大致经过了几个阶段：1.南北朝时，尚未构筑地宫，只将舍利或舍利函直接埋入塔的基础中部之下。如广州千佛塔（即六榕塔）[22]和河北定县北魏塔[22]。2. 隋代开始出现地宫，唐代皇家主持建造的地宫是仿帝陵制度，如陕西法门寺塔的地宫[24]。3. 宋代佛塔已经普遍采用了地宫这个结构，而且，地宫呈现出多种多样的形式。"这种用石函、砖函、金棺银椁瘗埋舍利的制度是前所未有的，改变了印度中亚用罂坛或盒瘗埋的方式而用中国式的棺椁瘗埋，更符合中国的习惯"[25]。大埝岭宋塔遗址的地宫，平面正方形，单室，属于石构竖穴式，其内置一砖函。砖函淤土中发现一小块白色三角形石（同狮子岩山石的质地、颜色一样）——应是取自招隐岩洞内的石头作替代物，具有纪念慧能的象征意义。这同广东省曾经发现的佛塔地宫结构形式有所差异[26]，为研究我省宋代地宫及舍利瘗埋制度提供了新的样式和重要的材料，再次说明了我国唐宋时期南方流行竖穴式、北方时兴横穴式两种主要不同形态结构的地宫。另外，该地宫的规格尺寸过大，与基座、塔身不相协调及结构的不合理，也是造成该塔倒塌的主要原因之一。

该地宫砖函内独一无二的三角石应是"舍利"的替代品，这是佛塔的一种习惯做法。《如意宝珠金轮咒王经》曾言："若无舍利，以金、银、琉璃、水晶、玛瑙、玻璃众宝造作舍利。……行者无力者，则到大海边拾清净砂石即为舍利，亦用药草、竹木根节造为舍利"。

（3）基台与慢道　采用天然做法：依山坡地势而建，先将表层土削平成台形和斜道，再铺地砖，四周青砖围砌，简单而实用。我省的河源龟峰塔、曲江仙人塔、龙川正相塔、仁化华林寺塔和阳江北山石塔等也采用这种做法，只是削平山坡成坪地，未特意以砖或石做成基台而已。这种做法还延续地影响我省明清的风水塔。我国早期的佛塔，除个别显赫的佛塔外[27]，只有比较低矮的塔基而无基台，"唐代以后，塔的基础部分有了急剧的发展，明显地分成基台与基座两部分"，"例如西安唐代的小雁塔、大雁塔等"[28]。大岭埝宋塔遗址基台呈正方形，同基座、塔身的平面一致，其边长同塔身边长的比例在1：0.41和1：0.42。这同浙江杭州雷峰塔[29]的基台比例1：0.57相差不远。慢道（包括礓磋）是相对峻道、平道的一种称谓，始见于五代至宋初名匠喻皓《木经》。该遗址慢道"长广量地取宜"，其高与长之比为1：12，这显然是本地的民间做法。同时，以青砖墁地且铺饰图案和采用土衬（金边）的式样，这应是宋时南方的一种习惯做法。我省唐宋时期佛塔还未发现基台和慢道的原状做法。此次发掘出来的基台和慢道是一个重要的发现，为今后研究本省佛塔提供了珍贵的实物。

（4）须弥座　坐北向南，正方形，以青砖砌成，素面无饰，虽然倒塌，仍具备上下出涩、中为束腰的早期须弥座的一种简单形式。这同我省五代时期光孝寺东、西千佛铁塔和南华寺千佛铁塔的华丽莲花双重须弥座迥然不同，同慧光塔、六榕塔、三影塔等宋塔的须弥座略有差异。

（5）塔身与塔刹　据我省宋代四角佛塔和大岭埝宋塔的有关结构数据推测，大岭埝宋塔应为仿楼阁式实心体，外观为七层，总高 21 米左右；塔刹由覆盆、露盘、相轮、宝盖、宝珠等组合成一体。

（6）勾栏　从该基台边发现有规则排列的 10 个柱础遗迹看，沿台基设置了勾栏，其望柱坐落于近似圆形的砖础上（彩版四，1）。可能采用宋时比较流行的寻杖式或卧棱式，前者系由寻杖、望柱、华板、柣等构件组成；后者则为寻杖与地栿之间不设华板，仅横置一根或三根木条，简朴无华。

4. 特点与意义

由于八角塔基遗址遗物太少，无法说明其特点，故不涉及。在此，仅论述四角塔的特点和意义：

（1）该塔遗址规模不大，但规格高，除副阶周扎匝外，具备宋代佛塔主要的构造和附属建筑物，如基台、基础、地宫、须弥座、塔身、塔刹（已毁）、勾栏、慢道等，并具有独自的地方特点。

（2）与韶关地区现存部分宋塔相同又相异，利用山坡地势而建，因地制宜，省工省料，简朴实用，具有粤北山区宋塔的特色。

（3）再次说明同唐代最杰出的佛教领袖慧能生世相关的佛塔——宋代或宋代以前纪念性佛塔的一个显著特点：它不是瘗藏舍利子的塔，而是纪念大师慧能的塔。这一方面反映了宋代佛教鼎盛时期的一个侧面，特别是韶关地区与史书记载相印证，上至皇朝，下及黎民百姓，对禅宗大师惠能的空前褒谥和狂热崇拜；另一方面为研究名僧慧能和广东佛教历史提供了新的实物。

（4）基座底砖下铺垫一层铜币和银铂的发现，这反映当时一种民间风俗特点。无独有偶，2001 年浙江省杭州雷峰塔遗址在考古发掘过程中，也发现铜钱"约 3300 枚。它们大多数撒放在地宫底面的铺地砖上……还有一些是工匠有意嵌在墙壁或铺地砖的砖缝里。撒放在底砖上的铜钱，往往用丝囊包裹，出土时尚可见到丝织品的残片"[33]，此外，以前东莞象塔在基座构件之间发现加垫北宋"熙宁元宝"、"崇宁重宝"等多枚钱币。仁化华林寺塔于 1989 年维修时，在第五层至六层之间的西南角壁内发现北宋咸丰、景德、天禧、熙宁等年号铜钱各 1 枚，元丰年号铜钱 87 枚，铭文和纪年砖各 1 块（行书阴刻，一为："元丰五年九月二十日"、一为："谢道人结塔缘好"）以及银铂的佛像 3 件、青瓷杯 1 件。这充分地说明北宋初已经流行以布、丝包裹铜钱，或在佛塔基座底铺垫铜钱，或于地宫内撒放铜钱，或将铜钱嵌入佛塔基座构件、塔身墙壁缝隙的葬币习俗。

（5）它是我省首次正式考古发掘出来的较完整的塔基遗址，出土的基台、基础、须弥座、慢道及勾栏等建筑实物极其珍贵，尤其是本省唐宋时期佛塔还未发现完整的基台和慢道，填补了我省在这方面的空白，并提供了宋塔的基台和慢道的一种范例，再现了宋代佛塔原有的一种形制结构的真实面貌。

注　释

① 李诚编修：《营造法式》卷十五记载："营造瓦坯用细胶土不夹沙者。前一日和泥造坯。先于轮上安定扎圈，次套布筒，一水搭泥拔圈"。

②③　余靖：《武溪集》卷九《韶州光运寺重修证真寂照大师塔记》、《韶州善化院记》。

④ 《（道光）曹溪通志·重刊曹溪通志跋》。

⑤ 余靖：《乐昌县宝林禅院记》，摘自《广东史志》1989 年 1 期。

⑥ 广东省文物考古研究所编：《广东古塔》，第 3～5 页，广东省地图出版社，1999 年。

⑦ 《（道光）曹溪通志》卷之一。

⑧⑨　脱脱等撰：《宋史》卷三百五十二《列传第一百一十一》，中华书局，1977 年。

⑩ 《新唐书》卷一二五《苏环传》，中华书局，1977 年。

⑪ 范文澜：《中国通史简编》第二册第 614 页，人民出版社，1965 年。

⑫ 曹琦、彭耀编著：《世界三大宗教在中国》第 20 页，中国社会科学出版社，1991 年。

⑬ 《永觉元贤禅师广录》卷十三。

⑭ 任继愈总主编、杜继文主编：《佛教史》第 481 页，中国社会科学出版社，1991 年。

⑮ 赞宁：《宋高僧传》（范祥雍点校本）卷八《唐韶州今南华寺慧能传》，中华书局，1987 年。

⑯ 同⑪，第 38 页。

⑰ 唐·刘禹锡：《大唐曹溪第六祖大鉴禅师碑》（见于《六祖坛经笺注》，台湾台北市华藏佛教视听图书馆，1987 年出版）。

⑱ 《六祖坛经笺注·历朝崇奉事绩附录》，台湾台北市华藏佛教视听图书馆，1987 出版。

⑲ 同⑱。

⑳ "唐中宗（705～710 年）曾在江苏泗洲（今盱眙县）建塔纪念印度和尚僧伽，后来，各地纷纷仿效，都取名'泗洲塔'"。见广东省文物考古研究所编：《广东古塔》第 137 页，广东省地图出版社，1999 年。

㉑ 中国科学院自然科学史研究所编：《中国古代建筑技术史》，第 161 页，科学出版社，1985 年。

㉒ "掘地时，……复得古鼎，藏剑三、镜一，铦莹如新，瘗佛牙、舍利其下。"见清·仇巨川纂：《羊城古钞》，第 254 页，广东人民出版社，1993 年。

㉓ 河北省文化局文物工作队：《河北定县出土北魏石函》，《考古》1966 年 5 期。

㉔ 陕西法门寺考古队：《扶风法门寺塔基唐代地宫发掘简报》，《文物》1988 年 10 期。

㉕ 徐苹芳：《中国舍利塔基考述》，《传统文化与现代化》1994 年 4 期。

㉖ 据我省宋塔有资料和本人近 10 年余修缮古塔记载，广州千佛塔、广州华林寺塔、潮阳千佛塔、连平仙塔和英德蓬莱寺塔都发现地宫，以瘗藏舍利子及其替代物，各个相异不同。广州千佛塔和潮阳千佛塔的地宫均在宋、明重建时发现，是时人们未注意地宫形制，仅注意其内的藏品，因而仅知道前者以九砖井环列作塔基，中间埋藏一口巨鼎，其内藏三把剑、一方镜和佛牙、舍利；后者则以一件石函，内藏三尊玉像、五尊铜像、银与瓷像各十六尊、一件雕饰铭文的铜版方尺、数百颗如豆的舍利子替代物及唐代铜钱。连平仙塔的地宫是 1985 年调查发现的：地宫呈方形，边长约 1 米，深约 5 米。1990 年英德蓬莱寺塔修缮时曾试探地宫，该地宫为圆形土洞，直径约 70 厘米，深约 110 厘米，发现 1 件银耳饰物和瓷器残片、灰陶片及砖等近 50 件。

㉗ 北魏洛阳永宁寺木塔（516 年始建）基台"正方形土台，各边长 50 米，台高 3.6 米。"见罗哲文：《中国古塔》，第 240 页，中国青年出版社，1985 年。

㉘　罗哲文：《中国古塔》，第 58 页，中国青年出版社，1985 年。

㉙　浙江省文物考古研究所：《杭州雷峰塔五代地宫发掘简报》，《文物》2002 年 5 期。

㉚　同㉙。

对广州近年出土铜钱去锈保护的认识

陈淑庄

英文提要　There are lots of coins excavated in downtown of Guangzhou city, but it is still the first time of thousands coins unearthed one time, such as in Guangzhou department store project. Though these coins have rusted heavily, how to remove patina of coins become a difficult problem that we are confronted with. For the lack of experience and apparatus, we select a small quantity of coins to experiment tentatively. By this way, we get hold of the efficacious method and accomplish task of removing patina of these coins finally.

一

广州地区历年都有铜钱出土，但大部分都是零散的。2000 年，广百新翼遗址钱币窖藏出土了几千枚上迄两汉下至三国时期的铜钱[①]。面对如此多的钱币，如何对它们进行有效的去锈与保护，是摆在我们面前的一道难题。在以往的修复工作中，曾对少量铜钱进行过去锈处理，但大批量的去锈，尤其是对年代较早铜钱的去锈，还是第一次。

1999~2000 年，儿童公园宫殿遗址[②]、横枝岗墓地出土了近百枚铜钱[③]。当时，工地的发掘人员将这批铜钱拿来要求进行去锈处理。其中，一部分铜钱锈蚀较严重，但也有一部分保存较好。这批铜钱基本上是唐宋时期的。由于铜质好，去锈就显得容易一些。也就是说，适当增加药水的剂量，不会损坏铜钱的本身。然而，出于慎重，当时还是采用了一种保守的方法，选用了去锈能力较弱的柠檬酸，结果，未能将铜钱表面上的有害锈彻底去除，但钱面上的字迹可以辨识。造成这一现象的原因是柠檬酸的去锈力度不够，应当选用较强的酸性药水比较合适。

对待不同的实物对象，应采用不同的方法，把握质和量的变化，这一点至关重要。

二

2000 年，广百新翼遗址的第一号探方内，发现了一座三国时期的水井，井内有几千枚汉至三国时期的铜钱（彩版四，2）。

该水井建造于红色的风化土壤中，井口直径 2.1 米，当深至 0.5 米处，井径收缩成 1.4 米，深 4 米。铜钱即埋藏于井口收缩的这一部位。据发掘所知，井内共堆积有 7 种不同的土色。第 6 层为灰淤泥，出土有较多完好的罐、碗之类的遗物，说明水井至少使用了一段时间，其余的 1～5 层为灰沙土，包含有大量的砖瓦之类的建筑材料，铜钱即埋藏于第 2 层中。

由于这批材料非常重要，发掘过程中，已将整个窖藏托模整取，进行了异地保护。因此，仅将窖藏上面较散乱或已松动的一部分铜钱，进行了去锈处理，计 1659 枚。

虽说窖藏面上铜钱较散乱，然而，许多铜钱仍然成块串联粘结在一起，锈蚀比以往出土的铜钱要严重得多。这批铜钱不仅数量大，种类复杂，大小悬殊，而且质地相差较大，这种情况我们还是第一次遇到，对这批铜钱进行有效的去锈处理，成了当务之急。

根据初步的分类，这批铜钱有汉代"半两"、种类各异的"五铢"；王莽时期的"货泉"、"大泉五十"；三国时期的"大泉五百"、"大泉当千"、"大泉二千"钱。尤其是东汉后期的一部分五铢钱，质量差，薄而易碎。从总的情况看，这批铜钱的大小、厚薄悬殊，质地差异较大，若笼统对待，必将对较差的一类铜钱造成损坏，若用较弱的化学药水，则难以将铜钱上的有害锈彻底去除。从总的情况看，币值相同的铜钱多串连粘结在一起。针对这种情况，去锈工作分两步走。

第一步：就是将形体较小的一类铜钱与东吴的三类大钱区分开来，分置于不同的容器内。为了了解这批铜钱的锈蚀程度以及铜钱本身的质量，我们选取了少量的各类小型铜钱，也就是没有粘连在一起的，进行摸底试验。不用煤油浸泡，而是直接将这些小型的铜钱放入一个小的瓷容器里，选用较强的醋酸进行处理。其结果有如前述情况，仍难以将铜钱表面的锈去除，这种情况再次说明，化学药水的力度不够，如此看来，只能选用最强的硝酸来去除。

首先，将所有的铜钱放入一个较大的塑料盆内，后倒入煤油，以铜钱浸没为宜。浸泡的时间，以铜钱浸透为止。较散的铜钱在 10 天之内即可取出，而三国时期的几类大型铜钱，由于锈结成块，一段时间内无法将其浸泡开来。不得已，我们只有将这些成块的铜钱分置于另外的容器中浸泡。时至 1 月之后，结块仍没有什么变化。为此，我们只得采取非常的手段，将成串的铜钱从高处向地面（表灰砖）摔打，目的只是将串连成块的铜钱摔散开来。可意想不到的是，竟然在摔打的过程中，将大部分锈结于一起的铜钱分散开来，只有少部分的铜钱难以分开。于是，只有再一次将它们浸泡于煤油中，如此多次反复，才将这一部分的工作完成。

尽管将所有的铜钱分开了，但是，每一枚铜钱表面基本粘附有一层沙锈的混合层，这是由于相连的钱面凹进的部分，积满了沙泥后，锈结于钱面上的。为了有效地发挥化学药水的作用，我们必须先将这一层清除。较有效的方法是选用手钳夹住铜钱的一边，用修复刀具轻轻地敲打铜钱表面的生锈层，以振动的方法除之，并以此法将所有的铜钱敲打一遍，效果虽说不是太好，但还是不同程度地将铜钱表面的锈去掉了一部分。这样可以减少药水的去锈难度。

第二步：由于这批铜钱的大小、厚薄、完好程度不同，而且数量较大，用药水时，不可能一次性地将所有的铜钱进行处理。于是，我们决定先将东吴时期的三类大型铜钱进行去锈。东吴时期的三类大型铜钱厚重，钱肉好，配置化学药水容易把握。根据第一步的摸底实验，初步了解到这批铜钱的耐药性极强，较适合选用较强的硝酸溶液来进行去锈。如何使用硝酸溶液，配置的分量是多少，我们一点把握都没有。为此，我们在大批量去锈之前，也只有进行模拟试验来了解它的性能。

大家知道，硝酸的腐蚀力极强，毒性大，在工作之前，必须作好一切准备，选择耐腐能力强的容器，当以较厚的瓷或陶质器具为好。首先，将蒸馏水倒入容器内，倒入多少应视铜钱的多少而定，然后，将铜钱放入其中，摆放平整，以水面刚刚浸没钱面为宜，再滴入硝酸溶液，直到水面翻滚而止，并泛起一层白雾，稍许片刻，水变成绿色，气味浓重，我们随之将一块玻璃盖上。根据溶液的特性，大约 20 分钟后，即可取出铜钱。这时硝酸的气味仍然浓重，易对人体造成伤害，为安全起见，应立即将其放在一个安全的地方。取出的铜钱迅速放入装有蒸馏水的器具内。然后，用毛刷去除铜钱表面上的已溶解的锈，但是，毛刷刷除的效果不理想，随即换用较细的铜丝刷刷之，效果果真很理想。已刷好的铜钱还应放入蒸馏水中作临时养护。应该说，这是一次成功的实验，为今后的几类小型铜钱的去锈，打下了基础。

接下来的工作，就是对形体较小的一类铜钱进行去锈。前面已谈到，这类铜钱不但形体小，而且有几类铜钱的质量极差，甚至有些铜钱的肉面呈网状穿孔，如效仿上面的方法，不一定可行。根据以上去锈的经验，发现所用药水的分量对铜钱的本身并没有丝毫损坏，说明我们所下的药水并不是很重，如果我们再在以上的基础上适当加大药水的分量，说不定不用铜丝刷就能将铜钱表面的锈去除，这是因为这些质量太差的铜钱不宜用铜丝刷刷除的原故。按照这种设想，在实际的操作中，也是切实可行的，效果很好。依照这种方法，才使得三国时期的一类小型铜钱，如"定平一百"、"直百五铢"等得以保存了下来。

由于去锈历时较长，前面去除的铜钱已捞出摊于地面上，一段时间之后，铜钱的表面又生长出了绿色的物质。为了使这批铜钱能长久地保存，我们对这批铜钱进行了养护处理。在封护处理之前，还要再一次将铜钱清洗，晾干，用 5% 的倍半碳酸钠和纯碱溶液浸泡，这样处理可使铜钱表面上的有害锈变成无害锈，将浸泡好的铜钱晒干，用 3% 的苯并三氧唑酒精溶液或 3% 的聚乙烯醇缩丁醛酒精溶液浸泡半分钟至一分钟后取出，也可用毛刷蘸该溶液刷上三五遍，待酒精挥发之后，铜钱的表面就形成了一层无色的保护膜进行封存。

通过这一次的实验，使我们对青铜器，尤其是小件青铜器的去锈，有了深入的了解，掌握了一定的实践经验，这为今后的去锈工作打下了基础。

三

通过对这批铜钱的去锈，得出了如下几点认识：

（1）无论是哪一类的青铜器，首先，应该对铜器表面的成色和腐蚀的程度进行观察，判断该器物的质量等级（好、一般、差）。只有确定了质量等级后，方能对症下药，这是去锈工作的前提。

（2）去锈过程中，应随时观察青铜器的物理变化，以浸透为宜，检验的标准就是取出青铜器，用工具去之，若锈结已溶解，即可取出，不宜太久，这是因为硝酸的腐蚀性太强，把握不当，则会对文物造成人为破坏。在整个去锈过程中，应做好详细的文字记录，这是为今后的工作积累科学的材料。

（3）对于接触去锈工作的人来说，在对一件器物或一批器物进行去锈时，应进行适当的摸索试验。尤其是在配置化学制剂的过程中，不宜过强过重，应由轻而重，逐渐升级。若处理不当，易对文物造成损害，后悔就来不及了。

（4）去锈的过程中，一定要注意个人或他人的安全，因为所用的化学溶液的挥发性与毒性极大，操作时，应将其放在通风较好的地方，人应位于上风处，以免药物中毒。

注　释

① 遗址于 2000 年发掘，资料正在整理之中。

② 中国社会科学院考古研究所等：《广州南越国宫署遗址发掘报告》，《考古学报》2002 年 2 期。

③ 1999 年发掘，资料待整理。

深圳市屋背岭商时期墓葬群

广东省文物考古研究所
深圳博物馆
深圳市文管会办公室
深圳市南山区文管会办公室

英文提要　The group of graves at Wubeiling is the largest one dated to the Shang discovered and excuated so far in the Lingnan Region. This article is the preliminary report of the formal excuation of the group of graves. The eighty - one Shang graves are decided into three phases and five stages. The approximate date of Phase Ⅰ is between the Xia and the Shang, that of Phase Ⅱ is between the Early Shang and the Late Shang, and that of Phase Ⅲ is around the Late Shang.

屋背岭商时期墓葬群位于深圳市西丽镇福光村北的屋背岭上。屋背岭为一座东北—西南走向的长条马鞍形山岗，其西北分布有许多低岗（彩版五），东侧有大沙河自东北向西南流入大海，南距深圳湾8公里（图一）。

1999年10月，深圳市博物馆在市第二次文物普查中发现屋背岭遗址。2001年2月，深圳市博物馆对该遗址进行了复查，同年4月至7月，深圳市文管办对该遗址进行试掘，在试掘中清理了十余座商时期的墓葬[①]。

2001年12月～2002年4月，广东省文物考古研究所、深圳博物馆、深圳市文管办、深圳市南山区文管办联合组队对屋背岭遗址进行正式发掘，本文报道的是此次发掘中清理的商时期墓葬的材料。

一　地层堆积

依照屋背岭遗址的地形，在南顶和鞍部征了一块1400平方米的不规则的长条形土地进行考古发掘（彩版五）。

考虑到今后有可能对该遗址进行全面揭露，所以采用坐标系的方法来分区发掘。具体做法是：以国土规划局在南顶立的一个测绘水泥桩为基点，取正方向，建立直角坐标系的四个象限，对应为四个发掘区（Ⅰ～Ⅳ区），探方则相应地从基点向四周顺次排列，每个探方的规划面积为10×10平方米。此次发掘共布方19个，由于征地所限，部分探

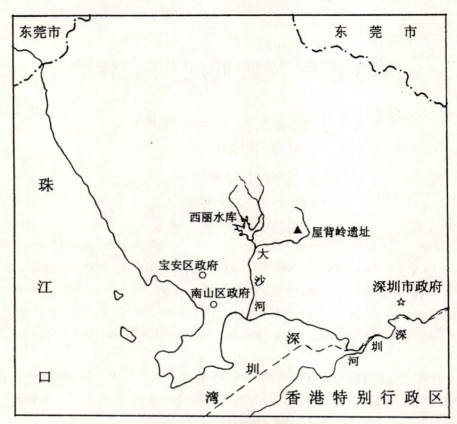

图一　屋背岭遗址地理位置示意图

方的实际发掘面积小于规划面积（图二）。

　　南顶和鞍部大部分表土下即见生土，墓葬开口于表土下而打破生土；鞍部偏北个别探方表土下有第2层，少数墓葬开口于第2层下而打破生土。现以 T1304 东壁为例说明如下（图三）。

　　第1层：表土层，灰黑色沙土。厚15～27厘米。除见一些近现代的遗物外，还出早期的夹砂绳纹陶片、细方格纹陶片、米字纹印纹硬陶片、陶纺轮、石器等。

　　第2层：黏实的黄褐色泥层。厚7～35厘米。出细方格纹、米字纹等纹饰的印纹硬陶片、原始瓷片，以及罐、盅式碗、原始瓷杯等器物。此层为战国时期文化层。

　　第2层下为坚硬的红褐色生土，有的地方露出白色条状的基岩石脉。

二　墓葬特征和形制

　　此次发掘共清理商时期墓葬81座。均为土坑竖穴墓。墓口多被削低，有的墓壁仅

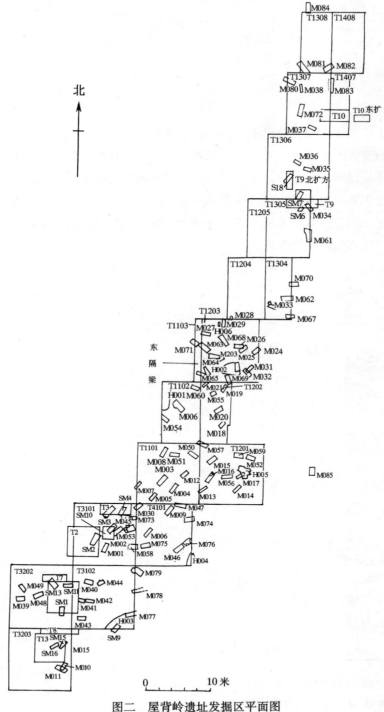

北

图二　屋背岭遗址发掘区平面图

注：SM 为试掘清理墓葬

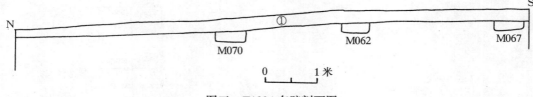

图三　T1304 东壁剖面图

存数厘米。所有墓葬中的人骨已不存，葬具不详。

随葬品的位置不太固定，无明显的规律。随葬品的数量少者 1 件，多者 5 件，2、3 件普遍。随葬品以陶器为大宗，少量石器。陶器中有相当数量的残器，而且存在一件陶器的碎块分置于墓室中不同位置的现象。除去自然和人为的破坏，也应有当时就随葬残破陶器的情况，如有的陶器只见口沿，不见腹部和底部。另外，墓葬的墓圹很多都较小，这可能说明有二次葬的现象。

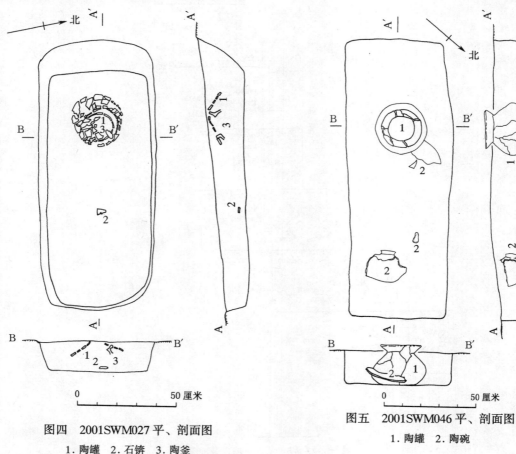

图四　2001SWM027 平、剖面图

1. 陶罐　2. 石锛　3. 陶釜

图五　2001SWM046 平、剖面图

1. 陶罐　2. 陶碗

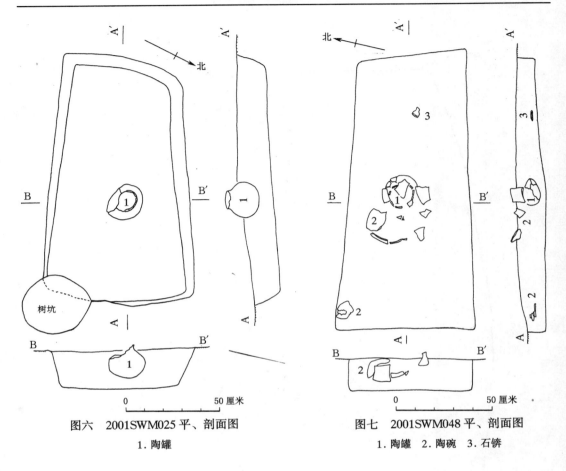

图六　2001SWM025 平、剖面图

1. 陶罐

图七　2001SWM048 平、剖面图

1. 陶罐　2. 陶碗　3. 石锛

依墓圹的平面形状将墓葬分为三型。

A 型：45 座。长方形或近长方形，依墓壁的斜直分为两个亚型。

Aa 型：26 座。斜壁，口大底小。M027，位于 T1203 西北部。墓口长 1.43、宽 0.59 米，墓底长 1.25、宽 0.53 米，深 0.1～0.23 米，墓向 280°。随葬器物 3 件：陶罐 1、陶釜 1、石锛 1。罐、釜均部分残失，位于墓室西端；锛位于墓室中部偏东，接近墓底（图四）。

Ab 型：19 座。四壁较直，墓口和墓底的长宽接近。M046，位于 T4101 东南部。长 1.58、宽 0.55、深 0.15～0.2 米，墓向 230°。随葬陶器 2 件：罐 1、碗 1。罐位于墓底中部偏西；碗部分残失，主体位于墓底东端，碎片散置墓底他处（图五）。

B 型：20 座。梯形，一端较宽一端较窄，依墓壁的斜直分为两个亚型。

Ba 型：10 座。斜壁，口大底小。M025，位于 T1203 中部偏东。墓口长 1.4、宽 0.65～0.82 米，墓底长 1.3、宽 0.55～0.73 米，深 0.12～0.2 米，墓向 240°。随葬陶罐 1 件，口部残失，位于墓室中部（图六）。

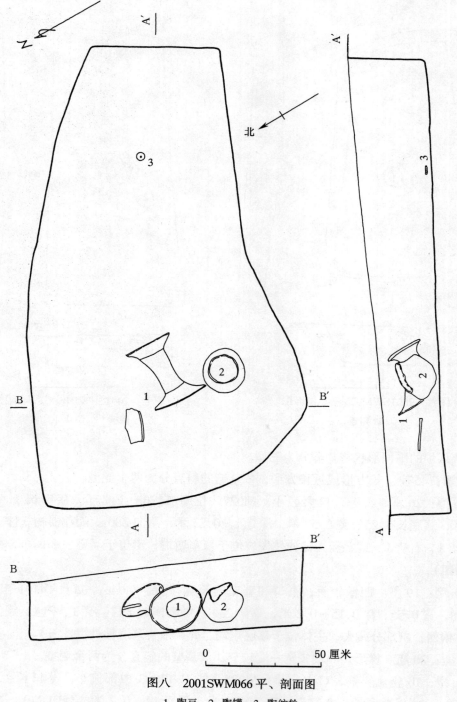

图八　2001SWM066 平、剖面图

1. 陶豆　2. 陶罐　3. 陶纺轮

Bb 型：10 座。四壁较直，墓口和墓底的长宽接近。M048，位于 T3202 中部。长1.5、宽 0.57~0.73、深 0.1~0.16 米，墓向 75°。随葬器物 3 件：有流陶罐 1、陶碗 1、石锛 1。罐（小部分残失）、碗位于墓室中部，碗的圈足位于墓室西北角；锛位于墓室东端（图七）。

C 型：4 座。不规则形。均为直壁，墓口和墓底的长宽接近。M066，位于 T1102 中部偏北。长 2.1、宽 0.6~1.2、深 0.26~0.35 米，墓向 135°。随葬陶器 3 件：罐 1、豆 1、纺轮 1。罐（部分残失）、豆位于墓底西端，纺轮位于墓底东端（图八）。

三　随葬品

随葬品有陶器和石器。

（一）陶器

陶器共 156 件，有罐、釜、豆、碗、钵、尊、杯、器座、纺轮。

罐　56 件。其中 20 件残甚无法复原，型式不明，另 36 件据形制分为五型。

A 型：12 件。泥质无流圜底或凹底罐。根据罐的大小以及口沿、腹部的特征分为三个亚型。

Aa 型：4 件。鼓腹或折腹小罐。根据口沿、腹部及底部特征分为三式。

Ⅰ式：2 件。斜直沿，圆鼓腹，圜底或圜底近平。M064:3，米黄色，素面，尖唇，圜底。口径 13.4、高 11.8、腹径 16 厘米（图九，14）。

Ⅱ式：1 件。M069:1，卷沿，鼓腹，凹底。橙黄色，圆唇，素面。口径 11.4、高9.6、腹径 15 厘米（图九，9）。

Ⅲ式：1 件。M023:2，卷沿，折腹，折腹处近腹中部，凹底。灰陶，圆唇，束颈，略折肩，折腹以下饰二线菱格凸点纹。口径 11.8、高 12、腹径 16.5 厘米（图九，8）。

Ab 型：7 件。鼓腹或折腹凹底大罐，纹饰均在肩部以下，卷沿，圆唇。根据腹部特征分为三式。

Ⅰ式：3 件。鼓腹或腹微折，腹最大径在腹中部或略靠上。M044:2，灰陶，外唇加厚，鼓腹，腹最大径在腹中部。下腹部饰四线方格纹。口径 20、高 22.4、腹径 27 厘米（图九，20）。

Ⅱ式：2 件。折腹，折腹处在腹中部左右。M046:1，灰陶，外唇加厚，口沿内壁有轮旋痕，折腹以下饰三线方格纹与双线方格勾形纹的组合纹饰。口径 21.8、高 21、腹径 26.4 厘米（图九，15）。

Ⅲ式：2 件。折腹，折腹处在腹中部或略靠下。M068:1，灰陶，外唇加厚，折腹处在腹中部略靠下，折腹以下饰三线菱格凸点纹。口径 18.7、高 21.5、腹径 24.2 厘米

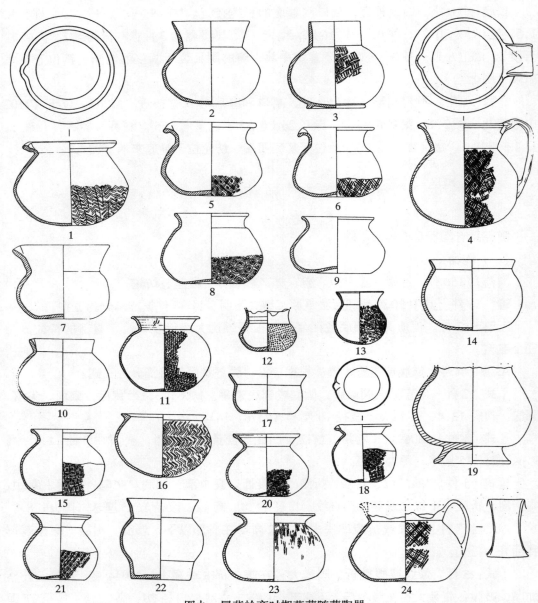

图九　屋背岭商时期墓葬随葬陶器.

1.Bb 型罐（M001:2）　　2.A 型 I 式釜（M071:2）　　3.C 型 I 式罐（M045:4）　　4.Bc 型 I 式罐（M040:3）
5.Ba 型 II 式罐（M074:1）　6.Ba 型 III 式罐（M052:3）　7.Bd 型 I 式罐（M077:1）　8.Aa 型 III 式罐（M023:2）　9.Aa 型 II 式罐（M069:1）　10.Bd 型 II 式罐（M067:2）　11.Ac 型罐（M076:1）　12.E 型罐（M037:2）　13.A 型 II 式釜（M062:1）　14.Aa 型 I 式罐（M064:3）　15.Ab 型 II 式罐（M046:1）　16.B 型釜（M002:1）　17.C 型釜（M050:3）　18.Ba 型 I 式罐（M008:1）　19.C 型 II 式罐（M025:1）　20.Ab 型 I 式罐（M044:2）　21.Ab 型 III 式罐（M068:1）　22.D 型罐（M082:1）　23.A 型 III 式釜（M036:1）　24.Bc 型 II 式罐（M042:1）　　　（11、13、15、18、20、21 为 1/12，余均为 1/6）

（图九，21）。

　　Ac 型：1 件。M076：1，凹底圆鼓腹尖唇大罐。青灰色，折沿，口沿内壁有轮旋痕和一处"⤵"形刻划符号，口沿以下饰方格乳凸纹。口径 21.4、高 25.2、腹径 29 厘米（图九，11；彩版六，1）。

　　B 型：20 件。有流罐，口沿部捏出一个呈"V"形的小流。根据陶质、腹部和底部特征以及有无把分为四个亚型。

　　Ba 型：15 件。泥质凹底罐，无把，卷沿。根据肩部、腹部特征分为三式。

　　Ⅰ式：3 件。折腹，腹最大径在腹中部以上，束颈。M008：1，灰陶，圆唇，外唇加厚，口沿内壁有数道轮旋痕，折腹以下饰三线菱格凸点纹。口径 17.6、高 19.4、腹径 20.7 厘米（图九，18）。

　　Ⅱ式：8 件。折腹，腹最大径在腹中部或略偏下，束颈，出现不明显的折肩。M074：1，灰陶，圆唇，外唇加厚，口沿内壁有数道轮旋痕，折腹处在腹中部偏下，折腹以下饰四线菱格凸点纹。口径 14.2、高 12.2、腹径 16 厘米（图九，5）。

　　Ⅲ式：4 件。垂腹，腹最大径近底部，束颈，折肩明显。M052：3，青灰色，圆唇，外唇加厚，垂腹以下饰三线菱格凸点纹。口径 12、高 11.5、腹径 14.4 厘米（图九，6；彩版六，2）。

　　Bb 型：1 件。M001：2，泥质圜底罐，无把，卷沿。青灰色，外唇部加厚，束颈，折腹，折腹处在腹中部，折腹以下饰叶脉纹。高 14、口径 15.2、腹径 18.1 厘米（图九，1）。

　　Bc 型：2 件。泥质带把罐。根据腹部、底部特征分为二式。

　　Ⅰ式：1 件。M040：3，鼓腹，圜底。灰陶，卷沿，外唇略加厚，口沿和腹部之间连接一宽扁把。口沿以下饰四线菱格凸点纹，把上有两道刻划线纹。口径 14.6、高 18 厘米（图九，4；彩版六，3）。

　　Ⅱ式：1 件。M042：1，折腹，底略凹。灰陶，口沿残缺，口沿和腹部之间连接一宽扁把，折腹处在腹中部左右。口沿以下饰二线菱格凸点纹。高 13.8、腹径 17.8 厘米（图九，24）。

　　Bd 型：2 件。夹砂鼓腹罐，底略凹。根据口沿和腹部特征分二式。

　　Ⅰ式：1 件。M077：1，高斜直领，扁鼓腹。灰黑陶，素面，圆唇。口径 14.5、高 12.5、腹径 14.6 厘米（图九，7）。

　　Ⅱ式：1 件。M067：2，矮斜直领，鼓腹。灰黑陶，素面，圆唇。口径 10、高 11.4、腹径 15 厘米（图九，10）。

　　C 型：2 件。圈足罐。根据腹部、圈足特征分为二式。

　　Ⅰ式：1 件。M045：4，圆鼓腹，小圈足，圈足低矮且比较直。泥质橙黄陶，口沿以下饰梯格纹。高直领，平唇，圜底，在底部接合一圈泥条盘成的小圈足。口径8.4、高14.7、腹径15.4厘米（图九，3）。

Ⅱ式：1件。M025：1，鼓腹，高圈足外撇。泥质橙黄陶，素面，口沿残。口径12.5、高16.2、底径12.2、腹径19.2厘米（图九，19）。

D型：1件。M082：1，假圈足罐。泥质橙黄陶，素面，斜直沿，尖唇，鼓腹，足部与腹部相通，平底微凹。口径11.4、底径9.5、高13.4厘米（图九，22）。

E型：1件。M037：2，折腹高领小罐。泥质橙红陶，口残缺，折腹处在腹中部，底略凹。高领以下饰方格纹。残高7、腹径9.2厘米（图九，12）。

釜　30件，均为夹砂陶。其中8件残甚，型式不明，另22件根据口沿和底部特征分为三型。

A型：20件。斜直沿或卷沿圜底釜。根据口沿和腹部特征分为三式。

Ⅰ式：6件。斜直沿，圆鼓腹或扁鼓腹。M071：2，灰褐陶，素面，尖唇，扁鼓腹。口径12.2、高14、腹径15.6厘米（图九，2）。

Ⅱ式：11件。略卷沿，圆鼓腹或腹略下垂。M062：1，灰褐陶，斜方唇，圆鼓腹，口沿以下饰绳纹。口径15.5、高17.5、腹径16.8厘米（图九，13）。

Ⅲ式：3件。卷沿，腹略下垂。M036：1，灰褐陶，圆唇，口沿以下饰绳纹。口径13、高11.5、腹径16.4厘米（图九，23）。

B型：1件。M002：1，折沿近平圜底釜。灰褐陶，尖唇，圆鼓腹。口沿以下饰绳纹。口径13.2、高10.6、腹径15厘米（图九，16）。

C型：1件。M050：3，斜折沿微凹底釜。灰褐陶，素面，尖唇，弧腹。口径12.4、高6.7厘米（图九，17）。

豆　30件。其中7件残甚，型式不明，另23件根据陶质分为二型。

A型：13件。夹砂陶豆。根据豆柄粗细和豆盘特征分为四个亚型。

Aa型：4件。粗柄斜腹豆，敞口。根据圈足特点分二式。

Ⅰ式：1件。M035：1，斜直圈足，圈足低矮。灰褐陶，圆唇，素面，器底胎较厚。口径16、底径8.8、高7.8厘米（图一〇，9）。

Ⅱ式：3件。圈足略外撇。M055：1，灰褐陶，圆唇，素面。口径18.8、底径9.2、高10.5厘米（图一〇，5）。

Ab型：4件。粗柄弧腹豆。根据圈足特点分三式。

Ⅰ式：1件。M011：1，斜直圈足，圈足低矮。灰褐陶，素面，尖唇。口径18、底径9.5、高8厘米（图一〇，4）。

Ⅱ式：1件。M053：2，圈足略外撇，圈足较高。灰褐陶，素面，圆唇。口径18.7、底径13、高10.5厘米（图一〇，2）。

图一〇　屋背岭商时期墓葬随葬陶器

1.B型钵（M075:1）　2.AbⅡ式豆（M053:2）　3.B型杯（M047:3）　4.AbⅠ式豆（M011:1）　5.AaⅡ式豆（M055:1）　6.Ⅱ式碗（M078:1）　7.A型纺轮（M069:3）　8.Ad型豆（M045:3）　9.AaⅠ式豆（M035:1）　10.B型纺轮（M021:2）　11.Ⅲ式碗（M056:3）　12.BaⅠ式豆（M058:1）　13.B型尊（M040:2）　14.Ⅰ式碗（M026:1）　15.Ac型豆（M065:1）　16.A型尊（M004:2）　17.AbⅢ式豆（M006:3）　18.AbⅡ式钵（M052:5）　19.BaⅡ式豆（M047:2）　20.A型杯（M004:3）　21.AbⅠ式钵（M065:2）　22.AaⅡ式钵（M007:1）　23.器座（M019:2）　24.AaⅠ式钵（M050:4）　25.Ac型钵（M069:2）　26.Bb型豆（M052:4）（7、10为3/8，12、13、14、15、16、19为1/11，余均为1/5）

　　Ⅲ式：2件。圈足外撇甚，圈足较高。M006:3，灰黑陶，素面，豆盘残缺。残高7、底径10.5厘米（图一〇，17）。

Ac 型：2 件。均残。细柄斜腹豆，敞口。M065：1，灰褐陶，圆唇，素面，圈足残。口径 19.8、残底 6.4、残高 7 厘米（图一〇，15）。

Ad 型：3 件。均残。细柄弧腹豆，侈口。M045：3，灰褐陶，圆唇，素面，圈足残。口径 16、残底 6、残高 8.8 厘米（图一〇，8）。

B 型：10 件。泥质高柄豆。根据豆盘和豆柄的形制特征分为两个亚型。

Ba 型：9 件。敞口喇叭形圈足高柄豆。圆唇，浅盘，有的豆盘和高柄交接处有一周凸棱，豆盘内外壁或柄内壁普遍有轮旋痕迹，圈足底部大都加厚。根据豆柄粗细分为二式。

Ⅰ式：5 件。粗柄。M058：1，灰陶，素面，圈足外撇使底部形成一台面，器身上轮旋痕迹明显。口径 26、底径 20.5、高 25 厘米（图一〇，12）。

Ⅱ式：4 件。细柄。M047：2，灰陶，素面，豆盘外壁有数道轮旋痕。口径 25.5、底径 17.5、高 24.6 厘米（图一〇，19）。

Bb 型：1 件。M052：4，弧腹喇叭形圈足竹节状高柄豆。黑皮灰陶，圆唇，浅豆盘，柄上有一对对穿圆孔。口径 16、底径 10.5、高 15 厘米（图一〇，26；彩版六，5）。

碗　14 件，均为泥质矮圈足碗。侈口，弧腹。根据腹的深浅以及口沿和圈足的形制特征分为三式。

Ⅰ式：3 件。腹较深，内沿略加厚，加厚部分较窄，斜直圈足。M026：1，米黄陶，素面，尖唇。口径 25.4、底径 10.6、高 11.5 厘米（图一〇，14）。

Ⅱ式：5 件。3 件残存圈足，2 件复原。腹较深，内沿略加厚，加厚部分较窄，圈足外撇，使圈足底部形成一个台面。M078：1，灰陶，素面，尖唇。口径 20、底径 12、高 6.8 厘米（图一〇，6）。

Ⅲ式：6 件。腹较浅，有的器物口部变形，口沿高低不平，形状为椭圆形。内沿加厚，加厚部分较宽，并经修整形成非常清晰的斜台面。圈足外撇，圈足底部多数加厚并形成台面。M056：3，灰陶，素面，尖唇。口径 21.6、底径 11.8、高 8 厘米（图一〇，11）。

钵　9 件。根据陶质、器底特征分为二型。

A 型：7 件。夹砂平底钵。依据口沿和腹部特征分为三个亚型。

Aa 型：4 件。敞口，斜直腹。依唇部和器壁特征分二式。

Ⅰ式：1 件。M050：4，尖唇，薄壁。灰黑陶，素面。口径 11.4、高 7 厘米（图一〇，24）。

Ⅱ式：3 件。方唇，厚壁，有的唇部微下凹，形成一浅槽。M007：1，灰黑陶，素面。口径 17.3、高 12.6 厘米（图一〇，22）。

Ab 型：2 件。敛口，弧腹。依唇部和器壁特征分二式。

Ⅰ式：1件。M065:2，尖唇，薄壁。灰褐陶，素面。口径10、底径6.4、高6.5厘米（图一〇，21）。

Ⅱ式：1件。M052:5，圆唇，厚壁。灰黑陶，素面。口径10、高7.4厘米（图一〇，18）。

Ac型：1件。M069:2，大口，口内敛，器形不规整，一边为斜直壁，一边为直壁，口沿一边高，一边低。灰黑陶，素面。口径12.6、高10、底径7.6厘米（图一〇，25）。

B型：2件。泥质凹底钵，敛口，弧腹，厚壁。M075:1，橙黄陶，口沿以下饰雷纹，器壁内凸凹不平，有指痕。口径16.4、高10.3厘米（图一〇，1）。

大口尊 2件，均为泥质陶。依底部特征和有无圈足分为二型。

A型：1件。M004:2，凹底无圈足大口尊。灰陶，高领，敞口，圆唇，外唇加厚，领部外壁中间有一圈凸棱，腹中部以下饰双线菱格凸点纹。口径26、高29.8、腹径30.6厘米（图一〇，16）。

B型：1件。M040:2，圜底喇叭形圈足大口尊。灰陶，高领，敞口，圆唇，外唇加厚，领部外壁中间有一圈凸棱，内壁有数道轮旋痕。折腹，折腹处在腹中部，圈足外撇并形成一台面。腹部饰方格纹。口径21、底径17.4、高24厘米（图一〇，13；彩版六，4）。

杯 2件。依陶质、底部特征及有无圈足分为二型。

A型：1件。M004:3，泥质底微凹瓠形杯。橙黄陶，素面，外形似瓠。敞口，圆唇，口部呈椭圆形，弧形束腰。口径9、底径7.1、高13.2厘米（图一〇，20）。

B型：1件。M047:3，夹砂圈足杯。灰褐陶，素面。敞口，尖唇，斜腹，圜底，杯体变形不规整。口径12.8、高11.5、底径7.4厘米（图一〇，3）。

器座 1件。M019:2，夹砂灰黑陶，素面。敞口，尖圆唇，束腰，上下相通。口径12、底径8.4、高12.6厘米（图一〇，23）。

纺轮 11件，均为泥质陶。扁平圆形，中间有一个小的圆形穿孔。根据是否饰有凹弦纹分为二型。

A型：10件。刻划一圈或两圈凹弦纹。M069:3，灰黑陶，剖面呈窄长方形。以孔心为中心，两面对应刻划两圈凹弦纹。直径3.4、厚0.5厘米（图一〇，7）。

B型：1件。素面。M021:2，灰陶。直径2.4、厚0.5厘米（图一〇，10）。

（二）石器

石器共18件，均为磨制石器。主要是锛，另有斧1件和耳珰1件。

锛 16件。个体较小。依形制分为四型。

A型：11件。长方形或梯形，无肩无段，依形制分为三个亚型。

Aa 型：1件。长方形。M013：2，浅灰色。平顶，单面刃残，器身有一条凹槽。长6.5、宽4.2、厚1.2厘米（图一一，4）。

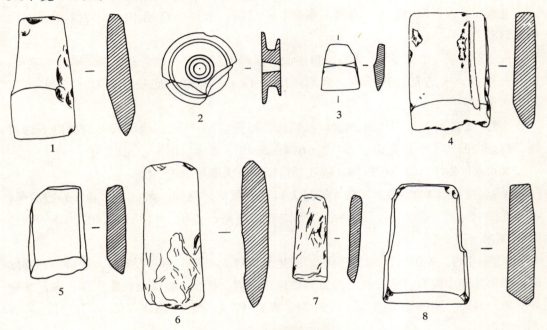

图一一　商时期墓葬随葬石器

1.C 型锛（M077：5）　2.耳珰（M056：4）　3.D 型锛（M018：2）　4.Aa 型锛（M013：2）　5.Ab 型锛（M007：2）　6.斧（M079：2）　7.Ac 型锛（M053：3）　8.B 型锛（M076：2）（6、7为1/4，余均为1/2）

Ab 型：5件。短梯形。M007：2，灰褐色。平顶，一角残，单面斜刃，刃部有崩疤。顶残宽1.8、刃宽3.1、长5.1、厚1厘米（图一一，5）。

Ac 型：5件。长梯形。M053：3，浅灰色。顶近平，两角残，单面斜刃，通体剥蚀严重。顶残宽2.1、刃宽3.5、长9.8、厚1.1厘米（图一一，7）。

B 型：1件。有肩无段。M076：2，灰色。平顶，两角残，宽柄，折肩，单面刃残。顶残宽2.7、刃宽4.6、长6.7、厚1.5厘米（图一一，8）。

C 型：3件。有肩有段。M077：5，灰绿色。平顶长柄，单侧溜肩，单面刃微弧，一截刃部被磨钝。顶宽2.3、刃宽3.4、长6.8、厚1.4厘米（图一一，1）。

D 型：1件。有段无肩。M018：2，黑色。平顶微弧，一角残，单面刃近平，器身小巧精致。顶残宽1、刃宽2、长2.6、厚0.55厘米（图一一，3）。

斧　1件。个体较大且厚重。M079：2，浅灰色。器身呈长梯形，顶残，不对称的双面斜弧刃，刃部有崩疤。顶宽5.4、刃宽6.3、长16.4、厚2.8厘米（图一一，6）。

耳珰　1件。M056：4，白色。部分残缺。滑轮状，一侧窄一侧宽，束腰，截面呈"工"字形，单面钻孔。宽侧刻四圈同心圆弦纹。器身光滑。窄径3.1、宽径4、腰径

2、厚1厘米（图——，2）。

四 分期与年代

（一）分期

根据器物的型式演变序列和组合关系可将墓葬分为五组。

1组：有M002、M011、M019、M026、M035、M045、M064等。随葬器物有Aa Ⅰ式罐、C Ⅰ式罐、A Ⅰ式釜、B型釜、Ⅰ式碗、Aa Ⅰ式豆、Ab Ⅰ式豆、Ad型豆、器座、A型纺轮。

2组：有M025、M027、M050、M053、M069、M071等。随葬器物有Aa Ⅱ式罐、C Ⅱ式罐、A Ⅰ式釜、A Ⅱ式釜、C型釜、Aa Ⅱ式豆、Ab Ⅱ式豆、Ac型豆、Aa Ⅰ式钵、Ac型钵、A型纺轮、Ab型石锛、Ac型石锛。

3组：有M001、M004、M008、M020、M030、M037、M040、M044、M051、M055、M058、M066等。随葬器物有Ab Ⅰ式罐、Ba Ⅰ式罐、Bb型罐、Bc Ⅰ式罐、E型罐、A Ⅱ式釜、Ⅱ式碗、Aa Ⅱ式豆、Ba Ⅰ式豆、Aa Ⅱ式钵、A型尊、B型尊、A型杯、A型纺轮、Ab型石锛。

4组：有M003、M006、M023、M041、M042、M046、M047、M070、M074、M077、M078、M085等。随葬器物有Aa Ⅲ式罐、Ab Ⅱ式罐、Ba Ⅰ式和Ba Ⅱ式罐、Bc Ⅱ式罐、Bd Ⅰ式罐、A Ⅱ式釜、Ⅱ式碗、Ab Ⅲ式豆、Ba Ⅱ式豆、A型纺轮、B型杯、C型石锛。

5组：有M014、M022、M024、M028、M031、M036、M048、M052、M056、M067、M068、M075、M076等。随葬器物有Ab Ⅲ式罐、Ac型罐、Ba Ⅲ式罐、Bd Ⅱ式罐、A Ⅲ式釜、Ⅲ式碗、Bb型豆、Ab Ⅱ式钵、B型钵、A型纺轮、Ac型石锛、B型石锛、C型石锛、石耳珰。

五组墓葬随葬的同类型陶器的逻辑演变序列比较清楚，所以这五组应该代表前后发展的五个时间段（1至5段）。

1段和2段陶器的整体风格相似，同类型陶器的器形相近，可归为一期。3段和4段陶器的整体风格相似，同类型陶器的器形相近，可归为二期。5段则为三期。从陶器的总体风格以及同类型陶器器形的逻辑演变轨迹来看，二、三期连接紧密，中间似无缺环。一、二期差别较大，中间应该有缺环。但是一、二期许多同类型的器物能看出有比较明显的演变关系，一期出现的A Ⅱ式釜、Aa Ⅱ式豆还延续到二期，这说明一、二期之间的缺环不是很大。

各期主要特征概括如下：

1．第一期

陶质多为夹砂陶，占68.3％，泥质陶只占31.7％。夹砂陶大多夹粗砂，烧造时因受热不均，器表颜色驳杂，以灰黑色、灰褐色为主。泥质陶陶色有橙黄、米黄、灰三种，以橙黄、米黄为主，灰陶鲜见。泥质橙黄色和米黄色陶器烧造温度低，陶质软，易破碎。陶器多素面，占80％，有纹饰的以绳纹为主，个别饰有大方格纹、梯格纹（图一二），无组合纹饰（表一）。

制法以手制为主，有的经慢轮修整。釜、罐的口沿与器身为分别制作后接合在一起，接合处抹平修整。CⅠ式罐的圈足用一圈泥条贴在底部略加修整而形成扁平的低矮圈足。

仅一期有，不见于二、三期的陶器有C型罐、D型罐、B型釜、C型釜、Ac型豆、Ad型豆、Ac型钵和器座。

随葬器物组合有釜、釜，罐、器座，碗、釜，罐、釜、豆，罐、釜、碗、纺轮，罐、釜、石锛，釜、釜、豆、钵、纺轮，釜、豆、石锛，罐、豆、钵、纺轮等几种，多为釜与罐、豆或碗的组合。

石器较少，有石斧和石锛，石斧仅一期有。

表一　　　　　　　　　　一期墓葬随葬陶器陶质、陶色及纹饰统计表

数量 纹饰　　陶色　　　陶质	夹砂		泥质			总　计	百分比
	灰褐	灰黑	米黄	橙黄	灰		
绳纹	5	1				6	14.63
大方格纹	1					1	2.43
梯格纹				1		1	2.43
素面	9	12	6	5	1	33	80.48
总计	15	13	6	6	1	41	
百分比	36.58	31.7	14.63	14.63	2.43	100	
	68.3		31.7				

注：陶纺轮未统计

2．第二期

陶质以泥质为主，占70％，夹砂陶只占30％。泥质陶陶色有灰、青灰、橙黄、橙红等几种，其中以灰色为大宗。青灰陶、灰陶烧造温度较高，陶质坚密、较硬。夹砂陶陶色有灰褐、灰黑，以灰褐色较多。陶器上多饰有纹饰，有纹饰的占53.33％。夹砂陶上多饰绳纹，泥质陶上饰几何印纹。梯格纹消失，出现了组合纹饰（表二）。几何印纹有叶脉纹、卷云纹、方格纹、四线方格纹、二线菱格凸点纹、三线菱格凸点纹、四线菱格凸点纹、单线菱格圆圈纹、三线菱格圆圈纹、三线菱格圈点纹、三线菱格圆圈纹和三

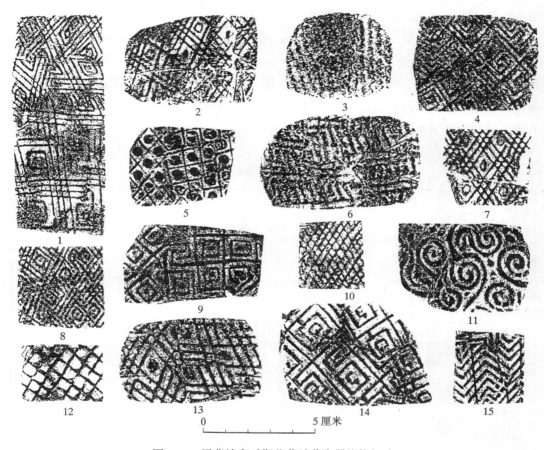

图一二　屋背岭商时期墓葬随葬陶器纹饰拓片

1．四线菱格圆圈纹和五线菱格圆圈纹的组合纹饰（M056：2）　2．三线菱格圆圈纹和三线菱格凸点纹的组合纹饰（M042：1）　3．绳纹（M008：2）　4．雷纹（M075：1）　5．方格乳凸纹（M076：1）　6．梯格纹（M045：4）　7．三线菱格圆圈纹（M030：1）　8．三线菱格圈点纹（M040：3）　9．双线方格凸点纹（M028：1）　10．方格纹（M040：2）　11．卷云纹（M052：1）　12．大方格纹（M031：1）　13．四线菱格凸点纹（M041：1）　14．三线方格纹和双线方格勾形纹的组合纹饰（M046：1）　15．叶脉纹（M001：2）

线菱格凸点纹的组合纹、三线方格纹和双线方格勾形纹的组合纹等（图一二）。几何印纹为连续拍印或压印而形成，有的纹饰拍印比较随意而造成错位、不规整的现象。

制法普遍使用轮制。喇叭形圈足高柄豆豆盘内外和豆柄内壁、带流罐的内沿轮旋痕迹明显。有流罐的流是用手在口沿上捏制而成，有的流上留有指痕。有流带把罐的把手为单独制作后接合到器身上，接合处用泥加固。喇叭形圈足高柄豆的豆盘和豆柄为分别制作后接合，接合处用泥条加固，加固处有的留有凸棱。

二期出现了很多新形制的陶器，有 Ab 型罐、Ba 型罐、Bb 型罐、Bc 型罐、Bd 型罐、E 型罐、Ba 型豆、A 型尊、B 型尊、A 型杯、B 型杯。其中 Bb 型罐、Bc 型罐、E

型罐、Ba 型豆、A 型尊、B 型尊、A 型杯和 B 型杯只在二期有。

随葬器物组合有罐、钵，罐、尊、杯，罐、釜，罐、釜、纺轮，罐、豆、尊，罐、石锛，罐、碗、豆，碗、豆、石锛，罐、釜、豆，罐、豆、纺轮，罐、豆，罐、罐，罐、碗，罐、豆、杯，罐、碗、纺轮，罐、罐、釜、豆、石锛等。二期墓葬中普遍随葬两件以上的器物，多的达五件，而且组合丰富，但以喇叭形圈足高柄豆或矮圈足碗与带流罐、釜的组合为基本组合。

石器有石锛。

表二　　　　　　　　　二期墓葬随葬陶器陶质、陶色及纹饰统计表

陶色＼陶质　数量＼纹饰	夹砂		泥质					总计	百分比
	灰褐	灰黑	米黄	橙黄	橙红	灰	青灰		
绳纹	6	3						9	15
叶脉纹						3	1	4	6.67
方格纹					1	2		3	5
卷云纹				1				1	1.67
二线菱格凸点纹						2		2	3.33
三线菱格凸点纹						4		4	6.67
四线菱格凸点纹						2	1	3	5
单线菱格圆圈纹						1		1	1.67
三线菱格圆圈纹						1		1	1.67
三线菱格圈点纹						1		1	1.67
四线方格纹						1		1	1.67
三线菱格圆圈纹和三线菱格凸点纹的复合纹饰						1		1	1.67
三线方格纹与双线方格勾形纹的复合纹饰						1		1	1.67
素面	7	2	2			17		28	46.67
总计	13	5	2	1	1	36	2	60	
百分比	21.66	8.33	3.33	1.67	1.67	60	3.33		100
	30		70						

注：陶纺轮未统计

3.第三期

陶质以泥质为主，占 79.2%，夹砂陶只占 20.8%。陶器普遍烧造温度较高，胎质较硬。陶色有橙黄、灰白、灰、青灰、黑皮灰，以青灰和灰陶为主，分别占 33.33% 和 25%，其中黑皮灰陶和灰白陶为新出现的。夹砂陶陶色有灰褐色、灰黑色，灰褐色略

多。陶器上大多饰有纹饰，占到 67%（表三）。有绳纹、方格纹、大方格纹、雷纹、卷云纹、方格乳凸纹、双线方格凸点纹、三线菱格凸点纹、四线菱格凸点纹、三线菱格圈点纹、四线菱格圆圈纹和五线菱格圆圈纹的组合纹（图一二）。叶脉纹消失，新出现雷纹、方格乳凸纹。另外还见一个"◢"形的刻划符号。

制法普遍为轮制，带流罐的口沿内壁轮旋痕迹非常明显。有的碗的口沿不是圆形而是呈椭圆形，且高低不平，可能是在烧造过程中因种种原因造成了变形。

表三 三期墓葬随葬陶器陶质、陶色及纹饰统计表

纹饰 数量 \ 陶色 \ 陶质	夹砂		泥质					总计	百分比
	灰褐	灰黑	橙黄	灰白	灰	青灰	黑皮灰陶		
绳纹	3	1						4	16.66
方格纹					1			1	4.17
大方格纹						1		1	4.17
雷纹			1					1	4.17
卷云纹				1				1	4.17
方格乳凸纹						1		1	4.17
双线方格凸点纹					1			1	4.17
三线菱格凸点纹					1	2		3	12.5
三线菱格圈点纹						1		1	4.17
四线菱格凸点纹						1		1	4.17
四线菱格圆圈纹和五线菱格圆圈纹的复合纹饰				1				1	4.17
素面		1	1		3	2	1	8	33.33
总计	3	2	2	2	6	8	1	24	
百分比	12.5	8.33	8.33	8.33	25	33.33	4.17	100	
	20.8		79.2						

注：陶纺轮未统计

仅见于三期的陶器有 Ac 型罐、Bb 型豆和 B 型钵。

随葬器物组合有釜、碗，罐、纺轮，罐、碗、石锛，罐、罐、碗、豆、钵，釜、碗、钵、石耳珰，罐、碗，罐、罐，罐、钵、石锛，罐、石锛等几种，多为罐或釜与碗的组合。

石器有石锛和石耳珰，其中石耳珰仅三期有。

对商时期墓葬分期后，回过头来看墓葬在墓地中的分布，可以发现以下一些现象：

第一，一至三期墓葬的墓向都比较乱，这可能与地形的起伏不定有很大的关系，墓向随地形起伏的变化而变化；

第二，一期和三期存在若干座墓葬分布相对比较集中的情况，可能分布集中的墓葬的墓主人之间有亲缘关系，而二期的墓葬分布比较密集而且连续，应该也存在相邻墓葬有亲缘关系的情况；

第三，石锛、陶纺轮绝不共出，但是有同期并且相邻的两座墓葬一座出石锛、一座出纺轮的现象，而且两座墓葬的墓向、墓形也比较一致，很可能这样的两座墓葬为一组夫妻异穴合葬墓。

（二）年代

香港涌浪遗址[②]北区晚期遗存中的矮扁圈足高领罐与屋背岭一期1段的CⅠ式罐形制接近，而且所饰梯格纹（长方格纹）也近似；涌浪遗址南区晚期遗存中的一件卷沿圜底釜[③]与屋背岭一期1段的B型折沿圜底釜形制近似，二者似有演变关系。屋背岭一期1段的年代与涌浪晚期遗存的年代相去不会很远。但是涌浪晚期遗存陶器上所饰的各种划纹、蓖点纹等纹饰在珠江三角洲地区新石器时代比较早的阶段的遗址中（如深圳咸头岭[④]、大黄沙[⑤]、珠海后沙湾第4层[⑥]等）可以找到比较接近的纹饰，而屋背岭没有这样的纹饰。涌浪遗址晚期遗存应该略早于屋背岭一期1段。涌浪北区的晚期遗存暂未做碳十四测定，涌浪南区晚期遗存的六个碳十四数据年代在3810±70年至4170±80年之间，即大体相当于中原地区的龙山至夏时期的偏早阶段。屋背岭一期1段略晚于涌浪晚期遗存，那么，其年代上限应该已经进入夏时期的偏晚阶段。

珠海宝镜湾[⑦]遗址经过试掘和正式发掘。试掘的属于第一期文化的T1②层出土的几件碗（豆）（T1②:18，T1②:14，T1②:20，T1②:6）形制与屋背岭一期的AbⅠ式和AbⅡ式豆相似；正式发掘的属于第一期文化的AaⅠ式釜（T9②B:140）是斜直口沿，形制与屋背岭一期的AⅠ式釜形制接近；宝镜湾还出有与屋背岭一期1段CⅠ式罐相似的罐[⑧]。宝镜湾第一期文化的年代应该与屋背岭一期大体同时或略有早晚。宝镜湾遗址正式发掘第一期②B层的炭土碳十四测定年代为距今3460±170年，这个数据大体与中原地区的夏末至早商初期相当。

香港元朗陈家园沙丘遗址[⑨]上文化层的大方格纹小口彭腹矮圈足罐（T1M1:301:1）与屋背岭一期1段的CⅠ式罐形制有近似的地方，但陈家园这一件罐的矮圈足是轮制而成的，而且比屋脊岭CⅠ式罐由泥条直接贴在器底的矮圈足要高一些，二者似有演变关系；陈家园上文化层出土的一件钵（T1CL2:307）与屋背岭二期3段的AaⅡ式钵形制相似；陈家园上文化层的圈云纹、菱格凸点纹接近于屋背岭二期的纹饰。陈家园上文化层的年代似要略晚于屋背岭一期，应该在屋背岭一、二期之间。陈家园遗址上文化层Y1、Y3出土的木炭粒碳十四测定的年代分别为距今3770±85年和3820±90年，M1随葬的夹砂黑陶罐热释光测试的年代为距今3560年，这些数据大致在夏末至早商前后。

南海鱿鱼岗贝丘遗址[⑩]M31、M12所出的AⅠ式釜（M31:1，M12:1）宽口沿斜直、圆鼓腹，形制与屋背岭一期的 AI 式釜接近。但是鱿鱼岗 M31 所出的 AⅠ式釜所饰的不太规整的双线方格凸点纹屋背岭二期所出的一些纹饰近似，鱿鱼岗 M31、M12 的年代应该大致与屋背岭一期同时或略有早晚。属于鱿鱼岗二期的一件 AⅡ式釜（H6:11）的口沿大致介于斜直和卷曲之间，从类型学的角度可以排在屋背岭的 AⅠ式釜和 AⅡ式釜之间；鱿鱼岗二期的云雷曲折纹屋背岭没有；鱿鱼岗二期的卷云纹、双线菱格凸点纹等纹饰在屋背岭二期才出现。鱿鱼岗二期的年代大致在屋背岭一、二期之间。鱿鱼岗遗址第二期 F1 有两个碳十四测定的数据，分别为 3455±150 年和 3840±125 年，这些数据大致在夏末至早商前后。

　　粤东和平县子顶山[11]第一组的一件圈足大口罐（M2:1）除体形较小外，与屋背岭二期 3 段的 B 型尊形制和纹饰均很相似（相似的器物还见于揭阳油柑山[12]、饶平后头山[13]、漳州禁山 M1[14]、香港东湾仔北[15]等处）；子顶山第一组采集的一件豆（子采:9）形制与屋背岭出土的高柄豆类似而略有差别（类似的豆还见于龙川坑仔里[16]、漳州禁山 M1[17]等处）；子顶山第一组采集的一件有流带把壶（罐）（子采:3）与屋背岭二期 4 段的 BcⅡ式罐形制接近，只是子顶山的腹部圆鼓，可能与屋背岭的略有早晚。屋背岭二期的年代应该与子顶山第一组大致同时或略有早晚。子顶山第一组还采集有一件鸡形壶（子采:6），与圈足大口罐（M2:1）、有流带把壶（罐）（子采:3）均为泥制灰陶，都饰方格纹，三者陶质、纹饰非常接近，时代可能相去不远。普宁池尾后山[18]出有和子顶山第一组所出形制一样的鸡形壶（M1:1，采:1）、形制基本一样的凹底罐（M3:1，M1:2，采:6）和形制基本一样的凹底钵（M4:2），池尾后山的时代应该与子顶山第一组和屋背岭二期大体同时或略有早晚。子顶山第一组的凹底罐（子采:12、4）、池尾后山的凹底罐（采:6，M1:2）与江西清江[19]吴城文化二期的折腹凹底罐（74ET10③:27）形制近似；子顶山第一组的平底罐（M2:2）与吴城文化二期的平底罐（74 秋 T1③:398）形制近似；屋背岭二期的 Ba 型高柄豆与吴城文化一、二期的假腹高柄豆形制上有相似之处。子顶山第一组、池尾后山、屋背岭二期的年代应该与吴城文化一、二期有重合的部分。吴城文化一期的年代相当于商代二里岗期上层，二期相当于殷墟早期[20]。那么，把屋背岭二期的年代定在早晚商之际前后大致不误。

　　屋背岭三期的陶器与屋背岭二期的陶器从类型学的角度来看前后紧密相接，中间似无缺环，这说明屋背岭三期在年代上也应该与屋背岭二期前后紧密相接。屋背岭三期与博罗横岭山墓葬群[21]一期的陶器相比年代似明显偏早[22]，横岭山墓葬群一期的年代在商周之际前后[23]。那么，屋背岭三期年代的下限应该不会进入西周时期。

　　综上所述，可以把屋背岭商时期墓葬的年代归纳如下：第一期大体在夏商之际前后，第二期大体在早晚商之际前后，第三期大体为晚商。

　　屋背岭商时期墓葬群是岭南地区目前发现及发掘规模最大的商时期墓葬群，试掘和正式发掘的商时期墓葬已有 94 座，还有相当数量的商时期墓葬有待进一步的发掘。不言而喻，这批材料对岭南先秦时期考古学文化的编年、岭南古代文明的进程、环珠江三角洲地区与其他地区文化的交流、沿海小地理单元考古学文化乃至中国边疆考古学文化的研究都具有很重要的意义。有研究者对其意义已经做了比较详细的论证说明[22]，此处不再赘言。

　　附记：此次发掘的领队为李岩，参加发掘的人员还有吴海贵、黎飞艳、李海荣、谢鹏、张冬煜、曹桂岑、周军等，黎飞艳摄影，朱树奎、吴孝斌绘图，高爱萍描图。发掘结束后，吴海贵和李岩对资料进行了初步整理。在发掘以及对资料全面整理的过程中，邹衡、朱非素、刘绪、王璧、古运泉、杨耀林、邱立诚、赵善德、卜工、叶杨、邓聪、吴增德等先生曾先后亲临指导，在此一并致谢。

执笔：李海荣、谢鹏、张冬煜

注　释

① 资料没有发表。

② 香港古物古迹办事处：《香港涌浪新石器时代遗址发掘简报》，《考古》1997 年 6 期；William Meacham, Middle and Late Neolithic at Yung Long South，《东南亚考古论文集》，香港大学美术博物馆，1995 年。

③ William Meacham, Middle and Late Neolithic at Yung Long South, Fig. 6, p.458，《东南亚考古论文集》，香港大学美术博物馆，1995 年。

④ 深圳市博物馆等：《深圳市大鹏咸头岭遗址发掘简报》，《文物》1990 年 11 期。

⑤ 深圳市博物馆等：《深圳市大黄沙沙丘遗址发掘简报》，《文物》1990 年 11 期。

⑥ 广东省博物馆等：《广东珠海市淇澳岛沙$丘遗址调查》，《考古》1990 年 6 期。

⑦ 珠海市博物馆：《广东珠海市宝镜湾遗址试掘简报》，《东南文化》1999 年 2 期；广东省文物考古研究所等：《珠海宝镜湾遗址第一次发掘》，《广东省文物考古研究所建所十周年文集》，岭南美术出版社，2001 年。

⑧ 李世源等主编：《珠海文物集萃》第 137~138 页，香港中文大学中国考古艺术研究中心出版，2000 年。

⑨ 香港考古学会：《香港元朗厦村乡陈家园沙丘遗址的发掘》，《考古学报》2002 年 3 期。

⑩ 广东省文物考古研究所等：《广东南海市鱿鱼岗贝丘遗址的发掘》，《考古》1997 年 6 期；广东省文物考古研究所等：《南海市鱿鱼岗贝丘遗址发掘报告》，《广东省文物考古研究所建所十周年文集》，岭南美术出版社，2001 年。

⑪ 广东省文物考古研究所等：《广东和平县古文化遗存的发掘与调查》，《考古》2000 年 6 期。

⑫ 广东省博物馆等：《揭阳地都蜈蚣山遗址与油柑山墓葬的发掘》，《考古》1988 年 5 期。

⑬ 余添泉等：《饶平新发现几处"浮滨类型"遗物地点》，《汕头文物》第 11 期。

⑭ 福建省博物馆：《漳州发现商周、西汉墓葬》，《福建文博》2001 年 1 期。

⑮ 香港古物古迹办事处等：《香港马湾岛东湾仔北史前遗址发掘简报》，《考古》1999 年 6 期。

⑯ 广东省博物馆：《广东东部地区新石器时代遗存》，《考古》1961 年 12 期。

⑰ 福建省博物馆：《漳州发现商周、西汉墓葬》，《福建文博》2001 年 1 期。

⑱　广东省文物考古研究所等:《广东普宁市池尾后山遗址发掘简报》,《考古》1998 年 7 期。

⑲　江西省博物馆等:《江西清江吴城商代遗址发掘简报》,《文物》1975 年 7 期。

⑳　李伯谦:《试论吴城文化》,《文物集刊》3,文物出版社,1981 年。

㉑　《广惠高速路段发现大规模先秦墓葬群》,《中国文物报》,2000 年 6 月 11 日;李岩:《广惠高速公路博罗段考古发掘的收获与意义》,《广东文物》千年特刊,广东省文物管理委员会,2000 年。

㉒　资料存广东省文物考古研究所,报告待刊。

㉓　广东省文物考古研究所吴海贵见告。

㉔　周军:《深圳屋背岭发现广东迄今所见最大商代墓地》,《中国文物报》2002 年 4 月 19 日;卜工:《屋背岭商代墓葬与岭南文明的进程》,《中国文物报》2002 年 7 月 5 日。

广州南沙经济技术开发区考古调查

广州市文物考古研究所

英文提要　Nansha Economic and Technique Development Zone of Guangzhou is located in the southeast of Panyu district, to the west of Humen watercourse, at the mouth of the Pearl River. In December 2001, Guangzhou Institute of Cultural Relics and Archaeology has made an archaeological investigation to Nansha county and Huangge county under the administration of the Development Zone. Five Pre-Qin sites , one Han dynasty sites and three Tang to Song dynasty sites have been discovered recently. This article introduces the geological location and the distribution boundary of each site in detail. The brief analysis of the times and nature of these sites can also be found in this article.

　　南沙镇位于广州市番禺区东南部，珠江出海口虎门水道西侧。平面呈锤形，自西北斜向东南，长约 10 公里，宽约 5.4 公里。南临珠江出海口，东与东莞市太平镇隔江相望，西依焦门水道与灵山、横沥、万顷沙为邻，西北隔焦门滘河与黄阁镇交界。镇境中部有海拔 295.3 米的黄山鲁山，周围是平缓台地和围田。西北距番禺区市桥镇 36 公里，南距香港 38 海里，西距澳门 41 海里，北距广州市 54 公里。1990 年 6 月，经广州市人民政府批准，在南沙镇东北部建立南沙经济技术开发区。1992 年 6 月，南沙镇与开发区合并为广州南沙经济技术开发区[①]。

　　黄阁镇位于广州市番禺区中部偏东，西距市桥镇 18.5 公里。东邻狮子洋，与东莞虎门镇隔洋相望，东南与南沙镇毗邻，南界蕉门水道，西界骝岗水道，北与东涌镇接壤，面积 72.1 平方公里。地形以三角洲冲积平原为主，除中部的大山嶂，东部的大虎、小虎二山以及北部的乌洲、骝岗山外，其余均为人工围成的大沙田。2001 年 7 月，经广州市人民政府批准，黄阁镇也划入南沙经济技术开发区。

　　为配合大广州滨海城市的建设，迎接南沙经济技术开发区大规模基本建设的到来，避免由于了解不够、认识不清造成基建施工当中对古遗址、古墓葬等承载南沙地区历史文化底蕴的文物古迹造成不必要的破坏，广州市文物考古研究所于 2001 年 12 月在南沙镇和黄阁镇进行了为期一个月的考古调查，对该区古遗址的分布和埋藏情况有了初步的认识。

　　黄阁镇小虎岛和亭角村曾于 1982 年番禺县文物普查中采集到石器，说明有古遗址存在，南沙镇则未发现有古遗址[②]。此次调查的目的主要有三点：一是要摸清南沙经济技术开发区内分布的古遗址的数量、具体位置、规模大小、时代及文化内涵等详细情况，最终以文本报告的形式向上级文物主管部门及广州市政府南沙经济技术开发区管理委员会汇报，配合开发区的建设规划，做到经济建设，文保先行，贯彻既有利于经济建设，又不造成文物破坏的双赢方针；二是想加深对广州环珠江口流域先秦遗址的分布、文化内涵和时代特征的了解，一方面为今后的工作提供必要的依据和指导，另一方面为珠江三角洲，尤其是环珠江口流域先秦考古学文化的研究提供不可或缺的素材和新的视点；三是想找寻两汉以后至唐宋时期的遗址，探析南沙地区历史时期人们对这一带的开发历程。

　　调查采取"拉网式"调查法，分为三个小组，每组 2 人，对所有可能埋藏古代遗存的区域进行徒步踏查，采集地表文化遗物，并尽可能地利用梯田、池塘、水沟等断崖剖面观察文化堆积，掌握更为准确的信息。根据以往的工作经验和调查当中不断积累的认识，我们把调查的区域主要集中在山地丘陵一带，也就是以前的岛屿和古海湾地貌。由于环珠江口流域先秦遗址的堆积和埋藏特点，更由于此地较为茂密的植被和近年来较大规模的农田建设及基建施工，此次调查的成果尚不足以全面反映南沙镇和黄阁镇的文物埋藏情况，有些遗址已被破坏，有些则需更进一步的勘察、钻探才可能发现。需要指明的是，调查当中个别遗址仅采集到几片陶片或一两件石器，是否为原生难以确定，也观察不到文化层，但考虑到其有作为古代先民的"临时活动点"的可能性。还是将其归为遗址对待[③]。

　　调查共发现先秦遗址 5 处，汉代遗址 1 处，唐至宋元时期的村落遗址 3 处。以下按地点和时代顺序逐一介绍。

一　南沙镇

（一）先秦遗址

1. 鹿颈村果园山商时期遗址

　　位于镇境东南部，虎门水道西岸的鹿颈村小学西南面、果园路南侧的果园山南坡上，属于鹿山东坡的一部分，现地表植被为荔枝林和竹林（图一）。遗址范围东西约 100 米，南北约 50 米，面积约 5000 平方米，中心位置东经 113°35′798″，北纬 22°45′445″。此次调查地表采集有少量夹砂陶片，其中可辨器形的有罐和盆类口沿残片各 1 件。

　　罐　NL:1，圆唇，敞口，翻沿。夹砂灰黑陶，黑胎，素面。残高 3 厘米（图二，1）。

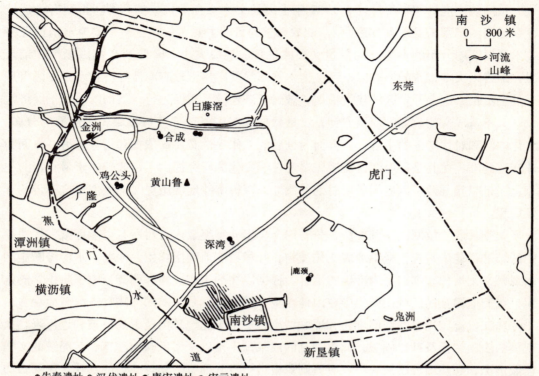

图一　南沙镇古遗址分布示意图

⊕先秦遗址　⊖汉代遗址　●唐宋遗址　◉宋元遗址

图二　果园山遗址采集陶器

1. 夹砂陶盆口沿（NL：2）　2. 夹砂陶罐口沿（NL：1）

（皆为1/2）

盆　NL：2，圆唇，卷沿，敞口，斜弧腹。夹砂红褐陶，黑胎。残高3厘米（图二，2）。

果园山遗址因采集标本很少，文化内涵不是很明晰，时代只能推测大致相当于商时期。

2. 鸡公头商时期遗址

位于镇境西部广隆村鸡公头山的南坡坡脚，金岭北路530号番禺路友管业有限公司西南面的香蕉林和农田中，鸡公头自然村紧邻遗址西侧（图一）。遗址范围东西约100米，南北约50米，面积在5000平方米以上，中心位置东经113°32′514″，北纬22°47′60″。地表采集有大量夹砂陶片、陶支座、残石器等，梯田剖面上可看到文化层，距地表20～40厘米，厚度约10～50厘米。仅采集到1片泥质陶片，饰重菱格凸点纹（图五，14），其余均为夹砂陶，陶色有灰白、橙黄、红褐、深灰等，以前两种为主，纹饰以粗绳纹常见，多漫灭不清。器形多属罐或釜，高领侈口，均不可复原。

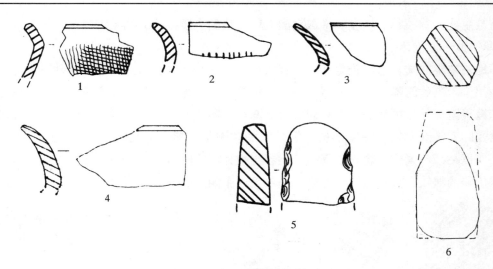

图三　鸡公头遗址采集陶石器

1~4.夹砂陶罐口沿（NGJ：10；NGJ：9；NGJ：8；NGJ：7）　5.残石锛（NGJ：1）　6.陶支座
（NGJ：11）（1~4、6为1/4，5为1/2）

陶罐（或釜）7件。根据领的长短分为二式。

Ⅰ式　2件。短领。NGJ：10，圆唇，侈口。橙黄陶，黑胎，口沿下施交错粗绳纹。残高6厘米（图三，1）。

Ⅱ式　5件。领较长。均圆唇，敞口，翻沿。NGJ：8，橙黄陶，黑胎。残高4.6厘米；NGJ：7，黄白陶，黑灰胎。残高6.4厘米；NGJ：9，黄白陶，黑胎，口沿下施粗绳纹。残高4厘米（图三，2~4）。

陶支座　2件。均残。NGJ：11，柱状，上大下小，截面大致呈圆形。夹砂红陶。直径5.4、残高10.8厘米（图三，6）；NGJ：12，不规则长方体形，一侧面近平，立面略呈斜状。直径7~7.4、残高15厘米。

石锛　1件。NGJ：1，残，打制后修整而成。深灰色。残长4.4、宽3.9、厚1.7厘米（图三，5）。

鸡公头遗址采集的文化遗物中夹砂陶片纹饰多漫灭不清，器形也难辨，时代特征不明显；而采集到的重菱格凸点纹泥质陶片，纹饰与珠海平沙棠下环遗址所出者相似④，说明其时代接近，均相当于商时期。

3. 金洲山先秦遗址

位于南沙镇西北部，金洲自然村的金洲山上，富丽花园的南面，一个小的孤岛，方圆不足1万平方米，相对高差约30米，四周是蕉门水道冲积滩涂形成的沙田，金洲自然村紧邻山体西侧（图一）。遗址分布于金洲山的北坡和西北坡的半山腰上，东西约50米，南北约40米，面积约2000平方米，中心位置东经113°37′910″，北纬22°47′966″。

现植被主要为荔枝林。地表和梯田剖面上均采集到夹砂陶片、泥质陶片及石器等，文化层厚约20～40厘米。

地表采集的文化遗物较为丰富，有大量的陶片和几件石器。陶片以夹砂陶为主，泥质陶很少。夹砂陶陶色以灰陶多见，均为黑胎，其次是灰白陶和红褐陶；泥质陶只见灰陶和橙黄陶两种。可辨的器形有圜底或矮圈足、圈足的釜和罐类以及支座等。矮圈足釜或罐实际就是圜底釜或罐底部粘贴泥条状的矮圈足，圜底部位都拍印有绳纹之类的纹饰，所以粘结不紧密，容易脱落。这类器物均为泥质陶。不论夹砂陶还是泥质陶，纹饰均以拍印的绳纹、交错绳纹和方格纹等常见（图四、图五）。

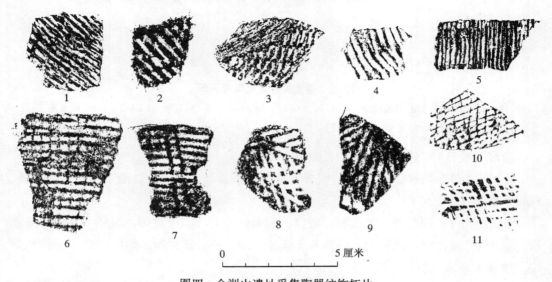

图四　金洲山遗址采集陶器纹饰拓片

1～5.绳纹　6、7.长方格纹　8、9.叶脉纹　10、11.方格纹（1、4、6、7.夹细砂陶，8、9.夹粗砂陶　10、11.泥质陶）

（1）陶器

敛口圜底釜　1件。NJ:14，圆唇，敛口，近直壁，微垂腹，圜底。夹砂浅灰陶，黑胎，素面。口径11.5、高12.6厘米（图六，10）。

高领罐　2件。口沿残，直领，球腹，圜底下应有粘接的扁圈足，球腹和圜底上多饰绳纹。NJ:12，夹细砂灰陶，灰色，灰胎。广肩，肩部饰绳纹。残高5厘米（图六，12）。

釜　8件。侈口，均为夹砂陶。根据沿的差别分为二型。

A型　6件。折沿。NJ:7，圆唇，沿较短。红褐色，黑胎。口沿下饰粗绳纹。残高4.8厘米；NJ:5，圆唇，折沿不甚明显，沿较长。白陶，黑胎。残高4厘米；NJ:9，方唇，唇面一道凹槽，长沿外折。灰白陶，深灰胎。残高5厘米；NJ:10，方唇，唇下一道突棱，长沿外折。灰白陶，黑胎。残高4厘米；NJ:8，方唇，唇面一道凹槽，唇下

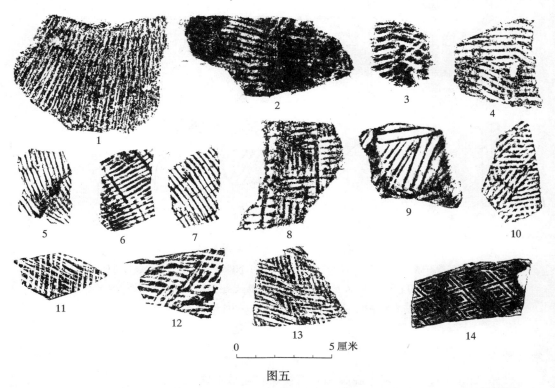

图五

1~13. 金洲山遗址采集陶器纹饰拓片　14. 鸡公头村遗址采集陶器纹饰拓片　1~5. 绳纹　6、7. 长方格纹　8. 方格纹　9. 方格填斜线纹　10~12. 交错绳纹　13. 曲折纹　14. 复线菱格凸点纹（1、3、4. 夹粗砂陶，2、5、7~9. 夹细砂陶，6、10~14. 泥质陶）

一道突棱，长沿外折。白陶，黑胎。沿下饰粗绳纹。残高 4.4 厘米（图六，1~5）。

　　B 型　2 件。折沿内突，折痕明显。NJ:6，方唇，唇外起棱，唇内侧一浅槽。灰白陶，黑胎。沿下饰粗绳纹。残高 3.2 厘米（图六，6）。

　　圈足　2 件。釜或罐的圈足，均夹砂粗陶。NJ:13，足外曲折，沿面近平。红褐色，黑胎。残高 2.8 厘米（图六，8）。

　　支座　1 件。NJ:11，柱状，中空，上下均残。夹粗砂红陶，红褐胎。残高 6、壁厚 2 厘米（图六，9）。

　　（2）石器　5 件。种类有生产工具类的铲、锛、网坠，以及装饰品类的环等。

　　穿孔石铲（?）　1 件。NJ:2，上下均残，大致呈长条形，中部穿孔，对钻而成，两面平整，磨制精细。残长 7.2、宽 5.5、厚 1、孔径 1.5~1.9 厘米（图六，11）。

　　锛　2 件。NJ:1，上段残，梯形，可能有肩，刃口使用痕迹明显。残长 5.4、宽 5.4、厚 1.2 厘米（图六，12）；NJ:4，梯形，斜刃，拱背。长 4.4、宽 3.8、厚 1.2 厘

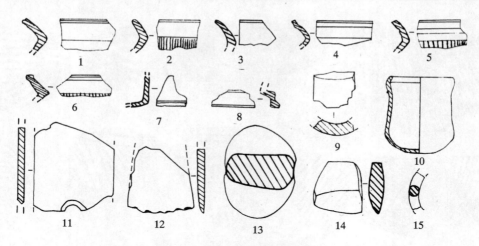

图六　金洲山遗址采集陶石器

1～5.侈口卷沿罐口沿（NJ:9；NJ:7；NJ:5；NJ:10；NJ:8）　6.侈口折沿罐口沿（NJ:6）
7.高领罐口沿（NJ:12）　8.圈足（NJ:13）　9.陶支座（NJ:11）　10.敛口圈足釜（NJ:
14）　11.穿孔石铲（NJ:2）　12、14.石锛（NJ:1；NJ:4）　13.石网坠（NJ:3）　15.石
环（NJ:5）（1～10为1/6，11～15为1/3）

米（图六，14）。

网坠　NJ：3，用深灰色扁圆鹅卵石粗略打制成亚腰状。长7.7、宽5.5、厚2.8厘米（图六，13）。

环　1件。NJ：5，可能为镯类。残，截面大致呈圆形。环径不确，厚0.8厘米（图六，15）。

金洲山遗址采集较多的泥质高领扁圈足罐的器形、纹饰与香港涌浪遗址晚期遗存⑤及东莞圆洲贝丘遗址第一、二组单位⑥中所出者相似，时代应相错不远，大致在新石器时代晚期，而少量泥质曲折纹陶片所代表的年代估计要到商时期。

4．合成村先秦遗址

位于镇境东北部的合成自然村内（图一），遗址所在地为一方圆约1万平方米的小沙丘，现其上基本都为合成村民居。番禺区文物考古爱好者于小光同志早年曾于村民挖鱼塘的泥沙中采集到夹砂陶片等，此次调查仅在腾龙花园围墙西侧两个鱼塘边采集到很少量的夹砂灰陶片，黑胎，器形、纹饰均不辨。也未见文化层，估计大部分已遭破坏。遗址范围大致推测在1000～2000平方米之间，中心位置东经113°33′128″，北纬22°47′884″。

合成村遗址采集的陶片少且时代特征不明显，只能推测大致在商周时期。

5．白藤滘村先秦遗址

位于白藤滘自然村，进港大道南侧加德士加油站后的荔枝林山坡上（图一）。现地貌为多级梯田的荔枝林，遗址范围东西约 60 平方米，南北约 50 平方米，面积约 3000 平方米，中心位置东经 113°33′902″，北纬 22°47′985″。地表有几片细方格纹的泥质红陶片（图七）、夹砂灰陶和红陶片等，能辨出器形的仅夹细砂红陶盆口沿残片 1 件。

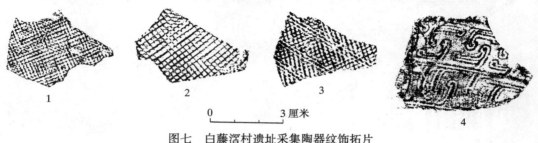

图七　白藤滘村遗址采集陶器纹饰拓片

1、2. 细方格纹　3. 细方格纹加弦纹　4. 夔纹

陶盆口沿　1 件。NG∶1，圆唇，微敛口，弧腹。上腹部一道弦纹。红胎，红色。口径不确，残高 5 厘米（图八，1）。

此外，在白藤滘村的荔枝岗南坡近坡脚处还采集到 2 片细方格纹和夔纹的泥质灰陶片（图七），时代与加油站背后荔枝林山坡上所采集的陶片一致，属同时代遗物，但不见有文化层，分布范围也不清楚。该地势为北高南低的缓坡，与加油站背后的

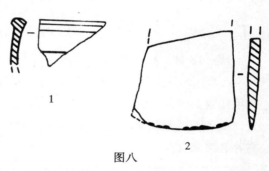

图八

1. 白藤滘村遗址采集夹砂陶盆口沿（NG∶1）　2. 牛牯马山采集残石斧（NN∶1）（1 为 1/4，2 为 1/2）

荔枝林山遥遥相对，距离约 200 米，可以认为这一带也在远古先民活动范围之内。

从采集到的细方格纹和夔纹陶纹饰特征来看，白藤滘村遗址时代约在西周至春秋阶段。

在南沙镇东南部深湾村（图一），虎门大桥西侧牛牯马山前坡地上还采集到一件残磨制石斧（图八，2），但未发现陶片等其他文化遗物，仅可推断远古先民曾在此活动过，遗址的具体位置不确定。

（二）汉代遗址

广隆村东汉遗址　由于小光同志最先发现告知我们。分布范围与鸡公头先秦遗址略有重合，稍偏西、偏南，村民挖鱼塘所堆积的泥沙中出露大量东汉时期的陶罐、碗、盆及瓦当等残片，相当丰富。该鱼塘之上以北即为广隆村民房所在地，相信遗址的大部分都被广隆村现代民居所覆压，面积估计不会小于 5000 平方米。采集的陶片均为泥质陶，以灰色为主，有深灰、浅灰之分，其次是红陶；部分器物施釉，有酱釉和绿釉两种。纹饰主要是交错绳纹组成的方格纹，多与弦纹同时使用，有的加戳印（图九，1、2、6）；瓦当则为施粗绳纹的泥质灰陶瓦（图九，4）。器形有罐、盆、钵等，以罐类为大宗。

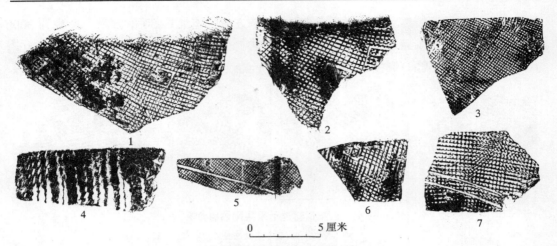

图九　广隆村遗址采集东汉陶器纹饰拓片

1～3、6. 方格纹加戳印纹　　4. 粗绳纹　　5、7. 方格纹加弦纹

罐　18 件。根据腹部的不同，分为二型。

A 型　8 件。鼓腹。NGJ:22，圆唇，斜沿起棱，近直口，小立领。肩部饰方格纹和戳印纹。浅灰胎，浅灰色，施酱绿釉。口径 17、残高 8.6 厘米；NGJ:26，圆唇，近直口微敛，外唇起突棱。肩部饰细方格纹，不显。灰胎，灰色，施酱釉。口径不确，残高 6.8 厘米（图一〇，1、7）。

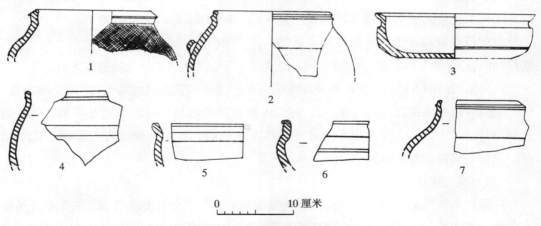

图一〇　广隆村遗址采集东汉陶器

1、2、4、7. 罐（NGJ:22；NGJ:23；NGJ:24；NGJ:16）　　3、5、6. 盆（NGJ:21；NGJ:29；NGJ:28）

B 型　10 件。圆弧腹。NGJ:23，圆唇，微敛口，外唇起突棱，肩部一对桥形耳。肩部及上腹饰细方格纹，不显，肩部并施一道细弦纹。浅灰胎，浅灰色。口径 15.2、残高 9 厘米；NGJ:24，圆唇，直口微侈，外唇起突棱。肩、腹饰细方格纹和弦纹，不显。灰胎，深灰色。口径不确，残高 10.2 厘米（图一〇，4、7）。

盆　5件。根据腹部的差别分为二型。

A型　2件。近直腹，平底。NGJ:21，圆唇，斜沿，直口，肩部起一宽折棱，下腹有一道凸弦纹。浅灰胎，橙黄色。口径21、底径15.4、高8.2厘米（图一〇，3）。

B型　3件。弧腹。NGJ:29，圆唇，微侈口。肩、上腹各一道弦纹。橙黄胎，橙黄色，无釉。口径不确，残高4.8厘米；NGJ:28，平唇，直口，腹弧曲。唇下、肩部、上腹各一道凹槽。灰胎，灰色，无釉。口径不确，残高5.4厘米（图一〇，6）。

（三）唐至宋元遗址

1．白藤滘村唐代遗址

分布范围与白藤滘村先秦遗址基本重合，但面积更大，东西约100米，南北约50米，面积不小于5000平方米，地表采集有大量素面黑皮灰胎的陶罐、小口双耳瓮和青釉碗残片等（图一一），唐宋时期该地当有一个规模不小的村落遗址。

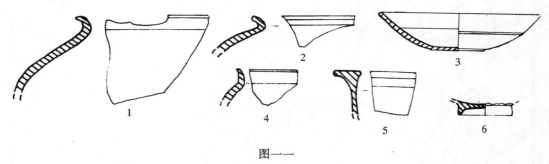

图一一

1~4.白藤滘村遗址采集陶器：1、2.瓮（NG:3；NG:10）　3.碗（NG:7）　4.罐（NG:9）

5~6.深湾村遗址采集陶器：5.擂钵（NS:3）　6.碗底（NS:4）　（皆1/4）

罐　7件。均黑皮灰胎，圆唇。按照口沿的不同，分为二型。

A型　5件。卷沿，侈口，束颈，鼓腹。NG:3，上腹一道弦纹。口径不确，残高10.4厘米；NG:10，卷沿近折。口径不确，残高3.8厘米（图一一，1、2）。

B型　2件。微侈口，小立领，圆弧腹。NG:8，口径不确，残高3.2厘米（图一一，4）。

碗　1件。NG:7，圆唇，敞口，斜腹，平底，假圈足。内壁和腹部饰有弦纹。浅灰胎，施青绿釉。口径18、底径5.6、高4.2厘米（图一一，3）。

2．深湾村宋元遗址

位于镇境东南部的深湾村后面山下的山湾内，地势三面环山，形如座椅（图二）。现植被为农田、荔枝林、竹林等，地表采集有大量宋元时期的红色板瓦、碗或罐类的器底和擂钵口沿残片1件，梯田剖面上也可看到有文化层分布。

擂钵　1件。NS:3，圆唇，宽平沿，微敛口，近直腹。灰胎，灰色，内壁有密集的竖槽。口径不确，残高4.6厘米（图一一，5）。

碗底　1件。NS：4，圈足，平底。青绿釉陶。底径5.8、残高1.7厘米（图一一，6）。

二　黄阁镇

（一）先秦遗址

可以确定的古文化遗址此次调查中未有发现，但根据采集的文化遗物和以往的调查成果能够大致确认2处先秦遗址分布点（图一二）。

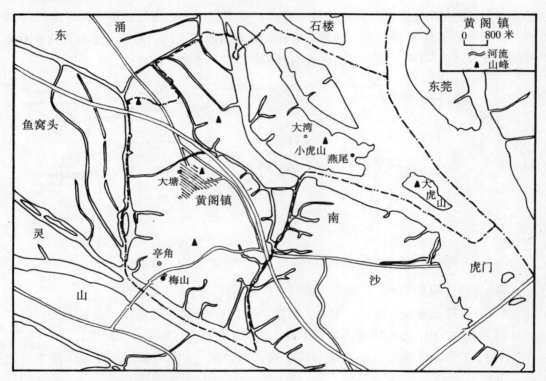

⊕ 先秦遗址　⊟ 汉代遗址　◉ 唐宋遗址　● 宋元遗址

图一二　黄阁镇古遗址分布示意图

1．梅山涌先秦遗址

1982年文物普查当中在亭角村的梅山涌采集到一件残双肩石斧和夹砂陶片等[⑦]。此次调查由于小光同志指引，再次对该地点进行复查时发现原地貌基本已不存，原遗址所在地现均被梅山糖厂厂房和职工宿舍所占据，未采集到文化遗物。

2．小虎岛先秦遗址

1982年文物普查当中在小虎岛鱼尾山海滩发现1件有段石锛和1件残石矛，均为砖厂工人掘沙时捡到，未见陶片等其他类的文化遗物⑧。此次调查仅在小虎岛北部大湾村大湾山的东北坡脚的荔枝林中采集到 1 件长条形石锛（图一三，1），亦未发现有其他相关的文化遗物。

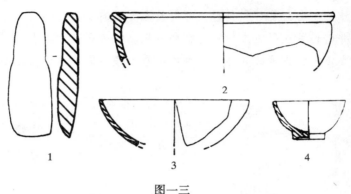

图一三

1. 大湾山采集石锛（HD：1）　2~4. 井仔山遗址采集陶器：2. 盆（HJ：2）　3. 钵（HJ：1）　4. 杯（HJ：3）（1、4 为 1/2，2、3 为 1/4）

石锛　1 件。HD：1，长条形，有肩，不明显，磨制不甚精细。长 6.8、宽 2.2、厚 1.2 厘米（图一三，1）。

（二）宋元遗址

井仔山遗址　位于大塘村大塘山西北面山坡，占据整个山头的大部分范围，中心位置为东经 113°29′598″，北纬 22°49′711″，面积近 1 万平方米，地表散落大量宋元时期的陶瓷片，当是一规模比较大的村落遗址。现植被主要是旱地农作物和果树等。

陶盆　1 件。HJ：2，圆唇，敛口，深弧腹。灰胎，灰褐色，素面。口径 24、残高 5 厘米（图一三，2）。

瓷碗　1 件。HJ：1，尖唇，敞口，斜弧腹。白胎，影青釉，开冰裂纹片。口径 16、残高 5 厘米（图一三，3）。

瓷杯　1 件。HJ：3，圆唇，敞口，弧腹。灰胎，灰色，青釉。口径 3.8、底径 1.4、高 2.2 厘米（图一三，4）。

此次对南沙经济开发区境内的考古调查收获颇丰，意义重大。首先使我们比较清楚地掌握了开发区境内古文化遗址的分布数量、埋藏情况和保存现状，有利于今后开发区境内基本建设施工当中所面临的文物保护工作；其次是初步掌握了南沙地区古文化遗址的分布状况，可以大体勾画出该区域先秦至唐宋时期的历史演进和开发历程，进一步了解广州珠江口滨海一带远古人类居住、生活的基本情况。

附记：此次调查是在广州市文化局委派、并提供相应的调查经费的情况下进行的，领队为广州市文物考古研究所副所长陈伟汉同志，参加人员有张强禄、廖明泉等同志。调查工作自始至终得到了南沙经济开发区管理委员会和番禺区博物馆的协助和大力支持，尤其感谢南沙管委会武装部和科教文部部长翟沛森同志，为调查工作的顺利开展提供了诸多帮助，并密切关注调查工作的进行和成果。番禺区文物考古爱好者于小光同志为我们提供了很多重要的线索，并在百忙之中抽空带领我们到遗址点复查，在此一并致谢！

　　　　　　　　　　　　　　　　　　　　　　　　执笔：张强禄　陈伟汉

　　　　　　　　　　　　　　　　　　　　　　　　绘图：张强禄

　　　　　　　　　　　　　　　　　　　　　　　　拓片：黄兆强

注　释

① 番禺市地方志编纂委员会办公室：《番禺县镇村志》，广东人民出版社，1996 年。

②⑦⑧ 蔡德铨：《有段石锛》、《有孔石矛残段》，《番禺县文物志》第 11～12 页，番禺县县志编纂委员会，1988年。

③ 方辉：《对区域系统调查法的几点认识与思考》，《考古》2002 年 5 期。

④ 广东省文物考古研究所、珠海市平沙文化科：《珠海平沙棠下环遗址发掘简报》图五－11，《文物》1998 年 7期。

⑤ 香港古物古迹办事处：《香港涌浪新石器遗址发掘简报》，《考古》1997 年 6 期。

⑥ 广东省文物考古研究所、东莞市博物馆：《广东东莞市圆洲贝丘遗址的发掘》，《考古》2000 年 6 期。

广州南田路古墓葬

广州市文物考古研究所

英文提要 In June 1999, 16 Tombs of Han to Qin dynasty were discovered and excavated at Nantian Road in Guang Zhou, Among them three belong to the middle or late Western Han. Their funeral objects are pottery urn, jar, tripod, yan steamer, gui food container, box, pot, bowl, basin, beaker, lamb, spindle whole and molds of the stove, granary, well and house, bronze bowl and agate beads. One is dated to the late Eastern Han, It yielded pottery bowl, jar, basin, vase, table, ear-cup and molds of stove, granary, boat, ox, horse, dog, hen, and duck. Five go back to the Six dynasties. The unearthed objects include celadon bowl, dish, bo bowl, basin, four-looped jar and white soapstone pig.

1999 年 6 月，为配合广州市重点建设工程——内环路的施工，广州市文物考古研究所对内环南田路段进行了考古调查与勘探，发现墓葬 16 座，随即进行了抢救性发掘，共清理了西汉墓 3 座，东汉墓 1 座，六朝墓 5 座，清墓 7 座，现将 9 座西汉至六朝墓的发掘情况简报如下：

一　墓葬分布概况

南田路为兴建广州内环新开辟的一条道路，大致呈东西走向。墓葬主要发现于南田路东段，即前进路至宝岗路之间（图一）。1950 年代曾在其北面的小港路大元岗发掘两汉墓葬 20 余座。[①]此路段原来地势东高西低，以江南大道为界，东段是坡地，土名万松园，西段地势平缓，原有南田古道，南田路因此得名。考古勘探前，清拆与平土工程已经结束。在此路段发现的 16 座古墓，编号为 99GNM1～M16。其中，M1、M2、M3 较分散，M1 位于南田路与前进路交接处，M3 位于南田路与江南大道交接处，M2 在两者之间，与 M1 相距约 100 米，与 M3 相距约 180 米。M4～M16 位于江南大道以西，分布较为集中（图二）。

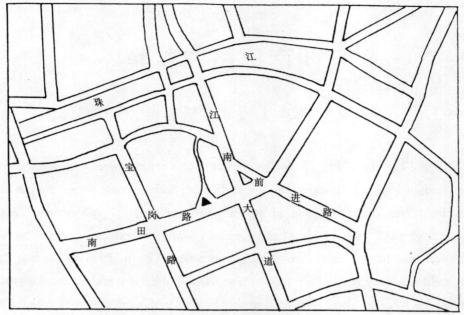

图一　南田路古墓葬位置示意图

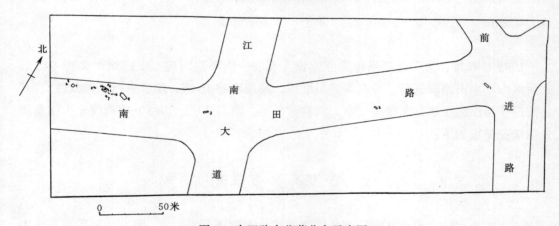

图二　南田路古墓葬分布示意图

二　西汉墓

（一）墓葬形制

3座西汉墓的编号分别是 M4、M7 和 M10。M4 保存情况较好，M7、M10 均遭到较为严重的破坏，墓室残缺不全。分别介绍如下：

1.M4　距离江南大道 65 米。方向 295°，为带墓道的竖穴木椁墓。墓室平面呈长方形，长5.5、宽2.9米，现存深1.7米。墓坑周壁垂直，坑壁及坑底平整。墓道在墓室前部，斜坡形，离墓底1.2米起斜坡，坡度19°。由于坡底与墓底高差悬殊，在墓道后端靠右侧留下一0.7米高的小土台以便上下。墓道由上而下渐宽，与墓室相接处宽1.6米。由于上部已被推平，原长不得而知，现存长度1.9米。墓室、墓道用原坑土掺沙回填。

椁室构筑在墓室当中，稍往右偏。木椁上部及封门木柱全朽，两侧壁及后壁仅存最下一块木板。从清理出的板灰痕看，椁室长4.3、宽2.3、高1米。椁口用4根木柱封门，椁底横铺7块底板。

棺具位于椁室正中，腐朽无存。板灰呈"日"字形，长2.8、宽0.7米。

随葬品较丰富，出土陶器91件，铜碗1件，玛瑙珠饰12颗。玛瑙出土于棺位，余器置于椁室的右侧和前端，其分布情况大致如下：鼎、簋、灶置于左前方，碗、盆置于正前方，右侧前端置仓和井，后端置屋，中部放置五联罐、壶、魁、卮、四耳罐、温壶、三足釜、勺等日常生活器物。在椁室后部，散布着五联罐的器盖及小盂，它们应是在椁内积水时从别处浮移过来的（图三）。

2.M7 在M4的西面。被水泥基础打破，又遭推土机挖断。仅残留一小角。从现存的结构分析，该墓应为一座长方形竖穴土坑墓，宽1.4、残长0.8～1.38、深0.4米。在剩余不足2平方米的墓室内，出土了16件随葬器物，全为陶器，器形有壶、罐、四耳罐、瓿、小釜、提筒、纺轮、小盂、困等。

3.M10 位于M7西南，上部被削平，东部被铲掉，中间被3座清代土坑墓打破，留下宽3.56、残长4、深0.3米的近方形的墓坑，见不到板灰痕迹。随葬品集中放置于墓坑一侧，有27件，除1件玛瑙管外，余皆为陶器，有壶、瓮、鼎、罐、碗、卮、小盂、纺轮、瓿等。

（二）随葬器物

三座西汉墓的随葬品按质料分有陶器、铜器和珠饰品，以陶器为大宗。

A.陶器 共133件。其中2件残碎太甚，质软如泥，型式不辨，2件为器盖，无器身同出，其余129件共分31种器形。胎质纯净细腻，个别于泥中掺细沙。绝大多数为硬陶，胎色以灰白居多，少量灰黄、灰红胎，其中110件施釉，约占硬陶总数的90％。釉色呈黄绿色或黄褐色，少数发黑褐色，多有脱落，能完整保留下来的很少。无釉陶以模型明器如屋、仓、井、灶和器形较大的器物如四耳展唇罐、鼎、盒等为主。软陶只有5件，胎色灰黄或黄白。

制法以手轮兼用为主。盖钮、器耳、把手、器足、铺首等是模制附加的。模型明器、勺等全为手制。

纹饰以弦纹最为普遍，方格纹、方格纹加方形和圆形戳印纹、铺首等印纹和篦点

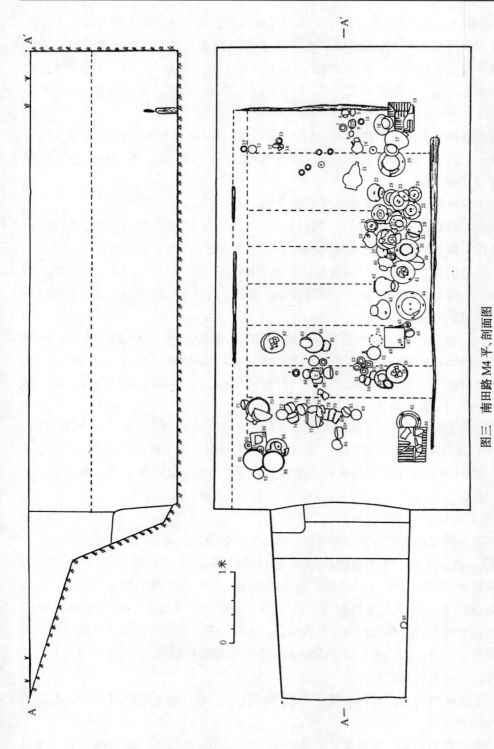

图三　南田路 M4 平、剖面图

1,4～8,10～15. 小盂　2,3,53～58,63,65～69,71～84. 碗　9,51. 魁　16. 三足釜　17,18,35,40～43. 壶　19. 屋　20,44. 四耳展唇罐　21. 匏壶
22～32、36.37. 四耳罐　33. 温壶　34,77. 壶盖　45. 匏勺　46. 灯　47,48. 纺轮　49. 井盖　50. 铜碗　52. 五联罐　56,64,86,87. 盆
57,93. 厄　59. 鐎盖　60. 仓　61. 井　62. 鐎　70,88. 鼎　85. 瓶　90,92. 瓿　91,94. 小盆　95. 勺

纹、菱格纹、叶脉纹、四叶纹等刻划纹也较常见。

1. 瓮　2件。M7、M10各1件。泥质灰硬陶，广口微侈，卷折沿，短直领，长圆腹，平底微内凹。M7:11，肩腹部拍印方格纹及圆形戳印纹，腹中部旋压2周凹弦纹。口径19.4、腹径30.2、底径19.8、高27.6厘米（图四，1）。M10:5在圆形戳印的边缘伸出等分的五个三角形，构成五星图样。

2. 四耳瓮　1件。M10:7，带盖。通高30、口径12、腹径31.2、底径19厘米。泥质灰黄胎硬陶，小口，平唇，短直领，圆鼓腹，平底。肩附4横桥耳。盖敛口，顶面平弧，顶中央立凹形钮（图四，2）。

3. 罐　5件。分二型。

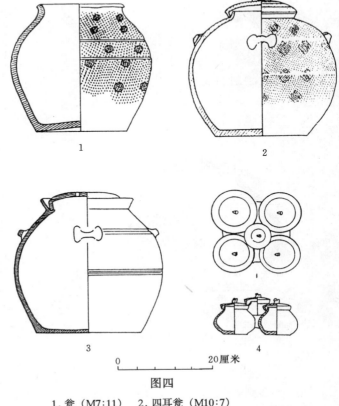

图四

1. 瓮（M7:11）　2. 四耳瓮（M10:7）

3. 四耳展唇罐（M4:44）　4. 五联罐（M4:52）

A型　4件，M7、M10各2件。直口，折唇外翻，扁鼓腹，平底。M7:8，肩腹饰方格纹，腹中部压1周宽凹弦纹。口径10、腹径14.8、底径11.2、高10.4厘米（图五，1）。

B型　1件，M10:3，微侈口，短直领，圆鼓腹，平底。器表施黄褐釉，气泡遍布，应为施釉不匀所致。肩腹部纵向刮出平行弧线，形似瓜棱纹。口径12.5、腹径18.6、底径13.6、高15厘米（图五，4）。

4. 四耳罐　15件。M4出土13件，皆带盖。M7、M10各1件。型式相同。平唇，直口，短直领，溜肩，扁鼓腹，平底。肩附4横桥耳。盖口敛收，面微弧，顶立凹形钮。多数只在肩腹部各施2周凹弦纹。M4:36，通高17.8、口径9.8、腹径21.2、底径14.8厘米（图五，2）。另有4件器身较小，除在肩腹部压印弦纹及细方格纹外，还在弦纹之间，戳方形印纹。M4:24，口径7.8、腹径16.2、底径11.2、高16厘米（图五，3）。

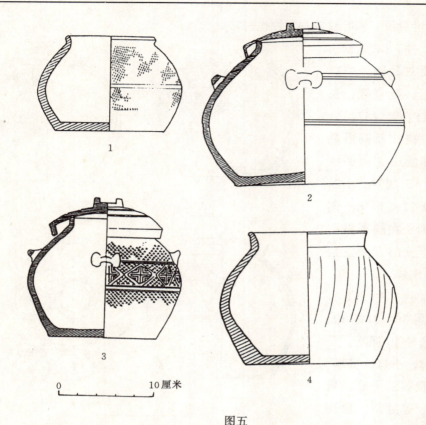

0　　　　　　　　　　10厘米

图五

1.A 型罐（M7:8）　2.四耳罐（M4:36）　3.四耳罐（M4:24）　4.B 型罐（M10:3）

5. 四耳展唇罐　2件。出于 M4。泥质灰白硬陶，器形较大，器身较高，敛口，展唇，溜肩，长圆腹，平底。肩附 4 横桥耳。未施釉，肩、腹部各饰 2 周凹弦纹。M4:44，带盖，器盖漫圆，套入器唇中，直口方唇，弧平顶，中穿 2 圆孔，用以系绳作钮。通高 32.4、口径 20、腹径 32、底径 22.2 厘米（图四，3）。

6. 五联罐　1件。M4:52，泥质灰白硬陶，无釉无纹。在大小近等的四罐联合体中置一小罐，其口沿略高出其他四罐。罐平唇直口，短直领，鼓腹，腹最大径靠下，平底。每罐皆有盖，盖敛口，面平弧，顶中央立鸟形钮。通高 9.2、长 19.4、宽 18.6 厘米（图四，4）。

7. 盒　2件。出于 M4，皆泥质灰白硬陶。按足部不同分二型。

A 型　1件，M4:34，通高 18.2、口径 20.8、底径 12.6 厘米，广口，深腹，上腹直壁，下腹折入，平底附圈足，圈足起凸棱。子口合盖，盖方唇，直口，盖面微弧，平顶，盖顶捉手为一圈突棱。器身无纹，盖面饰凹弦纹间以 3 组两两相对的斜行篦点纹（图六，1）。

B型　1件，M4：77，器如扁球形，广口，深圆腹，圜底附广高圈足。子口合盖，盖深广，平唇弧面平顶，中立乳钉穿孔钮，边缘有两周突棱，突棱之间分立三只小羊。通高20.6、口径21.8、腹径24.8、底径15.4厘米。器表薄施黄褐釉。器腹及盖面饰以双线斜方格纹，格外缀以平行短线。腹中部模贴一对兽形衔环铺首。盖顶刻划四叶纹饰（图六，2）。

8．鼎　3件。M4出土2件，M10有1件。皆带盖。广口，折腹，腹上部直立对称长方形耳，平底，下附三蹄足。子口带盖，盖深广，敞口平唇，弧面，大平顶微内凹。顶周穿三圆环。中央有乳钉钮。器身折腹处有1～2周凹弦

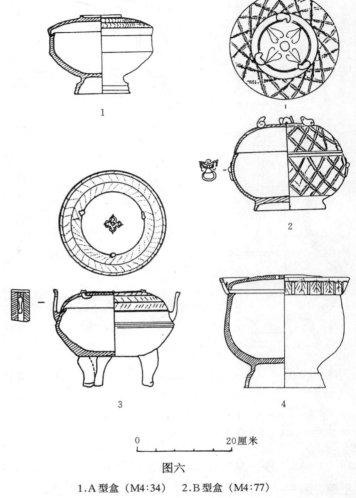

图六

1．A型盒（M4：34）　2．B型盒（M4：77）
3．鼎（M4：88）　4．簋（M4：62）

纹，器盖顶模贴四叶纹饰，盖面饰弦纹间斜行篦点纹。M4：88，通高21.5、口径21.5、腹径26、底径15厘米（图六，3）。

9．壶　13件。侈口，长颈，鼓腹，高圈足；肩部一对横桥耳，圈足与耳相对处穿2圆孔。器表施黄褐釉。壶颈、肩、腹部及盖面各饰1～2道弦纹。根据口部不同分3式：

1式　1件，M4：40，口径9.4、腹径20、通高29.5厘米。器身较小，平唇，喇叭口，腹扁圆。腹部模贴一对兽形衔环铺首，圈足微起凸棱，用以系绳。带盖，盖子口，凸起尖唇套入壶中，盖面微弧，顶中央立半环形钮（图七，1）。

2式　7件，M4出5件，M7出2件。子口，圆鼓腹，圈足起2道凸棱。纹饰及釉

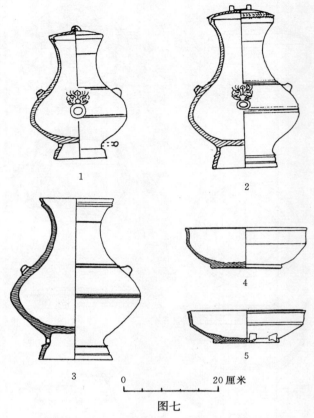

图七

1.1 式壶（M4:40）　　2.2 式壶（M4:43）　　3.3 式壶（M4:18）
4.1 式盆（M4:87）5.2 式盆（M4:86）

色与 1 式相同。多成对出现。M4：43，带盖，盖直口尖唇，平弧顶，凹形钮。盖面饰 2 周细弦纹斜行篦点纹。口径 12.2、腹径 23.6、底径 14、通高 36 厘米（图七，2）。

3 式　5 件，M4 出 1 件，M7、M10 各 2 件。盘口，唇下起 2 道凸棱。扁鼓腹，圈足同 2 式。M4：18，无釉，口径 15.6、腹径 27.2、底径 15.6、高 35.6 厘米（图七，3）。

10.簋　1 件。M4：62，广口内敛，高唇，深垂腹，高圈足。盖方唇，直口，平弧顶，顶中有一对小圆孔以系绳作钮。唇部间以长方形镂孔，外饰叶脉纹及 1 周凹弦纹。盖面饰 2 周凹弦纹。器表施黄褐釉，釉层保存较好。通高 26、口径 25.8、底径 17.4 厘米（图六，4）。

11.甗　3 件。分 3 式。

1 式　1 件，M7:2，灰黄胎泥质硬陶，由鼎、甑组成，通高 28 厘米。鼎盘口，扁垂腹，肩贴一对半环形直耳，平底，下有三蹄足，鼎肩、腹部饰 3 道弦纹，口径 16、腹径 20.8、底径 15.2 厘米；甑平唇敞口，深折腹，平底纵穿小圆孔，其底径略大于鼎口盘底的孔径。口径 13.6、底径 7.2 厘米（图九，1）。

2 式　1 件，M10:1，胎灰红，质稍软，鼎、算分离，鼎敛口高唇，斜肩上一对桥形耳，扁折腹，平底附三蹄足。算形如壁套入鼎口，其边缘尖弧而中部略凹。鼎肩部饰凹弦纹一周，口径 14、腹径 19.2、底径 14.4、高 17.2 厘米（图九，2）。

3 式　1 件，M4:85（92），灰白泥质硬陶，通体施黄褐釉，局部脱落。自上而下分为甑、算、鼎三部分，算鼎联为一体，通高 26 厘米。鼎盘口，圆垂腹，平底附三蹄足。口底连算，算面微弧，中穿圆孔，口径 17.4、腹径 21.6、底径 13.2 厘米；甑方唇，深腹，腹下部折入，刮削明显，平底中穿孔，口径 11.4、底径 4.2 厘米（图九，3）。

12.盆　4 件。皆出于 M4。广口，折腹，器底有台足或矮圈足。根据器唇及底的区别分2式。

1式　3件，平唇，台足。M4:87，台足较高，口径26、底径14.5、高8.8厘米（图七，4）。

2式　1件，M4:86，平折唇，假圈足。折腹处饰1周凹弦纹，腹底有4块烧结绿釉。口径25、底径13.8、高7厘米（图七，5）。

13. 碗　28件。根据足部不同分二型。

A型　26件，全出于M4，直口，深腹，台足，平底微内凹。根据唇部不同分2式。

1式　1件，M4:2，此器较规整，尖唇。口径12.6、底径8.6、高6厘米。无纹饰，通体施黄褐釉，大部脱落，仅内底有少量留存（图八，1）。

2式　25件，平唇，口沿下压1周宽凹弦纹。M4:78，口径14、底径8.8、高7.8厘米。这一批碗多有变形，且胎釉结合较差，表面许多起泡（图八，2）。

B型　2件，出于M10，直口卷唇，弧收腹，圈足。M10:21，腹中部压凹弦纹一周。口径11、底径5.8、高6.2厘米（图八，3）。

14. 盂　18件。圆

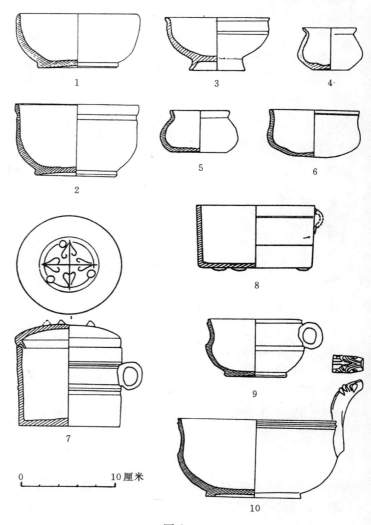

图八

1.A型1式碗（M4:2）　2.A型2式碗（M4:78）　3.B型碗（M10:21）

4.小盂（M4:5）　5.小釜（M4:10）　6.1式卮（M4:57）　7.2式卮（M10:24）　8.1式魁（M4:9）　9.2式魁（M4:51）

唇，侈口，短束颈，扁圆腹，腹最大径靠下，平底微内凹。其中一些口外撇得厉害些。

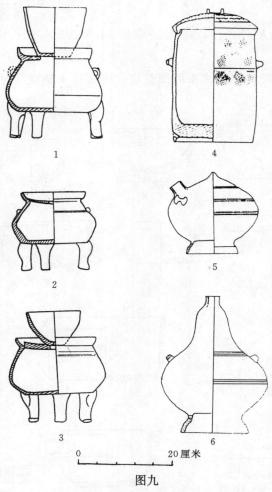

图九

1.1 式甗（M7:2）　2.2 式甗（M10:1）　3.3 式甗
（M4:85）　4. 提筒（M7:7）　5. 温壶（M4:33）
6. 匏壶（M4:21）

M4:13，口径 5.9、腹径 7、高 4.1 厘米（图八，4）。M4：5，口径 6.2、腹径 8.2、高 4.5 厘米（图八，5）。

15. 小釜　4 件。分二型。

A 型　2 件，皆出于 M4 陶灶之旁，原应置于灶眼之上。敛口，高唇如盘形，扁圆腹，平底或圜平底。M4:94，口径 7.7、腹径 8.7、高 4.9 厘米（图一三，1）。

B 型　2 件，广口微侈，圆唇，深圆腹，上腹微束，圜底。M4:10，口沿下一道凹弦纹。口径 9.6、高 5 厘米（图八，6）。

16. 魁　2 件。根据把手的区别分 2 式。

1 式　1 件，M4:9，广口，器腹上部敛束，一侧有环形把手，下部折出再弧收，台足。唇沿有 1 周凸弦纹。高 6.2、口径 7.9、底径 6.2 厘米（图八，9）。

2 式　1 件，M4:51，把手作龙首形，足为假圈足，唇沿下压 2 道凹弦纹。高 13.2、口径 16.8、底径 10.2 厘米（图八，10）。

17. 卮　5 件。分 2 式。

1 式　2 件，器身圆直如筒，略呈上大下小，直口平唇，环形把手，平底。带盖，盖漫圆，弧顶，子母口，顶立三乳状钮。器腹中部饰 2 道凹弦纹，盖顶刻划四叶纹饰，外绕以 2 周弦纹。M4:57，口径 11、底径 10.6、高 11.8 厘米（图八，7）。

2 式　3 件，器身较 1 式矮，腹壁一侧贴一纵向半环形耳，平底附三乳足。M10:24，口径 12.6、底径 12、高 7.3 厘米（图八，8）。

18. 提筒　1 件。M7:7，器身修长，子口带盖，腹壁上部附 2 对称半环形耳，矮圈足，圈足处有 2 穿孔与耳相对。盖敛口，面弧顶平，顶中立凹形钮。器耳下压凹弦纹 1 周，弦纹上下饰细方格纹及戳印纹，盖面在 3 道凹弦纹之间刻划斜行篦点纹。口径

14.4、底径 16.8、通高 28.8
厘米（图九，4）。

19. 温壶 1 件。M4：
33，尖顶封闭，溜肩，扁圆
腹，高圈足。有短流，无盖。
腹上部有 1 对横桥耳。颈、
肩、腹各饰 2 周凹弦纹。

器表施黄褐釉。高 18.2、
腹径 18.8、底径 11 厘米（图
九，5）。

20. 匏壶 1 件。M4：
21，喇叭形小口，方唇，颈
粗肥而长，溜肩，腹鼓圆，
高圈足。肩附 2 横桥耳，圈
足间有 2 对称小圆孔便于系
绳。肩、腹部饰 2 周凹弦纹，
器表施黄褐釉。高 31.2、口
径 2.8、腹径 22.4、底径
14.4 厘米（图九，6）。

21. 灯 1 件。M4：46，
灰白胎泥质硬陶，由灯盏、
座足及联结两者的圆柱合成。
灯盏碗形，方唇，直腹圜底；

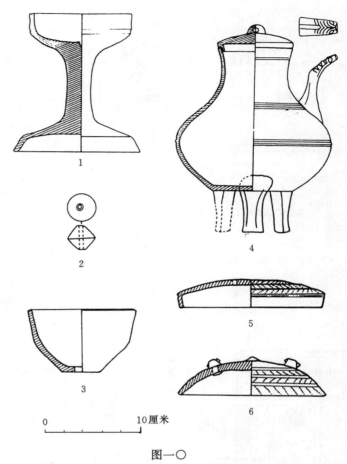

图一〇

1. 灯（M4：46） 2. 纺轮（M4：48） 3. 甑（M4：90） 4. 三
足釜（M4：16） 5. 器盖（M10：11） 6. 器盖（M10：20）

座足盘形，方唇侈口，腹壁斜直，平底。盏近底部饰以 1 周宽凹弦纹，无釉。高 15.4、
盏口径 10.8、座足径 13.4 厘米（图一〇，1）。

22. 甑。2 件。敞口，深折腹，平底穿孔。M4：90，口径 11.4、底径 4、高 7 厘米
（图一〇，3）。

23. 三足釜 1 件。M4：16，方唇，敞口，束颈，溜肩，一侧附斜向上的龙首形扳
手扁鼓腹，平底下附三直足。带盖，盖为子母口，平弧顶，顶中央有半环形钮。口沿下
饰 1 周凹弦纹，肩、腹处各饰 2 周凹弦纹。器表施黄褐釉，脱落几半。通高 23.2、口
径 8、腹径 16.5 厘米（图一〇，4）。

24. 纺轮 6 件。M4、M7、M10 各 2 件。菱形如算珠，纵穿孔。M4：48，径 3.1、
高 2.6 厘米（图一〇，2）。

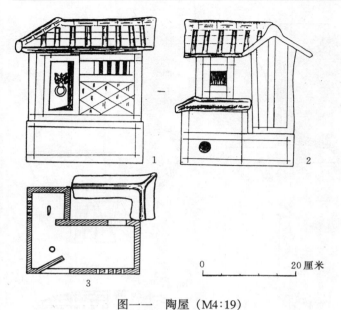

图一一 陶屋（M4:19）

1.正视图 2.侧视图 3.平面图

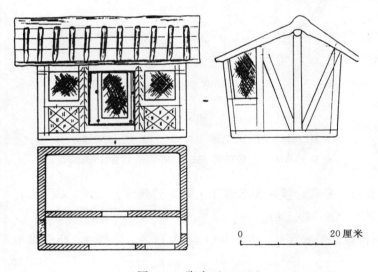

图一二 陶仓（M4:60）

25. 匏勺 1件。M4:45，器形如烟斗。勺体如圆球形，口形如腰，柄如圆柱，中空，前大后小，末端突起如圆球，穿孔。勺径7.4、通长24.8厘米（图一三，3）。

26. 勺 1件。M4:95，出于墓道。勺体半圆形，柄残断。断面呈"V"形。口径7、残长8.4厘米（图一三，4）。

27. 灶 1件。M4:89，长方形灶体，有额墙，烟突作龙首形。灶身前窄后宽，灶门券拱形。灶面开釜眼3个。通长38.4、宽14.4、高19厘米（图一三，1）。

28. 屋 1件。M4:19，干栏式房屋。分上下两层。上层平面作曲尺形，前为横长方形的前堂，左侧后连廊屋，为厕所。前堂在正面墙偏左边开单扇门，半掩，门板上贴有兽形衔环铺首，面墙右上部设有直棂窗，后墙辟方窗。廊屋山墙上部也设有直棂窗格。屋顶是由两个等高的悬山顶交角而成的三脊四坡，每脊末端都翘起，坡上排列有瓦垄。下层基座方形，为畜圈。大部被上层所罩，仅四分之一露天。四周围墙密封，后墙墙根辟有圆形窦洞。露天的墙头有狭窄瓦檐，立有三脊四坡，但无瓦垄。上下两层四面墙皆刻划横直线纹。上层正面直棂窗格下饰有单线菱格纹，格内划两条竖短线。长29.2、宽24.5、高32厘米（图一一）。

29. 仓 1件。M4:60，平面作长方形，分前后两部分。前为横廊，后为仓室。正面中间开长方形门口，两侧开方形窗。隔墙正中设门，门旁两侧各有小圆孔3个，以示有木门扇的位置。悬山式两坡屋顶，排列瓦垄。正面墙四边划单线，两窗下饰有斜方格纹，格内划2道竖短线，门旁立柱饰叶脉纹。山墙及后墙划横、直、斜线纹，以示柱枋构架。长39.8、宽31.2、高27.8厘米（图一二）。

30．井　1件。M4：61。圆井栏，圆地台，井栏上敛下宽，中部附加凸棱2周，地台上有方形柱础4个，础中有圆孔。井亭为四阿式，正中有脊，坡上有瓦垄。井栏口径15.8、底径19.2、高19.2厘米。井亭长23.8、宽22.6、高7.6厘米（图一三，2）。

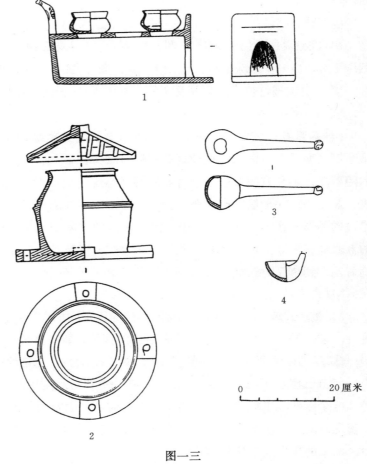

图一三

1．灶（M4：89）　2．井（M4：61）　3．匏勺（M4：45）
4．勺（M4：95）

31．囷　1件。M7：10，黄白泥质软陶，甚为残碎，仅能看出器形。体圆形，上广下敛，底有地台，盖顶呈伞形。

32．器盖　2件。分2型。

A型　1件，M10：11，直口微敛，盖面平弧，顶中穿2孔以穿绳作钮。盖面饰3组相间的凹弦纹与斜行篦点纹（图一〇，5）。

B型　1件，M10：20，敞口，弧顶，顶中分立三鸟形钮。盖面施黄褐釉，脱落殆尽。纹饰为3道凹弦纹间斜行篦点纹（图一〇，6）。

B．铜器

1件。M4：50，出土时胎已酥松，与泥土不能脱离，仅能辨认器形为碗。直口，深腹。

C. 珠饰

M4 在棺具位置出土珠饰 12 颗，包括绿色琉璃珠 2 颗，玛瑙珠 10 颗，其中橘红色的圆珠 1 对、扁平菱形珠 1 对、榄形管 3 颗，咖啡色带乳白斑的榄形管 2 颗，柱形管 1 颗。

M10 出土橘红色榄形玛瑙管 1 颗。M10:14，长 2、最大径 1.5 厘米。

（三）小结

M4 为带墓道的单室木椁墓，《广州汉墓》将这类墓划属为Ⅱ型 5 式，盛行于西汉，到东汉后期已全然消失，这种墓型跨越西汉前、中、后及东汉前期四个时段。考察该墓的随葬品，则具有明显的一个时段的特征。这主要从两方面来看：其一，四耳展唇罐，篓，三足釜，前加横廊的陶仓，分上下层、上层作曲尺形的干栏式陶屋均是西汉后期才出现的器形，在 M4 中皆有出土，因此该墓的上限不会早于西汉后期；其二，M4 出土的五联罐，平底无足、无耳、无纹，在《广州汉墓》中，属Ⅱ型，从西汉中期一直延用到后期，到东汉时已绝迹，故而 M4 的下限不会晚于东汉。由于这些断代的标准器存在，M4 的年代可卡定在西汉后期。

M7 虽然残破，但依留存的结构能够推定其为长方形竖穴直坑墓，根据《广州汉墓》的分析，这类墓见于西汉前中期。该墓所出的提筒，器身修长，上下同大，高度是腹径的一倍，具有鲜明的西汉中期的特点。结合墓型与器形分析，M7 的年代当为西汉中期。

M10 长度已不可知，而宽度近 4 米，较罕见，在《广州汉墓》墓葬形制表中所列的 300 余座两汉土坑或木椁墓中，没有近似的。由宽度推想其规模不会小，但由于受破坏程度剧烈，且板灰痕全无，形制难于确定。墓中出土器物、类型与数量都与 M7 相似，两墓的年代应该比较接近，都属于西汉中期。

附表 1　　　　　　　　　　　　　西汉墓形制及随葬品登记表

墓号	长宽高 （单位：米）	随葬品 （未注明质地者为陶器，阿拉伯数字为件数，未注明者为 1 件）
M4	5.5×2.9-1.7	四耳罐 13、四耳展唇罐 2、五联罐、盒 2、鼎 2、壶 7、篓、瓿、盆 4、碗 26、盂 11、小釜 3、魁 2、卮 2、温壶、匏壶、灯、甑 2、三足釜、纺轮 2、匏勺、勺、灶、屋、仓、井、铜碗、玛瑙珠 10、琉璃珠 2
M7	1.38×1.4-0.4	瓮、A 罐 2、四耳罐、壶 4、瓿、盂 2、小釜、提筒、纺轮 2、囷
M10	4×3.56-0.3	瓮、四耳瓮、四耳罐、A 罐 2、B 罐、鼎、瓿、壶 2、碗 2、盂 5、卮 3、纺轮 2、器盖 2、玛瑙管 1

三　东汉墓

（一）墓葬形制

东汉墓仅一座，M5，砖室墓，受破坏严重，结构不全。仅余前室局部和后室前端，方向 95°。前室大致呈方形，残长 2.26、宽 2.32、残深 0.43 米。后室抬高三层砖位，宽 1.22、残长 0.92 米。墓底已裸于地表。墓砖灰黑色，一面拍印有网格纹，长宽厚分别为 38、18、5 厘米。

（二）随葬器物

M5 出土随葬器物共 58 个编号，经过拼合，实际有 40 件器物，24 种器形。全为陶器。

1. 碗　4 件。泥质灰硬陶，直口圆唇，腹壁上直下折入，圈足外撇。M5:32，碗内外施黄绿釉，腹上部饰 2 周凸弦纹。口径 10、底径 6.2、高 6 厘米（图一四，2）。

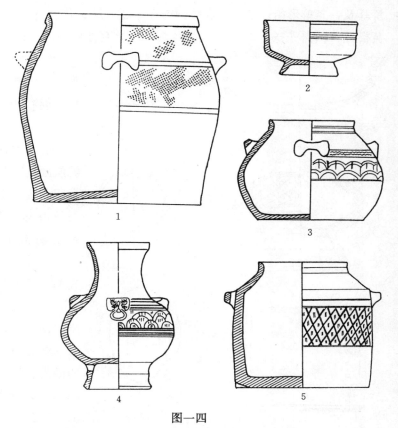

图一四

1. 四耳罐（M5:56）　2. 碗（M5:32）　3. 四耳罐（M5:19）
4. 壶（M5:2）　5. 双耳直身罐（M5:6）（4 为 1/8，余为 1/4）

2. 四耳罐　2 件。分二型。

A 型　1 件。M5:19，泥质灰白硬陶，器表施黄褐釉。直口尖唇，短颈，扁圆腹，平底微内凹。肩附四横桥耳。在肩腹部分别旋出 3 道弦纹，弦纹之间刻划水波纹及平行竖线。口径 9、腹径 15.4、底径 11.6、高 11.2 厘米（图一四，3）。

B 型　1 件。M5:56，泥质灰白硬陶，广口，卷折唇，长圆腹，平底内凹，肩部四横桥耳。肩部及腹上部饰弦纹及细方格纹。表施黄褐釉，局部脱落。口径 15.6、腹径 20.8、底径 16.8、高 21.2 厘米（图一四，1）。

3. 直身罐　2 件。灰黄泥质硬陶，直口尖唇，短颈，斜肩，直腹，平底。肩附 2 横桥耳。底与耳相对处有凹缺。腹部在 2 组弦纹中间饰以双线菱格纹，格内划短竖线。M5:6 器表施黄绿釉，口径 9.4、底径 14、高 14.2 厘米（图一四，5）。

4. 壶　1 件。M5:2，灰白泥质硬陶，微盘口，束颈，鼓腹，高圈足。肩部贴 2 横桥耳及一对兽形衔环铺首。肩腹部饰多道凹弦纹，弦纹中刻划水波纹及短竖线。器表施黄褐釉，釉面光亮。口径13、腹径23.2、底径13、高32.8厘米（图一四，4）。

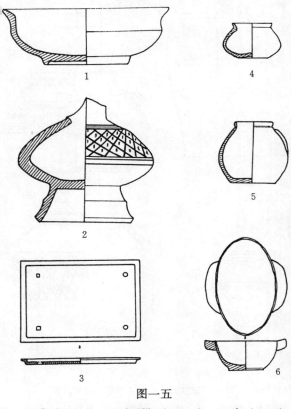

图一五

1. 盆（M5：54）　2. 细颈瓶（M5：42）　3. 案（M5：1）
4. 小盂（M5：24）　5. 小缸（M5：52）　6. 耳杯（M5：35）（3为1/6，余为1/4）

5．盆　1件。M5：54，泥质灰硬陶，平唇外折，折腹，矮圈足，口径18、底径9、高6.2厘米（图一五，1）。

6．细颈瓶　1件。M5：42，灰白泥质硬陶，颈以上缺失，扁腹，高圈足起凸棱。肩腹处饰以弦纹间双线菱格纹并短竖线纹。腹径14.6、底径9.8、残高14厘米（图一五，2）。

7．案　1件。M5：1，红黄胎泥质软陶，长方形，宽平沿，浅腹，平底穿4孔。长52.2、宽36.6、高2.4厘米（图一五，3）。

8．小盂　1件。M5：24，灰白泥质硬陶，侈口，束颈，扁垂腹，平底内凹。表施黄褐釉。口径4.2、腹径6、底径3、高3.8厘米（图一五，4）。

9．灶　1件。M5：34，青灰泥质硬陶，残碎不能复原，散存有小人俑及小水缸等附件。人俑编号为M5：51，青灰泥质硬陶，立姿，高5.2厘米。水缸编号为M5：52，青灰泥质硬陶，直口圆唇，长圆腹，腹最大径靠下，平底。腹壁一侧粘有泥条，口径4、腹径7.2、底径4.8、高6.8厘米（图一五，5）。估计俑及水缸原立在灶门旁地台上。

10．耳杯　2件。泥质灰红陶，椭圆形，敞口，两侧新月形耳，平底。M5：35，高3.6、长11.2、宽8.8厘米（图一五，6）。

11．囷　1件。M5：3，红黄胎泥质硬陶，干栏式，伞盖圆体四方切角地台。正面开长方形门口，门槛极高，前设一级台阶，门楣突出。门旁刻划门框线条及双线菱格纹。底有4圆孔，4根圆锥状柱穿入其中以作支撑。盖面漫圆，顶近平，边缘饰圆形凸棱一周，中央立一扁平钮，并于钮下等分贴3条放射状泥条。盖径36、通高23.6厘米（图一六，1）。

12．船　1件。M5：43，泥质灰黄硬陶，船体呈长条形，首尾狭，翘起，中部宽，

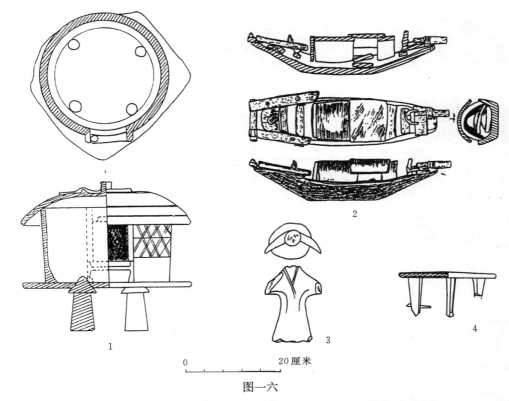

图一六

1. 囷（M5:3）　2. 船（M5:43）　3. 俑（M5:7）　4. 三足器座（M5:30）

大平底。船头两边各插桨架两根，船尾有俑作摇橹状。船舱深长，前设挡板，篷顶拱形，中部是活动式的，可开可闭。通高 8.8、长 40、宽 10.8 厘米（图一六，2）。

13. 三足器座　1件。M5:50，扁平圆台下附 3 条四棱足，足底两侧面相对贴锥形尖刺。高 10、径 20.8 厘米（图一六，4）。

14. 筷　1 双。M5:22，黄白胎泥质软陶，圆形长条，断成数截。直径 1.1、长约 20 厘米。

15. 井盖　1 件。M5:35，灰白胎，硬陶，表施黄褐釉，方形，四面坡修出瓦垄，正中有短脊，脊末印有 5 个小圆圈。四角向中央起脊，四脊侧面刻划水波纹。长宽 16、高 7.6 厘米（图一七，5）。

16. 器盖　10 件。灰胎硬陶，盖面施黄褐釉，分 4 式。

1 式　6 件，敛口，弧顶，凹钮。M5:10，径 11.8、高 5.6 厘米（图一七，1）。

2 式　1 件，M5:4，子口，弧顶，凹钮，径 16.5、高 6.6 厘米（图一七，2）。

3 式　1 件，M5:17，直口微敛，平弧顶，半环形穿环钮。盖面饰弦纹间水波纹及平行短线纹。径 22.8、高 7.2 厘米。（图一七，3）。

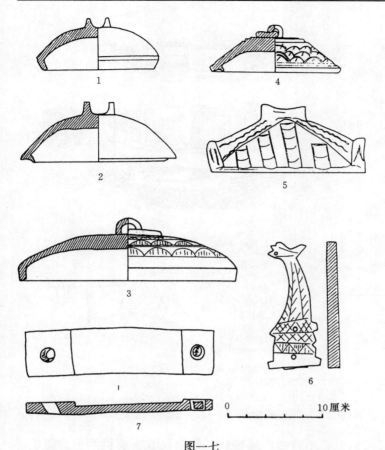

图一七

1.器盖（M5：14） 2.器盖（M5：4） 3.器盖（M5：17） 4.器盖（M5：18） 5.井盖（M5：35） 6.凤鸟形构件（M5：36） 7.条板形器座（M5：14）

4式 2件，子口，平顶，斜面，顶立环形穿环钮。盖面刻划水波纹，顶边缘及唇上沿压宽凹弦纹。M5：18，径13.6、高5.1厘米（图一七，4）。

17.凤鸟形构件 2件。形状相似，大小略差。灰白胎硬陶，形体扁平，状极抽象，仿若凤鸟，尖喙高冠长颈引伸，身以下简化。两面刻划3组纹饰，由上而下分别为叶脉纹、网格纹、曲折纹和竖线的组合纹。底部有不齐的断口。估为立于平台两侧的构件，其作用相当于屏风架。M5：36，长14、宽5.6、厚1.2厘米（图一七，6）。

18.条板形器座 1件。M5：14，长方形扁平体，中部凹下，两端高起处各纵穿一圆孔。长20、宽5、高1.3厘米（图一七，7）。

19.俑 1件。M5：7，灰红胎泥质硬陶，缺头，身中空，直立，两手张开作环抱状，衣裙相连，直衽。宽10、残高16.8厘米（图一六，3）。

20.狗 1件。M5：11，青灰泥质硬陶，蹲伏状，凹眼立耳宽凹鼻，长身卷尾。臀下捏出阜门。长17、宽6.8、高11.2厘米。

21.牛 1件。M5：33，泥质硬红陶，蹲伏，大眼立耳，宽鼻，张口露齿，长身丰臀，尾上卷，腹下贴泥示意阜门。背部及四肢上刻划短线示意毛发。长20.4、宽7.5、高12.6厘米。

22.鸡 1件。M5：21，泥质灰红硬陶，小头，立冠，凸眼，尖喙，细长颈，翅贴于腹侧面，丰身，尾翼高立，二足蜷曲。鸡冠及羽毛用短线刻划示意。长17、宽7.5、高 10.9 厘米。

23．鸭　2 件。青灰泥质硬陶，小头，凸眼，扁嘴，丰身，展尾翼，足蜷曲。M5：47，长 17.6、宽 7.2、高 7.5 厘米。

24．马　1 件。M5：49，泥质硬红陶，蹲伏，2 前足交叠曲弯，宽吻，凹圆鼻，大眼，立耳后伸。尾后卷，臀后凸出阜门。长 20.2、宽 7.6、高 10.5 厘米。

（三）小结

M5 的前室平面大致呈正方形，根据《广州汉墓》对 78 座东汉砖室墓所作的形制统计表明，正方形前室皆结砌圆锥形穹隆顶[②]，这种结构形式到东汉中叶始出现。该墓出土的陶灶虽太过残碎不能复原，但可明显看出带有水缸及人俑，这是东汉后期才见到的新器形。因此，该墓的年代当为东汉后期。

另外，活动式篷顶的陶船在以往的发掘中不曾发现，它的出土，丰富了东汉时期珠江三角洲内河船的品种，为研究古代航运史提供了宝贵的实物资料。

四　六朝墓

（一）墓葬形制

六朝墓共 5 座。编号分别为 M1、M2、M3、M6、M9。皆砖室墓。

1．M1　长方形单隅分室墓，方向 80°。上部被削，前部遭破坏，残余前室后部、过道及后室。墓室残长 5、宽 1.46、残深 0.5 米。墓壁用长方形砖顺砖平摆错缝砌筑，过道设衬券，后壁正中有假柱，底砖铺一行纵一行横。墓砖有红黄和青灰两色，素面或双面拍印网格纹，长 36、宽 18、厚 5 厘米。出土随葬品 7 件，其中，前室出 2 碗，后室前端出 1 碗，后端出 3 碗 1 四耳罐。

2．M2　长方形单隅单室墓，方向 75°。墓顶及上部不存，封门两侧被破坏。墓室长 2.86、宽 0.68、残高 0.40 米。墓壁用砖平摆错缝结砌，封门砖平竖相间，墓底正中平铺一列纵向砖，两旁平行排列横向砖。砖呈黄色，质稍软，两面拍网格纹，长 33～34、宽 13～15、厚 3～4 厘米。出土随葬品 2 件，1 碗 1 碟。

3．M3　"凸"字形单隅分室墓，方向 40°。墓分前后室，前室方正而后室狭长。上部已毁，残深 0.36 米。墓内总长 4.5 米，前室宽 1.1 米，后室收窄，宽 0.79 米。墓壁平砖错缝叠砌，封门砖平竖相间，前室近封门处起拐角。支衬券，后壁正中有假柱。墓底分级，前室略低，砖铺人字，后室抬高 3 层砖位，砖铺一列横一列纵。砌墓用砖有灰色和黄色两种，质较软，双面拍网格纹，长 33、宽 14、厚 4 厘米。出土器物 4 件，前室有 3，分别是碗、钵、碟，后室出 1 小碗（图一八）。

4．M6　甲字形单隅单室墓，方向 324°。墓分甬道和棺室两部分，棺室后部已毁。

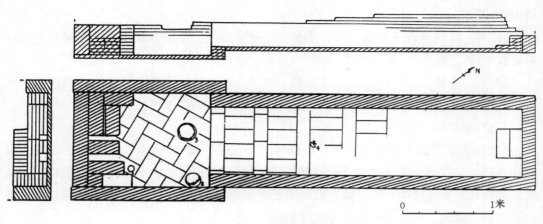

图一八　M3 平、剖面图
1. 碗　2. 钵　3. 碟　4. 碗

残长 3.1 米，甬道宽 0.7 米，棺室宽 0.9 米。单隅，侧壁平砖顺放错缝而砌，封门纵向砖砌"人"字纹。墓底平，平铺纵向砖。砖皆黄色网纹，长宽厚为 36×16×4 厘米。墓内出滑石猪 1 只，对半剖开，散于两处。

5. M9　几近全毁，仅余墓室前端底部及相通的一段排水沟，大部结构已不可知。方向 315°。墓底砖一纵二横交错铺砌，侧壁用砖竖立斜放。排水沟的砌法是：最底平铺一列纵向砖，其上用特制的带榫口和榫头的长方条砖互相咬合砌于两侧，中间留空以通水，上层再用一层纵向砖覆盖。墓室残长 1.15、宽 0.58、残高 0.18 米，排水沟残长 2.5、宽 0.22、高 0.12 米。沟内宽 0.08、高 0.06 米。墓砖采用红黄色素面或网纹砖，质较软，长 38~39、宽 18~19、厚 5 厘米。残留底砖上出土随葬器物 6 件：1 四耳罐，4 小碟，1 盆。

（二）随葬器物

5 座六朝墓共出土随葬器物 20 件，数量少而种类简单，除 1 件滑石器外，余悉为青瓷器。青瓷器皆泥质硬陶，灰白胎为主，少量灰黄胎，轮制，造型规整。器内外施釉，釉色青黄或青绿，釉层厚薄不均，多开细碎冰片，与胎体结合较差，脱落甚厉，有的已剥落殆尽。多数素面，纹饰仅弦纹一种。

1. 碗　9 件。分出于 M1、M2 和 M3。灰白或灰黄胎，硬陶，通体施青绿釉，有开片，多数脱落。形状相似，大小有别。皆直口尖唇弧收腹，平底或饼足。口沿下 1 道凹弦纹，内底压 1 周圆圈。

1 式　平底，M1:4，平底微内凹，口径 9.6、底径 5.6、高 3.8 厘米（图一九，1）。

2 式　饼足，M1:1，饼足，口径 10.2、底径 6、高 4.3 厘米（图一九，2）。

2. 碟　6 件。依腹壁和底部不同分 2 型。

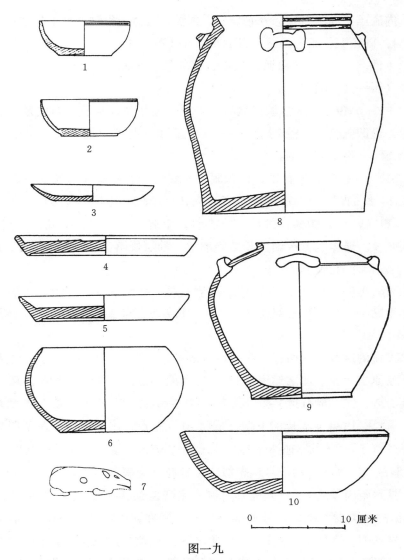

图一九

1.1 式碗（M1:4）　2.2 式碗（M1:1）　3.B 型碟（M9:4）　4.A 型碟（M3:
3）　5.A 型碟（M2:1）　6.钵（M3:2）　7.滑石猪（M6:1）　8.A 型四耳罐
（M1:6）　9.B 型四耳罐（M9:1）　10.盆（M9:6）

A 型　2 件，分出于 M2、M3。灰白胎，圆唇侈口，浅腹斜收，厚底，假圈足。
M2:1，内底边沿压 1 周弦纹，口径 18、底径 14.4、高 3 厘米（图一九，5）。M3:3，
口沿下 1 道凹弦纹，内底微凸，压 2 周凹弦纹。口径 19.4、底径 16.6、高 2.3 厘米
（图一九，4）。

B 型　4 件，同出于 M9，灰白胎，侈口尖唇，浅腹弧收，平底。器内壁口沿下压 1

周细弦纹，内底压2周凹弦纹，外底划1周弦纹。通体施青釉，开细碎冰片，胎釉结合较好。M9:4，口径13、底径7.8、高1.8厘米（图一九，3）。

3. 钵 1件。M3:2，灰白胎，敛口，深鼓腹，平底微内凹。口径13、底径9.4、高9.5厘米（图一九，6）。

4. 盆 1件。M9:6，灰白胎，敞口，平唇，腹弧收，平底，内底微凸。口沿下及外底分别压1道凹弦纹。口径22.2、底径12、高6.6厘米（图一九，10）。

5. 四耳罐 2件。分2型。

A型 M1:6，侈口，短直领，长圆腹，平底内凹。肩附4横桥耳。唇下压2道凹弦纹。口径14.8、腹径22.4、底径17.2、高22.4厘米（图一九，8）。

B型 M9:1，小口微侈，展唇，短直领，丰肩，弧收腹，平底。肩附4横桥耳，并施2周细弦纹。通体施青黄釉，开细碎冰片，釉层脱落甚多。口径9.1、腹径19.4、底径10.6、高17.8厘米（图一九，9）。

6. 滑石猪 1件。M6:1，灰白色，石质较软，猪蹲伏状，突吻，长眼，立耳，丰身，粗短尾垂贴于后臀。腹中部横穿一圆孔。长8.5、宽2.8、高3厘米（图一九，7）。

（三）小结

南田路发掘的这5座六朝墓，形制各不相同，规格也有差别，但大体上都属于中小型墓。随葬品原本不多，加之遭受破坏，更所剩无几了。器形多为六朝墓中所常见的碗、碟、钵、罐、盆、滑石猪之属。其中，M1的结构与广州流花桥东晋大兴二年（公元319年）墓[3]及1986年清理的下塘狮带岗M5[4]相近，出土的碗、A型四耳罐与广州狮子岗"建兴四年"（公元316年）墓[5]所出同类器物相似，推测其年代在西晋末东晋初。M3的形制与广州桂花岗三号墓相似，后者被认为属西晋晚期墓[6]；墓中出土A型碟、钵与下塘狮带岗晋墓[7]、广州先烈南路大宝岗南朝初期墓[8]、广东曲江南华寺南朝初期墓[9]所出的同类器物相同，故此墓的年代上限在西晋晚期，下限在南朝初期。M2的随葬品与其相似，年代也应相近。M9所出的B型碟与广东和平县墩头村M7出土的B型青瓷盘相似[10]，报告者推定其年代为南朝晚期，M9的年代或与此相当。

附表2　　　　　　　　南田路六朝墓形制及随葬品登记表

墓号	方向	长宽高（米）	随葬品（未注明质地者为青瓷器，未注明件数者为1件）
M1	80°	5×1.46-0.5	碗6、A型四耳罐
M2	75°	2.86×0.6-0.4	碗、A型碟
M3	40°	4.5×1.1-0.36	碗2、A型碟、钵
M6	324°	3.1×0.9-1.4	滑石猪
M9	315°	1.15×0.58-0.2	B型四耳罐、B型碟4、盆

领队：冯永驱
发掘者：全洪、邝桂荣、张强禄
整理者：邝桂荣、张强禄
执笔、绘图者：邝桂荣

注　释

① 广州市文物管理委员会等：《广州汉墓》，文物出版社，1981 年。第 9 页，各期墓葬原编号、新编号对照表。

② 《广州汉墓》第 315、389～393 页东汉前、后期墓葬形制表。

③ 广州市文物管理处：《广州晋墓清理简报》，《文物资料丛刊》（8），1983 年。

④⑦ 广州市文物管理委员会：《广州市下塘狮带岗晋墓发掘简报》，《考古》1996 年 1 期。

⑤ 广州市文物管理委员会：《广州沙河镇狮子岗晋墓》，《考古》1961 年 5 期。

⑥ 广州市文物管理委员会：《广州市西北郊晋墓清理简报》，《考古通讯》1955 年 5 期。

⑧ 广州市文物考古研究所：《广州市先烈南路晋南朝墓发掘简报》，《广州文物考古集》，文物出版社，1998 年。

⑨ 广东省博物馆：《广东曲江南华寺古墓发掘简报》，《考古》1983 年 7 期。

⑩ 广东省文物考古研究所：《广东和平县晋至五代墓葬的清理》，《考古》2000 年 6 期。

番禺员岗村东汉墓

广州市文物考古研究所

英文提要　In April to July 2001, Guangzhou Institute of Cultural Relics and Archae-ology made a rescue excavation to the two brick tombs of Eastern Han dynasty, which were found in Sanbagang Yuangang village of Nancun, Panyu district. About two hundred burial articles were unearthed, such as pottery, iron vessels, stone implements etc. This article roundly introduces this excavation, and determines the approximate times of the two brick tombs according to the tomb's type and the shapes of burial articles.

一　前　　言

2001 年 3 月底广州市番禺区南村镇员岗村三把岗东坡一座东汉砖室墓被盗,员岗村老支书黄耀得知后立即报告给番禺博物馆胥雪松同志,随后在番禺博物馆卢本珊馆长的带领下,一方面向南村镇派出所报案,希望侦破盗墓案件,另一方面通知了广州市文物考古研究所副所长陈伟汉同志。由于三把岗东坡属雅居乐房地产开发施工范围内地段,因此配合雅居乐房地产的开发,广州市文物考古研究所会同番禺博物馆于 4 月 7 日至 6 月 4 日对雅居乐房地产施工范围内地段进行了全面勘探,并对所发现的 2 座东汉砖室墓作了清理 (图一)。发掘领队为广州市文物考古研究所副所长陈伟汉同志,发掘人员有广州市文物考古研究所覃杰、廖明全等同志。

二　墓葬形制

2 座砖室墓均分布于三把岗东坡,二者相距约 40 米,M1 偏南,均遭过盗掘。根据墓室的多少可分为二型。

A 型　双室墓。M1,墓室由甬道、前室、北耳室、过道、后室组成,长 10.6、宽 3.5 米。方向 59°。斜坡状墓道,残长 4.5 米,封门处墓道上宽 1.5、下宽 1.25 米。封门直接砌于斜坡墓道上,立砌两堵砖墙,多用残砖、断砖,砌法不甚规整,平面略呈弧形,宽 2.28、高 1.8 米,墓道底端生土台距甬道底高 0.26 米。封门外放置一堆残砖,

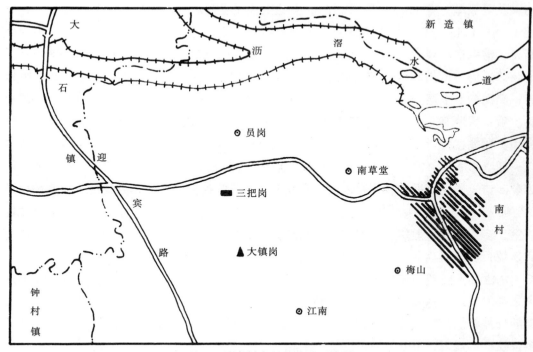

图一　员岗村东汉墓位置示意图

无规则，残砖尺寸与封门砖相同，推测可能是砌好封门后多余的砖。甬道长 1.75、宽 1.4～1.55、残高 1.7 米，0.86 米处起券，先是每隔 2～3 层平砖放 1 层刀砖，1.5 米以上每隔 1 层平砖放置 1 层刀砖。前室长 2.94～3、宽 3.02～3.06、残高 1.9 米，1 米～1.1 米处起券，铺地砖多为横排竖向，较为整齐。过道长 2.04、宽 1.42～1.46、残高 1.57 米，0.83 米处起券，2 层铺地砖，高出前室 1 层。后室长 2.94～3、宽 3.02～3.06、高 2.45 米，1.1 米处起券，亦是 2 层铺地砖。后室两壁高 1.4 米处各有两块凸砖，宽 0.18 米，凸出部分为 0.15 米，应作灯台用，两砖相距 1.28 米。耳室在前室北侧，进深 0.76、宽 0.56、高 0.5 米，耳室内铺地砖上东西两侧各放置 1 块青砖，估计是放器物所用。过道、后室及耳室铺地砖砌法与前室基本相同。墓壁砌法均为顺砖错缝平砌。墓砖长 36～38、宽 17～19、厚 5.5～6 厘米，刀砖厚 3～8 厘米。整个墓室都发现有随葬品，但前室东南部最为集中（彩版七，1），尤其是耳杯，密布一片。墓室散落不少器盖，有些不知归属。随葬品共计 97 件（套），此外，被盗后追回的和盗洞内外采集的尚有 22 件陶器（图二）。

　　B 型　多室墓。M2，墓室由甬道、前室、北侧室、后室组成。甬道北壁设有壁龛，墓室长 8、宽 2.9 米。方向 73°。斜坡墓道，长 4.3 米，封门处上宽 1.4、下宽 1.1 米。封门直接砌于斜坡墓道上，立砌两堵砖墙，多用残砖、断砖，亦不甚规整，平面和立面均大致呈弧形，宽1.45、高1.25米，墓道底端生土台距甬道底高0.4米。甬道长1.6、宽1.38~1.45、残高1.76米，0.8米处起券。甬道内进0.9米处开始铺地砖，多用残断砖，铺砌很不规则。前室长2.6、宽2.65、残高1.63米，0.98米处起券，铺地砖质地、铺法均与甬道相同。侧室长3.3、宽1.3、残高1.4米，0.7米处起券，2层铺地砖，高出前室1层。后室长3.35、宽1.4、残高1.63米，1.3米处起券，亦是2层铺地砖。后室后壁高1.27米处有三块凸砖，宽0.2米，凸出部分为0.18~0.2米，应作灯台用。壁龛在甬道北侧，进深0.4、宽0.4、高0.38米，无铺地砖，内置1陶屋，其前立一俑（彩版七，2）。侧室和后室铺地砖质地、铺法也与甬道、前室类似。墓壁砌法均为顺砖错缝平砌。后室和侧室未发现有随葬品，可能被盗走。随葬品集中于前室和甬道（彩版八，1），四耳罐、盆、魁、勺、器盖等多集中在甬道，更多的随葬器物则分布在前室，多残破，且散落不少器盖，俑和动物模型多面向或头向后室，动物模型多成队列式摆放，随葬器物共计118件（套）。盗洞填土中尚采集有4件残陶案（图三）。

M2墓室砖壁的清理过程中，发现了11块在砖面上刻划和压印的数字符号或手掌印之类的墓砖，都是在砖胚未干时随意用未成年人的手掌压印，或者是用手指、竹木棍类的物件刻划数字符号，随意性大，不是用专门模范制作，用以装饰墓室的。数量不多，纹样不规则，可分为三类。

A类：手掌印和数字。6块。手掌印和"九"字。M2：129，灰色，质地较坚实。长34、宽18.5、厚5厘米（图四，1）。

B类：数字。1块。M2：120，深灰色。长37、宽20、厚6厘米（图四，2）。

C类：符号。4块。随意勾画的线条，可能有一定寓意，但不可识。M2：123，浅黄色，质地较坚实。长36、宽21、厚4.5厘米（图四，3）。

三 随葬器物

出土器物共241件（套）（包括有编号的陶器盖、案腿以及盗洞填土采集和被盗追回的器物等）。种类有陶器、铜器、金银器、铁器以及琥珀等质料的串珠等。

（一）陶器

共221件。实际上包括陶器和釉陶器两类。胎以浅灰胎占优势，其次是灰胎和红胎等。陶色以灰色和浅灰色为主，余为红色、橙红色和土黄色等。几乎都是泥质陶，个别夹杂少量砂粒，为陶土淘洗未净所致，质地多较硬实，部分橙黄胎或橙红胎的器物如圈、案、俑、动物模型等质地较为松脆。釉色以酱釉和酱绿釉为主，也有个别晶莹绿釉，但多脱落，有些器物无釉，但施陶衣。制法以轮制为主，部分器物部位及部分附件采用手制和模制。

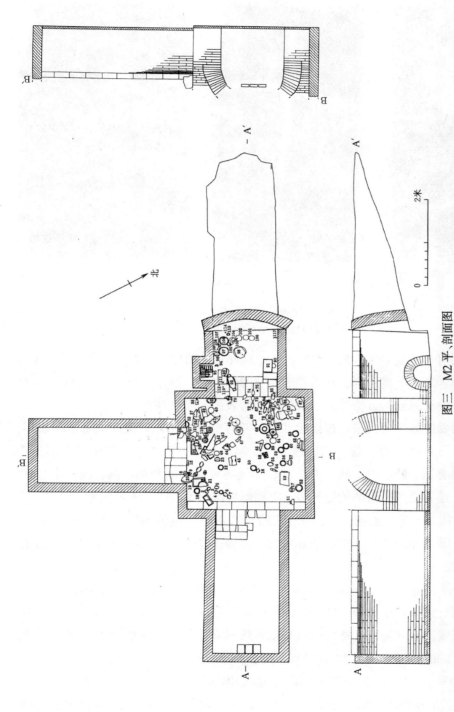

图三　M2平、剖面图

1. 陶奁盖　2～17.36.42.B型陶耳杯(36叠压于20陶簋之下)　18.22.32.33.35.49.50.52.56.59.60.62.63.89.90.98.100～102.105.115. 陶器盖　19. 陶方盒　20. 陶簋　21. 陶鼎　23.27.28.30.46.51.57.96. 陶案　24～26.A型陶案　29.71.72.74. 陶鸭　31.A型陶细颈瓶　34. 陶瓿　37.38.47.65.82～85.94.118. 陶瓶　39. 陶灶　40. 陶簋盖　41. 陶豆　43.69.77～79.81. 陶牛　45. 陶斗　48.B型武陶四耳罐　53. 陶簋　55. 陶熏炉盖　58. 绿松石珠(散见于97和106陶盆之下)　61. 陶灯　64.66.67. 陶双耳直身罐　68. 陶井　70. 陶车轮　73.76. 陶鸡　75. 陶斗笠　86. 陶壶　87. 陶方盒盖　88.B型陶勺　91. 陶船　92. 陶盆　93.97.106.A型陶盆　95. 陶屋　99.A型陶勺　103.A型陶四耳罐　104. 陶魁　107. 银手镯　108.109. 琥珀珠　110～112. 陶盆　113. 琥珀串珠　114. 金成指　116. 残铜器　117. 铁棺钉1/40)

1　　　　　　　　　　　　　　2　　　　　　　　　　　　　3

0　　　5　　　10厘米

图四　M2 墓砖印纹拓片

1.M2：129　2.M2：120　3.M2：123

纹饰按制法可分为刻划纹、戳印纹、绳纹、压印纹、镂空和堆塑等几种。其中尤以刻划纹最为常见，图案丰富多样，几乎见于所有的器物上，戳印纹和压印纹也不少，绳纹实际上是交错绳纹组成的方格纹，一般作为器物表面的底纹存在。

器形以饮食器的罐类为大宗，包括无耳罐、双耳鼓腹罐、四耳罐和双耳直身罐等，其他有鼎、壶、三足釜、尊、簋、细颈瓶、盆、案、耳杯、豆、盒、勺杯以及器盖等等，模型器主要有屋、圈、仓、篦、井、灶、车及各种人物俑和鸡、鸭、鹅、牛、羊、镇墓兽等动物，还有生产工具类的纺轮等。个别器物因质脆残损，不可复原。

无耳罐　1件。无盖，叠唇。M1：6，灰胎，浅灰色，施酱釉，一半脱落。敛口，弧腹，近平底。器身不周正。上腹施细方格纹，并加3道弦纹。口径15.4、底径16.8、高19.8厘米（图五，1）。

双耳罐　1件。M1采：2，采集，无盖。浅灰胎，浅灰色，施绿釉，较薄，多脱落，滴釉明显。方唇，敛口，小立领，圆弧腹，平底微内凹。器表先施细方格纹，然后肩、腹各施2道粗弦纹，其间饰双波折纹、两排双弧线间竖线纹。方格纹地纹已漫灭不清。应有盖。口径9、底径12.2、高14.8厘米（图五，2）。

四耳罐　10件。肩部对应4横拱桥耳。根据形体的大小，可以分为2型。

A型　2件。形体高大，略显修长。圆唇，无领，圆弧腹，均无盖。M2：99，浅灰胎，土黄色，施酱绿釉，部分脱落。近直口，微束颈，平底微内凹。颈、肩、腹施弦

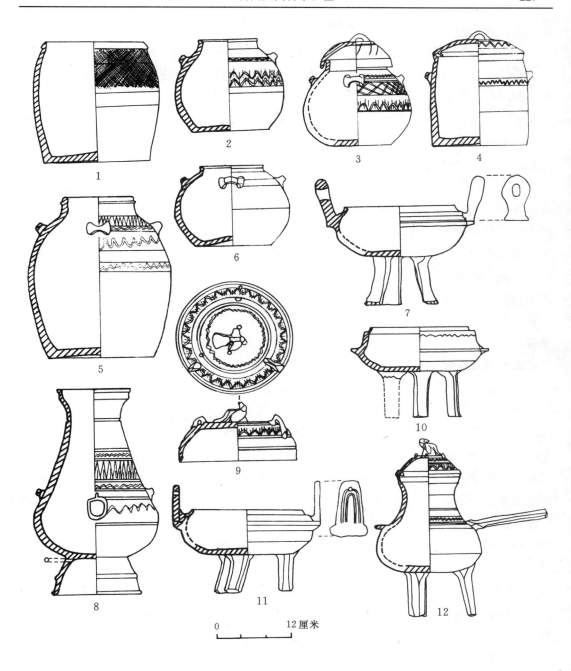

图五 员岗村东汉墓出土陶器

1. 无耳罐（M1∶6） 2. 双耳罐（M1采∶2） 3. B型Ⅰ式四耳罐（M1∶12/22） 4. 双耳直身罐（M2∶67）
5. A型四耳罐（M2∶99） 6. B型Ⅱ式四耳罐（M2∶48） 7、10、11. 鼎（M2∶21；M1采∶5；M1∶11） 8.
壶（M2∶86） 9. 器盖（M1∶27） 12. 三足釜（M1∶51/52）

纹，其间饰三角纹、波折纹等。口径13、底径16.6、高26厘米（图五，5）。

B型　8件。形体矮胖。有领，当均有盖。依据领的区别，分为二式。

Ⅰ式　7件。立领。型式尺寸、陶质釉色，甚至纹饰都接近，自成一套。方唇，敛口，圆鼓腹。均有盖，圆唇，弧腹，平顶或近平顶，顶中一横拱桥耳。M1：12（22），浅灰胎，土黄色，周身施酱绿釉。近平底。肩部2道波折纹、2道粗弦纹，腹部2道粗弦纹，其间饰划线菱格纹和双弧线间短线纹。盖直口微敞。近顶部2道弦纹，其上饰连点戳印纹。口径9.6、底径11.4、通高17.8厘米（图五，3）。

Ⅱ式　1件。小立领。M2：48，浅灰胎，浅灰色，施酱绿釉。当有盖，缺失或不确。方唇，敛口，鼓腹，平底内凹。肩部2道、腹部1道弦纹。口径10、底径12、通高12.8厘米（图五，6）。

双耳直身罐　3件。或谓提甬、提筒，盛酒之器（《广州汉墓》M4013：戊3陶提筒内有高粱，器盖内墨书"藏酒十石令兴寿至三百岁"十一字，说明其为藏酒用器）[①]。均出自M2，方唇，敛口，近直腹，平底内凹。肩部两横桥耳，对应底部两压印痕。均有盖，子母口内敛，斜腹，近平顶，一拱桥耳。M2：67，浅灰胎，浅灰色，施酱釉，部分脱落。肩、腹3道弦纹，其间饰水波纹。盖顶周2道粗弦纹，近口沿处一道粗弦纹，其间饰双线波折纹。口径14.3、底径14.8、通高18.8厘米（图五，4）。

鼎　3件。M2：21，浅灰胎，土黄色，施酱釉，部分脱落。方唇，子母口内敛，折肩出檐，弧腹，平底，三蹄足外撇，肩上二巨型环状竖耳。口沿下2道、折肩下1道弦纹。有盖，缺失。口径17.2、底径11、高20.4厘米；M1：11，浅灰胎，浅灰色，施酱色陶衣。圆唇，子母口内敛，折肩出檐，下腹微折，平底内凹，三扁足，二足外撇，一足直立，稍短，三足不在一个水平面上，鼎略倾斜。肩上二扁条形耳，顶端一孔，侧面有2道弧形凹槽。口径17、底径11、高19.5厘米。有盖，但不确定，与M1：27或成一体。M1：27，灰胎，浅灰色，施酱釉，一半脱落。圆唇，直口，弧腹，平顶，顶中一圆锥形捉手，其上立一展翅飞禽，回首，头残。双翅下各一小孔，腹部对应三条形捉手，二残。顶周、肩部各2道水波纹，腹部施双弧线加竖线纹。口径18.4、残高8.8厘米；M1采：5，灰胎，浅灰色，施酱色陶衣。圆唇，子母口内敛，折肩出檐，下腹微折，平底，三蹄足，一足残。肩上无耳。口径15、底径10.2、高14.7厘米（图五，7、11、9、10）。

壶　1件。M2：86，灰胎，灰色，施酱釉，大半已脱落。方唇，盘口，粗颈，溜肩不明显，垂腹，平底，高圈足。肩部一对横桥耳和一对简化衔环铺首，颈部一道凹槽，肩至下腹有6组双粗弦纹，其间饰波折纹和三角纹。应有盖，不确。口径11.6、底径14.4、高32.8厘米（图五，8）。

三足釜　1件。M1：51（52），浅灰胎，浅灰色，施绿釉，多已脱落。方唇，盘口微敞，粗颈，折肩出檐，圆腹微折，平底，下有三足，腹部一侧有条形把手。盖为子母口内敛，弧腹上下有阶，顶中一鸽回首卧于柱状捉手上，其周 3 个锥状小捉手。盖的腹部 2 道弦纹，其上下饰波折纹和双弧线间短线纹，釜颈中 1 道、颈下 2 道弦纹，肩上和出檐处各 2 道波折纹。口径 10、底径 10、通高 25.8 厘米（图五，12；图版一〇，1）。

尊　1 件。M1:4，浅灰色，施酱釉，一半脱落。方唇，直口，微折肩，直身，平底，三足略残。肩部一对环状耳，不具实用，三足为屈膝、双手举起的小人，头及五官极其简化，腿残。肩部 2 道波折纹，折肩下、腹部有 3 组双弦纹，其间饰双线菱格间短线纹、双弧线加短线纹、波折纹等。口径 15.8~18、底径 17、高 15.8 厘米。与 M1:88 器盖陶质陶色和釉色脱落痕迹来看似为一体，但由于尊口沿烧制变形，二者不吻合。M1:88，浅灰胎，浅灰色，施绿釉，大半脱落。圆唇，子母口内敛，斜弧腹，平顶内凹，顶中捉手为一回首待飞的鸽子，顶周对应三个半卧回首的羊。顶下及近口沿处起阶，腹部施连续双弧线间短线纹。口径 18.4、高 4.2 厘米（图六，2、1）。

簋　1 件。M2:20，浅灰胎，浅灰色，施酱褐色陶衣。方唇，盘口，高领，深弧腹，平底，高圈足。领部有 17 对钻孔。腹部饰 2 组双弦纹和菱格间短线纹。口径 28.8、底径 15.2、高 20 厘米（图六，3）。

细颈瓶　4 件。圆唇，长颈，平底，高圈足。按照圈足的差别，分为 2 型。

A 型　3 件。圈足不起突棱。M1:32，浅灰胎，土黄色，施酱釉，多脱落。圈足不规整。微侈口，颈较粗，鼓腹微折。颈、肩、腹数道弦纹，其间自上而下施波折纹、重三角间短线纹、双弧线间短线纹等。口径 3.8、底径 11.2、高 25.2 厘米（图六，4）。

B 型　1 件。高圈足有突棱。M1:17，浅灰胎，浅灰色，施酱釉，多脱落。微侈口，微折肩，折鼓腹。圈足不规整。颈部 1 道粗弦纹，肩、腹共施 4 道双弦纹，其间饰三角间短线纹、波折纹、弧线间短线纹。口径 3.2、底径 11、高 21.6 厘米（图六，8）。

盆　8 件。按假圈足的有无分为 2 型。

A 型　5 件，有假圈足。M1:36，浅灰胎，浅灰色。口沿不规整，大致呈椭圆形。方唇，宽折沿，敛口，折腹，平底内凹，假圈足，圈足周边一道凹槽。口沿沿面、折腹处、内壁下腹及内底各二道细弦纹。口径 18.4~19.2、底径 8.4、高 7.8 厘米；M1:38，浅灰胎，施酱绿釉，不均匀，部分脱落。圆唇，折沿，直口，双折腹，平底内凹，假圈足。口径 26.4~27、底径 15.2、高 7 厘米（图六，5、6）。

B 型　3 件。平底，无假圈足。M1:89，浅灰胎，浅灰色，施酱绿釉，不均匀。折沿，敛口近直，微亚腰，折腹，大平底，不平正。内壁 1 道、内底 2 道弦纹，口径 21.6、底径 12.8~13、高 5.6~5.8 厘米（图六，7）。

案　11 件。根据形状的不同分为 2 型。

A 型　9 件。M2 盗洞填土中采集有 4 件。长方形，有孔，当接案腿。M2:24，灰

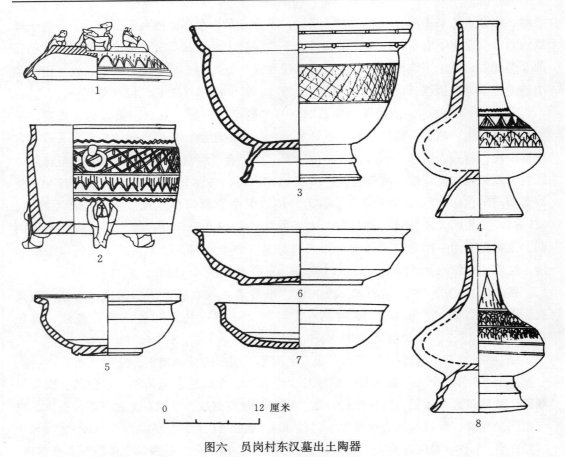

图六 员岗村东汉墓出土陶器

1.器盖（M1:88） 2.尊（M1:4） 3.簋（M2:20） 4.A 型细颈瓶（M1:32） 5、6.A 型盆（M1:36；
M1:38） 7.B 型盆（M1:89） 8.B 型细颈瓶（M1:17）

胎，施砖红色陶衣。宽折沿，平底内凹，底部有 4 长方形孔。长 55、宽 34、高 3.6 厘
米；M1:25，橙黄胎，橙黄色，质地较松脆。长方形不甚规则，平底，四角有圆孔。长
53.5、宽 37.5～39.5、高 2.2～2.5 厘米（图七，1、2）。

B 型 2 件。圆形，平底，案面无孔，当不接案腿，使用时平置于台几上，类似托
盘，应名"棜案"[2]。均出自 M1，橙红胎，橙红色，形体较小。M1:87，案面 2 组双弦
纹，其间饰 2 道波折纹。直径 36、高 2 厘米（图七，3）。

案腿 5 件。橙红陶，质地松脆，均出自 M1，形制尺寸一致。但不见与其相匹配
的陶案。M1:47，上宽下窄的蹄足，顶有圆角长方形的接头。高 11 厘米，宽分别为
2.6、1.6、2.1 厘米，厚 1.9 厘米（图七，4）。

耳杯 44 件。质地为灰陶或橙红陶，灰胎质地硬实，部分为红皮灰胎，橙红陶质
地松脆，多残破，均无釉。双耳多上翘，敞口，弧腹，平底。有大、小两个系列。根据

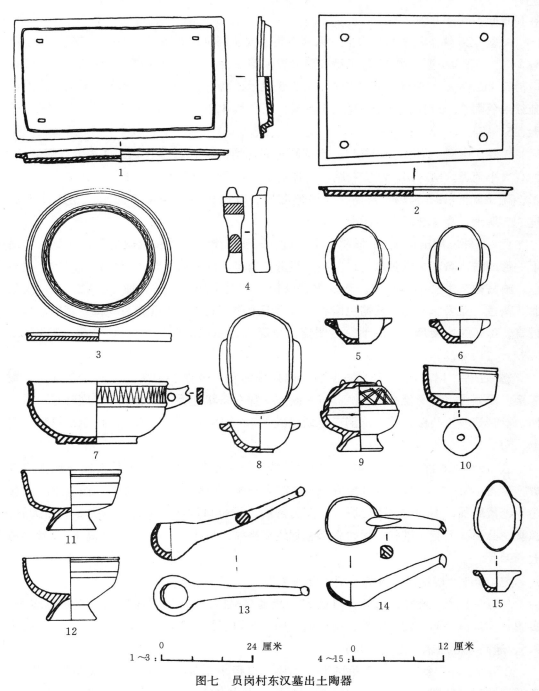

图七　员岗村东汉墓出土陶器

1、2.A型案（M2:24；M1:25）　3.B型案（M1:87）　4.案腿（M1:47）　5、15.A型耳杯（M1:68；M1:71）　6、8.B型耳杯（M2:3；M2:10）　7.魁（M2:104）　9.盒（M1:3/48）　10.甑（M2:34）　11、12.豆（M2:30；M2:46）　13.B型勺（M2:88）　14.A型勺（M1:8）

耳和底的不同，分为2型。

A型　26件。耳根与杯口平，无假圈足，或假圈足很不明显。均出自M1，其中灰陶14件，全为小型；另12件为橙红陶（含采集2件），分大小两类。M1：71，橙红陶。口径长11、宽6.5厘米，底径长6、宽3.5厘米，高3.5厘米；M1：68，深灰陶，内壁施红褐色陶衣。口径长9.2、宽4.8厘米，底径长4.2、宽2.2厘米，高2.8厘米（图七，5、15）。

B型　18件。耳根低于杯口，有假圈足底。均出自M2，灰陶10件，橙红陶8件，均有大小两类。M2：10，红皮灰胎。口径长13.6、宽8.4厘米，底径长7.8、宽3.8厘米，高3.8厘米；M2：3，灰胎，浅褐色陶衣。口径长10、宽6.2厘米，底径长5.6、宽3.2厘米，高3.2厘米（图七，8、6）。

豆　8件。均出自M2，形制大小接近，圆唇，敞口，弧腹或微折腹，圈足，口沿下一道凹槽，腹部2道弦纹。以灰胎，浅灰色居多，内外均施釉。M2：30，灰胎，浅灰色，施酱釉，多脱落。斜壁，微折腹。口径13、底径6.6、高8厘米；M2：46，浅灰胎，灰色，器表施酱釉及浅酱色陶衣，口沿至上腹多脱落，内壁施酱绿釉。圆唇，敞口近直，深弧腹，圈足。口沿下一道凹槽，腹部2道弦纹。口径12、底径6、高8厘米（图七，11、12）。

魁　1件。M2：104，灰胎，灰色，内外施酱釉，外壁多脱落。圆唇，近直口，微亚腰，深弧腹，假圈足，平底。器身一侧有一穿孔条状把手。口沿下和足底各有一道凹槽，亚腰处一道凸棱，其上饰倒三角划线纹。口径18.2、底径10.4、高8.5厘米（图七，7）。

盒　9件。6件为M1采集，其中1件残甚，不可复原，其余8件形制、尺寸均接近，带盖。M1：3（48），盒身与盖不很确定为一体，但釉色、尺寸接近。浅灰胎，浅灰色，施酱绿釉，不均匀，多已脱落。盒为圆唇，子母口内敛，微折腹，圈足。盖尖唇，弧腹，凸顶，上有三锥状捉手，腹部施划线菱格纹。口径8、底径6、通高10厘米（图七，9）。

勺　6件。根据口、腹的差别，分为2型。

A型　4件。敞口，锅底，口径大于腹径。M1：8，灰胎，浅灰色，施酱色陶衣，多脱落。口沿平面大致呈圆形，条形柄上翘，尾端下折，截面为圆形。口径6.2、柄长9.5、通高6.6厘米（图七，14）。

B型　2件。敛口，平面呈圆形，圜底，口径小于腹径。M2：88，灰胎，土黄色。条形柄翘起，柄端一小圆头。口径3、腹径5、柄长15、通高8.8厘米（图七，13）。

甑　1件。M2：34，深灰胎，深灰色。方唇，直口，折腹，平底有孔，口沿不正。口径9.8、底径4.8、高5～5.6厘米（图七，10）。

簠　1件。《仪礼士冠礼》郑注："隋方曰簠。"则长而近椭之形为簠[③]。M1 采:7,灰胎,浅灰色,施酱绿釉。亚腰圆角长方形,有盖。盖方唇,直口,直腹,弧顶,顶周一道突棱,两端对应 4 乳突状捉手。簠亦方唇,直口,直腹,近平底。盖顶饰细双线纹和波浪纹,但不清晰,突棱下 2 道细双波折纹,腹部 2 道弦纹,其下饰倒三角纹加竖线纹。簠口径 4.4～16.2、底径 7～17.8、盖口径 7.8～18、通高 6.7 厘米(图八,1)。

奁　1件。M2:41/1,长方形带槃顶盖。橙红胎,橙红色。盖为子母口,内圆唇,外方唇,斜弧腹,收成小长方形平顶,四角各一乳丁状捉手。盒为方唇,斜直壁,平底。肩部正面对应有 4 横桥耳,侧面对应有 2 横桥耳,盖顶周饰细双线纹,内填细双线菱格间短线纹,腹部下饰细双线,上饰细双弧线间短线纹,近口沿处有 2 道细线纹,其内为 2 道细波折纹。盖口长 22、宽 14 厘米,奁口长 21.8、宽 12.8 厘米,底长 18.6、宽 12.4 厘米,通高 10.8 厘米(图八,2)。

方盒　2件。M2:19/91,长方形带支架,形体大而厚重,有盖。灰胎,红色,器表施灰褐色陶衣。盖方唇,直壁,折肩,斜收成小长方形平顶,四角各一乳丁状捉手。盒为方唇,近直壁,平底基本平整,盒内四角各一长方形孔,支架所用。盖顶一周细双线纹,内填细双线菱格间短线纹,折肩四脊划细双线,两旁施细双波折纹,折肩上 2 道细弦纹,其上及折肩下各 2 道细波折纹。盖口长 27.8、宽 21.6 厘米,盒口长 24.6、宽 16.8 厘米,底长 29.6、宽 21.8 厘米,通高 14 厘米;M1:43,缺盖,陶质陶色与 M1:19 完全相同,尺寸也接近,均长方形,惟一的不同是无孔,不带支架。二者可能为一套。口长 29.6、宽 17 厘米,底长 34、宽 22 厘米,高 5.3 厘米(图八,3、7)。

熏炉　1件,另有 2 件盖。M1:53,带炉盘,炉、盖可分离。浅灰胎,浅灰色,施酱绿釉,滴釉。炉体圆唇,子母口内敛,下腹折收,高圈足,足上有 3 孔,孔径 0.4 厘米。炉盘为圆唇,敞口,折腹,平底内凹。盖圆唇,敞口,弧腹微折,凸顶,顶中一锥状捉手,其上置卷曲泥条象征飞禽。腹部对应开 3 透烟用的弧形缝和条形孔,并置 3 个小锥状捉手。盘口径 16.6、底径 8.4、高 5.6 厘米,炉口径 8.3～8.7、高 10.6～10.8 厘米,盖口径 10.4 厘米,通高 21 厘米(图八,4)。

灯　2件。M2:61,红胎,红色,器表施灰褐色陶衣。灯盘与足均为碗状。中间用柱相连。灯盘圆唇,敞口,下腹微折,内底中间有孔与柱相通。口沿下一道凹槽。柱未烧好。弯曲不正,导致灯盘倾斜。足为覆碗,圆唇斜沿,直口,直腹,平底,口沿下一道凹槽。口径 13.5、底径 17、高 27.8～32.4 厘米;M1:75,橙红胎,施红色陶衣。形体厚重,但质地松脆。灯座形似钟,但镂空有窗格。方唇,直口近敞,深斜腹,收近平顶,顶上一灯盘,已残。灯座腹部上、中、下三组双弦纹,其间镂空三角形窗格。灯座口径 15、顶径 11、残高 18 厘米(图八,6、5)。

屋　2件。M2:95,橙红胎,橙红色,质地硬实。屋顶平面为曲尺形,带地台,有

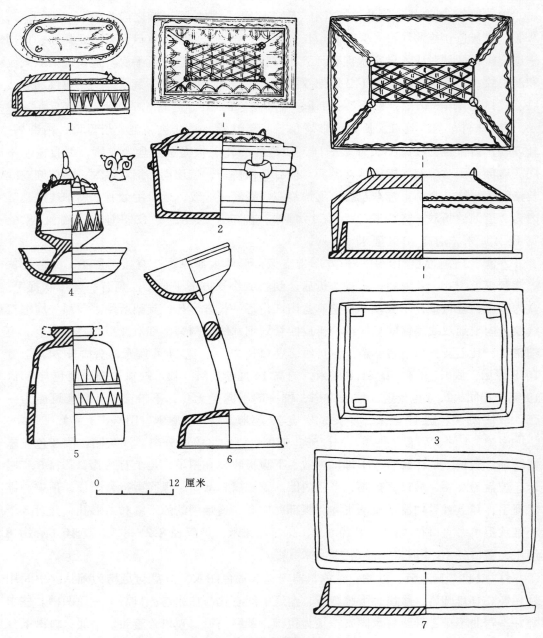

0   12 厘米

图八　员岗村东汉墓出土陶器

1.簏（M1采:7）　2.奁（M2:41/1）　3、7.方盒（M2:19/91；M1:43）　4.熏炉（M1:53）

5、6.灯（M2:61；M1:75）

畜栏，以窗格多为特点。面阔略小于进深。前堂正面开一长方形门，门上角各有一圆弧形门楣，门楣上各钻一小洞，估计是和拴门有关，门内一人侧身站于左边；门上及左右两侧墙面开满三角形或菱形镂空窗格，并满饰横竖线及斜线纹；正面左下方还开有一窦洞，一狗伸出头颈和前腿作张望状。右壁墙体左端辟一边门，式样与正门同，门内一人双手持一棍，侧身站于左边，边门右上方开4个三角形窗格，墙面饰划线纹表示窗棂图案；前堂内中部偏左立一人，双手捧箕靠于腹部，作簸米状，其右一人左臂残，脚下置一长条形水槽（或食槽），内分两格。此人往后是进深的廊房，同前堂无门框或梁架相隔，里面空旷无物，与其左侧畜栏之间的隔墙上开长方形窗相通，下劈窦洞，一牛正从廊房走入畜栏，其前一圆盆，作饮水状。前堂左壁墙面上开2三角形及"↑"形窗，并有两小孔，墙面上饰有双划线纹，组成几何图案，表示窗棂式样；前堂后壁开4个对顶三角形窗格，而廊房后壁所开窗格与线纹图案与前堂左壁相同；畜栏两边栏杆开有条形孔和窦洞。屋顶为等高相交的曲尺形悬山式屋顶，屋脊两头翘起，其上压有泥条作为脊饰，屋顶压印瓦楞纹，部分位置还残留有布纹。面阔27.5、进深28、高24厘米（图九；彩版九，1）。

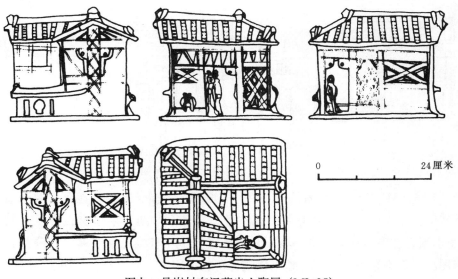

图九　员岗村东汉墓出土陶屋（M2：95）

羊圈　2件。M1：42，橙黄胎，橙黄色，质地较为疏松。大致方形，面阔一间，进深两间，正面和左右侧面有地台。正屋为横长方形，中开一门，有门槛，门前地台残。门左右两边开直棂窗，右边窗下并开一窦洞。屋内人丁兴旺，门内两侧各站一人，双手拱抱一木棍，似门卫；内进地上放一"8"字形、大小相连组成的食槽，食槽边站立两人似作喂食状，一羊探头正在进食；羊后立一人，脚下放一臼；正屋左壁开一长方形边门，门槛高于正门，门槛上趴一羊，欲向外走，其后一人抱住它，似要把它抱回圈内喂。边门上端屋檐下有两不规则形小窗，与前堂相通；左壁前有地台，上置一斜坡梯，梯上端墙面开有一不对称方形窗，与梯相接，窗左边立一挡板，该窗通向左廊房。前堂右壁屋檐下墙体略残，与屋顶间开有小窗，疑作通风之便；右壁前地台墙面上亦接斜坡梯，开不规则条形窗，并置挡板，窗内一羊探首欲进右厢房，其后则紧随一羊，作鱼贯而入状。左右廊房屋檐下各开 2 直角三角形小窗，右廊房为一近全封闭式小屋，仅辟边窗接梯而下，左廊房为半开放式畜圈，有干栏式遗风，圈内有一方食槽，一羊正在进食，另一羊向背立于围栏边，围栏开二条形孔及一窦洞。前堂屋顶高于廊房屋顶，其上用棍类压印纹和指甲纹表示覆瓦，各墙面多用划线纹表示屋梁架构和装饰花纹，部分地方尚留有制胚时的布纹痕迹。面阔 32、进深 29.4、高 22.2 厘米（图一〇）。

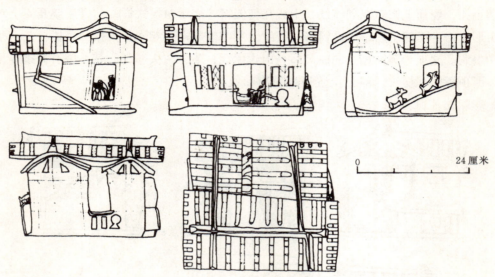

图一〇　员岗村东汉墓出土陶羊圈（M1∶42）

仓　1 件。M1∶80，橙红胎，橙红色，质地结实。横长方形带地台的单间屋，正面开一不规则长方形门，门边各有两小孔，旁边又开两"凸"字形窗，背面开四不规则"凸"字形窗，左右两面各开 3 不规则几何形窗及 2 小孔，窗孔众多，充分起到通风透气的作用。各墙面均施划线纹，悬山顶施瓦楞状压印纹，表示脊瓦。面阔 31、进深 23、高 23 厘米（图一一）。

篅　1 件。亦为粮仓，如在地面搭木编竹以囤粮，则名篅。《说文·竹部》："篅，以判竹，圜以盛谷者。"④均筒形，有地台。M2∶53/40，红胎，红色，质地较硬实，器表施深灰色陶衣。篅为方唇，斜沿，直口微敞，斜直壁，平底内凹，带地台，底部 4 圆孔，用以立柱。一侧开长方形门，门框、门楣、门槛均较突出，门框两边各有一洞，一人双脚和左手呈蹼形粘于篅壁，右手悬空，面朝门内，趴在门边上，头、右手残，右手似持物。篅盖为伞形，大敞口，平顶微内凹，中有突起的攒尖。篅壁上下腹各施 2 道弦纹，其间饰双波折纹和菱格间短线纹，表示篅壁的竹木搭架结构。篅盖顶至口沿处有 4 组双弦纹，其间密布刷印的篾纹，有长有短，基本上靠上以短居多，靠下以长居多，显

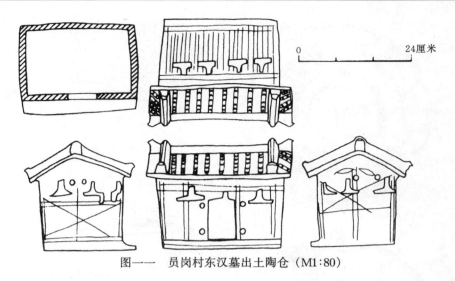

图一一　员岗村东汉墓出土陶仓（M1：80）

示簋盖为茅草所覆盖。簋口径33.4、底径31.5厘米，簋盖口径39.2、通高29.6厘米（图一二，1；彩版九，3）。

井　2件。M2：68，浅灰胎，浅灰色，质地硬实，周身施酱绿釉，地台聚釉明显。有井亭和地台，其间立柱。亭为切角方形，中心高，四檐低，攒尖顶，交叉十字脊，立一展翅翘尾的飞禽，简笔刻画出头部。亭下四角接柱，与圆形地台相连，下半截靠在井栏上，柱略有歪斜。井栏口为方唇，折沿，近直口，立领，溜折肩，圆腹，平底微内凹。一戴笠俑面向井口，趴在井栏边，右臂残，左臂伸入井口。亭顶施瓦楞状压印纹，四坡又各施3道细线纹。井栏口沿上、折肩下有凹槽，颈部2道、肩部1道、折肩上下各1道、下腹1道弦纹，其间饰双波折纹、三角纹等等。口径11、底径18.4、通高25厘米（图一二，2；彩版九，2）。

灶　1件。M2：39，深灰胎，深灰色，质地硬实。平面呈梯形。灶门前地台有三俑，左边一俑趴在水缸边，双手伸入缸中，大概在舀水，中间一俑面向灶门，正在添薪，双手所持三细长泥条伸入灶膛，以示薪柴。灶台上两火眼，置两釜。灶尾烟突为龙首形，其上装饰两卷曲泥条，下方有一长方形透烟孔。灶面上饰双弦纹和双弧线间短线纹，灶壁上饰双线纹。长33、宽12.8~17.2、高12.6厘米（图一三；彩版九，4）。

牛车　1件。M2：45，有篷牛车，拱形棚前后有门帘。车篷，王振铎先生依许慎《说文解字》，命为"輨"[⑤]。深灰胎，深灰色，较硬实。车厢由车架与拱篷两部分粘结构成，内壁痕迹明显，是否说明车篷可以拆卸，不得而知；车篷与前后门帘结合处各钻一孔，原应系有绳，现不存。前后门框偏下各突出两点，约象征车辕，前门槛高起并内折，后门槛较低。厢板下两边有曲状伏兔，正面钻一小孔，侧面钻一大孔，穿车轮之用；厢板下前端正对伏兔的位置各有一放置辕木的凹槽，其上原有用来固定辕木的弯曲

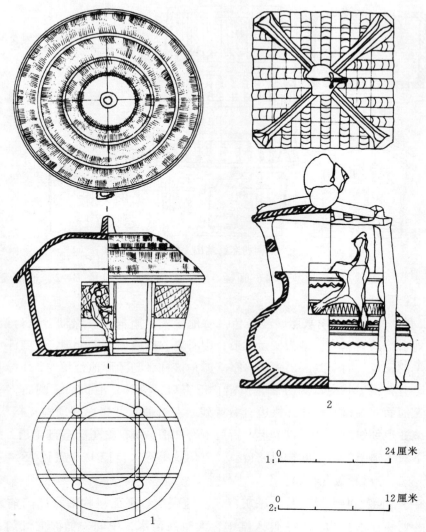

图一二　员岗村东汉墓出土陶器
1. 篦（M2:53/40）　2. 井（M2:68）

泥条，已毁。篷顶饰横竖相交的双线纹及双线菱格纹间短线纹，篷壁上下划线纹，其间
填倒三角间竖线纹、双弧线纹等，前后门帘饰横、竖、半圆相交的双线纹及短斜线纹
等，前门门槛上还有划线纹。长 20、宽 13.2、高 13.2 厘米（图一四，1）。

　　M2:45 与 M2:70 车轮疑为一体，但二者陶质陶色区别甚大，轴孔相互也不扣合。
M2:70，辋、辐为橙红胎，橙红色，较硬实，共有 10 辐，外侧有一道凹槽和数道细弦
纹。毂坚实，深灰胎，硬度高于辋、辐，并施酱釉，但已脱落。辋外径 17、内径 14、
厚 3 厘米，毂厚 5 厘米（图一四，2）。

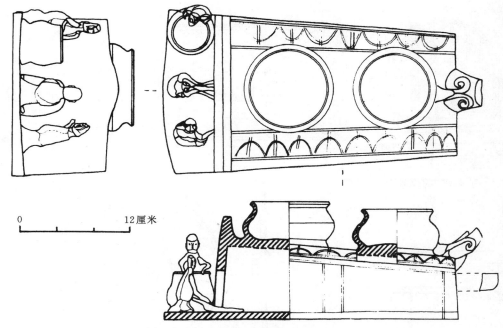

0 ⊢——┼——┼——┼——┤ 12厘米

图一三　员岗村东汉墓出土陶灶（M2：39）

M2 仅发现一个车轮，是否被盗不敢确定，但凑巧的是，番禺区沙头镇 M16 也清理出牛车一辆，而且也只见一个车轮[6]，或者一车单轮有其一定的寓意？

船　1件。M2：92，橙黄胎，橙红色，质地松脆，残。无篷，结构简单，似舢板、艇仔之类的小船。长条形，首尾狭，中间宽，平底，船头翘起，船尾略平。船上梁担、篙桨或无，或已毁，船头、尾原各立一俑，惜上身已残，作何姿势不明。船尾甲板有一柱，亦残，不知何物。长39.4、船头宽7、船尾宽6、中间宽17、船头高8.2、船尾高6厘米（图一五）。

男俑　12件。M2：37/38/47/65/118 等 5 件当为 1 套，胎质陶色、尺寸，甚至手势均接近，仅 M2：65 未穿耳，但都张口。其余 7 件从胎质、陶色和个体大小来看，M2：54 与 M2：85，M2：82 与 M2：94，M2：83 与 M2：84 似为 1 组，M1：13 为单独个体。

M2：37，灰胎，灰陶。无冠，双耳穿孔，口半开，有须，双手张开摆放于胸前作讲话状，着袍，下摆为喇叭形。脑后用划线纹表示披发，周身用划线纹表示出衣服式样。高17.4、宽6.4、厚6.4厘米（图一六，1；彩版一〇，2）。

M2：85，红褐胎，红褐色。无冠，斜顶，面部表情作凝视状，平胸，大肚，双手拱抱置于胸前，类似拳击动作，又或原手中持有器物。下腹不知是烧制变形，还是有意做成大肚状，整个形态似弥勒佛。周身用划线纹表示出衣服式样。高16.8、宽7.6、厚6厘米（图一六，2）。

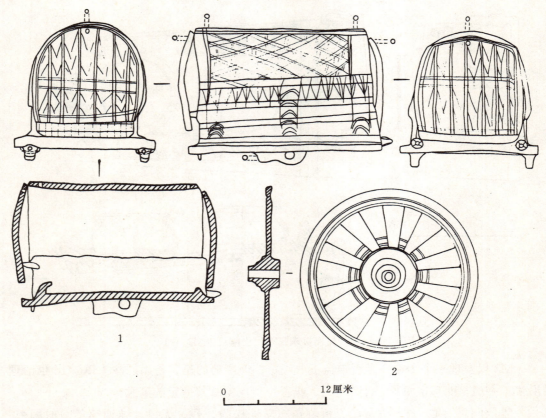

0 ＿＿＿＿＿ 12厘米

图一四　员岗村东汉墓出土陶器

1. 车（M2:45）　2. 车轮（M2:70）

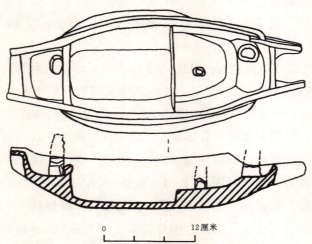

0 ＿＿＿＿＿ 12厘米

图一五　员岗村东汉墓出土陶船（M2:92）

图一六　员岗村东汉墓出土陶器

1～5. 男俑（M2∶37；M2∶85；M2∶82；M2∶84；M1∶13）　6. 女俑（M1∶50）　7. 镇墓兽（M1∶54）

M2∶82，橙黄胎，橙黄色，质地不甚坚实。无冠，双耳、双手、双足残缺。双臂纤细，上曲紧贴于胸前，与身体粘结为一体，有可能持物，下腹浑圆，双足伸出袍外。高16.8、宽9.2、厚5.8厘米（图一六，3）。

M2∶84，头戴斗形笠，面部捏并刻画出简易五官，左手上曲置于左肩下，右手半握放于上腹部。脚面用划线纹表现出五趾，斗笠用划线纹表示出编织状，身上则用线划出衣服样。高17、宽9.8、厚7厘米（图一六，4；彩版一〇，3）。

M1∶13，灰胎，灰陶。前襟、左臂残。锥状顶，当有帽，缺失。头呈三角状，高臂，双乳挺立，右臂前伸，右手呈钩状，其意不明。衣服式样不确，与习见者不同，下摆至膝盖处止，背面也不见表示衣样的划线纹，足似着靴，靴面上用划线纹表示出五趾。高17、宽8.2、厚9厘米（图一六，5）。

抱婴女俑　M1∶50，土黄胎，红褐色，上施灰色陶衣。发髻盘起，双耳戴环，脑后以划线表示头发，双乳突出，怀中双手抱一婴儿，婴儿右手放于女俑左乳上，作睡眠状。女俑身份或为母亲，或为侍婢。高17.6、宽7.5、厚8.5厘米（图一六，6；彩版一〇，4）。

镇墓兽　M1∶54，土黄胎，红褐色，上施灰色陶衣。人面兽身长舌状。圆头圆脸，脑后结发髻，用不规则短线表示头发，鼻梁高耸，大口半开，口下伸出一长舌，弯曲至胸前，舌面用线纹表示汗毛，面部也多用短线表示毛发。颈短，前腿直立，后腿屈卧，作一触即发状。面部甚威严。周身多用双线纹表示毛发。体长22、宽11、高4.6厘米（图一六，7；彩版八，2）。

鸡　2件。M2∶73，红褐胎，红褐色。嘴略残。半卧，身体浑圆，身上用划线纹表示羽毛。长17、宽9、高8厘米（图一七，2）。

鸭　4件。M2∶72，深灰胎，深灰色，质地硬实，制作较为精致，身体略显瘦长。嘴、颈前伸，以腹着地，双蹼展开，似作游水状。身上用细线纹表示羽毛。长16、宽6.4、高6.2厘米；M2∶74，橙黄胎，橙黄色，质地不硬实。嘴、尾略残，头向左倾，身体浑圆，腹底粘结两泥团作为蹼脚，卧状。用双线纹表示肌体轮廓和羽毛。长15、宽7.8、高8.8厘米（图一七，1、3）。

鹅　1件。M1∶21，红胎，红色，身上施灰色陶衣。半卧，头、颈歪向右侧，双蹼长大，背部用双波浪纹表示脊骨，用短线纹表现羽毛，长16、宽6、高8.8厘米（图一七，4）。

牛　6件。大致可分为公牛和小牛两类。

公牛　3件。均为黄牛，背脊起结。M2∶78，深灰胎，深灰色，质地坚实。卧牛，舌及左耳残。五官及身体构架均捏制精细，双角挺，开口，舌上舔，表情憨态可掬，俨然一夏日午后纳凉避暑的老牛形态。脖颈皮肉下垂，背脊突起，尾上卷，后胯用棍类的

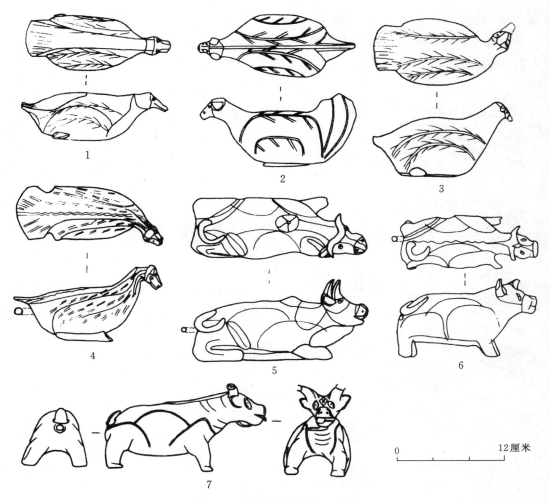

图一七　员岗村东汉墓出土陶器

1. 鸡（M2:73）　2、3. 鸭（M2:72；M2:74）　4. 鹅（M1:21）　5、6. 牛（M2:77；M2:78）

7. 羊（M2:44）

压印槽表示出来。身上用几条细线表示肌肉。仅于左耳根部发现少许晶莹绿釉。长
19.5、宽7、高9.4厘米（图一七，5；彩版一一，1）。

　　小牛　3件。均无角，个体略小。M2:77，深灰胎，深灰色。双耳竖起，嘴前伸，
四脚站立，卷尾。嘴、鼻、眼均用划线表示，身体以划线表示肌肉轮廓，背施一条水波
纹以示脊骨。长15.4、宽6、高4.8厘米（图一七，6）。

　　羊　2件。M2:44，土黄胎，灰色，施浅酱陶衣，质地硬实，制作精细。双角略
残，当向下卷曲。四脚站立，开口吐舌注视前方，尾上翘，唇下胡须和颈上鬃毛用泥条
表示，双线纹用以示肌肉轮廓。山羊，貌似小公牛，但唇下有须，尾上翘。长17.6、

宽7.2、残高10.4厘米（图一七，7；彩版一一，2）。

纺轮　2件。均浅灰胎，浅灰色。穿孔，折腰。M1:14，孔径0.4、直径1.2～
3.2、高2.1厘米（图一八，4）。

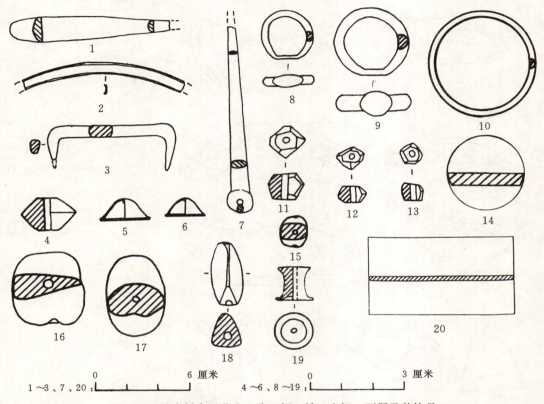

图一八　员岗村东汉墓出土陶、铜、铁、金银、石器及装饰品

1.残铜带钩柄（M2:116）　2.残铜器（M1:74）　3.铁棺钉（M2:117）　4.陶纺轮（M1:14）　5、6.铜泡
钉（M1:86A；M1:86B）　7.铁剑（M1:83）　8.金戒指（M2:114）　9.银指环（M2:112）　10.银手镯
（M2:107）　11～13.绿松石珠（M2:58A；M2:58B；M2:58C）　14.研石（M1:97）　15～18.琥珀珠（M2:
109；M2:113A；M2:113B；M2:108）　19.玻璃耳珰（M2:87）　20.石砚板（M1:82）

（二）铜器

4件（套）。包括铜钱、泡钉等。

铜钱　1套4枚。出自M1，为五铢钱式样，但均锈甚，钱文不清。M1:73A，直径
2.8厘米，方孔边长0.9厘米。

泡钉　1套4颗。2大2小，为衣服饰钉，均镏金，多残损。M1:86A，直径1.6、
高0.7厘米；M1:86B，直径1.3、高0.6厘米（图一八，5、6）。

铜器　2件。均残破，形制不辨。M1:74，可能是1件带钩的柄，残断。残长10、宽0.6~1.6、厚0.4~0.6厘米；M2：116，估计是器物的口沿或圈足部分，仅残留痕迹，呈弧形。残长10、宽0.7厘米（图一八，1、2）。

（三）铁器

2件。

剑 1件。M1：83，残朽较甚，条形，环状手柄。残长24、宽1~2.4、厚0.4~1厘米，环首直径3.2厘米（图一八，7）。

棺钉 1件。M2：117，基本完整。钉身长8、宽1.4、厚0.8厘米（图一八，3）。

（四）金银器

7件（套）。包括金戒指、银手镯、银指环等。

金戒指 1枚。M2：114，金色，无纹。内径1.2、外径1.6、宽0.3厘米，戒面宽0.4厘米（图一八，8）。

银手镯 1对。出土时叠置在一起，表面已锈黑，形制尺寸均相同。M2：107，内径5.9、外径6.6、宽0.6厘米（图一八，10）。

银指环 5枚。形制尺寸均接近，出土时表面均结锈斑。M2：112，内径1.6、外径2.3、宽0.5厘米，戒面宽0.7厘米（图一八，9）。

（五）石器

2件。

砚板 1件。M1：82，浅灰色细砂岩。长方形，双面平，正面磨制较精细，上有黑色墨汁或烟炱痕。长9、宽5、厚0.3厘米（图一八，20）。

研石 1件。M1：97，黑色菲细岩。圆形，两面平，正面较光滑，周边经打磨。疑为石环类的石芯部分。直径2.4、厚0.4厘米（图一八，14）。

（六）装饰品

5件（套）。均为串珠类的佩饰品，有琥珀珠、绿松石珠、玻璃耳档等。

琥珀珠 3套11粒。1整套9粒，出土时粒粒相连构成一个手镯样，直径约9厘米。9粒琥珀珠形制大小接近，深褐色，大致呈扁平圆角长方形。M2：113A，长2.4、宽2.3、厚0.2~0.8、孔径0.3厘米；M2：113B，长2.6、宽1.8、厚1.1、孔径0.2厘米（图一八，16、17；彩版一二，1）。

其余2粒应各为一套，均仅剩1粒。M2：108，黑色，有纹路。不规则长条形，截面大致呈三角形。长3、宽1、厚1.1、孔径0.25厘米；M2：109，深褐色。椭圆形，截面大致呈圆角长方形。长1、宽0.8、厚0.6、孔径0.1厘米（图一八，18、15）。

绿松石珠 1套14粒。出土时散落于甬道陶盆、陶豆等器物底下，当为成串一套，形制尺寸今接近，大致呈柱状，截面多呈不规则多边形。M2：58A，长0.8、宽1.1、孔径0.2厘米；M2：58B，长0.5、宽0.9、孔径0.2厘米；M2：58C，长0.5~0.6、宽

0.9、孔径 0.2 厘米（图一八，11～13；彩版一二，2）。

玻璃耳珰　1 件。M2：87，半透明，浅蓝色。哑铃状，两端均为圆形，一大一小，中间穿孔。长 1.1 厘米，两端直径分别为 1 和 1.2 厘米，孔径 0.15 厘米（图一八，19）。

四　结　语

员岗村 1 号墓为单穹隆顶双室墓，2 号墓为单穹隆顶多室墓，均是广州地区东汉中后期常见的墓葬形制，出土的陶屋、畜圈、仓、簋、船、灶、井、牛车等模型器及人物俑和动物模型等随葬品也是广州东汉中后期墓葬比较流行的器类，所以其时代亦在东汉中后期，具体而言，1 号墓 B 型 Ⅰ 式四耳罐（M1：12/22）、三足釜（M1：51）、A 型盆（M1：38）等器物型式与番禺屏山东汉墓 CM1 出土的 A 型四耳罐（CM1：22）⑦，《广州汉墓》中 M5041 Ⅱ 型②式三足釜（M5041：11）、Ⅳ 型盆（M5060：22）等接近⑧，屏山东汉墓 CM1 出有汉和帝"永元十五年"（公元 103 年）的纪年铭文砖⑨，而《广州汉墓》M5041 墓砖上有纪年铭文"建初元年"（公元 76 年），M5060 墓砖有"建初五年"（公元 80 年）纪年铭文⑩，均属东汉中期，因此 1 号墓的年代定在东汉中期较为合适。员岗村 2 号墓出土的 A 型四耳罐（M2：99）、双耳直身罐（M2：67）的器形与《广州汉墓》中 Ⅲ 型四耳罐（M5052：2）、Ⅵ 型提筒（M5052：25）类似⑪，M5052 出 ⅩⅨ 型①式鸟龙纹镜（M5052：49）⑫，时代到了东汉后期，估计员岗村 2 号墓的年代也大致如此。

员岗村汉墓的发掘，大大地丰富了广州地区东汉物质文化史的研究资料，仅 2 座墓，且已遭盗掘，出土随葬器物达二百余件，其中的陶车、胡俑、抱婴俑、镇墓兽等为以往的广州汉墓所少见，加之数量不少的陶屋、圈以及陶仓、簋、船、俑等模型器的出土，无疑可以反映东汉中后期广州地区社会生活的一个侧面；随着近十年来考古工作的深入，番禺区东汉遗址和墓葬的不断发现和正式的考古发掘⑬，使我们对汉番禺城的发展和变迁有了更多的认识，而且也有助于探寻今市桥镇的开发历史。

执笔：张强禄、覃杰

绘图：张强禄、朱汝田、江海珠

修复：廖明全、陈淑庄、范德刚

拓片：韩东

注　释

① 广州市文物管理委员会、广州市博物馆：《广州汉墓》第 322 页，文物出版社，1981 年。

② 孙机：《汉代物质文化资料图说》第 216 页，文物出版社，1991 年。

③　孙机：《汉代物质文化资料图说》第 342 页，文物出版社，1991 年。

④　孙机：《汉代物质文化资料图说》第 207 页，文物出版社，1991 年。

⑤　王振铎遗著、李强整理补注：《东汉车制复原研究》第 5 页，科学出版社，1997 年。

⑥　《话说东汉番禺人》，《番禺报》1999 年 11 月 25 日第 4 版。资料现存于番禺博物馆。

⑦　参见广州市文物考古研究所、番禺博物馆：《番禺屏山东汉墓发掘简报》，《考古学集刊》第 14 辑，待刊。

⑧　见②《广州汉墓》第 410 页图二五二－3、第 404 页图二四六－2。

⑨　参见⑦。

⑩　见《广州汉墓》第 456 页。

⑪　见《广州汉墓》第 397 页图二三九－9、第 402 页图二四二－1。

⑫　见《广州汉墓》第 445 页图二七八－7。

⑬　参见蔡德铨：《番禺县文物志·东汉墓砖》第 18 页，1988 年；杜灿佳：《番禺县文物志·东汉陶屋》第 19 页，1988 年；蔡德铨：《番禺县文物志·北亭东汉墓》第 27 页，1988 年；蔡德铨：《从市桥台地出土文物对番禺早期历史的探索》，《番禺古今》第 2 期，番禺炎黄文化研究会会刊 1998 年 7 月；陈伟汉：《番禺沙头汉墓的发掘及其意义》，《中国文物报》1997 年 11 月 2 日 1 版；广州市文物考古研究所、番禺博物馆：《番禺屏山东汉墓发掘简报》，《考古学集刊》第 14 辑，待刊；广州市文物考古研究所：《广州南沙经济技术开发区考古调查》，《华南考古》本刊，南沙镇广隆村发现东汉遗址。

广东肇庆市坪石岗东晋墓

广东省文物考古研究所

肇庆市博物馆

英文提要　The Tomb in "Taining-the-third-year" of Eastern Jin found in Pingshi-gang, Zhaoqing City, is in a large size, with complex structure which is seldom seen in the same period from Guangdong archaeological finds. Especially, the drainage which is taste-fully installed in the bottom of the Tomb is the first time to be found. There is a large num-ber and varied kinds of funerary articles, among which, the culture relics such as glass uten-sils, lion-shaped celadon water dropper, huzi (one kind of chamber pot), models of horse, castle, paddy field, well, pigsty and wares of gold and silver ect. are the precious articles and have high value in archaeological research. According to the inscriptions on the brick, the owner of the Tomb is assumed to be "Guangxin marquis of Cangwu".

　　2001 年 2 月～3 月间，广东省文物考古研究所接到省文化厅文物处关于"肇庆发现晋墓需进行抢救发掘"的指示后，随即派出考古专业人员会同肇庆市文化局、博物馆对该墓进行发掘清理。

一　发现经过及墓葬结构

　　2 月 17 日，在肇庆市端州区黄岗镇大路田村北岭南坡的坪石岗挖鱼塘的工地上，施工人员挖泥时碰到了古墓，其后取出一批随葬品，并将墓顶捣毁，将墓坑填埋。经市公安部门和市文化局冯咏浩、市博物馆肖健玲、谭永业等同志共同努力，向有关人员追缴了 30 多件从墓穴中取出的文物。2 月 21 日起至 3 月 2 日，省文物考古研究所邱立诚、李子文、方小燕会同肇庆市文化局冯咏浩、市博物馆邓杰、吕国明、高要市博物馆辛红宇等，对墓葬进行了抢救清理，又出土了 16 件器物，其中有青瓷器、陶器、金器、铜器、铁器等。

　　墓葬位于肇庆市城区北面 325 国道北侧 2 公里处的大路田村坪石岗台地上（编号 ZPM1）（图一），为券顶砖室墓，全长 9.55 米，由墓道、前室、过道、后室（棺室）、北耳室、壁龛等六部分组成（图二）。墓室坐东向西，方向 253°。墓顶封土约有 2 米。墓底自东向西略有倾斜。墓道、过道、后室为南北向券顶，前室、耳室为东西向券顶。墓

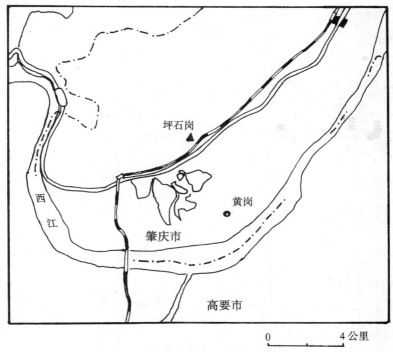

图一　肇庆坪石岗东晋墓位置图

壁用长方砖单隅顺平铺叠砌。墓道长 1.8、宽 1.28、高 1.4 米，前端用两排竖砖封门；前室长 2、宽 3.25、残高 1.4~1.6 米，左右两壁上部各伸出半个砖承托灯盏；过道长 1.35、宽 1.3、高 1 米；后室长 4.4、宽 2.1、残高 1.4 米，后壁中间底部有一壁龛，深 0.55、宽 0.4、高 0.48 米；北耳室长 1.25、宽 0.95、高 0.85 米，后壁上下伸出两排半个砖，用于承托灯盏。墓道、前室、过道的底部铺一层砖，其下中央用砖铺砌一条排水渠，宽 7、深 10 厘米，此渠纵贯延伸至墓道外。前室中部用两层砖砌一祭台，长 1.3、宽 1.2 米。后室底部除一层铺地砖外，下有五层砖砌筑两层排水设施，其中第一、三、四、五层为方砖（图三），下层排水主渠与前述水渠相连接，宽 10 厘米。墓中的人骨与葬具均腐朽无存。

　　墓砖侧面的长边或短边多印饰曲折纹，有的两组，也有的四组，个别为曲折纹与菱格纹组合（图四；图五，5、6），有纹样的一侧组成图案，使墓壁十分华丽。有的墓砖平面印饰菱格纹（图五，4），是为了增加砌筑墓壁时砖的附着力。部分砖侧面印铭纪年文字或吉祥语，均是阳文，如"泰宁三年太岁在乙酉五月壬申立大吉昌"、"泰宁三年正月十五日立"、"吉且阳宜侯王"（图五，1~3）。有一块长方砖的一个宽面中间自上而下竖行阴刻隶体文字为："高□□□广州苍梧广信侯也"（图六；彩版一六，5）。长方砖长 36~37、宽 16~17、厚 4.5~5.5 厘米；券顶砖长 37、宽 17、厚 3~4.5 厘米；方砖长

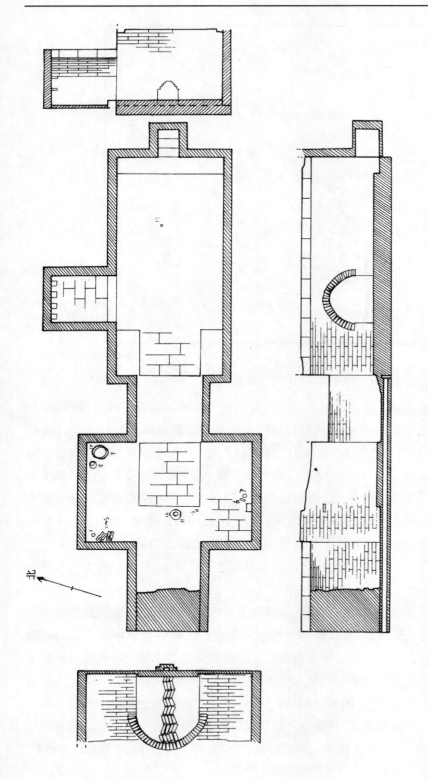

图二 坪石岗 M1 平、剖面图

1. 青瓷盏 2～5. 陶俑 6. 残铁剑 7. 青瓷盘 8. 青瓷唾壶 9. 青瓷洗 10. 青瓷魁 11. 铜盒 12. 金手镯 13. 青瓷器足 14. 金指环 15. 银叉 16. 银箸 17. 银耳勺 18～23. 青耳盏 24. 青瓷碗 25. 青瓷小盏 26. 青瓷四耳小罐 27～28. 青瓷四耳罐 29. 玻璃器 30. 陶六耳罐 31. 青瓷罐 32. 青瓷熏炉盖 33. 陶灯 34. 青瓷灯 35. 铜弩机 36. 铁矛 37. 铁刀 38. 铜环首铁刀 39. 铜棺钉 40. 陶瓷 41. 陶鸡笼 42. 陶城堡 43. 青瓷虎子 44. 青瓷狮形炉 45. 陶水田 46. 陶井 47. 陶畜圈 48. 铜瓿 49. 铭文砖 50. 铜棺钉 (15～50 被扰动乱, 位置不明)

0 50 100 厘米

北

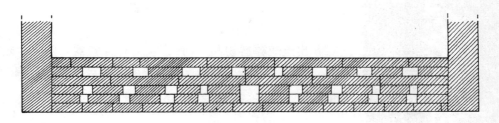

0   10   20 厘米

图三　坪石岗 M1 后室墓底排水设施剖面图

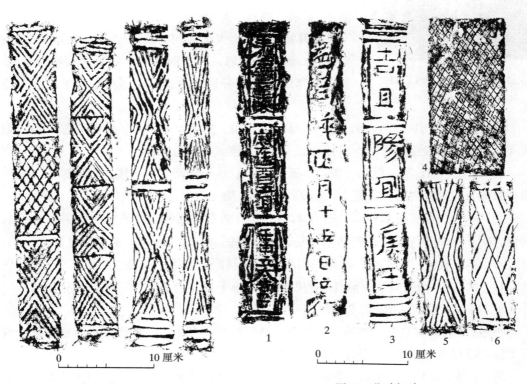

0   10 厘米

图四　墓砖长边纹样拓片

图五　墓砖拓片

1～3. 铭文　4. 平面菱格纹　5、6. 短边纹样

图六　铭文砖（1/4）
高□□□广州苍梧广信侯也

17、宽 16、厚 5～5.5 厘米。

二　随葬器物

出土随葬器物共 50 件，包括有青瓷器、陶器、玻璃器、金器、银器、铜器、铁器等七类。另见有数枚铜、铁棺钉。

（一）青瓷器

22 件。器种有罐、碗、盏、魁、洗、唾壶、熏炉、灯、水注、虎子等。

罐　1 件。M1：31，直口，平沿，矮颈，圆肩，微弧收深腹，平底挖足，足露胎。器表施青白釉。口径 7.6、高 18 厘米（图七，9；彩版一三，1）。

四耳罐　2 件。大小相同，器体较小。M1：28，口卷沿近直，矮颈，圆肩，肩上四环耳，斜弧收深腹，平底。器表施青绿釉，部分脱落。口径 7.5、高 9.7 厘米（图七，5）。

四耳小罐　1 件。M1：26，器小，侈口，卷沿，矮颈，斜圆肩，斜弧深腹，肩上四横耳，平底。器表施青绿釉。口径 6.2、高 8.2 厘米（图七，3）。

碗　1 件。M1：24，敞口，圆唇，弧深腹，沿外一周凹下，平底，内底略凹。里外施青绿釉，大部分脱落。口径 14.5、高 5 厘米（图七，8）。

盏　8 件。形制基本相同，略有大小。宽口微敞，圆唇。里外施青绿釉，M1：1，浅腹，沿外一周凹弦纹，平底略作台足，内底略凹。口径 6、高 1.9 厘米（图七，2）。M1：18，斜弧收腹，小平底，沿外一周凹弦纹。釉部分脱落。口径 7、高 2.6 厘米（图七，4）。M1：7，浅腹微折，沿外一周凹弦纹，小平底，内底微凹。釉大部分脱落。口径 7.6、高 2.6 厘米（图七，7）。

小盏　1 件。M1：25，器特小，尖唇，斜弧浅腹，平底，沿外凹下，内底微凹。素面无釉。口径 5.5、高 1.5 厘米（图七，1）。

魁　1 件。M1：10，大口，圆唇，深腹，壁近直，下腹弧收平底，略作矮圈足，沿外一周凹下，内底略凹，有五个烧造垫痕。一侧自上腹贴一竖起的执把，把较长，上端向外翻卷，末端残。里外施青绿釉。口径 21.5、盆高 9、通高 17.6 厘米（图七，12）。

洗　1 件。M1：9，斜折沿，尖圆唇，浅腹，平底作台足，盘口，内底略凹。器表有三周弦纹。里外施青绿釉，部分脱落。口径 26、高 7.2 厘米（图七，14）。

　　唾壶　1件。M1:8，口残，侈口，束颈，斜溜肩，垂腹，底挖足呈矮圈足，底有五个垫烧痕。里外施青绿釉，局部脱落。口径11.2、盆高9.5厘米（图七，6）。

　　熏炉　1件。M1:32，器身缺失，仅存器盖。盖顶中央一圆钮，器盖中、下部两周

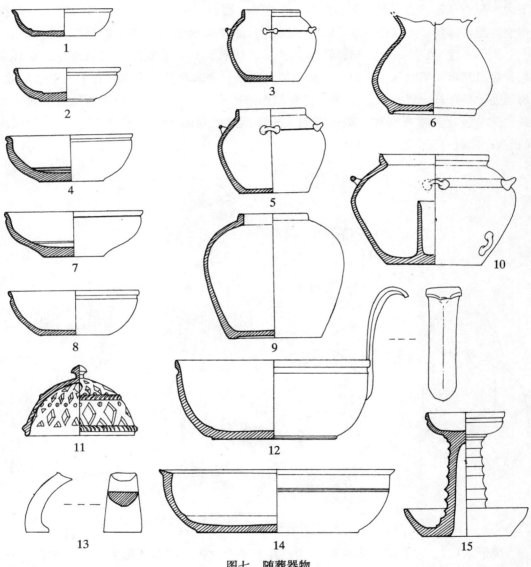

图七　随葬器物

1.小盏（M1:25）　2、4、7.盏（M1:1、18、7）　3.四耳小罐（M1:26）　5.四耳罐（M1:28）　6.唾壶（M1:8）　8.碗（M1:24）　9.罐（M1:31）　10.六耳罐（M1:30）　11.熏炉盖（M1:32）　12.魁（M1:10）　13.器足（M1:13）　14.洗（M1:9）　15.灯（M1:34）（10为陶器，余为青瓷器，1、2、4、7为1/2；13为1/8；余为1/4）

纽绳纹，器身遍饰菱形镂孔，中部一周绳纹，其上下各一周圆形镂孔，近顶中央处四个三角形镂孔。里外施青绿釉。口径12.5、高8厘米（图七，11）。

灯　1件。M1:34，上有盏，尖圆唇，弧收浅腹，沿外一周凹下。下接灯把，上小下大，呈竹节形，有七级。下有灯座，呈盆形，圆唇，大部残，平底，底中凹入。灯把中空。施青绿釉。盏口径8.5、高14厘米，灯座底径10厘米（图七，15）。

狮形水注　1件。M1:44，器体肥胖呈卧伏状，狮头毛发线条清晰有序，双耳立起，眼目凸出，嘴略张，鼻向上，背上竖立圆管，透入器身，中空，孔上有锥形插栓。狮尾卷起呈环耳，臀部贴塑尾鬃分梳卷起作图案形，两侧下腹刻划曲折纹及四足、足趾，四足较矮。施青绿釉，釉色圆润，光泽度好。通高11.5、长13.5、身宽9厘米（图八；彩版一三，2）。

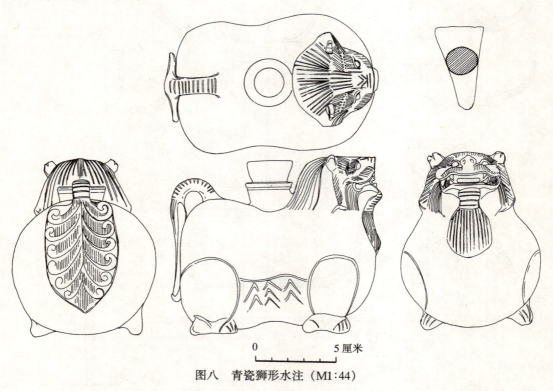

0　　　　　　　5厘米

图八　青瓷狮形水注（M1:44）

虎子　1件。M1:43，器作卧伏状，背上环形执把，前有圆形大口。上有鼻、眼、耳凸起，口下模贴毛穗，环后贴条形尾，下有四足，刻划出足趾。器身前后两周弦纹。施青绿釉，光泽好，釉质略呈斑块。通高20.6、长26.5、身宽14.5厘米（图九，1；彩版一三，3）。

器足　1件。M1:13，截面呈三角形，弧形外翻卷，似为青瓷砚的器足之一。施青绿釉。高13.8厘米（图七，13）。

（二）陶器

16 件。器种有瓮、罐和人俑、马、城堡、水田、井、畜圈、鸡笼等模型器。

瓮 1 件。M1：40，带盖，中央桥形钮，平顶，边缘二周划弦纹，直身微鼓，平沿，瓮有子口，口大，身高瘦，深腹微弧近直，肩上四横耳。下腹一对竖耳。施赭褐色陶衣。通高 48、口径 21、底径 24.5 厘米（图九，6）。

六耳罐 1 件。M1：30，侈口，折沿，矮颈，圆肩，鼓腹，平底，肩上四横耳，二周弦纹，下腹一对竖耳。器内底竖起一段高 6.4、直径 3.8 厘米的圆柱形、中空的器座。釉已脱落，器表有烟熏痕迹。此器似为加热的器具。口径 12、高 12.5、底径 10.5 厘米（图七，10）。

人俑 4 件。模型器，均头戴帽饰。素胎。M1：2，五官端正，耳、鼻突起，上衣左向右覆，颈部有多重衣褶纹，下穿裤，露足，双手前伸似驾车状。高 17.5、头长 4.2 厘米（图一〇，4；彩版一六，1 左）。M1：3，眼、耳、鼻均凸出，身穿落地衣袍，上身有衣纹。双手挽合于腰间。底凹入一段。高 14.4、头长 4.1 厘米（图一〇，2；彩版一六，2 右）。M1：4，长脸，张口内陷，眼、耳、鼻凸起，身穿落地衣袍，上身有衣纹。双手前伸交合。高 16.7、头长 5.9 厘米（图一〇，1；彩版一六，2 左）。M1：5，张口凹入，耳、鼻、眼凸起，身着落地衣袍，上身有衣纹，双手垂下，残，下足亦残。高 16.7、头长 5 厘米（图一〇，3；彩版一六：1 右）。

马 1 件。M1：33，模型器，雄壮健硕。四足站立，马口微开，双鼻凹入，双耳竖起，颈部马鬃毛处凹入呈槽形，马尾缺失，身、足粗壮，前胸略前突，前足后倾、后足前倾，作奔跑状。施深褐色衣，四足露胎。高 16.3、身长 19.2 厘米（图九，3；彩版一三，4）。

城堡 1 件。M1：42，模型器，呈方形圆角围城，墙上刻划出瓦脊，四角有方形角楼，每个角楼有五个门窗，上有顶，刻划出瓦脊。城堡前后设门，门分两扇，上有屋檐瓦脊，城内中为通道，一侧为房屋，中间开门，门前有踏阶；另一侧为廊庑，开两门，两侧之间有一瓦顶相连接。城堡前后两门内侧各有一人俑，头戴帽饰，耳、鼻突出，刻划眼、口，双足分立，手部刻划五指。双手环抱持一条棍形棒，上有弯勾，表示守卫城门。施褐色陶衣。面宽 43、进深 39.5、通高 20.8 厘米，围墙高 13.8 厘米（图一一；彩版一四）。

水田 1 件。M1：45，模型器，长方形底作平台，内以十字栏起表示四块水田，十字交叉处置一釜，有盖，双耳，当系表现田间设食。三个侧边沿有漏斗形器，表示两块田之间可通水或排水。每块田中置一人一牛。其中二人持犁，当中一人头戴斗笠，双手持犁，另一人一手持犁，另一手持棒，二牛作犁耕状；有一人一手持耙，另一手执棒，一牛作耙田状；还有一人亦头戴斗笠，一手持扁状物，另一手持棒，一牛作匀田状。人俑耳、鼻凸出，用线条刻划眼、口。牛为水牛，双角弯起，耳目分明，圆目凸起，吻部前出。两两相对而立，两牛身上套绳以拉犁、耙。施褐色陶衣，多脱落。器平面长28、

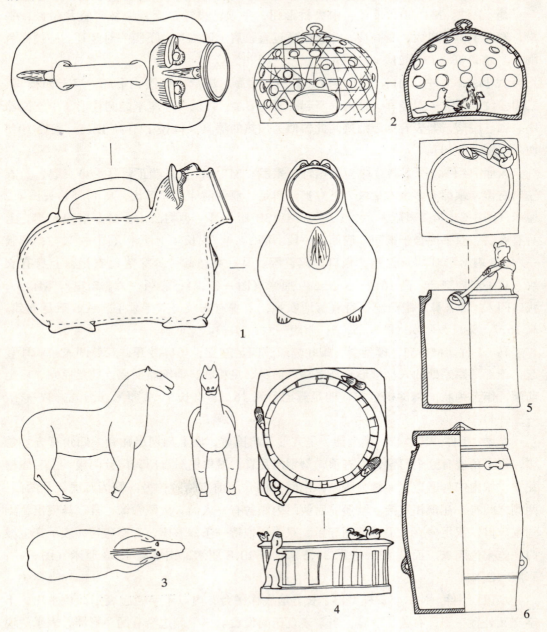

图九　随葬器物

1. 虎子（M1：43）　2. 鸡笼（M1：41）　3. 马（M1：33）　4. 畜圈（M1：47）　5. 井（M1：46）　6. 瓮
（M1：40）（1 为青瓷器，余为陶器；6 约为 1/8，其余为 1/4）

图一〇 陶俑

1.M1:4 2.M1:3 3.M1:5 4.M1:2

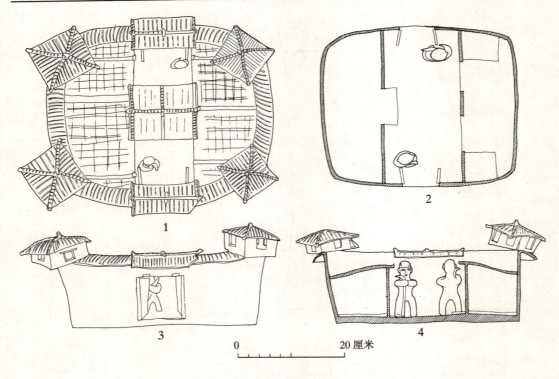

图一一　陶城堡（M1∶42）

1.俯视　2.内剖视　3.正视　4.正剖视

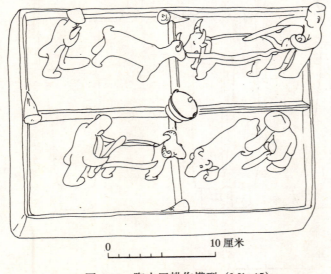

图一二　陶水田耕作模型（M1∶45）

宽20、通高 10 厘米（图一二；彩版一五，3）。

井　1 件。M1∶46，模型器，井台作方形，圆形井圈，井身圆筒状，直身微凹，平底。井台上立一人俑，头上束发，两耳及鼻明显，用线条刻划眼、口，双腿分立，双手分别刻划出五指，手握一长把水勺，勺上有提梁，把接提梁。井圈旁有一横梁。施褐色陶衣。口径10、通高 21.4、井高 15 厘米（图九，5；彩版一五，4）。

畜圈　1 件。M1∶47，模型

器，底座为方形平台，上置环形畜圈，圈墙以长方形镂孔作栅栏，栏侧一角处有一门，门开处一人俑双足分立，一手扶栏墙，一手扶栏门，面朝圈内，头束发髻。两耳及鼻突出，刻划出口、眼，形似女性。栏墙上分立三鸟，其中一鸟残损。鸟张口圆目，身上刻划羽毛，翼、尾分明。施褐色陶衣。口径17、通高7、底边长15.5～16厘米（图九，4；彩版一五，2）。

鸡笼　1件。M1：41，模型器，圆形中空，多圆形镂孔。弧顶，中央有环形钮，器表刻划多条交叉线条，以表现编织物，下部一侧有拱形门，平底。内置三只陶鸡，蹲立、昂首，尾端散开呈扇形，身上刻划出羽毛。施褐色陶衣。通高12.5、底径14厘米（图九，2；彩版一五，1）。

另有残陶器4件，不能复原，仅知是平底器，似属罐类。

（三）玻璃器

1件。M1：29，体薄，口宽，侈口略盘，沿外微束，圆腹，圈底。白色透明，呈微绿色。重54克。口径8.8、高7厘米（图一三，4；彩版一六，3）。

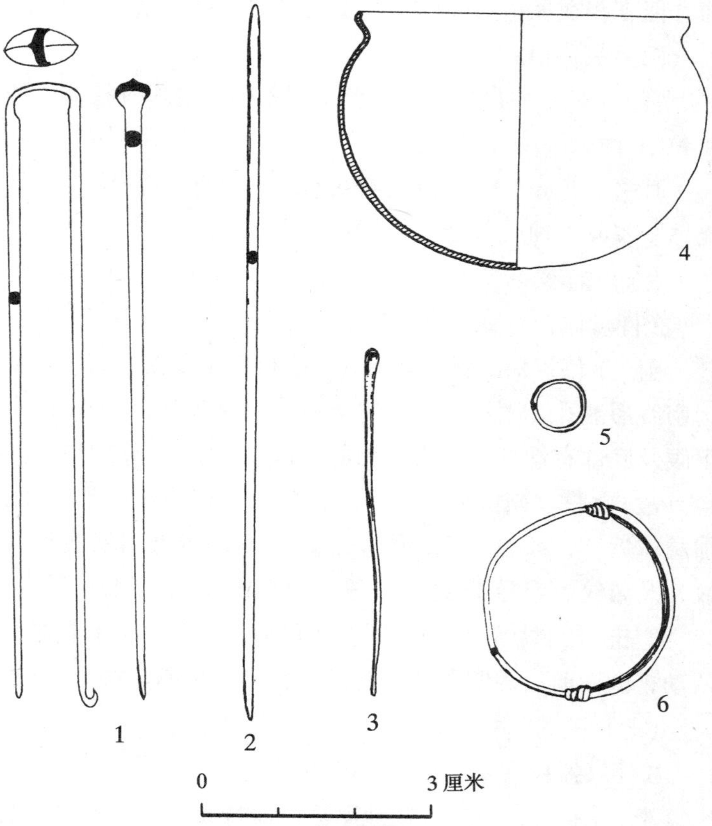

图一三　随葬器物

1. 银叉（M1：15）　2. 银簪（M1：16）　3. 银耳勺（M1：17）
4. 玻璃器（M1：29）　5. 金指环（M1：14）　6. 金手镯（M1：12）

（四）金器

2件。器种有手镯和指环。

手镯　1件。M1：12，金黄色，环形，用金质细线体制成，相交形成半环形双线体，两个接触点分别缠绕。重10.8克，直径5、肉宽0.2厘米（图一三，6；彩版一六，4左）。

指环　1件。M1：14，金黄色，环形。重650毫克。直径1.4、肉宽0.1厘米（图一三，5；彩版一六，4右）。

（五）银器

3件。器种有叉、簪、耳勺。

叉　1件。M1：15，银灰色，器体分两叉支，一支末端呈尖形，另一支末端呈勾形，两支相交处呈弧顶形，两支均作圆柱体。重31.85克。长17厘米，两叉距1.4厘米（图一三，1）。

簪　1件。M1：16，银灰色，长条形，身作圆柱体，两端均呈尖状。重6.7克。身长19.6厘米（图一三，2）。

耳勺　1件。M1：17，银灰色，长条形，一端残，另一端作较浅的勺形。重1.8克。身长9.5厘米（图一三，3）。

（六）铜器

3件。器种有甗、盒、弩机。

甗　1件。M1：48，上为甑，敞口，宽平沿，弧收深腹，上腹一对铺首花纹，内底为密线形甑孔。下接锅体，肩上一对铺首环耳，中部一周外展凸出，下腹斜收，平底。下腹及底部有烟炱，应为实用器。口径24.5、高26.7、底径11.6厘米（图一四，2）。

盒　1件。M1：11，带盖，盖残，顶中央有圆形小钮，钮上有刻划"米"字形纹。器身口近直，弧壁深腹，圜平底，器残，器表刻划曲折纹、圆圈纹（内套菱形细方格纹）及弦纹。口径15厘米，复原通高12厘米（图一四，1）。

弩机　1件。M1：35，器作曲尺形，机身平面有箭槽，中间有扳栓，已锈蚀，不能活动；侧面前后两圆孔，上有长条扁体的执把。高13、长15.4厘米（图一五）。

（七）铁器

3件。器种有矛、剑、刀等。

矛　1件。M1：36，锈蚀严重。器特长，圆形骹口，骹部较长，叶部棱脊，两侧出刃，前出尖锋。长39.5、叶宽3、骹口径2.8厘米（图一六，6）。

剑　1件。M1：6，锈蚀。残存一截，双刃，棱脊。残长8、身宽2.5厘米（图一六，3）。

刀　1件。M1：38，有铜环首，扁椭圆形。前有扁长方形把，铁刀长身单刃，残存刀鞘痕迹，可见为漆鞘，仅存上下及一侧的小部分。柄端较短，有木质镶柄。应是与铜环首相连。铁刀残长66.5、身宽2.3～3.5厘米，环首径4.5厘米（图一六，1）。

（八）棺钉

3枚。有铜、铁两种。M1：39是一枚铜棺钉，长身，下端呈弯状，上端方体，向下渐收成尖。长18厘米（图一六，4）；M1：50也是一枚铜棺钉，长条形，上端截面为方

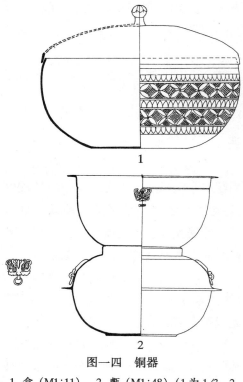

图一四 铜器

1.盒（M1:11） 2.瓿（M1:48）（1 为 1/3，2
为 1/6）

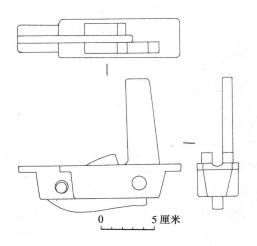

图一五 铜弩机（M1:35）

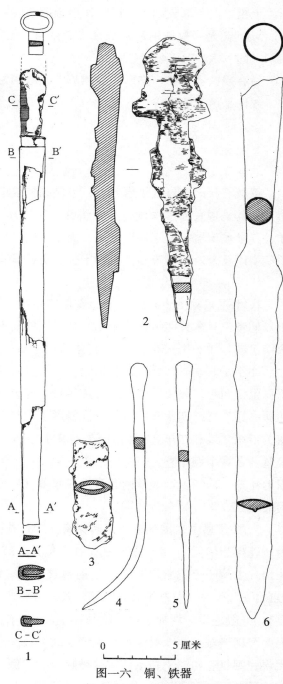

图一六 铜、铁器

1.铜环首铁刀（M1:38） 2.铁棺钉（M1:37） 3.铁
剑（M1:6） 4、5.铜棺钉（M1:39、50） 6.铁矛
（M1:36）

形，上粗，向下渐收细，下段收作扁圆形渐成尖锋状，长18、身宽0.8厘米（图一六，5）。M1:37是一枚铁棺钉，长锥体，器扁，上宽下尖，尖端缺损。长21.3、上部宽2厘米（图一六，2）。

另有残铁器3枚，锥形，上圆下尖，似亦为棺钉。还有1件残铁器，体薄，形不可辨，或许是棺上的附件。

三　结　语

肇庆坪石岗东晋墓规模较大，形制结构复杂，在广东同时期的考古发现中还是较少的，尤其是墓底的排水设施非常讲究，在广东还是首见。随葬品数量多，种类丰富多样，其中玻璃器、青瓷狮形水注、虎子、陶马模型、城堡模型、水田模型、井模型、畜圈模型以及金、银器等多件文物十分珍贵，具有很高的考古研究价值。

（一）墓葬年代与墓主

1. 根据墓葬出土砖铭所记，该墓的年代上限为"泰宁三年"。历史上使用"泰宁"年号的帝王有东晋明帝司马绍与北朝时期的北齐武成帝高湛，高湛使用"泰宁"年号仅两年，即公元561～562年，与砖铭所记"泰宁三年"不合，加之广东非北齐属地，随葬品亦不是北朝时期所流行之器物，可以肯定此墓年代不会属北朝时期。东晋明帝司马绍在位仅四年，只使用"泰宁"为年号，即公元323～326年，"泰宁三年"与之相合，随葬品亦为晋时期所常见，如青瓷狮形水注与江苏江宁张家山西晋元康七年墓[①]、广东韶关市东晋咸和二年墓[②]所出同类器基本相同；水田、水井、畜圈等模型器与广州黄埔姬堂西晋熹平四年墓（M3）[③]的同类器大同小异；墓葬结构也与江苏江宁张家山西晋元康七年墓、广州黄埔姬堂西晋熹平四年墓（M3）最为相近。由此可见，"泰宁三年"即为公元325年，属东晋初期。

2. 关于墓主，因该墓所出砖铭有"广州苍梧广信侯"，由此而推定墓主生前曾被封为"苍梧广信侯"，其任职之地是在广信县。砖铭中还出有"吉且阳宜侯王"这类吉祥用语，也从一个侧面说明墓主生前曾被封侯。广信县最早置于西汉元鼎六年（公元前111年），其后一直为苍梧郡所辖。其时苍梧郡的辖地包括了今肇庆城区一带（属高要县）。一般地说，埋葬之地应就是墓主家乡，广州黄埔姬堂西晋熹平四年墓（M3）墓主为南海郡增城县西乡梁盖可作例证，故坪石岗东晋墓墓主应为苍梧郡高要县人，如判断无误，则是苍梧郡人在本郡域内被封侯的一例。再以此推论砖铭的"高□□□广州苍梧广信侯也"，其意很可能是"高要某某"为"广州苍梧广信侯也"。东晋永和七年（公元351年），从苍梧郡中分设晋康、新宁、永平三郡，今肇庆城区一带（属元溪县）为晋康郡所辖。依此，肇庆坪石岗这座"泰宁三年"墓，是历史上苍梧郡辖属该地的见证，具有相当重要的史实意义。再者，从随葬品的组合有矛、剑、弩机这类铜、铁兵器及手镯、指环等金饰判断，该墓应为夫妇合葬墓。铜、铁棺钉分别是两具棺木所遗留之物。

（二）相关问题的探讨

1. 墓中出土的玻璃器皿为广东首次发现，从形态观察，似属容器。很可能是西亚制造的舶来品。与此器基本相同的是江苏南京仙鹤观六号晋墓出土的 2 件玻璃钵④，可惜资料未发表，详情不明。器形略为接近的还有山西大同北魏墓出土的 1 件磨花玻璃碗⑤，被认为是从波斯进口的，但详情亦不清楚。值得参考的是广东遂溪窖藏出土的 1 件南朝时期的鎏金铜器⑥，高 7.2、口径 8.3 厘米，其大小与这件玻璃器相近，但形制略有差异，此器作敛口，弧壁，深腹，圜底。器表通体錾刻图案花纹，极为精细，有鱼、鸟、飞凤、飞仙及忍冬花纹、蒲公英花纹。其形制与纹样多属波斯风格。估计是头冠上的饰物。这件鎏金铜器与一批波斯银币共存，亦应为西亚输人之器。由此而论及肇庆坪石岗晋墓出土的这件玻璃器，其用途也有可能与之相同。

2. 出土的一件青瓷狮形水注，十分精美。同类器在广东韶关、安徽、上海、江苏、河南等地也有发现，但命名各异。广东韶关东晋墓的 1 件称"辟邪水注"⑦；江苏江宁张家山西晋墓出土 4 件，称"狮形插座"⑧，认为是插烛用的烛台；上海博物馆的中国古代陶瓷馆展览的 1 件称西晋"狮形辟邪"⑨；安徽博物馆与河南新郑博物馆分别展览的 1 件均称西晋"狮形水注"⑩；香港艺术馆也展览 1 件，称西晋"越窑青釉辟邪烛台"⑪。上述各说，可归纳成三种，即水注说、烛台说与辟邪说。查考这种器皿的来源，目前可追溯至汉代，在河南郑州博物馆展览的 3 件陶羊仓⑫，其形制与青瓷狮形器如出一辙，羊作跪卧状，背上竖立一截圆管，惟整体器形较大而已。可以认为，晋代的青瓷狮形器与前述之汉代陶羊仓有传承发展的关系，其变化一是形象从羊变为狮，这与佛教入传有关，二是体形上大大地缩小。这种变化既有意识上的，也有功能上的，既增加了辟邪的意念，也改变了原来的用途。考虑到肇庆坪石岗东晋墓所出的这件青瓷狮形器的背上圆管有锥形插栓，故本文仍采用"狮形水注"的命名。

3. 广东地区的晋墓中，出土陶水田模型器者已有多处，如韶关西晋太康七年墓⑬、连县（今连州市）西晋永嘉四年墓⑭、广州黄埔姬堂西晋永嘉元年墓（M2）、熹平四年墓（M3）⑮、韶关东晋咸和二年墓⑯等。但这些陶水田模型器均只有两头牛，而肇庆坪石岗东晋墓所出陶水田模型器，其上有四头牛，这是广东晋墓出土陶水田模型器中形制最大的一件。众多陶水田模型器的出土，从一个侧面反映了当时岭南地区水稻生产有长足的发展，由此而印证广东晋墓出土砖铭中的"永嘉世九州荒余广州平且康"之语具有相当的真实性。

4. 肇庆坪石岗东晋墓出土的陶城堡模型器，在广东晋墓中是首见。同类器物在汉代有较多的发现，可以说这是汉代的遗风。这件陶城堡模型器前后两门均有人持棒守卫，这种场景或许与墓主生前贵为将侯之身份有关。肇庆坪石岗东晋墓与广州黄埔姬堂西晋熹平四年墓（M3）相比较，后者墓主为南海郡增城县西乡梁盖，生前官至"牙门将宣威将军武猛都尉关内侯"，其官位与肇庆坪石岗东晋墓墓主同属"侯"级，两者身份相当，墓葬结构、规模及随葬器物的种类也大体相近。由此看来，当时岭南地区有着共同遵循的埋葬礼仪与习俗。

　　　　附记：参加资料整理的有邱立诚、何丽娟、程茵、陈羽、邓杰、曹子钧等；本文由邱立诚、陈羽照相；曹子钧、陈羽绘图；邓杰拓片；邱立诚执笔。

注　释

① 南京博物院：《江苏江宁县张家山西晋墓》，《考古》1985 年 10 期。

② 毛茅：《韶关东晋墓出土文物介绍》，《广东文物》2002 年 1 期。

③ 广州市文物考古研究所：《广州晋代考古的重要发现——黄埔姬堂晋墓》，《广州文物考古集》，文物出版社，1998 年。

④ 器物藏南京市博物馆，照片可见关善明：《中国古代玻璃》第 59 页图六十五：10，香港中文大学文物馆，2001 年。

⑤ 照片可见关善明：《中国古代玻璃》第 59 页图六十五：7，香港中文大学文物馆，2001 年。

⑥ 遂溪县博物馆：《广东遂溪县发现南朝窖藏金银器》，《考古》1986 年 3 期。

⑦ 同②。

⑧ 同①。

⑨ 上海博物馆的中国古代陶瓷馆展览所见。

⑩ 安徽博物馆与河南新郑博物馆展览所见。

⑪ 香港艺术馆展览所见。

⑫ 河南郑州博物馆展览所见。

⑬ 引自《广东出土晋至唐文物》第 109 页展品 2，香港中文大学文物馆，1985 年。

⑭ 徐恒彬：《简谈广东连县出土的西晋犁田耙田模型》，《文物》1976 年 3 期。

⑮ 同③。

⑯ 同②。

广州光孝寺五代两宋建筑基址

广东省文物考古研究所

英文提要 Seven sites are excavated which can be divided into four periods, the first two periods of which are composed of the main and buildings attached. Remains of square-shaped earth tamping terrace bases of walls laid by bricks, Shangdun, Mandao and Sanshui are discovered in the well-preserved sites, pottery, glazed pottery, colored glazes, pottery daily utensils, Faqi, buildings elements and coins etc. are also excavated. Based on these finds we infer from the documents records that the main building sites in the four periods are Jietang sites of Guangxiao Temple in Five dynasties & Song.

广州光孝寺为国家级文物保护单位，1990 年，因修建钟楼、鼓楼、僧舍和菩萨殿，广东省文物考古研究所对其进行了首次正式发掘[①]。1999 年至 2000 年，为配合光孝寺二期修建工程，广东省文物考古研究所对建设用地进行了抢救发掘，现将此次发掘情况报告如下。

一 发掘经过

光孝寺二期修建工程工地位于寺院东北角，计划修建僧舍 A、B、C 座及方丈室、斋堂五座建筑。1999 年 7 至 10 月，我所对上述建设用地进行了试掘。试掘采取布探沟的方式，探沟宽度 2 米，长度一般为 9 米。为利于正式发掘，我们首先确定基点，将全部用地分区布方（图一）：僧舍 A、B、C 座和方丈室为Ⅰ区，斋堂为Ⅱ区；探方皆10×10平方米，方向与建筑单位相同，即北偏东 2°；探沟位于探方内并多靠近探方壁，方向与探方相同；探沟与探方采用同一编号原则。

试掘表明，Ⅰ区中北部有多组明代以前的建筑基址出露。1999 年 11 月至 2000 年 5 月，我所对Ⅰ区中北部的 9 个探方（即Ⅰ T0203～0403、Ⅰ T0204～0404、Ⅰ T0205～0405）进行了全面发掘。由于发掘区北部紧邻寺院东北院墙，北部 3 个探方实际发掘宽度 6 米。总计发掘面积逾 800 平方米（部分探方有扩方）。本报告仅涉及全面发掘的主要收获。

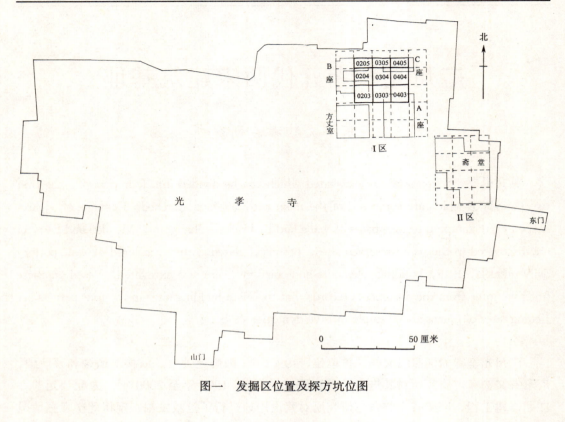

图一　发掘区位置及探方坑位图

二　堆积层位和分期

　　发掘区地表残留较多现代建筑废弃后的堆积。发掘区内文化层分布相对水平。民国和明清时期文化层堆积厚度大，分布普遍，但多被民国及其以后的遗迹如房屋、道路、灰坑、水井等打破，致使地层呈断续分布状。两宋文化层分布范围不大，保存状况稍好，包含物较少。文化层平均厚度超过 2 米，最深 4 米以上。根据土质、土色和包含物的不同分 8 层，现以ⅠT0303～0305 西壁为例说明如下（图二）：

　　第 1 层：厚 0.5～0.95 米。灰色杂土，土质松散。层表分布大面积的水泥地面，较平整。部分地方以碎砖瓦堆填而成，未经夯实。出土现代陶瓷残片，为现代层。

　　第 2 层：层表深 0.5～0.95、厚 0.3～0.65 米。灰黑色土，土质较疏松。层表有灰砂地面和石板（条）铺砌面（道路等），灰砂地面下常垫有 5～10 厘米厚的黄沙。出土碎砖瓦、清代和民国时期陶瓷残片、民国钱币等遗物，为晚清民国层。

　　第 3a 层：层表深 0.95～1.3、厚 0～0.3 米。灰褐色土，土色斑杂，土质松软。分布范围较窄。层表部分地区有砖石铺砌面。出土明清陶瓷残片、破碎砖瓦、建筑构件和

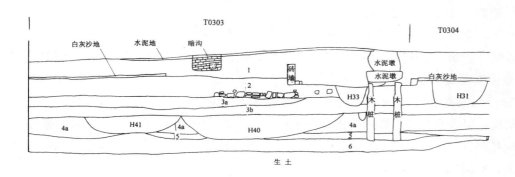

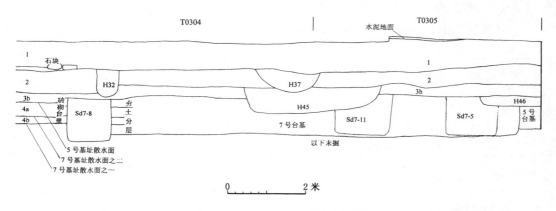

图二　IT0303～0305西壁剖面图

一些宋元遗物等，为明清文化层。

第3b层：层表深1.18～1.4、厚0.15～0.4米。土色褐黑，土质松软。分布范围较3a层宽，出土遗物与3a层相似，为明清文化层。

第4a层：层表深1.5～1.67、厚0.4～0.55米。褐色土，土质稍细密。含少量贝壳。出土宋代陶瓷片、建筑构件和"熙宁通宝"、"元祐通宝"铜钱。瓷片釉色有青、青绿、青黄、青白、白、酱黑等色，陶片胎色多灰、灰黑、红褐等色，可辨器类有碗、盏、罐、盆、钵等。建筑构件有素面（外）布纹（里）瓦、菊花纹瓦当、长方形砖等。为宋代文化层。

第4b层：层表深2.1～2.22、厚0～0.25米。褐色土，土色较4a层纯净，土质细密。分布范围小。层表部分地区被夯实。包含物少，有"乾亨重宝"铅钱等，为五代至北宋文化层。

第5层：层表深2～2.25、厚0～0.15米。黑色土，土质密实。出土少量五代至北宋时期陶瓷、砖瓦碎片和"开元通宝"铜钱、"乾亨重宝"铅钱，为五代北宋文化层。

第6层：层表深2.05～2.4、厚0.27～0.5米。红褐色土，土质较纯。包含物特征与第5层相似，为五代北宋文化层。

第6层以下为夹杂大量贝壳和砂粒的黑色淤土，无遗物出土，为生土。

上述地层中还出土一些六朝和唐代遗物，这些早期遗物在越早的地层中出土数量越多。

3b层下发现建筑基址2个，编号为1、2号建筑基址；4a层下发现建筑基址3个，编号为3～5号建筑基址；4b层下发现建筑基址2个，编号为6、7号建筑基址。从地层堆积状况、层表情况及揭露的遗迹现象分析，4a、4b层概因较早时期的建筑废毁或使用一段时期后，人工平整土地短期内形成，4a层与5号建筑、4b层与7号建筑时代大致相当。7个建筑基址有以下关系（图三）：

1号基址的礅墩打破2号基址外排水沟和5、6号基址台基的台壁；

2号基址外排水沟打破5号基址台基的南侧台壁；

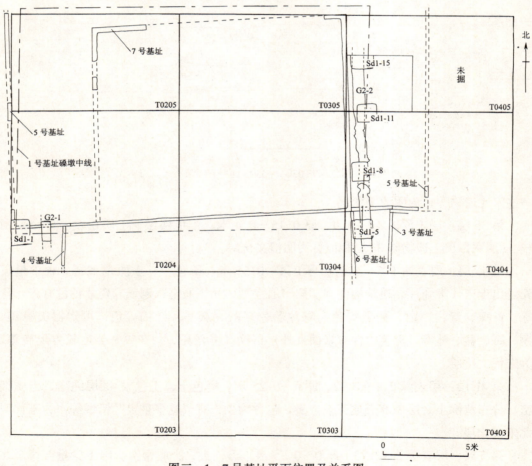

图三 1～7号基址平面位置及关系图

说明①1号基址范围以已知礅墩的中心连线为准。②2号基址范围在G2-1～G2-2之间。
③其余基址图示均为台基台壁。

5 号基址台基的南侧台壁系 7 号基址南侧台壁加高加宽而成；

3、5 号基址的台基叠压在 6 号基址台基之上；

3 号、4 号基址与 5 号基址有共存关系；

6 号、7 号基址有共存关系。

故此，上述基址由早到晚可分成四期：

第一期：7、6 号基址，建筑顺序为先 7 号后 6 号，主体建筑为 7 号。

第二期：3～5 号基址，建筑顺序先 5 号后 4、3 号，主体建筑为 5 号。

第三期：2 号基址。

第四期：1 号基址。

基址与地层的关系和出土遗物特征显示，上述四期建筑的兴建时代不会晚于南宋。4b 层和第一期的 7 号基址礤墩中均发现南汉所铸"乾亨重宝"铅钱，故第一期建筑的兴建时代不会早于五代。

此外，第 3b 层下还发现灰坑 19 个，编号为 H1～4、H9～13、H20、H22、H26～30、H40、H41 和 H46。第 6 层下发现渗水池 1 个，编号 SC1。

试掘阶段探沟地层编号和器物登记号统一到发掘阶段中的探方中，未发掘探方中的探沟地层编号未与发掘区探方地层统一。

三　遗　迹

（一）第一期基址

7 号基址：

分布于ⅠT0204～0404、ⅠT0205～0405 内，残存台基[②]、慢道、散水（图四）。

台基属直方型台基，平面为长方形，东西长 15.25～15.76、南北宽 12.28 米，残高 0.83 米左右，方向 4°。台基系比较纯净的黄红色土堆填夯打而成，可分四层。砖砌台壁。其中，南侧和东侧台壁保存较完整。南侧台壁用单砖，其余用双砖。台壁砖的摆置方式以卧砖为主，砖缝形式不规范，有十字缝和丁顺结合等。南侧、东侧台壁收分明显。台明露明部分码砖规整，背里部分则粗糙不齐。南侧中部台壁包砖有垂直方向的受力变形。南侧台壁西端向西有所延长，现存延长长度 1.4 米，概起挡土作用。延长部分的底部发现砖砌排水暗沟一条，编号 G7-1。暗沟呈弧形向西北曲拐，向北排水。东侧北段台壁较深，据此判断在修筑台基时基本未先平整土地。部分台壁砖底垫有厚 5～10 厘米的夯土（图五）。砖以长方形素面青砖为主，常见规格 30×14×3.5 厘米。

受晚期遗存的干扰，台基面和柱础均不复存在。台基上发现方形单礤墩 13 个。礤墩边长约 1.4 米，底平壁直，内以泥土和砖瓦碎片隔层夯实，码筑极为规范。我们对礤

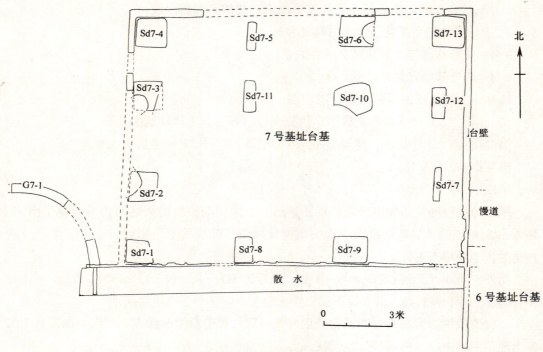

图四　第一期基址平面图

墩进行了解剖，以 Sd7-4 礤墩为例：该礤墩位于ⅠT0205 中部，为 7 号建筑（与 7 号基址相对应，余同）西北角的檐礤墩，平面略呈边长 1.4 米的正方形，坑壁垂直，残深 1.55 米。底层为厚 15 厘米的致密黄红色黏土，其上为厚 7 厘米的碎砖瓦层，再上分别以泥土和碎砖瓦隔层夯筑，虽厚度不等，但分层清楚，层面水平，共计 21 层之多。据现场情况分析，除东南角檐礤墩遗迹已荡然无存外，此建筑仍有减柱的做法。由礤墩显示的柱网可知，7 号建筑面阔 3 间，进深 3 间，以间距中至中（下同）测得通面阔约合 13（4＋5＋4）、通进深约合 10.25（3＋4.25＋3）米。

　　台基东侧偏南发现斜坡慢道残迹。慢道宽 2.68、残高 0.17 米，南、北壁以长方形砖错缝平铺，长度和坡面情况不详。台基西慢道未有保存。

　　台基以南有长方形砖砌筑的散水，宽 1.04～1.2 米。散水边沿铺砌陡砖，平面除露出部分为单层平铺的长方形砖外，其余填充残砖。散水东、西两端似有砖砌踏道，惜保存欠佳，原况不详。

　　台基以南距基底 18 厘米（即 4 层砖厚）高处还发现宽 2.6～2.8 米、厚 3.5 厘米且较为平整致密的一层细黄沙。此层黄沙铺垫于砖砌散水之上，初步判断是在 7 号殿使用一段时间后，原来的散水部分因残破而被废弃，于其上重铺沙土构筑新的散水所致。

　　6 号基址：

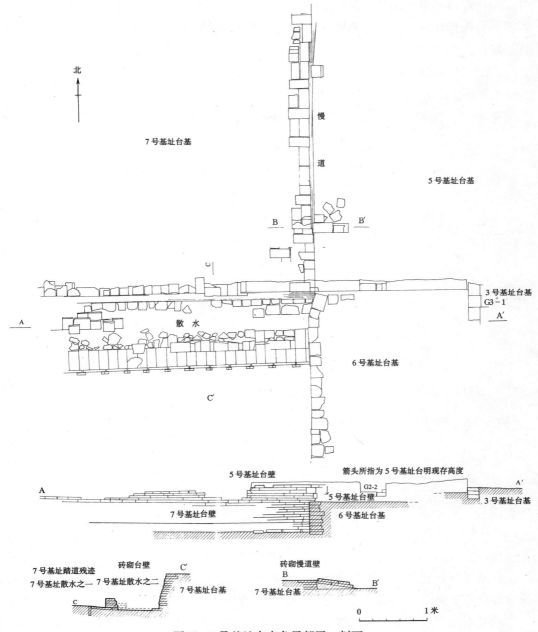

北

7号基址台基

慢道

5号基址台基

B B′

C

散水

3号基址台基 G3－1′
A A′

6号基址台基

C′

5号基址台壁
箭头所指为5号基址台明现存高度
A G2-2 A′
5号基址台壁
7号基址台壁 6号基址台基 3号基址台基

7号基址踏道残迹 砖砌台壁 C′ 砖砌慢道壁
7号基址散水之一 7号基址散水之二 B B′
7号基址台基 7号基址台基
C

0 1米

图五　7号基址东南角局部平、剖面

位于7号基址东南。由于晚期遗迹的干扰破坏，仅残留台基的西北角。残存部分分布于ⅠT0404西南（图四）。台基由较纯净的黄褐色土夯打而成，残高0.6米左右，方向4°。台基西侧砖砌台壁基本位于7号基址台基东侧台壁的延长线上，其北段保存较好，并北与7号基址台基南壁相接。台壁砌垒方法与7号基址台基南壁相同，但不收分，用砖规格亦略有差异，较多使用了 32×16×6 厘米等厚重青砖。砖完整者甚少，但露明部分保持规整。台基上未发现其他建筑遗迹，仅可推测该基址为 7 号建筑附属建筑物基址。

（二）第二期基址

5 号基址：

分布于Ⅰ T0104～0404、Ⅰ T0105～0405 内，残存台基、散水（图六）。

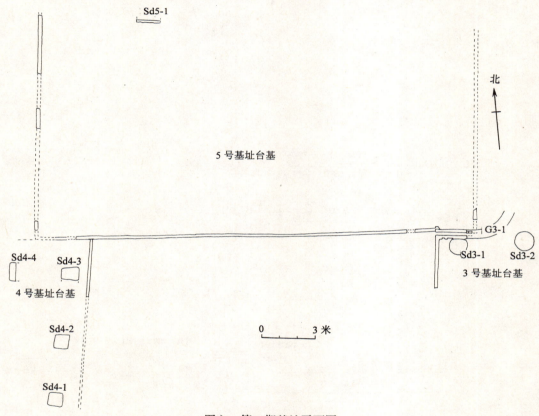

图六　第二期基址平面图

台基属直方型台基，平面长方形，东西长 25、南北宽 13.5 米以上（台基向北跨出探方部分因安全因素未清理），残高 0.92 米，方向 4°。

台基系在 7 号基址台基基础上向东、西、北三方扩大而成，扩大部分夯填较纯净的灰黑色土。砖砌台壁。南侧台壁直接在 7 号基址台基南壁上加高加长而成，增加部分用砖或黄色夯土。重要的是，南侧台明抹有厚 1.5 厘米、可分 5 层的白灰，为我们准确识别南壁增加部分和台明现存高度提供了依据，据此推知台明残高为 20 厘米。东、西两侧台壁保存欠佳，做法也较简单，多用残破的长方形青砖单列平铺，砖缝形式不规范，惟露明部分保持规整。用砖规格与 7 号基址的相仿。

由于台基扩大部分多残留夯土底部，仅在台基西北角 7 号建筑西侧磉墩北向延长线上发现 1 个方形磉墩，磉墩大小与 7 号基址的相近，以碎砖瓦杂土夯筑，无明显分层，码筑粗糙，与 Sd7－4 间距 2.7 米。估计 5 号建筑利用了 7 号建筑旧有磉墩，并加建了廊子。

台基南外地坪分布白灰构成的长方框形遗迹，灰框大小接近，约为 120×40 厘米，排列整齐。我们判断这些灰框是长方形石板散水毁损后的残迹。

4 号基址：

位于 5 号基址西南。清理了分布于ⅠT0104、0203、0204 中的台基部分（图六）。

台基由黑褐色土夯打而成，残高 0.3 米。台基东侧北部砖砌台壁保存稍好，此段台壁北与 5 号基址台基南壁相接。台基上发现磉墩 4 个，其中仅 2 个保存较完整。磉墩平面略为 1.2 米见方，残存深度约 0.5 米，内以残破砖瓦杂土夯实，分层不明显。

3 号基址：

位于 5 号基址东南。清理了分布于ⅠT0404 内的台基西北角（图六）。

台基由纯净红褐色土夯筑而成，台明残高 10 厘米，埋深 9 厘米。台基西侧为单砖平铺砌垒的台壁，现存长度 3 米。台基北通过一条东西向的砖沟与 5 号基址南侧台壁相连（沟的南北两壁分别为 3 号基址台基北界和 5 号基址台基南界）。砖沟内出土了一批可以复原的葵口及厚唇青瓷、青白瓷圈足碗，为我们确定基址的具体时代提供了依据。台基上发现圆形磉墩 2 个。以 Sd3－1 为例：该磉墩位于ⅠT0404 中南，直径 1.05、残深 0.6 米，坑壁平直，底部为厚 0.18 米的黄红色土，其上分别以碎砖瓦和泥土隔层夯筑，共 8 层。

我们推测 3、4 号建筑均为 5 号建筑的附属建筑。3、4 号基址上虽都有磉墩分布，但由于发现数量较少，还不能确定建筑物的类型。4 号基址磉墩比较浅小，从已知磉墩的平面分布情况分析，该基址为通廊基址的可能性较大。3 号基址磉墩平面呈圆形，形状比较特殊。

（三）第三期基址

2 号基址（？）：

2 号基址仅残存两条南北向砖砌排水暗沟（编号分别为 G2－1、G2－2）（图七），台基等其他遗迹尽毁。由于两条暗沟层位关系相同，砌法、方向和大小一样，呈明显的对称分布，因此，它们应是台基外的排水设施。两沟间距 19.25 厘米，根据对称的原则，2 号与 5 号基址台基的中轴线位置接近，估计 2 号建筑利用了 5 号建筑的部分台基、磉墩等基础设施。

G2－1 残缺甚重，G2－2 保存较好，举 G2－2 为例：G2－2 分布于ⅠT0404、0405

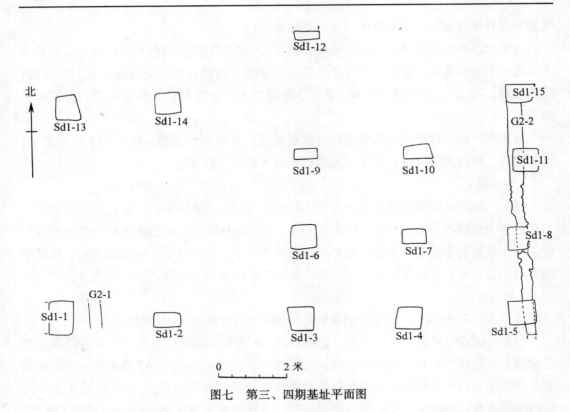

图七　第三、四期基址平面图

中，残长 11、沟槽宽 0.55～0.65、净深 0.15～0.2 米，方向 4°。略有曲拐。沟顶多覆盖残砖，壁用叠涩砌法，未铺底砖。沟底南高北低，向北排水。砖多长方形素面青砖，常见规格 23×16×3.5 厘米。

（四）第四期基址

1 号基址：

分布于 Ⅰ T0204－0404、Ⅰ T0205－0405 中，残存 15 个礅墩的底部（图七）。

由于被晚期遗迹扰动，1 号基址的台基已难于辨析，礅墩也未全部保存。根据礅墩的层位关系及其形状、大小、结构并结合其平面分布情况，我们确认此 15 个礅墩归属于同一建筑物。幸关键部位的礅墩未全毁，使我们得以探知建筑物的大小和开间布局。

礅墩皆方形单礅墩，边长 1.1 米左右，残深多 0.5～0.6 米。坑壁、底不甚规整，填充的碎砖瓦和泥土分层不明显。以 Sd1－5 为例：该礅墩位于 Ⅰ T0404 西南，为 1 号建筑东南角的檐礅墩。边长 1.1、残深 0.41 米，坑壁略直，坑底不平。底层填充厚 9 厘米的碎砖瓦，其上以所含砖瓦碎片的多寡大致划分为 3 层，均夯实。

根据礅墩所示柱网，1 号建筑至少面阔 5 间，进深至少 4 间。以上述开间计，通面阔约合 25（5＋4.5＋6＋4.5＋5）、通进深约合 14（3.5＋3.5＋3.5＋3.5）米。

四　遗　物

（一）陶瓷器

有日用器皿和建筑构件两类。

1．日用器皿（未注明质地者为瓷器）

（1）南朝至唐：

碗　ⅠT0305①：采 2，灰胎，青釉；深腹，玉璧底；口沿外饰弦纹；口径 10、底径 3.2、高 6.4 厘米（图八，4）。

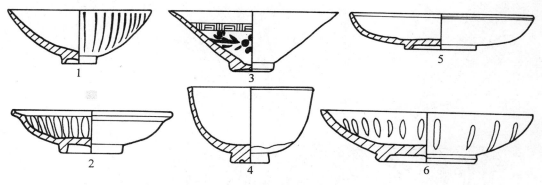

图八　光孝寺出土遗物

1．碗（ⅠTG0102－2①：采 1）　2．碟（ⅠTG0102－2①：采 6）　3．碗（ⅠTG0102－2①：采 2）　4．碗（ⅠT0305 ①：采 2）　5．盘（ⅠT0203①：采 13）　6．盘（ⅠH33：7）（1 为 1/6，其余为 1/3）

香炉　ⅠT0303⑥：15，泥质红陶，胎质细腻。口残，底座无存。颈部镂雕卷草纹，腹部贴塑 5 层莲瓣，莲瓣模印纹样共 3 种，其中第 1 至 3 层纹样相同。底径 11.6、残高 27.2 厘米（图九，1～5）。

釉陶灯　ⅠT0303④a：5，灰胎，青釉剥落；浅腹，平底；口径 16、底径 12、高 5 厘米（图一〇，3）。

（2）五代：

钵　ⅠT0303⑥：10，青灰胎，青釉；敛口，假圈足；内沿、内底刻花，外壁饰浮雕式莲瓣纹；口径 19.2、底径 9.2、高 7.4 厘米（图一〇，1）。

碗　ⅠTG0103－a⑨：57（－a 表示探方内的 a 探沟，下同），灰白胎，青白釉；口径 19、底径 7.4、高 8.2 厘米（图一一，5）。

四耳罐　ⅠSC1：2，灰胎，青黄釉，釉厚薄不匀，色斑驳；鼓腹呈瓜棱状，平底，耳间饰弦纹，肩刻"及"字；口径 9.6、底径 11.2、高 18.2 厘米（图一二，4）。

（3）北宋：

图九

1．光孝寺出土香炉（IT0303⑥：15）　　2．光孝寺出土香炉（IT0303⑥：15）卷草纹样　　3．光孝寺出土香炉（IT0303⑥：15）第1至3层贴塑莲瓣纹样　　4．光孝寺出土香炉（IT0303⑥：15）第5层贴塑莲瓣纹样　　5．光孝寺出土香炉（IT0303⑥：15）第4层贴塑莲瓣纹样（1为1/3，其余为2/3）

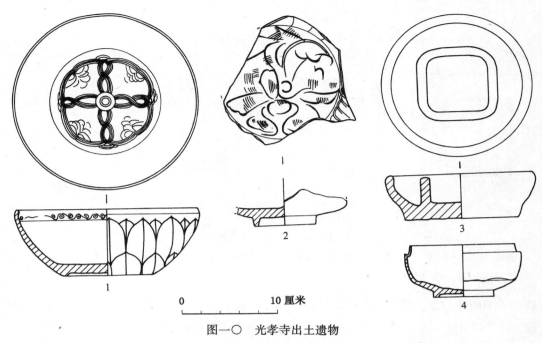

图一〇 光孝寺出土遗物

1. 钵（ⅠT0303⑥:10）　2. 盘（ⅠTG0103-a⑥:64）　3. 灯（ⅠT0303④a:5）　4. 盒（ⅠT0404①:采6）

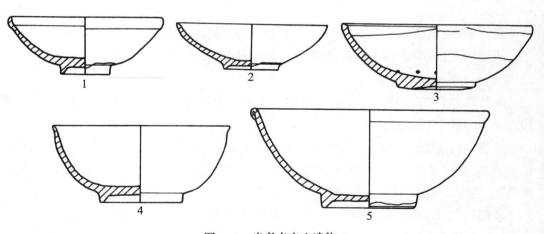

图一一 光孝寺出土遗物

1. 碗（ⅠTG0103-a⑥:25）　2. 碗（ⅠT0304④a:1）　3. 碗（ⅠH21:3）　4. 碗（ⅠT0404⑥:3）　5. 碗（ⅠTG0103-a⑨:57）（1为2/9，其余为1/3）

　　碗　式样较多。高足碗，ⅠTG0103-a⑥:36，灰白胎，青白釉，外壁刻划条纹，口径18、底径8、高8.4厘米（图一三，2）。浮雕莲瓣碗，ⅠT0304④a:4，灰白胎，白釉泛青，口径15.2、底径3.4、高5.2厘米（图一三，9）。葵口碗，ⅠTG0103-a⑥:39，灰白胎，青灰釉，内壁出筋，口径13、底径4.8、高4.8厘米（图一三，1）。弇口

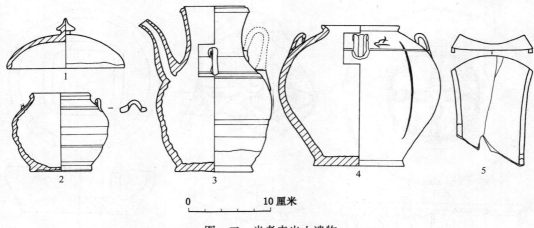

图一二　光孝寺出土遗物

1. 器盖（IT0303⑥:9）　2. 罐（ITG0103－a⑥:44）　3. 执壶（ITG0103－a⑥:41）　4. 罐（ISC1:2）　5. 砚台（ITG0103－a⑥:28）

碗，Ⅰ T0404⑥:3，灰胎，青釉，口径14、底径6.6、高6.4厘米（图一一，4）。厚唇碗，Ⅰ TG0103－a⑥:25，青灰胎，青灰釉，口径18、底径6、高7.2厘米（图一一，1）。菊瓣口碗，Ⅰ T0404G1:1，米黄色胎，青黄釉，口径12、底径6、高4.8厘米（图一三，8）。

盘　Ⅰ TG0103－a⑥:64，灰白胎，青釉，内底刻花，底径6.4厘米（图一〇，2）。

执壶　Ⅰ TG0103－a⑥:41，灰胎，青釉；肩、腹饰弦纹；口径7.6、底径9.6、高21.6厘米（图一二，3）。

双耳罐　Ⅰ TG0103－a⑥:44，灰胎，青釉，肩腹饰弦纹，口径7、底径7.6、高10.2厘米（图一二，2）。

灯盏　灰白胎，青釉。可分两类：平底，Ⅰ TG0103－a⑥:42，内底有3个支钉痕，口径8.2、底径3.4、高2.4厘米（图一三，7）。实足，Ⅰ TG0103－a⑥:24，口径7.4、底径2、高2.4厘米（图一三，6）。

器盖　Ⅰ T0303⑥:9，灰胎，青釉，高14.4厘米（图一二，1）。

（4）南宋：

碗　Ⅰ T0304④a:1，白胎，白釉，口径12、底径4.4、高3.8厘米（图一一，2）。

芒口盘　Ⅰ T0203①:采13，灰白胎，青釉，口径14.4、底径5.6、高3厘米（图八，5）。

碟　Ⅰ TG0102－2①:采6（－2表示探方内2号探沟，下同），青灰胎，天青釉，内壁印菊瓣，口径12.4、底径5、高3.6厘米（图八，2）。

（5）属于两宋时期的陶瓷日用器皿还有：

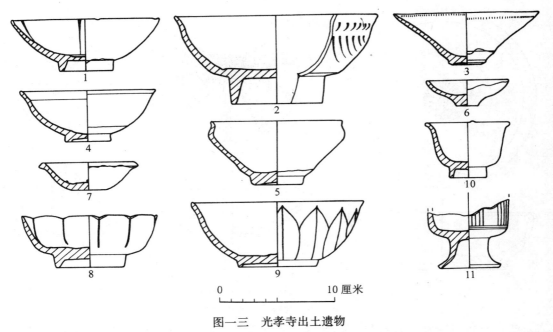

图一三 光孝寺出土遗物

1. 碗（ITG0103－a⑥:39） 2. 碗（ITG0103－a⑥:36） 3. 盏（ITG0103－a⑤:9） 4. 碗（ITG0103－a⑥:34） 5. 盏（IH9:2） 6. 灯盏（ITG0103－a⑥:24） 7. 灯盏（ITG0103－a⑥:42） 8. 碗（IG1:1） 9. 碗（IT0304④a:4） 10. 杯（ITG0103－a⑦:46） 11. 高足杯（ITG0103－a⑥:18）

黑瓷盏 ⅠH9:2，灰胎，外底露胎，厚釉，玻化好；弇口，矮圈足；口径11.6、底径4.6、高6厘米（图一三，5）。ⅠTG0103－a⑤:9，灰黑胎，口沿因釉流动而露胎，敞口，矮圈足；口径13、底径3.6、高4.8厘米（图一三，3）。

碗 ⅠTG0103－a⑥:34，灰白胎，口沿施青灰釉，余施黑釉，口径12、底径4.2、高4.8厘米（图一三，4）。ⅠTG0102－2①:采2，灰白胎，青白釉，内壁印花，口径13.6、底径3.6、高5厘米（图八，3）。

高足杯 ⅠTG0103－a⑥:18，灰胎，青釉；外腹饰条纹，底径5.4、残高6.2厘米（图一三，11）。

杯 ⅠTG0103－a⑦:46，灰胎，青釉，口径7.6、底径3.4、高5.2厘米（图一三，10）。

盒 ⅠT0404①:采6，灰白胎，青灰釉，子口，口径11、底径6.4、高5.8厘米（图一〇，4）。

器盖 ⅠTG0103－a⑪:48，白胎，青白釉，瓜棱形，高9.6厘米（图一四，3）。

盆 ⅠTG0203－a④a:16，灰胎，青褐釉，内底印花，口径18.8、底径12.6、高6厘米（图一四，1）。

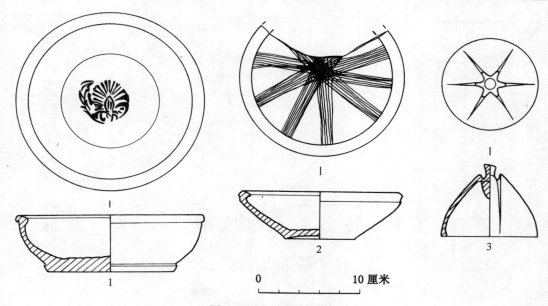

图一四　光孝寺出土遗物

1. 盆（ITG0203－a④a:16）　2. 研磨盆（ITG0103－a⑪:59）　3. 器盖（IT0103－a⑪:48）

陶研磨盆　ⅠTG0103－a⑪:59，口径 16.4、底径 7.2、高 5 厘米（图一四，2）。

釉陶器座　ⅠTG0103－a④:6，白胎，绿釉，盘龙，残高 8.8 厘米（图一五，2）。

塔　ⅠT0304④a:3，灰胎，青釉，平面呈六角形，塔基由基座和三级基台构成；塔身三层，仿楼阁式，首层开龛，龛内塑坐莲佛像；攒尖顶，塔刹残；残高 11.4 厘米（图一五，1）。

（6）在晚期单位采集到的元代器物有：

碗　ⅠH21:3，褐胎，青白釉泛蓝，釉色乳浊；内底有支钉痕，圈足低矮；口径 15、底径 4、高 5.4 厘米（图一一，

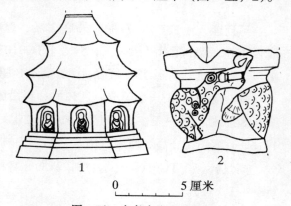

图一五　光孝寺出土遗物

1. 塔（IT0304④a:3）　2. 器座（ITG0103－a④:6）

3）。ⅠTG0102－2①:采 3，灰白胎，青釉较厚，外腹饰条纹，口径 23、底径 5.6、高 9 厘米（图八，1）。

盘　ⅠH33:7，青灰厚胎，青釉，内、外壁刻菊瓣状条形纹，口径 16.8、底径 7.6、高 4.2 厘米（图八，6）。

2. 建筑构件

建筑构件数量稀少，与基址规模相悖。质地以泥质黑皮灰陶（以下未注明质地者皆

同此）为主，有少量釉陶；除用于构筑台基的长方形砖（规格前述）外，有瓦当、滴水、筒瓦（檐头）、脊饰和鸱尾。

瓦当　有莲花瓦当、"大吉"瓦当、卷草纹瓦当、联珠兽面瓦当、联珠花卉瓦当。

莲花瓦当：分三类。

Ⅰ类，联珠排列紧密，莲瓣肥厚，中心饰台形莲蓬。Sd1—8：6（图一六，2）；ⅠH33：8（图一六，1）。

Ⅱ类，Sd1—6：4，联珠排列较稀疏，莲瓣较肥厚，中心饰凸棱和圆台象征莲蓬（图一六，3）。

Ⅲ类，联珠排列疏朗，莲瓣瘦长，莲瓣间隔明显，中心凸棱内6颗莲子形成莲蓬。数量最多。ⅠTG0103－a⑥：37（图一六，4）；ⅠTG0103－a⑧：55（图一六，5）；ⅠH33：10（图一六，6）。

"大吉"瓦当：ⅠT0203④a：2，灰白胎，饰联珠纹，中心印"大吉"两字和叶脉状纹（图一六，7）。

卷草纹瓦当：ⅠTG0103－a⑦：45，灰白胎，中心饰草叶花卉，纹样不清（图一六，8）。

联珠兽面瓦当：ⅠT0203①：采7，褐陶，质地坚硬（图一六，10）。

联珠花卉瓦当：ⅠH25：4，灰白胎（图一六，9）。

滴水　Sd7—13：3，仅存残片，灰陶，饰卷草纹（图一六，11）。

脊饰　存残片。ⅠTG0205－1④a：5，浮雕兽面须角，残长24厘米（图一七，1）。ⅠTG0103－a④：8，灰褐色胎，青釉；戳印莲蓬状和刻划莲花状花纹；残长24厘米（图一七，2）。

筒瓦（檐头）　ⅠT0303⑥：12，浮雕兽面，残长14.8厘米（图一七，3）。

鸱尾　ⅠT0303⑥：13，浮雕莲花和龙形纹饰，残长64厘米（图一七，4）。ⅠT0303⑥：14，饰泥塑龟首，残长30厘米（图一七，5）。

根据出土层位和遗物特征，上述建筑构件中的莲花瓦当、筒瓦（檐头）、鸱尾和脊饰的时代为唐（其中脊饰亦可能晚至南汉）[③]，其余时代则为两宋时期。

（二）钱币

有"开元通宝"、"乾亨重宝"铅钱、"熙宁通宝"、"元祐通宝"和采集于晚期地层的"皇宋通宝"等。其中"乾亨重宝"主要见于4b层和7号基址磉墩中，数量较多（图一八）。

（三）其他质地器物

"风字形"石砚台，ⅠTG0103－a⑥：28，残长14.2厘米（图一二，5）。

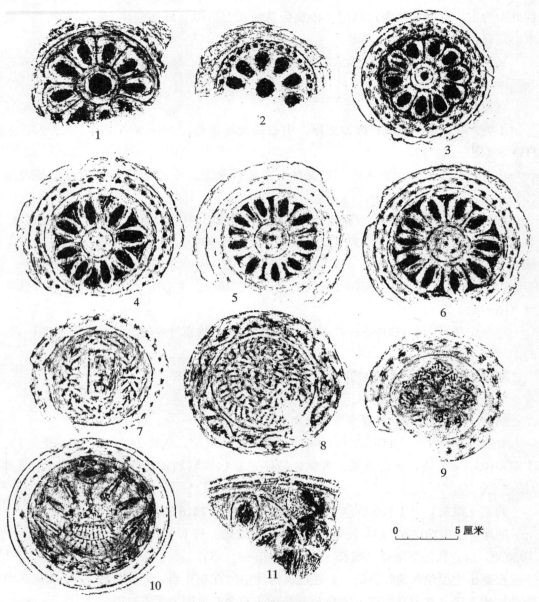

图一六　光孝寺出土瓦当拓片

1、2．Ⅰ类莲花瓦当（IH33：8　Sd1－8：6）　3．Ⅱ类莲花瓦当（Sd1－6：4）　4、5、6．Ⅲ类莲花瓦当（ITG0103
－a⑥：37、ITG0103－a⑧：55、IH33：10）　7．"大吉"瓦当（IT0203④a：2）　8．卷草花卉瓦当（ITG0103－a
⑦：45）　9．联珠花卉瓦当（IH25：4）　10．联珠兽面瓦当（IT0203①：采7）　11．滴水（Sd7－13：3）

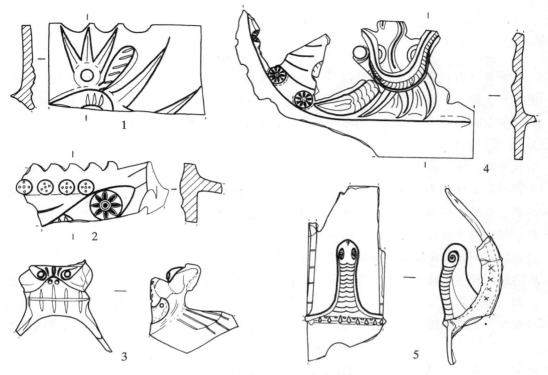

图一七　光孝寺出土建筑构件

1. 脊饰（ITG0205－1④a:5）　2. 脊饰（ITG0103－a④:8）　3. 筒瓦（檐头）（IT0303⑥:12）　4、5. 鸱尾（IT0303⑥:13、IT0303⑥:14）（1、2、3为1/6，4、5为1/10）

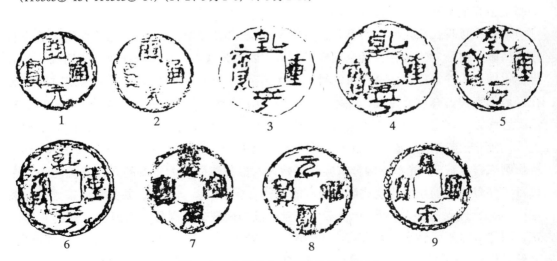

图一八　光孝寺出土钱币拓片（原大）

1、2. "开元通宝"（IT0303⑤出土）　　3～6. "乾亨重宝"铅钱（Sd7－4、IT0303④b、IT0403④b、IT0203采）
7. "熙宁通宝"（IT0303④a）　8. "元祐通宝"（IT0203④a）　9. "皇宋通宝"（IT0203采）

五 结 语

光孝寺五代两宋建筑基址位于今光孝寺大殿和六祖殿东北。据《光孝寺志》记载，光孝寺大殿和六祖殿东北为戒坛所在。寺志载戒坛始建于刘宋永初元年（420 年），明以前除北宋初"南海郡有乾明禅院者……旁有戒坛"和建炎二年（1128 年）"重修"戒坛，"更辟而广之"外，语焉不详。洪武十八年（1385 年）至乾隆十六年（1751 年）历九次修葺，重要者有万历三十一年（1603 年）"戒坛废为书舍"，后"募众赎回"重修；泰昌元年（1620 年）经修复后"前堂后宇"；顺治七年（1650 年）清兵入城，"乃截本寺前后地址，另画街巷，戒坛遂画在后街，与旗舍毗连"，十一年（1654 年）重修。其中，修志时（乾隆三十四年，1769 年）戒坛"……截出在本寺后街，另为一区，深三进，阔三间，旁仍有厢房余地"的记载最为可信。据《今志全图》，"截在后街"与乾隆时六祖殿相连。始建于大中祥符间的六祖殿经康熙三十一年（1692 年）修复后，到修志时"殿宇尚新"，故《今志全图》标示"截在后街"的准确度较高[④]。现存六祖殿的位置与寺志记载相符，"后街"当也在今六祖殿附近。综上所述，本次发掘揭露的主要基址（7、5、2、1 号基址）应是光孝寺五代两宋时期戒堂基址。光孝寺戒坛和戒堂的设立最晚可上溯至五代北宋早期；五代两宋时期光孝寺戒堂经历四次大的兴修，5 号基址的扩建，应如寺志所载成于建炎二年；五代至清，戒堂虽有多次维修、重修，规模、结构数次变化，但其位置基本没有大的变动；乾隆时"深三进，阔三间"的戒堂废毁后的基址被晚期堆积破坏，遗迹无存。

戒坛在近现代汉化佛寺典型配置中位于寺院东北，地位重要[⑤]。光孝寺戒坛是否如寺志所载，建于刘宋初年；其早期样式如何，因无其他资料，未能详考。早期戒坛仅结界标示即可，并未建筑房舍；唐乾封二年（667 年）戒坛"始有定式"[⑥]。唐宋时期戒坛在汉地佛寺中占有重要位置[⑦]，榆林窟五代第 16 窟壁画亦绘有戒坛图案[⑧]。唐宋时期戒坛配置尚无一定之规：河北正定宋隆兴寺戒坛位于主要建筑——佛香阁前的南北中轴线上[⑨]；浙江宁波南宋天童寺、杭州南宋灵隐寺等位于"五山"之列的江南著名禅寺中，戒坛则未露其踪[⑩]。光孝寺因禅宗实际创始人六祖慧能而成为重要的禅宗寺院之一，唐代百丈怀海法师创立禅门规式后，禅宗的丛林清规制度臻于成熟，并为其他宗派寺院采用[⑪]。综合分析，两宋时期汉地佛寺中戒堂一般为面阔、进深各三间或各五间的方形建筑，因建筑需要（设坛）多有减柱的做法。光孝寺 7、1 号建筑面阔尺寸大于进深方向，呈长方形。1 号建筑面阔方向磉墩 Sd1 - 2、Sd1 - 3 间距明显大于其他开间，应为明间；进深方向 4 间，各开间相等，其上部构架与南方的穿斗建筑形式有关。光孝寺五代两宋时期建筑基址的发掘，不单于研究光孝寺寺院布局，解析两宋时期岭南佛寺戒堂的建筑结构，而且于研究唐宋时期禅宗寺院伽蓝配置皆有裨益。

光孝寺建筑既有寺院建筑的特征，亦遵循我国古代建筑发展的一般规律。光孝寺发掘的这几组五代两宋时期建筑基址，其夯筑台基、台壁包砖、码筑磉墩等做法，广见于洛阳等地的宋代殿址[12]。特别是光孝寺第一期基址的磉墩、台基、散水致为规范，几可作为（宋）《营造法式》相关记载的典型范例[13]。发掘出土遗物特别是建筑构件较少，与筑基时平整土地有关，而垃圾的堆放则另有场所。

光孝寺五代两宋建筑基址的发掘，为岭南建筑考古学的田野工作和复原研究奠定了基础。

附记：感谢中国社会科学院考古研究所、北京大学考古文博学院、中山大学人类学系及历史系、华南理工大学建筑学院、广东省博物馆和广州市文物考古研究所有关专家的莅临指导和光孝寺僧众对发掘给予的大力支持！

发掘领队：李岩

主要发掘人员：邓宏文、崔勇、金志伟、刘成基、吴海贵、陈明中、
温松泉、杨清平、韦革、余春桂、尚杰、毛远广

主要整理人员：邓宏文、金志伟、齐雪芳

摄影：崔勇、黎飞艳

绘图：陈红冰、齐雪芳

执笔：邓宏文

注 释

① 发掘资料尚在整理中。简况可参看中国考古学会编：《中国考古学年鉴（1991）》第259~260页，文物出版社，1992年。

② "台基"，有学者用"殿阶基"，参看中国社会科学院考古研究所西安唐城工作队：《隋仁寿宫唐九成宫37号殿址的发掘》，《考古》1995年12期。"殿阶基"见于（宋）李诫《营造法式》（中国书店影印本）第三卷《石作制度》，中国书店，1995年。本文以建筑考古学中比较通行的名称为准，参看杨鸿勋：《建筑考古学论文集》，文物出版社，1987年；刘大可：《中国古建筑瓦石营法》第一章、第三章，中国建筑工业出版社，1993年。

③ 莲花瓦当可参看洛阳市文物工作队：《洛阳东郊发现唐代瓦当范》，《文物》1995年8期和中国科学院考古研究所洛阳发掘队：《隋唐东都城址的勘察和发掘》，《考古》1961年3期。鸱吻和兽头可参看孙秉根：《渤海上京龙泉府遗址考古主要收获》，中国建筑学会建筑史学分会编《建筑历史与理论（第六、七合辑）》，中国科学技术出版社，2000年。脊饰可参看广东省博物馆等编：《广东出土五代至清文物》第53页收录广州石马村出土的南汉"陶龙首构件"，香港中文大学文物馆，1989年。

④ 顾光：《光孝寺志》（民国二十四年广东省立编印局校刊本）《附图》，卷之二《建置志》"六祖殿"、"戒坛"，卷之三《古迹志》"戒坛"，卷之十《艺文志》"（宋）彭惟节·乾明禅院大藏经碑"、"（明）王安舜·修复戒坛碑

记"、"（清）释智华·重修戒坛碑记"、"（清）邓锦·重修拜坛碑记"。按：本志据番禺盛季莹濠堂抄本校刊。顾志成于乾隆三十四年，其书以崇祯十三年张惇所撰旧志重修而成。另可参看黄佛颐：《广州城坊志》（仇江等点校本）卷三"盘福里戒坛"，广东人民出版社，1994 年。

⑤　白化文：《汉化佛教与寺院生活》"三、殿堂配置之一：前殿"，天津人民出版社，1989 年。

⑥　戒坛创始，概可上溯至曹魏嘉平中，看王三聘辑《古今事物考》（丛书集成初编本）卷八，中华书局，1985 年。"东晋、刘宋以来，南方各地所立戒坛很多"，但其具体形式已不可考知。"至唐乾封二年（667）道宣于长安净业寺建立戒坛，始有定式"，参看杨维中等：《中国佛教百科全书·仪轨卷》第二章"教职、较制·传戒"，上海古籍出版社，2001 年。

⑦　唐乾封二年（667）道宣撰《关中创立戒坛图经》一卷，并在终南山麓清宫创立戒坛，参看赞宁：《宋高僧传》（范祥雍点校本）卷第十四《明律篇第四之一·唐京兆西明寺道宣传》，中华书局，1987 年；中国佛教协会编：《中国佛教（第二辑）》"中国佛教人物三五、道宣"，知识出版社，1982 年。据道宣《关中创立戒坛图经》记载，到唐初为止，自渝州至江淮之间，戒坛总计达三百余所，转引自杨维中等：《中国佛教百科全书·仪轨卷》第二章"教职、较制·传戒"。其他如《宋高僧传》卷第八《唐韶州今南华寺慧能传》、《唐洛京荷泽寺神会传》、《唐睦州龙兴寺慧朗传》；《旧唐书》（中华书局点校本）卷一七四《李德裕传》、汤用彤《隋唐佛教史稿》（中华书局，1982 年）第一章第六节、第七节等文献和论著，皆见唐时设立戒坛之说。但所谓"大府各置戒坛度僧"、"方大设戒坛"、"所登之坛，即南宋朝求那跋摩三藏之所筑也"等，仅见置坛而无立堂之确记。光孝寺戒坛创始之说与《宋高僧传》卷第八《唐韶州今南华寺慧能传》记载相符，其说疑源于此。宋代"天下诸路皆立戒坛，凡七十二所"，参看杨维中等：《中国佛教百科全书·仪轨卷》第二章"教职、较制·传戒"。另可参看张敦颐：《六朝事迹编类》（张忱石点校本）卷十一"昇元寺"，上海古籍出版社，1995 年（按：张书成于南宋初，昇元寺戒坛始建年代较南宋早，其时仍存）；吴之鲸：《武林梵志》（文渊阁四库全书影印本）卷一"仙林慈恩普济教寺"、"大中祥符律寺"、"戒坛院"、卷五"昭庆律寺"、卷六"金佛寺"，上海古籍出版社，1993 年。

⑧　转引自萧默：《敦煌建筑研究》"其他建筑类型·台·（四）戒台"，文物出版社，1989 年。

⑨　刘敦桢主编：《中国古代建筑史》第六章第四节，图 117－1。图示戒坛置于有减柱做法的方形殿堂中，中国建筑工业出版社，1984 年。

⑩　张十庆：《五山十刹图与南宋江南禅寺》下篇：一、伽蓝配置；图版——龙华院本《大宋名蓝图》，东南大学出版社，2000 年。有学者认为，"古代传戒唯属律宗寺院之事"，到了近世，禅寺、教寺才"相继开坛传戒"，参看杨维中等：《中国佛教百科全书·仪轨卷》第二章"教职、较制·传戒"。

⑪　《宋高僧传》卷第十《唐新吴百丈怀海传》。

⑫　中国社会科学院考古研究所洛阳唐城队：《河南洛阳市唐宫中路宋代大型殿址的发掘》，《考古》1999 年 3 期；中国社会科学院考古研究所洛阳唐城工作队：《河南洛阳唐宫路北唐宋遗迹发掘简报》，《考古》1999 年 12 期。

⑬　如《法式》言"筑基之制，每方一尺，用土二担，隔层用碎砖瓦及石扎等亦二担……"，见《营造法式》卷第三《壕寨制度·筑基》。

广东曲江大岭埂塔基遗址

广东省文物考古研究所

曲江县博物馆

英文提要 Two tower bases are excavated. The No.2 tower base is the imitation of building which is made from bricks. It consists of terrace base, Jizuo, Hupo and some sub-sidiary buildings. A few parts of underground house and tower body remain. Some "Yuan-you-tong-bao" copper coins are found under Jizuo. The No.1 tower base is another imitation of octagonal building that is made from bricks, it is badly preserved, only Jizuo and the center of the tower can be distinguished. A few pottery daily utensils and building elements from Song to Ming & Qing dynasties are gathered. The No.2 tower base is the Emperor Zezong period of Song dynasty and the No.1 tower base belongs to Ming & Qing dynasties according to the tower base shapes and styles and the finds as well.

遗址位于广东省曲江县马坝镇西南约 3 公里的石堡管理区塔下村大岭埂山顶东南 (图一)。为配合京珠高速公路南段韶关营运管理处的基建工程，2000 年 12 月至 2001 年 1 月，广东省文物考古研究所、曲江县博物馆对遗址进行了抢救发掘。

大岭埂地处曲江盆地边缘，相对高度低。遗址所在接近岗顶的地区起伏平缓，地表分布大量砖瓦碎片和灰砂等遗物。共布正方向 5×5 米探方 9 个，1×10 米探沟 3 条，部分探方有扩方，总计发掘面积逾 300 平方米（图二）。

一 堆积层位

发掘区地层堆积简单统一。因水土流失和频繁扰动，一般表土层下即见遗迹，部分遗迹

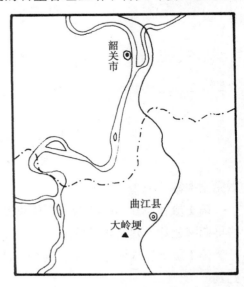

图一 大岭埂北宋塔基遗址位置示意图

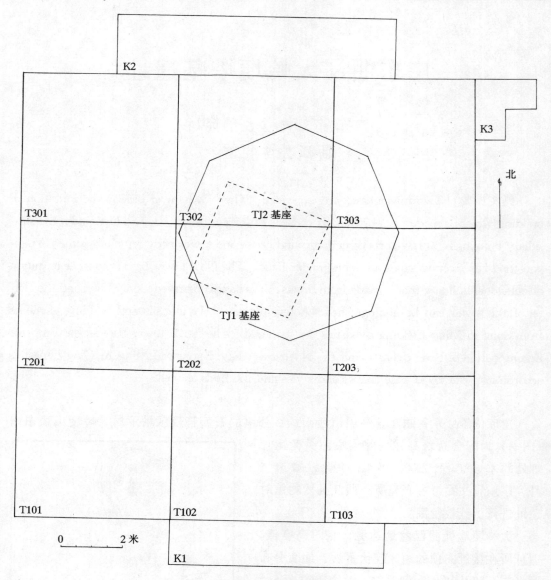

图二　探方坑位及塔基位置图

则完全裸露于地表。

　　第 1 层：厚 0～0.45 米，土色灰黑，土质松软，含大量近现代陶瓷及砖瓦碎片和一些早期陶瓷片、建筑构件等。

　　第 1 层下发现塔基 2 个，编号 TJ1、TJ2。TJ1 打破 TJ2，故 TJ2 的相对年代早于 TJ1。

二　遗　迹

1. TJ2

TJ2 是一座方形仿楼阁式砖塔的塔基，保存比较完整，由基台、基座、护坡石墙、附属建筑组成。尚有地宫遗迹和部分塔身可辨（图三）。

基台平面略呈方形，东西长 12.85、南北宽 12.25、台明高 0.3 米。以慢道方向测得基台及塔的方向为 198°，基本为坐北朝南。基台内填土以裁高填低的方式平整，未精细夯打。台面主要用方砖墁地，错缝平铺；基台散水用长方形砖平铺或铺"人"字砖。东、西、南三边保存有砖砌台明，西残长 11 米，东残长 5.5 米，长方形砖错缝平铺。基台南为斜坡慢道，宽 6.2、残长 4.5 米，长方形砖墁地。方形砖常见规格 30×30×4.5 厘米、长方形砖为 30×15×4 厘米。

基台中心是基座下部的坑形基础部分，平面呈正方形，直壁平底，边长 5.2、深 2.5 米。基础内填土分两层，上层用纯净细密的红褐色黏土与石灰岩石块混合夯筑，厚 0.6 米左右，下层夯填土质坚硬，结构紧密，黏度极大的纯净红土，厚 1.4 米左右。坑内发现地宫塌毁后的残迹。地宫用长条形石灰石块砌成，顶部石缝用碎砖填补，距地表 0.85、长宽各 1.8、深 1.6 米。地宫内置长方形灰砖砌成的砖函，已塌毁，原况不详。未见其他遗物。

基座位于基台中心的基础之上，平面为正方形，边长 3.45 米。现存西北角基座和向内塌陷的部分塔身。基座为须弥座，共 15 层砖，高 0.67 米。第 1~5 层砖（自下而上）构成基座下部的下罨涩砧、荷莲砧部分，第 6~9 层为中间的束腰部分，第 10~15 层为上部的上罨涩砧、方涩平砖部分。下部和束腰部分错缝平铺，上部以一层挑檐砖一层菱角牙砖相间挑出。基座底层砖下铺垫"开通重宝"银铂 1 枚和铜钱 74 枚，铜钱以年代最晚的"元祐通宝"为主，一般每块砖下均有 1~7 枚，银铂垫放于塔角（表一）。不少铜钱粘附编织纹痕，估计这些铜钱曾用编织物包裹。塔身残存 6 层砖（第 16~21 层），错缝平铺。砖常见规格为 30×15×4.5 厘米。

基台上距基座 3~3.5 米发现呈方形分布的柱础坑 10 个。柱础坑平面呈圆形，直壁平底，直径 0.7~0.8、深 0.15~0.2 米。坑以坚硬致密的褐色土为底，上垫 2 或 3 层长方形碎砖为础。中间两柱柱距（中到中）3.75 米，最宽；除西南角两柱紧邻外，其余柱距虽 2.75~3.25 米不等，但对称位置的柱距保持一致。从柱础坑结构、大小和平面位置分析，它们应为围栏栏柱基础。

护坡石墙位于基台以北 1.5 米处，呈东西向长条状，石灰岩石块叠砌，残高 0.7、厚 0.3、残长 10 米。从设置护坡墙的情况分析，此塔并未建于当时的山顶，而且山顶

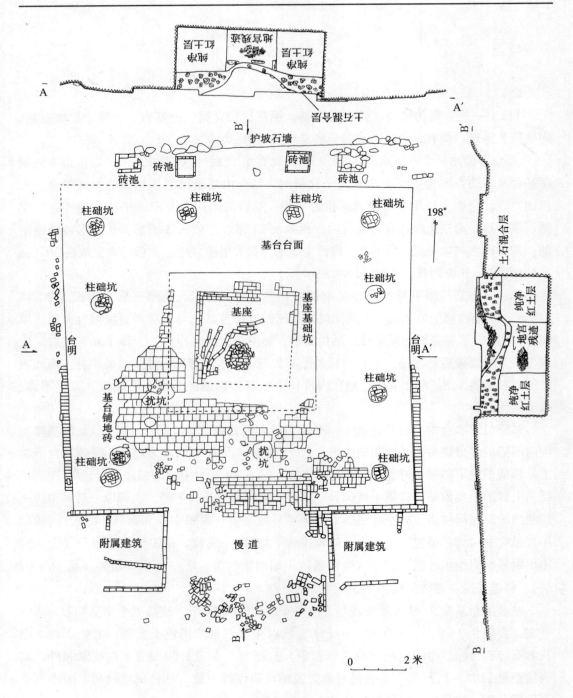

图三　TJ2 平、剖面图

的原始地貌比较陡峭，水土流失明显。

附属建筑发现两组。在护坡墙与基台之间发现 4 个大小相近、排列有序的砖砌矩形池状建筑物残迹。中间 2 个间距大，边壁用侧砖；其余 2 个用砖平铺；均未铺底，亦未见其他遗物。估计它们是种植植物的坑槽。在慢道东西两侧发现两个位置对称、大小相近、砌法相同的长方形建筑基址，利用基台台壁和慢道壁以长方形砖围砌。基址内填土分两层，下层为纯净褐色土，上层含细碎砖瓦，比较密实，没有发现铺地砖。我们认为此组遗迹现存部分乃类似于"埋头"的地坪以下的基础部分，其上部情况难辨。上述建筑物所用长方形砖规格同基台。

2. TJ1

TJ1 是一座八角形仿楼阁式砖塔塔基，残毁殆尽。该塔直接建于略经平整的 TJ2 基础之上，现存遗迹尚可辨基座和塔心室的形状大小。

基座平面略呈规则的八角形，外径 6.6～6.8 米，边长 2.1～2.3 米，方向 201°。八角形塔心室位于基座中心，外径 3.3、边长 1.3～1.6 米。基座部分残存厚约 0.3 米，以石灰、粗砂合成的灰浆混合碎石、碎砖构成的基础。塔座拐角及边沿的基础内似有规律放置较大石灰岩石块。塔心室墁地及其他情况不明。

三 遗 物

由于文化层无存，除垫放于 TJ2 下的钱币外，其余遗物均为表土层采集，有瓷器和陶器两类。器物残碎，可复原者甚少。除明清时期的陶瓷残片外，主要为宋代遗物，现介绍如下：

（一）陶瓷器

1. 瓷器

日用器皿为主。胎多灰白或白色，一般烧结较好；釉有青、青白（影青）、青灰、青黄、青绿、白、黑等；除素面外，有的釉下刻花。主要器类为圈足碗，另有罐、执壶、杯、灯盏和炉。

碗 据圈足特征分为两类。

高圈足碗，3 件，皆残存底部。T303①b:2，白胎，青白釉，厚底，足径 5.4 厘米（图四，3）。

圈足碗，11 件，9 件残存底部，2 件残存口沿；4 件有釉下刻花（其中 2 件内外壁皆有纹饰）。T302①b:3，灰白胎，豆青釉，外壁刻划条纹，内壁刻花，足径 5.2 厘米（图四，2）。T303①b:8，灰胎泛黄，黑釉；敞口，弧壁较薄，口径 13.8 厘米（图四，1）。

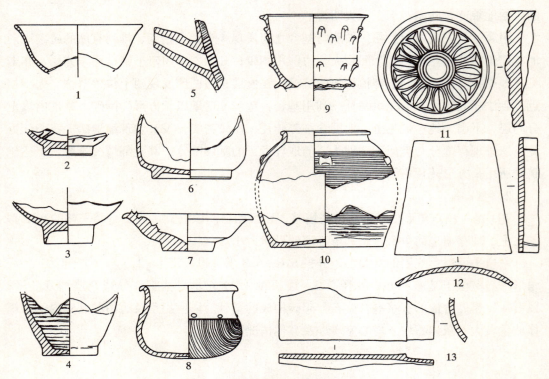

图四　大岭埂塔基遗址出土陶瓷器

1. 黑釉碗（T303①b:8）　2. 圈足碗（T302①b:3）　3. 高圈足碗（T303①b:2）　4. 罐（T303①b:7）　5. 壶（T301①b:6）　6. 杯（T201①a:1）　7. 灯盏（T302①b:1）　8. 罐（T303①b:10）　9. 炉（T201①b:3）　10. 罐（T303①b:13）　11. 瓦当（T101①b:3）　12. 板瓦（T201①b:5）　13. 筒瓦（T201①a:2）（5、6、7 为 1/2，9、10、12、13 为 1/8，余 1/4）

　　罐　4 件，1 件可复原。T303①b:10，灰白胎，青褐釉；卷沿、侈口、长颈、垂腹、外底微圜内凹；肩饰鼓钉，腹、底刻同心圆状漩涡纹；口径 10.4、高 8.2 厘米（图四，8）。T303①b:7，残存底部，灰胎，青釉剥落，内壁有轮制弦纹，底径 6 厘米（图四，4）。

　　执壶　1 件，残存流。T301①b:6，灰胎，青釉（图四，5）。

　　杯　1 件，残存底部。T201①a:1，白胎，白釉乳浊；直壁微弧，矮圈足，足径 4.4 厘米（图四，6）。

　　灯盏　2 件。T302①b:1，灰胎，青白釉；敞口，浅弧壁，实足，口径 7.2、底径 2.7、高 2.2 厘米（图四，7）。

　　炉　1 件，底残。T201①b:3，黄褐色胎，釉剥落；宽沿直口，直腹，腹部贴塑三层莲瓣，口径 24 厘米（图四，9）。

　　2. 陶器

有日用器皿和建筑构件两类，胎色青灰。

（1）日用器皿：

罐　3件，1件据腹部弧度可大致复原。T303①b：13，方唇、侈口、溜肩、鼓腹、平底内凹，肩附4耳，口径19、底径25厘米（图四，10）。

（2）建筑构件有瓦当、板瓦和筒瓦等。

莲花瓦当　14件，皆残。T101①b：3，直径13厘米（图四，11）。

板瓦　2件。T201①b：5，内有布纹，长25.5厘米（图四，12）。

筒瓦　3件，残。T201①a：2，残长33.8厘米（图四，13）。

（二）其他遗物

银铂　1枚。圆形方孔，蓖点锥刺"开通重宝"四字。

钱币　详见表一。

四　结　语

大岭埂两塔均未载于《（光绪）曲江县志》。

TJ2的平面为方形。方形塔在广东古塔的平面形制中，多见于宋代以前的早期阶段。两宋至明清时期四方形塔虽日见式微，但并未绝迹①。该塔塔座下铺垫的铜钱，为我们比较准确推断建造年代提供了依据。现存于塔座下的铜钱共计74枚，除14枚锈蚀难辨外，有"元祐通宝"51枚和"开元通宝"5枚、"元丰通宝"4枚。位置已被扰动的尚有"咸平元宝"、"熙宁重宝"等。铸造于北宋哲宗元祐年间（1086～1094年）的"元祐通宝"不仅数量最多，而且年代最晚，故此塔应修建于宋哲宗时期。方志未有著录，大概与废毁较早有关。塔座下铺垫铜钱的做法在广东虽不多见，但仍有较多线索可以佐证建造年代的推断：其一，平面做方形的宋代仿楼阁式砖塔在广东仍有保存，如龙川下塔和仁化澌溪寺塔②；其二，所用砖瓦等建筑构件的规格、纹饰特征常见于广东宋塔③；其三，与包括殿堂类建筑基台在内的宋代基台构作具有共性；其四，围栏的设置，可见于宋代楼阁式木塔④。

按常规推算，此塔高度在18米左右，属可以上登的空心塔⑤。

表一　　　　大岭埂塔基遗址出土钱币统计表（TJ2：1—32垫放于TJ2下）

编　号	咸平元宝	开元通宝	熙宁重宝	元丰通宝	元祐通宝	不　详	小　计	备　注
TJ2：1		1		1	1		3	
TJ2：2					1		1	
TJ2：3					2		2	
TJ2：4					1		1	

编　号	咸平元宝	开元通宝	熙宁重宝	元丰通宝	元祐通宝	不　详	小　计	备　注
TJ2:5					3		3	
TJ2:6		1			1	2	4	
TJ2:7					1		1	
TJ2:8				1	4		5	
TJ2:9					3	1	4	
TJ2:10					1	1	2	
TJ2:11		1			2		3	
TJ2:12					4	1	5	
TJ2:13					2	1	3	
TJ2:14					1		1	
TJ2:15		1					1	背纹
TJ2:16					1		1	
TJ2:17					1		1	
TJ2:18					1		1	
TJ2:19		1		1	1		3	
TJ2:20					2		2	
TJ2:21					2		2	
TJ2:22					1		1	?
TJ2:23				1	4		5	
TJ2:24					1		1	
TJ2:25					2		2	
TJ2:26					1	1	2	
TJ2:27						1	1	
TJ2:28					1		1	
TJ2:29					3		3	
TJ2:30					2		2	
TJ2:31					1		1	
TJ2:32						6	7	开通重宝银铂1
小　计	0	5	0	4	51	14	75	
TJ2:33	1						1	
TJ2:34						1	1	
TJ2:35			1		2		3	
TJ2:36	1				5		6	
TJ2:37		2			3		5	
TJ2:38			1		4		5	
TJ2:39					4	2	6	塔座下塔基内
TJ1:1					1		1	
T301:1					3		3	
小　计	2	2	2	0	22	3	31	

"广东现存宋以前的塔基本上是佛塔"[6]，TJ2 的形制、结构特别是地宫的设置，说明其性质也应是佛塔，惜本次发掘未发现与之相关的其他建筑基址。大岭埂紧邻"招隐岩"，其岩于县志中虽仅见"城南四十里，唐新州卢居士常隐于此。提刑耿南仲书'招隐'二字勒于石，编修程文德有题"[7]的记载，但据《（道光）曹溪通志》，"能禅师（指六祖慧能）常隐居于此，后僧即岩中祀师父母"[8]，故招隐岩与禅宗六祖和禅宗名刹南华寺关系密切。综合考察招隐岩一带地望特征和现存遗迹，大岭埂 TJ2 为惟一一处与招隐岩和南华寺有关联的宋代佛塔塔基遗迹。南华寺在大岭埂东南 6 公里，"大宋平南海后，韶州盗周思琼叛换，尽焚其（指南华寺）寺塔，……太平兴国三年，今上敕重建塔，改为南华寺"[9]，大岭埂宋塔的修建在南华寺此次奉敕修葺之后，宜属情理之中。

采集的宋代陶瓷器在一定程度上亦可佐证 TJ2 的建造和使用年代。譬如厚底高圈足碗与景德镇湖田窑北宋早期鼓腹高足碗底足特征相同[10]，鼓钉漩涡纹罐的造型与赣州七里镇窑宋代黑釉鼓钉纹罐相同[11]等。

TJ1 的相对年代较 TJ2 晚。由于与之相关的遗存基本无存，其准确的建造年代已难于推断。在广东古塔的发展历史中，八角形塔常见于明清时期，且以风水塔为主[12]，TJ1 当不例外。

大岭埂遗址是广东经正式考古发掘的首处古塔塔基遗址。

领队、执笔：邓宏文

发掘人员：郭顺利、毛远广、吴孝斌、丁新功

整理、绘图：吴孝斌、陈红冰、齐雪芳

注　释

① 参看广东省文物考古研究所编：《广东古塔》收录《广东古塔概述》，广东省地图出版社，1999 年。

② 同①。

③ 同①，附录、表二。

④ 参看萧默：《敦煌建筑研究》"塔·木塔"所引榆林窟宋代第 61 窟"五台山图"中四层方形木塔，文物出版社，1989 年。

⑤ "塔的高度与塔的直径有一定的比例关系，通常为 1：4 至 1：6；小塔的底层周边长之和近乎等于塔的高度，大塔则是副阶周边长之和相当于塔高。""高塔多为空心"且"广东空心塔均能登高望远"。参看邓其生等《广东古塔的特色与地位》，转引自《广东古塔》。

⑥ 同⑤。

⑦ 《（光绪）曲江县志》卷四《舆地书二·山》。

⑧ 《（道光）曹溪通志》卷之一"招隐岩"。

⑨ 赞宁：《宋高僧传》（范祥雍点校本）卷第八《唐韶州今南华寺慧能传》，中华书局，1987 年。

⑩ 刘新园：《景德镇湖田窑各期典型碗类的特征及其成因考》，《文物》1980 年 11 期。

⑪ 薛翘等：《略谈新安沉船中的七里镇窑瓷器》，文物编辑委员会编《中国古代窑址调查发掘报告集》，文物出版社，1984年。

⑫ 同①、⑤。

南华寺藏经阁遗址试掘

曲江县博物馆

英文提要　Nanhua Temple Qujiang，Guangdong is a famous temple with the history of over one thousand and five hundred years．In January 1996，we had a testing excavation to Cangjing Pavilion（library）of this temple．The layer accumulation from different historic periods from the late time of modern times，the republic of China to the early time of Ming & Qing，Song & Yuan dynasties and some building remains in Ming & Song periods are sorted out respectively．A number of different sizes of building elements in different times including eaves tile，Dishui，plaster statues and bricked sculptures are excavated．This，of course，has an important value for reference in studying the construction of Nanhua Temple．And in the meantime，it supplies us the systematical documents in kind in studying the structure features of temples in Lingnan especially in the North of Guangdong after Song dynasty.

　　位于广东省曲江县东南 7 公里处曹溪河畔的南华禅寺，是我国南方的著名古寺，它始建于南朝梁武帝天监元年（公元 502 年），距今已有 1500 年历史。唐高宗仪凤二年（公元 677 年）始，禅宗第六祖惠能便开始在此开演南宗大义，因而南华寺又素有"东南第一宝刹"和"祖庭"之称。

　　1995 年底，南华寺全面维修藏经阁。出于文物保护考虑和为了取得一些南华寺的地层资料，曲江县博物馆配合藏经阁的维修工程，在其地基之东南开挖了一个 4×4 米的探方。经过 1996 年 1 月 3 日至 1 月 11 日为期 9 天的初步试掘，共清理出一部分宋元明清民国乃至现代的建筑遗迹和遗物，基本上弄清了藏经阁地层的历史堆积情况。然而由于各种原因，没有进一步进行扩方。

一　地层堆积

　　根据各地层土质、土色和包含物的不同，按由上至下的顺序，可将藏经阁地层依次划分为 6 个不同的堆积层次（图一）。

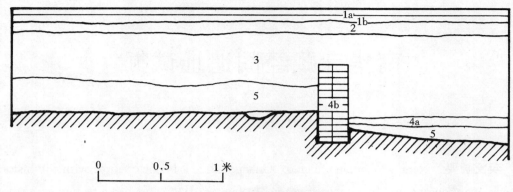

图一　探方北壁地层剖面图

1. 现代地层　2. 民国时期地层　3. 明清时期堆积层　4. 明代建筑遗存　5. 宋元时期堆积层

第 1 层：可分为 a、b 两小层。a 小层为砖红色的铺地方砖层，方砖边长 30、厚 5 厘米；b 小层为细砂与白石灰混合而成的灰砂层，该层局部夹杂少量黄泥而呈灰黄色，质地疏松而未呈胶着状，厚度约为 4～6 厘米。第 1 层为 1977 年维修藏经阁时所铺设的地层。

第 2 层：为黄褐色的三合土灰浆层。该层乃由石灰、黄泥、细砂并掺以糯米浆等混合后再经夯打而成，质地极为细密坚硬，内部可见细密的梅花状夯窝，表面平坦并涂有暗红色涂料。该层厚度在 6～11 厘米之间。这一层应为民国二十六年（公元 1937 年）虚云和尚重建藏经阁时的地层。

第 3 层：土色较杂呈灰褐色或深褐色，土质较疏松，厚度在 38～75 厘米之间。该层混杂出土有大量明、清时期的绿琉璃瓦、瓦当、滴水等建筑构件和青花瓷片、白釉瓷片、酱釉陶罐底和陶塑残件等遗物。该层应为明清时期的堆积层。

第 4 层：仅见于探方的东部，为一层厚约 4～6 厘米的灰白色石灰层，该层表面平坦，质地坚硬。其西面和北面分别紧邻着一堵南北向和东西向的砖墙，经仔细观察，它们应为同一时期的建筑遗存。从砖墙所用青砖的尺寸及上下层位叠压关系判断，该层极可能是明代的建筑遗存。

第 5 层：为棕黄色或黄褐色堆积层。该层土质黏性较大，厚度在 10～30 厘米之间。层内出土有宋代的莲花瓣瓦当、滴水、筒瓦、板瓦、花纹铺地砖、"咸平元宝"铜钱、黑釉盏残片和元代兽面瓦当、水波纹带状滴水、酱釉碗残片等。该层未发现明清时期遗物，据此推断该层为宋元时期的堆积层。

第 6 层：为橙黄色生土层。土质洁净，黏性较大。

二　遗　迹

此次试掘先后清理出明代和宋代建筑遗迹各一部分（图二）。

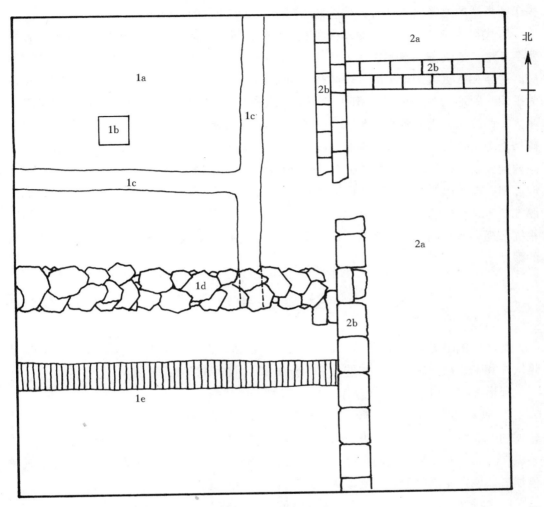

图二　探方总平面图

1a. 宋代基址平面　1b. 柱础方砖（宋）　1c. 排水沟（宋）　1d. 挡土石墙（宋）　1e. 砖铺路面（宋）　2a.
明代石灰层面　2b. 明代砖墙

　　明代建筑遗迹，位于探方东部，其上叠压着明清时期堆积层，遗迹由一石灰层面和
三堵砖墙构成。石灰层面厚 4～6 厘米，极其平坦坚硬，距地表 0.9 米。该层面被一道
东西向的砖墙分隔成南北两部分，北块仅揭露出一小角；南块揭露面积较大，南北长
3.38、东西宽 1.2 米。三堵砖墙大致呈南北和东西向排列，其中北端的两道砖墙呈
"T" 字形砌就。南北墙残长 1.4、东西墙残长 1.28 米，残高 65 厘米，均为双层砖墙。
所用青砖尺寸较小，长 27、宽 12、厚 5.6 厘米。南端一堵砖墙呈南北向砌就，与北端
砖墙相对应，残长 2.3、残高 0.5 米。所用青砖尺寸较大，长 41、宽 25、厚 10 厘米。

由于所揭露的遗迹面积有限，难以就此判断该建筑遗存的具体用途。

宋代建筑遗迹，分布于探方西部宋元时期堆积层底部，揭露面积为南北长 4、东西宽 2.6 米，遗迹东端被明代建筑遗迹所打破和叠压。遗迹由一建筑平面、一块方形柱础砖、两条相互垂直的排水沟、一堵石砌挡土墙和一条青砖铺道所构成。其中建筑平面较为平坦，距地表约 0.86 米；其上清理出一块平置的方形柱础砖，砖边长 27、厚 6.7 厘米。平面的东、南面各有一条宽 20、深 7 厘米的排水沟，两条排水沟汇合后向南经石砌挡土墙将水排出。石墙内砌有一段长 34 厘米的暗沟。石砌挡土墙位于平面南端，呈东西向砌就，残长 2.6、宽约 0.4、残高 0.45 米，东端被明代建筑遗迹打破。石砌挡土墙以南则有一段东西走向的砖砌路面，系采用长条青砖侧置铺砌成。砖长 26、宽 9.5、厚 5 厘米。该砖铺路面低于其北边的建筑平面约 40 厘米，东端被明代建筑遗迹所叠压。根据清理出的柱础砖、排水沟、挡土墙等建筑遗物、遗迹分析，它极有可能是一处宋代的殿基遗址。

三　出土遗物

此次试掘出土有各式瓦当、滴水、筒瓦、板瓦、方砖、条砖、砖雕、灰塑残件等建筑构件和碗、盘、罐等器物残件，它们分属宋、元、明、清各时期。

圆形瓦当　11 件，可分为 A、B、C 三种不同式样。

A. 莲瓣瓦当：4 件（均残）。青灰色胎，形体较为厚重。直径约 14.5、厚 3.2、边轮宽约 1.5 厘米。瓦当中心为一凸出近 2 厘米的小圆台，周围饰有八瓣凸莲瓣纹，立体感极强。其中一件瓦当表面涂饰有红彩痕迹，另有 2 件仍残留有一些因火烧而形成的黑色烟炱。该类瓦当出于第 5 层，从形式上应为宋代的莲瓣瓦当（图三，1）。

B. 兽面瓦当：2 件（均残）。灰褐色胎，质地较为粗糙坚硬。直径 12.5、厚 1.2、边轮宽 1.2 厘米。瓦当正面印饰有一狰狞兽面图案，兽头上有双角和鬃毛，双目圆睁，张口露齿形象凶恶，外饰双圆圈纹（图三，2；图四，1）。该类瓦当亦出于第 5 层，从兽面图案的特征判断，应为元代的兽面瓦当[①]。

C. 花叶纹瓦当：5 件（均残）。直径在 12.7～14.5 厘米之间，厚 1.2～1.6、边轮宽 1.3～1.8 厘米。其中有两件为橙黄色胎的绿琉璃瓦当，瓦当中间饰花叶图案，边轮饰卷云纹。这类瓦当质地较软，但制作精细（图三，3、4；图四，2），均出于第三层内，从形式看应为明清时期。其余 3 件均为青灰色胎，质地坚硬，且较为厚重粗糙（图三，5、6）。它们均出于第 5 层，从图案及质地特征判断，应为宋元时期瓦当。

滴水　7 件，可分为 A、B 两种。

A. 花叶纹滴水：4 件（均残）。略呈三角形，上端近平，下端由两边对称的花边曲

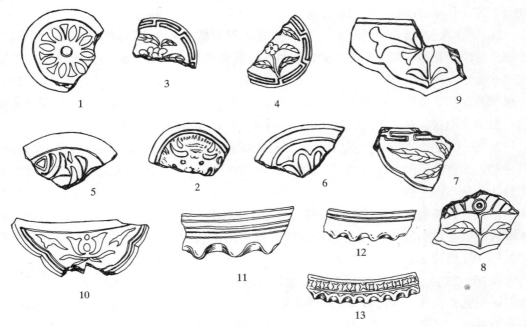

图三　南华寺藏经阁地层出土瓦当、滴水

1. 莲瓣瓦当　2. 兽面瓦当　3～6. 花叶纹瓦当　7、8. 花叶纹滴水　9、10. 花叶纹滴水　11～13. 带状滴水（11 为 1/2，5、6、8、9、12 为 1/4，其余为 1/6）

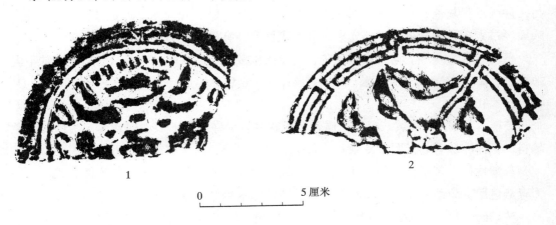

0　　　　　　5 厘米

图四　南华寺藏经阁地层出土瓦当拓片

1. 兽面瓦当　2. 花叶纹瓦当

线合成，高度约为其宽度的一半，中间饰有花叶图案。其中两件为浅黄色胎质的绿琉璃滴水，质地较软，纹饰图案精美。宽 21、高约 11、厚 1.4 厘米（图三，7、8）。它们出于地层的第 3 层。另两件为青灰色胎，质地坚硬，纹饰较为粗糙。宽 21.5～23、高 9～

10.5、厚 2 厘米（图三，9、10）。该类滴水出于第 5 层。

B. 带状滴水　3 件（均残）。呈扁平的水波纹带状，上部多饰数道凸弦纹，下端用手捏成波浪形花边。其中两件为橙黄色胎的绿琉璃滴水，上端有 3～5 道凸弦纹，下端捏成水波纹。高 2.5～3.2、厚 1.5～2 厘米（图三，11、12）。另一件为青灰色胎质，火候较高，质地坚硬，中间饰十字星形凸起一道，上下各隔以一凸弦纹，下端饰水波纹，波褶小而密。高 4.3、厚 2.3 厘米（图三，13）。该滴水出于第 5 层内。

筒瓦　21 件，均已残。为半圆形筒瓦，均有瓦唇以便于相互衔接，瓦唇处略薄。其中胎色为橙黄色的为绿琉璃瓦，质地较软，形制较小，内面无布纹痕迹。按尺寸大小可分为三种不同规格，筒径 7～10.4、厚度 0.8～1、唇长 3.5～5.8、唇厚 0.7～0.9 厘米。胎色为青灰色的筒瓦，质地较硬，形体较为厚重粗大，瓦背上有深浅粗细不一的布纹痕迹。根据它们的尺寸大小可分为四种规格，瓦长 15～21.5、筒径 14～15.7、厚 1.2～1.9、唇长 3.1～4.7、唇厚 1.1～1.5 厘米。

板瓦　23 件。可分为五种不同尺寸，胎质有灰褐色、浅黄褐色和青灰色三种，均残，不见完整瓦件。在瓦与瓦之间的衔接处多饰有四至六道微凸的弦纹，亦有无弦纹而略作减薄的。瓦宽在 17.5～24.6 厘米间，厚度在 1～1.7 厘米之间。

铺地砖　2 件。一件为青灰色的花纹方砖。砖长 25.5、残宽 15.8、厚 4.7 厘米。制作规整，并经过人工打磨，砖面上拍印有铜钱纹和方胜图案等吉祥纹饰（图五，1）。另一件为浅青灰色的素面砖。残长 31.5、残宽 15、厚 3.6 厘米。砖的质地细密坚硬，表面经过人工打磨显得极平整光滑，并在表面涂饰有红色颜料。

条砖　数量众多。均为青灰色砖，烧制火候较高，质地坚硬，可分为以下四种不同的规格：A. 26×9.5×5 厘米；B. 27×12×5.6 厘米；C. 31×14.3×5.5 厘米；D. 41×25×10 厘米。

砖雕　1 件，残。黄灰色胎，质地较松软并有少许风化，表面似残留有白色和赭色颜料，正面雕琢有卷云图案一朵。残长 7.3、宽 11.5、厚 7 厘米（图五，2）。

灰塑残件　包括一些灰塑动物如马、鸟等的残件和一些瓦脊上的装饰部分残件。均为青灰色胎，质地坚硬，表面经过打磨并残留有白色颜料痕迹（图五，3、4）。

柱础砖　1 件，完整。青灰色胎，质地坚硬，呈正方形。边长 27、厚 6.7 厘米。

铜钱　1 枚。为宋代“咸平元宝”小平钱。钱径 2.6、厚 0.25 厘米。

黑釉盏　1 件，残。敞口，斜腹，浅圈足，胎质坚硬呈铁褐色，底足部分露胎，施黑釉。残高 4.4、底径 3.6 厘米（图五，5）。

白瓷碗　1 件，残。敞口，斜腹，圈足略高，浅灰色胎，灰白色釉，足部露胎。残高 4.8、底径 5.4 厘米（图五，6）。

陶罐　1 件，残。侈口，卷唇，溜肩，鼓腹，平底，黄褐色胎，施褐色釉，下半部

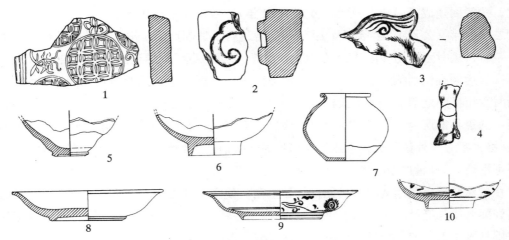

图五　南华寺藏经阁地层出土遗物

1.铺地花纹砖　2.砖雕　3、4.陶塑残件　5.黑釉盏　6.白釉瓷碗　7.陶罐　8.白瓷盘　9.青花盘　10.青花碗

露胎。高 15.2、口径 11、底径 8.8 厘米（图五，7）。

白瓷盘　1件，残。灰白色胎，施白色釉略发灰，敞口圆唇，浅腹，内底上有一轮涩圈，底足露胎，胎较厚重。高 3.4、足径 8.4、口径 16.4 厘米（图五，8）。

青花瓷盘　1件，残。白色胎，质地细腻，敞口，尖唇，曲腹，圈足，内外均绘有青花弦纹和花草图案，青花发色较蓝。高 3.2、口径 16.8、底径 9 厘米（图五，9）。

青花瓷碗　1件，残。青白色釉，敞口，曲腹，圈足，底足深挖过肩，内外绘青花纹饰，青花发色灰褐。残高 3、底径 3.1 厘米（图五，10）。

四　结　语

据《六祖坛经》②、《曹溪通志》③、《南华小志》④等文献记载，南华寺自南朝梁武帝天监三年（公元 504 年）建成以来，历史上曾经历多次的兴废盛衰：隋末曾废于兵火，唐初重建；宋初寺半毁于火，开宝元年（公元 968 年）复修，并赐名"南华禅寺"；元末亦遭兵燹，洪武初已颓败不堪，明万历二十八年（公元 1600 年）德清和尚大力中兴；清康熙七年（1668 年）平南王尚可喜重修全寺；至民国二十三年（1934 年）虚云和尚将南华寺移位重建，将原来寺院的四合院布局改为现今的中轴线布局。由此可见南华寺历史上曾屡经破坏和修建，其地层堆积应是相当之复杂的。

藏经阁原名御经阁，始建于明英宗年间。据《曹溪通志》上载之《平南王重建御经阁碑记》，平南王尚可喜在康熙六年（1667 年）重修南华寺时，将祖殿与藏经阁易地重建，藏经阁建成于康熙十一年（公元1672年）。后来分别于同治十一年（1872年）、民国二十六年（公元1937年）及1977年亦曾进行了加固重修。按《曹溪通志》卷一及卷十一载，唐时六祖初住南华，见"堂宇湫隘，不足容众"，遂谒里人陈亚仙，求施地扩建，后遂拥有包括陈亚仙祖墓在内的地方。现藏经阁位于陈氏祖墓南不足30米处，在唐时六祖扩建之前应仍为陈氏田产，因而在此建庙宇的历史当不早于唐，这与此次试掘所得的最早地层为宋代的结果是颇为相符的。另据《曹溪通志》卷一及《六祖坛经》"六祖大师缘起外记"载，陈亚仙在施地时曾嘱曰："此地乃生龙白象来脉，只可平天，不可平地。"自唐迄今南华寺的营建均"一依其言"。所谓"只可平天，不可平地"，即谓在营建殿宇平整地基时，只能将低处垫高，使之与高处齐平，即"平天"；而不能将高处削低使与低处齐平，即"平地"。按南华寺建于天王山的南面缓坡上，前有曹溪河，四周林木参天，遮天蔽日，即便是酷暑时节，寺内亦略觉凉意，地势显然偏于低湿。如建殿堂时将高处挖低，则地基无疑要低于四周，更显潮湿，不利于人的活动和居止。因而惟有将低处垫高，使之高出四周，方能缓减湿气。经过此次发掘，可以证明这种"只可平天，不可平地"的记载是可信的，因为试掘结果已证实藏经阁地层各历史时期的堆积正是逐层相叠不断增高的。

　　总的来说，此次对南华寺藏经阁地层的试掘，对研究南华寺历史上的营建情况无疑有着较高的参考价值，毕竟它是至今为止惟一的一次对南华寺的地层考察；而出土的大量形制、大小和纹饰各异的建筑构件，亦为我们了解岭南地区宋至清代的建筑材料及其特色提供了较为系统的实物资料。

执笔：吴孝斌

注　释

① 戈父编著：《古代瓦当》第二章七节"宋元明清瓦当"，中国书店，1997年。

② 宋代惠昕本《六祖坛经》。

③ 明代释德清主编、清代马元、真朴等重修之《曹溪通志》。

④ 隋斋居士胡毅生编著：《南华小志》，广州登云阁，1937年3月印。

1.莲花纹瓦当（第三类Ⅱ型A式）

2.莲花纹瓦当（第三类Ⅲ型A式）

3.莲花纹瓦当（第三类Ⅲ型C式）

4.青釉莲花纹瓦当（第三类Ⅲ型H式）

5.莲花纹瓦当（第三类Ⅴ型A式）

6.莲花纹瓦当（第三类Ⅴ型D式）

南越国宫署遗址出土瓦当

1.菊花纹瓦当（第五类Ⅱ型A式）

2.花卉纹瓦当（第五类Ⅱ型B式）

3.莲花纹瓦当（第五类Ⅱ型C式）

4."万岁"瓦当

5."万岁"瓦当

6.云纹瓦当

南越国宫署遗址出土瓦当

1.砖函

2.基台

曲江大岭埂宋塔基址

1.大岭埂宋塔望柱砖础

2.广百新冀遗址水井出土钱币（2000YHGTIHR）

大岭埂宋塔遗址及广百新冀遗址水井

1. M1 前室随葬器物出土情况

2. M2 甬道壁龛

番禺员岗村东汉墓

1. M2 前室及甬道随葬器物出土情况

2. 镇墓兽（M1：54）

番禺员岗村东汉墓

1.陶屋（M2：95）

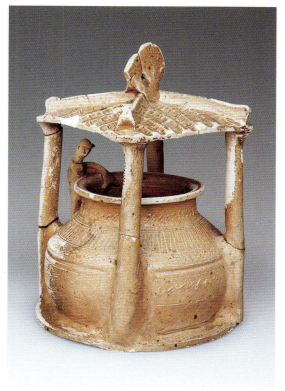

2.陶井（M2：68）

3.陶篅（M2：53/40）

4.陶灶（M2：39）

番禺员岗村东汉墓出土器物

1.陶三足釜（M1：51/52）

2.陶俑（M2：37）

3.陶俑（M2：84）

4.抱婴女俑（M1：50）

番禺员岗村东汉墓出土器物

1.陶牛（M2：78）

2.陶羊（M2：44）

番禺员岗村东汉墓出土器物

1.琥珀珠（M2：113）

2.绿松石珠（M2：58）

番禺员岗村东汉墓出土器物

1.青瓷罐（M1：31）

2.青瓷狮形水注（M1：44）

3.青瓷虎子（M1：43）

4.陶马（M1：33）

肇庆坪石岗东晋墓出土器物

1.陶城堡模型（M1：42，俯视）

2.陶城堡模型（M1：42，正视）

肇庆坪石岗东晋墓出土器物

1.鸡笼（M1：41）

2.畜圈（M1：47）

3.水田耕作（M1：45）

4.井（M1：46）

肇庆坪石岗东晋墓出土器物

1.陶俑（M1：2.5）

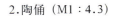

2.陶俑（M1：4.3）

3.玻璃器（M1：29）

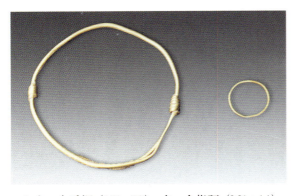

4.左：金手镯（M1：12）　右：金指环（M1：14）

5.铭文砖（M1：49）

肇庆坪石岗东晋墓出土器物